和硕年鉴

2022

中共和硕县委员会办公室　编

方志出版社
Publishing House of Local Records

图书在版编目（CIP）数据

和硕年鉴. 2022 / 中共和硕县委员会办公室编.—北京：方志出版社, 2022.12
ISBN 978-7-5144-5335-5

Ⅰ. ①和… Ⅱ. ①中… Ⅲ. ①和硕县 – 2022 – 年鉴 Ⅳ. ①Z524.54

中国国家版本馆CIP数据核字（2023）第194060号

责任编辑：高孟君
责任校对：张玉霞
责任印制：梅中英
出 版 者：方志出版社
地　　址：北京市朝阳区潘家园东里 9 号（国家方志馆4层）
邮　　编：100021
网　　址：http://www.zgfzcb.cn
发　　行：方志出版社图书营销中心（010–67110500）
印　　刷：河南和印印务有限公司
开　　本：889毫米 × 1194毫米　1/16
印　　张：21.75
字　　数：528千字
版　　次：2022年12月第1版
印　　次：2022年12月第1次印刷
定　　价：298.00元

编辑说明

一、《和硕年鉴（2022）》由中共和硕县委员会办公室主编的综合性、资料性文献，面向全国公开发行。2011年首次出版，《和硕年鉴（2022）》是第12卷。

二、《和硕年鉴（2022）》以马克思列宁主义、毛泽东思想、邓小平理论、“三个代表”重要思想、科学发展观、习近平新时代中国特色社会主义思想为指导，坚持辩证唯物主义和历史唯物主义的立场、观点和方法，全面、系统、真实记述和硕县2021年度经济、政治、文化、社会和生态等方面的基本情况，为各级领导科学决策服务，为社会各界了解和硕，研究、发展和硕提供准确可靠地情信息。

三、《和硕年鉴（2022）》记载时限从2021年1月1日起至12月31日止（个别内容除外）。年鉴采取分类编辑法，框架结构一般分为类目、分目、条目3个层次。本卷共设：特载、大事记、和硕概览、中国共产党和硕县委员会、和硕县人民代表大会、和硕县人民政府、中国人民政治协商会议和硕县委员会、中共和硕县纪律检查委员会　和硕县监察委员会、群众团体、法治、军事、经济管理、农业·水利、工业·建筑业、商务、旅游业、银行·保险业、交通·通信、城乡建设、生态环境与保护、教育·科技、文化·传媒·体育、卫生健康、民族宗教事务管理、社会生活、应急管理、乡镇、驻县单位、附录。

四、《和硕年鉴（2022）》领导名单主要收录县委、人大、政府、政协县级以上领导；县委、县政府各工作部门、派出机构、直属事业单位，县人大、政协各工作部门，群众团体、学校、医院、各乡镇主要领导，原则上为正科级以上领导，包括正科级。

五、《和硕年鉴（2022）》采用的稿件是由县直各行政事业单位、驻县单位提供，所有资料均经过有关部门审核，具有权威性。

六、《和硕年鉴（2022）》所用的国民经济和社会发展统计资料，以和硕县统计局公布的数据为准。

七、数字用法、标点符号用法分别采用国家标准《出版物上数字用法》（GB/T 15835—2011）、《标点符号用法》（GB/T 15834—2011），计量单位采用国家技术监督局1993年12月发布的《量和单位》系列国家标准。

《和硕年鉴（2022）》撰稿人名单

丁立博　丁宏建　才海龙　才仁其米克　小铁木尔巴特　山吉加甫
马文娟　马宁泽　马守和　马丽莉　马国辉　马金玲　马　莉
马浩峰　马海燕　马　悦　马雪林　马翰文　马木提·吾布力卡斯木
王云芳　王述民　王　佳　王　玲　王桂霞　王晓锋　王群英
木合塔尔·艾海提　比拉力·艾沙江　勾亚南　孔　莹　巴义尔
巴　太　巴哈尔古力　巴音克西克　艾里扎太　古丽吉米兰木·麦麦提　布　来
布仁克西克　龙云静　叶　旋　申亚莲　田因飞　田红英　代日曼
代力格尔　白　雪　尔开西江　尼　玛　早日克太　朱兵洋　朱苗苗
朱晓明　乔克苏木　仲　林　任树伟　朵燕燕　刘　刚　刘　伟
刘兴华　刘志刚　刘晓刚　刘　浪　闫康宁　闫翠雪　许　成
孙鹤轩　苏少兰　苏　荣　苏冠美　苏　艳　苏琳格　李小亮
李国惠　李昌文　李昌明　李欣宴　李建华　李建军　李建荣
李　玲　李彦峰　李骄禹　李　涵　杨延斌　杨庆美　杨　超
甫尔加拉　吾都外　吴自有　吴自强　吴海霞　何振国　邹　霖
汪梦露　宋　云　张玉春　张延博　张金环　张泽超　张建飞
张素红　张　敏　张　琳　张　豪　阿里同　阿迪力　阿曼古丽·努拉洪
陈　龙　陈志鹏　陈　杰　陈绍俊　陈冠男　陈晓丽　邵玉龙
武俊霞　其其格　依明江　依力亚尔·热合曼　金　花　金　琴
周　燕　郑焕玲　孟成成　孟　凯　孟克吉日格　赵丽萍　赵知博
赵金发　赵　亮　赵　霞　柘　丽　侯鑫敏　美克热班　姜同生
姚　丽　贺龚桑　泰尔格力　秦玉荣　敖日鲁木　热孜完·库尔班
格尔岱　贾文艺　贾成云　贾德辉　铁尔巴图　徐　梅　徐　铭
凌　鑫　高苏荣　高　惠　郭丽娜　郭凯丽　郭金欢　郭　敏
唐　云　唐　红　桑仁高娃　黄　晶　梅小兰　曹利丽　康　红
彭　荔　葛雪欢　蒋广川　童桂霞　蒲景昆　雷新喜　路东川
解润农　塞尔吉玛　蔺诗涵　赛尔吉米迪格　熊江峰　潘　锐
魏雨虹

俯瞰和硕县城（融媒体中心　提供）

重要会议

2021年8月13日，中国共产党和硕县第十三次代表大会召开（常欢　摄）

2021年11月29日，和硕县第十三届委员会召开第二次全体会议，县委书记朱军主持会议并讲话（苏强　摄）

2021年8月29日，和硕县第十八届人民代表大会第一次会议召开（苏强　摄）

2021年8月28日，中国人民政治协商会议和硕县第十六届委员会第一次会议召开（县政协办公室　提供）

党的建设

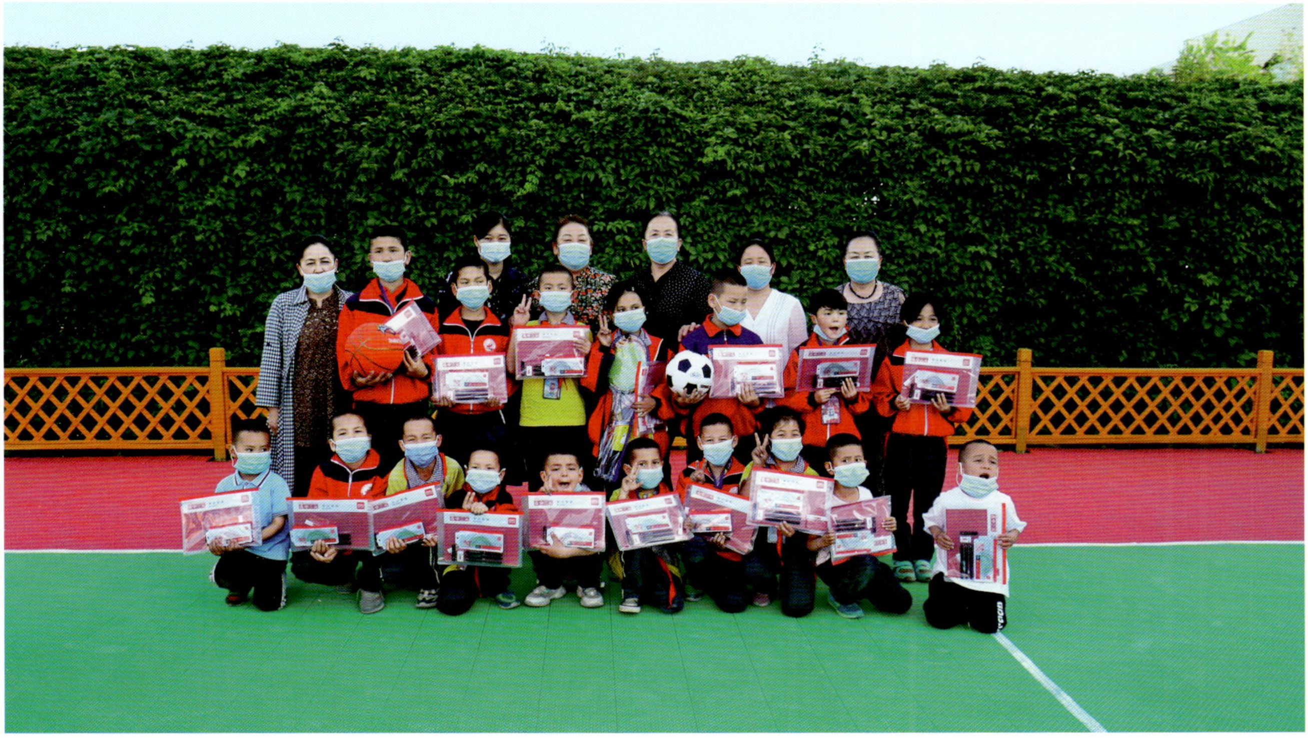

2021年，和硕县开展“学党史 办实事 关爱困难儿童”活动（党史教育办公室　提供）

2021年3月22日，和硕县乌什塔拉回族民族乡第十六届党员代表大会开幕（融媒体中心　提供）

2021年12月11日，和硕县新塔热乡布茨恩查干村组建“马背巡逻宣讲队”，把党的声音传播到牧场深处、牧民家中
（麦尔当·黑尼 摄）

2021年12月10日，自治州学习贯彻十九届六中全会精神宣讲团在和硕作报告（苏强 摄）

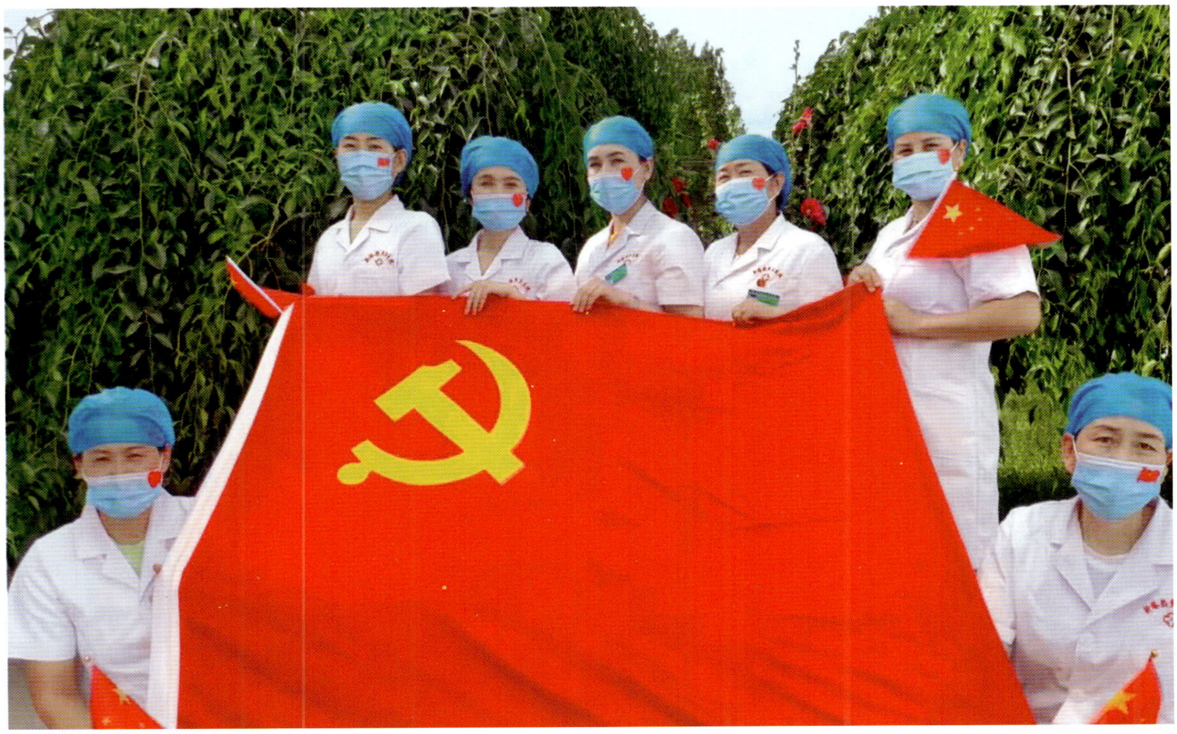

2021年7月，和硕县新塔热乡卫生院喜迎建党100年活动（欧力盖　摄）

2021年7月1日，和硕县侨联在“侨胞之家”举行“侨心向党 为党庆生”庆祝建党100周年插花活动（排孜丽耶　摄）

2021年7月1日，和硕县举办“光荣在党50年”纪念章颁发仪式（融媒体中心　提供）

2021年7月6日，和硕县召开庆祝中国共产党成立100周年座谈会，并表彰优秀共产党员、优秀党务工作者和县级基层党组织（融媒体中心　提供）

2021年6月19日，和硕县曲惠镇举办“光荣在党50年”纪念章颁发仪式（曲惠镇党办　提供）

2021年4月29日，和硕县新时代“访民情惠民生聚民心”驻村工作推进会（王子阳　摄）

2021年8月9日，和硕县农业农村局宣传小组在苏哈特村利用农闲时间宣讲党的惠民政策

（“访民情惠民生聚民心”办公室　提供）

2021年11月，巴州农业农村局驻和硕县特吾里克镇光明中心社区工作队为社区居民提供农业技术服务

（曾卫东　摄）

2021年12月20日，巴州农业农村局驻和硕县特吾里克镇光明中心社区工作队和辖区群众一同包饺子（王子阳　摄）

2021年3月30日，巴州人大机关与县人大机关工作人员在马兰红山军博园开展“民族团结一家亲”联谊活动（郝江涛　摄）

经济建设 》》》

2021年4月，和硕县成片的麦田展示着无限生机（确·胡热　摄）

2021年10月，和硕1466.67公顷棉花开始大面积吐絮迎来采收季，棉农抢抓有利时机采收棉花（加亚巴图　摄）

2021年8月27日，和硕县农业技术推广中心技术人员组织乡镇技术人员到乌什塔拉乡沙井子村谷子试验基地开展谷子种植技术交流（王桂霞　摄）

2021年6月，和硕县4533.33公顷冬麦陆续成熟进入收割期（农业农村局　提供）

2021年，和硕县乌什塔拉乡黄芩种植基地（李鹏举　摄）

2021年，和硕县种植66.67公顷的板蓝根长势喜人（龚其克加甫　摄）

2021年8月9日，和硕县苏哈特乡苏哈特村农业农村局宣传小组帮村民采收胡萝卜（龚其克加甫　摄）

2021年8月，和硕县866.67公顷新梅迎来成熟采收季，果农忙于采摘、销售新梅（李鹏举　摄）

2021年9月15日，和硕县农业农村局在乌什塔拉乡沙井子村新品种试验示范基地召开现场会，该试验地共有玉米新品种33个、辣椒新品种30个（陈晓丽　摄）

2021年7月18日，在和硕县苏哈特乡苏哈特村手工挂面厂，工人们对晒好的挂面进行精选（龚其克加甫　摄）

2021年10月，和硕县苏哈特乡苏哈特村的智慧观光温室大棚里绿意葱葱（排孜丽耶·吐尔洪　摄）

2021年，和硕县苏哈特乡在苏哈特村投资560万元建成占地面积1公顷地的智慧温室大棚（苏哈特乡　提供）

2021年8月26日，和硕县农机监理人员深入田间开展安全检验服务（许成　摄）

2021年12月2日，农机补贴操作人员在塔哈其镇为购机户上门核实机具（孟克吉日格　摄）

2021年，和硕县有石材加工企业25家，年加工石材板材185万平方米，以马兰红、粉红麻等为主。图为和硕县玉刚石材有限责任公司的工人们切割、打磨矿石原料（龚其克加甫　摄）

2021年，和硕县农资生产企业加足马力忙生产，保障春耕期间农资供应充足。图为和硕县开发区再生源塑业有限公司生产的地膜、滴灌带、主管水袋等（龚其克加甫　摄）

和硕县葡萄酒生产车间（龚其克加甫　摄）

2022年1月，新疆椒源生物科技有限公司年产5000吨辣椒红色素及食用辣椒产品产业项目在和硕县多式联运产业物流园建成并投产运行（龚其克加甫　摄）

2021年5月6日，清水河伯斯阿木水库进行施工期的防汛应急演练（郭敏　摄）

和硕县各大商场、超市货源充足，确保节日消费市场商品供应，满足居民消费需求。图为和硕县百顺生活超市货架上各类物资品种俱全（龚其克加甫　摄）

2021年5月，和硕县九洲·假日广场星光夜市面积1200平方米，有固定摊位18家、商店1家、临时摊位2家，日均人流量达到1000人左右。图为夜市摊主正在销售馕坑肉等（王荣罂玺　摄）

2021年7月16日，和硕2021文化旅游季在县城江南小镇美食广场展出的商品（王荣罂玺　摄）

和硕夜景（苏强　摄）

和硕县加快城镇老旧小区改造工程，图为改造后的小区（吴自有　摄）

城市亮化工程的实施（苏强　摄）

2021年，和硕县314国道县城段路面改扩建项目完工后，一条笔直的双向六车道映入眼帘。扩建路段总长度为2.8千米，总宽度达到25米，通行能力相比以前大大提升（李鹏举　摄）

2021年6月，和硕县新塔热乡至博湖县塔温觉肯乡克日木哈尔村公路改建项目全面完工，正式通车（麦尔当·黑尼　摄）

和硕县城道路改造（住建局　提供）

2021年8月，华祥特色林果种植专业合作社的新梅采摘现场，主播正在向全国各地的粉丝进行新梅直播推介（李鹏举　摄）

2021年10月25日，苏哈特乡进行农产品电销首播
（赛尔吉玛　摄）

和硕县深入推进快递进乡村工作落地、落实，以具体举措真正打通快递进村、服务群众“最后一公里”
（融媒体中心　提供）

旅游（节庆）

2021年6月，和硕县餐饮协会举办第一届特色鱼宴品鉴会。14家餐厅参加竞技，30余道精心烹制、各具特色、口味不一的鱼类菜品供大家品尝（融媒体中心　提供）

2021年7月18日，和硕2021文化旅游季——大师技艺展示暨名厨邀请赛（苏强　摄）

2021年9月10日晚，新疆·巴州葡萄酒文化旅游推介会暨葡萄酒品鉴在和硕县葡萄公园举行（龚其克加甫　摄）

2021年8月17日，和硕县2021年文化旅游季在金沙滩旅游景区开幕（融媒体中心 提供）

和硕金沙滩（苏强　摄）

社会生活

2021年，和硕县新塔热乡党委为股民发放股权证书（温翠平 摄）

2021年6月1日，和硕县领导慰问希望之家的孩子们，与孩子们同庆“六一”儿童节（田红英 摄）

2021年9月10日，和硕县“赓续百年初心 担当育人使命”教师节表彰庆祝活动（融媒体中心　提供）

2021年9月17日，和硕县侨联在“侨胞之家”举办“弘扬传统文化 传承茶艺技能 引领健康生活”茶艺培训（吴东亮　摄）

2021年10月9日，和硕县组织开展“我和亲戚游家乡”活动（吐尔逊那衣·卡德　摄）

2021年10月6日，和硕县人民医院开展“中国南丁格尔志愿护理服务”义诊活动（傲吐海　摄）

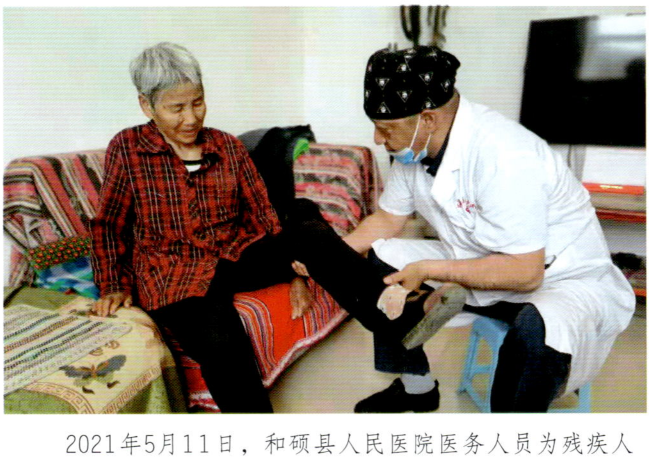

2021年5月11日，和硕县人民医院医务人员为残疾人上门开展残疾等级鉴定（残联　提供）

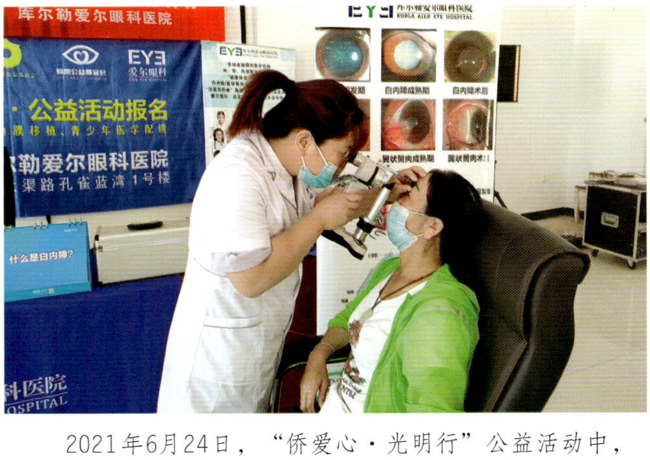

2021年6月24日，“侨爱心·光明行”公益活动中，库尔勒爱尔眼科医院在和硕县乃仁克尔乡乌勒泽特村进行义诊（盖欧图海　摄）

2021年1月21日，驻县的生产建设兵团二十四团召开精神文明建设工作会议。团领导为2020年荣获兵团文明单位、师市文明连队（社区）称号的先进集体颁发奖牌（张容　摄）

2021年8月9日，生产建设兵团二十四团与和硕县举行兵地公共文化交融共建基地挂牌仪式（张容　摄）

2021年9月，和硕县乃仁克尔乡乌勒泽特村工作队、村“两委”组织村民到服装厂就业（王子阳　摄）

2021年12月24日，和硕县技工学校糕点培训老师与学生一起做春卷（龚其克加甫　摄）

2021年，和硕县新塔热乡党委组织“志愿服务小分队”技术人员深入田间地头，服务群众（温翠平　摄）

2021年3月30日，和硕县乃仁克尔乡艾勒斯特村开展“情暖夕阳，关爱老人”志愿服务（党史办　提供）

2021年，和硕县新塔热乡农业技术服务小分队深入则格德恩阿茨村开展冬小麦灌浆期病虫害预防、土壤墒情分析等技术培训（温翠平　摄）

文化体育 》》》

2021年2月8日，和硕县两个节目入选巴州春节联欢晚会（文旅局　提供）

新疆艺术剧院木卡姆艺术团2021年“我们的中国梦”文化进万家石榴籽演出小分队在乃仁克尔乡乌勒泽特村演出（融媒体中心　提供）

2021年2月4日，新春走基层——和硕县文联走进消防大队（融媒体中心　提供）

2021年4月，和硕县高级中学举办田径运动会（马金玲　摄）

2021年5月2日，和硕县老干局举办“庆建党百年华诞 展银龄康乐风采”系列文化体育活动（马金玲　摄）

2021年7月22日，驻县的生产建设兵团二十四团举办职工运动会。图为篮球比赛活动现场（张容　摄）

2021年12月29日，和硕县开辟冰雪场地，推出适于群众参与的冰雪运动，各族群众在家门口就可以畅玩冰雪项目，助力冬奥（龚其克加甫　摄）

兰城遗址（融媒体中心　提供）

2021年5月4日，和硕县新塔热乡举办赛马运动会（融媒体中心　提供）

对口支援

2021年5月17日，和硕县人民医院与张家口市第五医院签订对口支援协议（崔经敏　摄）

2021年9月13日，生产建设兵团第二师张杂谷试验示范田测产现场会在二十四团召开。图为“杂交谷子之父”、张家口市农业科学院学术委员会主任赵治海（左）给与会人员介绍谷子生长情况（张容　摄）

2021年10月14日，和硕县举办第四批中期轮换援疆干部欢送大会（融媒体中心　提供）

大美和硕

2021年1月13日，和硕冬景（刘维兵　摄）

2021年9月15日，和硕秋雨后云雾绕山间（融媒体中心 提供）

2021年10月12日，和硕县新塔热乡胡杨林（融媒体中心 提供）

马兰红山军博园（苏强　摄）

和硕县巴克星沟（苏强　摄）

鸟瞰和硕县金沙滩景区湿地（苏强　摄）

新农村里稻花香（张权荣　摄）

目　录

重要会议

组　织

宣传工作

统战工作

网信管理

机构编制

机关党建

巡　察

老干部工作

党校教育

对口受援

和硕县人民代表大会

重要会议

人大监督

代表工作

专委会工作

和硕县人民政府

综　述

重要会议

综合政务工作

政务服务

脱贫攻坚成果提升

信　访

中国人民政治协商会议和硕县委员会

重要会议

协商议政

委员工作

中共和硕县纪律检查委员会和硕县监察委员会

重要会议

廉政教育

信访举报

监督监察

党纪执纪问责与监察调查处置

群众团体

和硕县总工会

共青团和硕县委员会

和硕县妇女联合会

和硕县科学技术协会

和硕县归国华侨联合会

和硕县工商业联合会

和硕县文学艺术界联合会

和硕县社会科学界联合会

军 事

人民武装部

武警中队

人民防空

经济管理

宏观经济管理

土地资源管理（自然资源管理）

财 政

税 务

市场监督管理

审　计

统　计

农业 · 水利

综　述

乡村振兴

种植业

林果业

畜牧业

农牧业机械化

农业产业化

水　利

工业·建筑业

综　述

矿产开采与加工

农产品加工业

电力工业

医药制造业

和硕经济开发区

建筑业

商　务

商贸流通

电子商务

物流业

供销合作

经贸合作

旅游业

综 述

旅游景区景点

旅游推介

旅游行业管理

银行·保险业

金融监管

银行业

保 险

交通·通信

公路运输

铁路运输

通 信

邮 政

城乡建设

规划设计

城乡建设与管理

房地产管理

生态环境与保护

环境质量

污染防治

生态保护

生态环境监管

教育·科技

教育综述

基础教育

职业教育

科学技术

气　象

文化·传媒·体育

公共文化

新闻出版　传媒

史志·档案

体　育

卫生健康

综　述

计划生育和健康服务

公共卫生与监督

疾病预防控制

县人民医院

民族宗教事务管理

民族事务管理

宗教事务管理

社会生活

就业创业

人力资源

收入与消费

社会保险

医疗保障

住房保障

社会事务管理

退役军人事务

应急管理

应急体系建设

安全生产管理

消 防

乡 镇

特吾里克镇

塔哈其镇

曲惠镇

乌什塔拉乡

乃仁克尔乡

苏哈特乡

新塔热乡

驻县单位

兵团二师二十四团

新疆清源农业发展有限公司（原清水河农场）

附 录

索 引

特　载

坚定不移贯彻落实新时代党的治疆方略 全面开启建设天山南坡高质量发展先行县新征程

——在中国共产党和硕县第十三次代表大会上的报告

张　峰

（2021年8月14日）

中国共产党和硕县第十三次代表大会，是在全县上下认真学习习近平总书记“七一”重要讲话精神，乘势而上开启和硕全面建设社会主义现代化新征程的关键时期，召开的一次承前启后、继往开来的大会。大会的主题是：坚持以习近平新时代中国特色社会主义思想为指导，深入贯彻党的十九大和十九届二中、三中、四中、五中全会精神，贯彻落实第三次中央新疆工作座谈会精神，组织全县广大党员，动员全县各族人民，坚定不移贯彻落实新时代党的治疆方略，牢牢扭住社会稳定和长治久安总目标，加快实施“五大战略”、打造“三区三基地”，全面开启建设天山南坡高质量发展先行县新征程。

过去五年工作回顾

过去的五年，面对错综复杂的宏观形势和艰巨繁重的稳定发展改革任务，我们坚持以习近平新时代中国特色社会主义思想为指导，全面贯彻落实第二次、第三次中央新疆工作座谈会精神，坚决落实区、州党委工作部署，团结带领全县各级党组织和各族干部群众，牢牢把握社会稳定和长治久安总目标，全力以赴保稳定、攻坚克难促发展、千方百计惠民生，成功经受住各种困难挑战和风险考验，交出了全面建成小康社会的合格答卷。

——五年来，我们坚定不移聚焦总目标，社会大局持续稳定。全面贯彻落实新时代党的治疆方略，坚持党政军警兵民协调联动，综合施策、标本兼治，持续打好“三场硬仗”“一场人民战争”、做到“三个联动”，确保了社会大局和谐稳定。全面正确贯彻党的民族宗教政策，常态化开展“民族团结一家亲”和民族团结联谊活动，成功创建为自治区民族团结进步示范县。意识形态工作责任制有效落实，社会主义核心价值观更加深入人心。扎实开展扫黑除恶、政法队伍教育整顿。平安和谐稳定的社会环境，让各族群众安全感、满意度持续提升，为经济社会发展提供了强有力的保障。

*——五年来，我们坚定不移贯彻新发展理念，经济实力持续增强。*乡村振兴全面推进，一、二、三产业融合发展，产业结构持续优化，一产比重下降到40%以下。五年来，全县生产总值从2015年的31.8亿元增加到2020年38.9亿元，年均增长5%。营商环境持续优化，制定《和硕县招商引资优惠政策及奖励办法》，瞄准东部沿海等重点地区和行业领军企业，实施产业链招商、节会招商、以商招商，重点引进延链补链、产业升级、综合发展项目157个，到位资金近80亿元，嘉宜矿业等一批企业落地投产，多式联运产业物流园区和新材料工业园区相继获批建设，为"十四五"经济高质量发展奠定了坚实基础。全面实施全域旅游战略，积极推进金沙滩、红蝶谷、马兰红山军博园开发建设运营，常态化开展文化旅游节，累计接待游客250余万人次，实现旅游收入4.7亿元，旅游业已成为富民强县的主导产业。

*——五年来，我们坚定不移深化改革开放，体制机制持续完善。*紧扣重点领域和关键环节统筹抓好各项改革，党政机关、乡镇、综合行政执法体制、事业单位等重点改革任务顺利完成。在全疆率先完成国有农牧场土地使用权确权登记发证工作。营商环境持续优化，完成行政服务中心标准化建设。全面实施"多证合一、先照后证"制度，90%以上行政服务事项实现网上办，非行政许可审批全部清零，市场主体办事更加快捷高效。深化农村改革，多要素联动推进农村土地"三权分置"改革，落实集体所有权，稳定农户承包权，放活土地经营权。建立县级领导常态化包联企业、政银企对接等长效机制。对外开放层级和质量不断提升，组织葡萄酒企业以"和硕产区"形式参加亚欧博览会、特色农产品推介会、全国糖酒商品交易会等，葡萄酒文化展示中心建成运营，"和硕葡萄酒"品牌影响力明显提升。

*——五年来，我们坚定不移贯彻以人民为中心的发展思想，民生福祉持续提升。*围绕群众"急难愁盼"问题，直接用于民生及与民生密切相关的财政支出达52.1亿元，连续五年占公共预算支出70%以上。城乡居民人均可支配收入分别由2015年的25348元、14228元提高到2020年的32807元、17028元，年均增长5.4%、6.5%。城镇登记失业率控制在2.8%以内。三级书记抓扶贫全面落实，防返贫长效机制不断健全。2个贫困村全部摘帽，现行标准下1462户4384名建档立卡贫困人口全部稳定脱贫。教育事业加快发展，"全面改薄"扎实推进，职业教育从无到有，国家通用语言文字教育教学实现全覆盖，建成国家义务教育发展基本均衡县。社会保障体系不断健全，居民最低生活保障应保尽保。完成棚户区改造5600套、公租房190套、安居富民工程1449套、老旧小区改造9个，超过1万名城乡群众住房问题得到解决。基础设施建设不断完善，县、乡、村三级路网建设达1300千米，电网改造400千米，城乡面貌焕然一新。全面推进城乡供水一体化，全县人民喝上安全水、放心水。完成新（扩）建医疗卫生基础设施10325平方米，全民免费健康体检累计惠及城乡居民18.8万人次。

*——五年来，我们坚定不移推进生态文明建设，生态环境持续改善。*认真学习贯彻习近平生态文明思想，打好打赢蓝天碧水净土保卫战，加大山水林田湖草沙冰保护力度。成功申报塔什汗国家湿地公园。严格落实河湖长制，坚持"节引调补蓄管"并重，地下水超采得到有效治理。污水处理厂完成提标改造，中水实现循环利用。伯斯阿木水库、八一水库除险加固工程有序推进。水资源环境不断优化，成功创建国家节水型城市。建立林长制，完成造林面积0.28万公顷，森林抚育0.22万公顷，生态底色越来越亮丽。城市"亮化"、道路"美化"、引水入城等暖心工程稳步实施，成功创建国家园林县城。深化"千村示范、万村整治"工程，投入4.5亿元，实施农村人居环境改善、美丽乡村建设。完成改厕7960户、庭院整治5817户，实现了经济效益与环境效益"双提升"，得到自治区、

自治州高度肯定，多次召开现场观摩会予以推广。各类环保督察整改全面完成，建设生态文明的战略定力和信心决心更加坚定。

——五年来，我们坚定不移推进区域协调发展，融合发展持续深化。坚持民生导向，援疆资金80%重点向扶贫领域和基层倾斜，累计投入资金6393.5万元，实施各类援疆项目44个。产业援疆、教育援疆、医疗援疆、扶贫援疆全面发力，精准对接“十城百店”产业援疆项目，农特产品商贸中心在张家口市开业运营。张硕两地“双结双促”活动深入推进，“组团式”援疆不断深化，112名援疆干部在教育、医疗、农业等领域无私奉献，有力支持了和硕经济社会发展。拥军优属政策有效落实，军民鱼水情谊更加深厚。兵地融合巩固发展，与二十四团在产业发展、项目建设、环境保护等方面紧密合作，形成全方位多层次的共建共享格局。

——五年来，我们坚定不移落实新时代党的建设总要求，政治生态持续优化。理想信念更加坚定，深入开展“两学一做”学习教育、“不忘初心、牢记使命”主题教育、党史学习教育，广大党员干部受到了深刻的思想洗礼、政治历练、党性锤炼，“四个意识”更加牢固、“四个自信”更加坚定、“两个维护”更加自觉。用人导向更加鲜明，选拔重用一大批在脱贫攻坚、维护稳定等重点工作中担当实干、实绩突出的优秀干部。基层组织更加夯实，整顿软弱涣散基层党组织，基层党组织政治功能和服务功能实现整体推进、全面提升。作风纪律更加严明，持之以恒贯彻中央八项规定及其实施细则精神，驰而不息整治“四风”“四气”。纪律监督、监察监督、派驻监督、巡察监督实现全覆盖。运用监督执纪“四种形态”批评教育帮助和处理干部1702人次，党风政风民风焕然一新。核心作用更加彰显，县委常委会定期听取人大常委会、政府、政协、法院、检察院党组工作汇报，积极支持人大、政协依法依章履职，不断壮大爱国统一战线，充分发挥群团组织桥梁纽带作用，合力奏响了新时代奋进最强音！

五年来，我们坚持把党的治疆方略、新发展理念与和硕实际紧密结合，创造性开展工作，既收获了丰富的实践成果，更创造了宝贵的历史经验：必须坚持把讲政治放在首位，坚决在思想上政治上行动上同以习近平同志为核心的党中央保持高度一致，增强“四个意识”、坚定“四个自信”、做到“两个维护”；必须坚持新时代党的治疆方略，牢牢扭住社会稳定和长治久安总目标，坚持依法治疆、团结稳疆、文化润疆、富民兴疆、长期建疆，保持社会大局持续稳定长期稳定；必须坚持贯彻落实新发展理念，坚持不懈地调整产业结构，加快构建具有和硕特色的现代化经济体系，实现更高质量、更有效率、更加公平、更可持续、更为安全地发展；必须坚持以人民为中心，把维护好群众利益作为我们一切工作的出发点和落脚点，紧贴民生推动高质量发展，将改革发展成果落实到改善民生上、增进团结上；必须坚持生态保护第一，把生态文明建设摆在更加突出位置，加快构建适应绿色发展的空间体系、产业体系、城乡体系和制度体系，为子孙后代留下更多生态财富；必须坚持党的领导不动摇，自觉担负起从严管党治党的主体责任，把全县各级党组织建设成为推动稳定发展改革的坚强领导核心，把党员干部心思精力集中到干事创业上来，确保和硕各项事业始终沿着正确方向前进。这些成功经验是我们的宝贵财富，只要坚持好、继承好、发扬好，我们就能在新的历史征程中，推动新发展，取得新成就。

同志们，回顾过去的五年，成绩来之不易，我们深感欣慰、倍感自豪。这些成绩的取得，离不开以习近平同志为核心的党中央和自治区、自治州党委的正确领导，离不开历届县委的接续奋斗，离不开全县3800余名共产党员和5万名干部群众的团结拼搏，离不开对口援疆省市和各界朋友的鼎力支持。在此，我代表中共和硕县第十二届委员会，向所有为和硕稳定发展付出艰辛努力、作出重要贡献的同志们、朋友们，表示衷心的感谢并致以崇高的敬意！

同志们，思危方能居安，知忧才能克难。在肯定成绩的同时，也要清醒地认识到，我们发展中的一些深层次、结构性矛盾仍未得到根本解决，前进道路上还存在许多困难和挑战。主要表现在：面对维护稳定新形势，还有诸多新情况新问题需要解决，社会治理体系和治理能力与新形势的要求还有较大差距；面对经济发展新常态，产业结构还不够优、城乡融合还不够紧、发展环境还不够好、服务意识还不够强；面对人民群众新期待，教育、医疗、住房、物业等公共服务供给能力还有差距；面对全面从严治党新要求，部分干部作风素质还不适应，党风廉政建设和反腐败斗争仍需持续发力、久久为功，等等。全县各级党组织和全体党员干部要增强忧患意识，坚持问题导向，努力在全面建设天山南坡高质量发展先行县新征程中把各项工作做得更好！

今后五年工作部署

今后五年，是我国开启全面建设社会主义现代化强国的第一个五年，也是和硕巩固社会稳定基础、紧贴民生推动高质量发展的关键五年。综合党中央和自治区、自治州党委对当前形势的分析判断，未来五年，我们将处于战略叠加的机遇期，风险挑战的承压期，蓄势转型的突破期，要顺应时代发展大势，把握难得历史机遇，走出创新发展新路，牢牢把握未来高质量发展的主动权。要深刻认识到，我们正处于战略叠加的机遇期。从国外看，世界百年未有之大变局加速演进，国际力量对比深刻调整，“东升西降”的历史潮流浩浩汤汤、不可阻挡，时与势都在我们一边。从国内看，在以习近平同志为核心的党中央坚强领导下，我们在中华大地上全面建成了小康社会，中华民族伟大复兴向前迈出了新的一大步，以国内大循环为主体、国内国际双循环相互促进的新发展格局加快形成。从自身看，丝绸之路经济带核心区建设、西部大开发、对口援疆等多重叠加战略的深入实施，一系列政策红利、稳定红利、改革红利、发展红利持续释放，营商环境的持续优化、矿产资源的开发利用、光伏政策的倾斜、延链补链强链项目的引进为我们更大范围、更高层次配置要素资源提供了坚实基础。只要我们乘势而上、主动出击，就一定能让未来五年成为大有作为的黄金发展期。要深刻认识到，我们正处于风险挑战的承压期。经济全球化遭遇逆流，单边主义、保护主义思潮暗流涌动，全球产业链供应链面临重塑，不稳定性不确定性明显增加；国内经济转型发展压力加大，政治安全、经济安全、社会安全等面临新的考验，影响稳定发展改革的各种矛盾不断凸显；区域竞争态势更加激烈，发展格局日趋分化，我们一旦落后就有被边缘化的风险。全县党员干部必须客观理性审视外部竞争和自身不足，切实增强紧迫感和危机感，下更大决心练好内功，吃更多辛苦赢得主动。要深刻认识到，我们正处于蓄势转型的突破期。自治区党委高度重视巴州在全疆及南疆的重要战略地位，明确提出巴州要打造成“一区一中心一枢纽五基地”、实现“三个走在前列”。作为南疆第一站、巴州“东大门”，和硕资源禀赋独特、生态环境优良、比较优势明显，具有广阔发展空间，蕴含巨大发展潜力。更为重要的是，在宏观经济下行巨大压力的考验下，广大党员干部深化了对经济发展规律性的认识，驾驭经济工作的能力日趋成熟；最为关键的是，我们的干部队伍团结进取，求真务实。天时、地利、人和，和硕的资源优势一定能够转化为强大的后发赶超优势。

今后五年的指导思想是：高举中国特色社会主义伟大旗帜，坚持以习近平新时代中国特色社会主义思想为指导，深入贯彻党的十九大和十九届二中、三中、四中、五中全会精神，增强“四个意识”，坚定“四个自信”，做到“两个维护”，全面贯彻党的基本理论、基本路线、基本方略，统筹推进“五位一体”总体布局，协调推进“四个全面”战略布局，贯彻落实第三次中央新疆工作座谈会精神，完整准确贯彻落实新时代党的治疆方略，牢牢扭住社会稳定和长治久安总目标，坚持依法治疆、团结稳疆、文化润疆、富民兴疆、长期建疆，坚定不移贯彻创新、协调、绿色、开放、共享的新发展理念，坚持稳中求进工作总基调，以推动高质量发展为主题，以深化供给侧结构性改革为主线，以改革创新为根本动力，以满足人民日益增长的美好生活需要为根本目的，以推进社会治理体系和治理能力现代化为保障，统筹发展和安全，实施“五大战略”，打造“三区三基地”，加快建设现代化经济体系，加快融入新发展格局，实现经济行稳致远、社会安定和谐，全面建设天山南坡高质量发展先行县，努力为建设团结和谐、繁荣富裕、文明进步、安居乐业、生态良好的新时代中国特色社会主义新疆作出和硕贡献。

今后五年的奋斗目标是：社会稳定成果进一步巩固，经济质量效益进一步提升，改革开放步伐进一步加大，民族团结根基进一步牢固，社会文明程度进一步提高，生态环境质量进一步改善，民生福祉水平进一步提升，综合治理体系进一步完善。“五大战略”顺利实施，“三区三基地”基本建成。“十四五”期间，地方生产总值年均增长8%以上，固定资产投资年均增长10%以上，一般公共预算收入年均增长6.5%以上，城乡居民人均可支配收入增幅与经济增长速度同步。

同志们，回首过去，我们豪情满怀，一代又一代和硕儿女拼搏进取，在这片热土上创造了不平凡的业绩；展望未来，我们信心百倍，全面建成社会主义现代化和硕、建设天山南坡高质量发展先行县的光荣使命，激励着我们砥砺前行！在新的长征路上，全县各级党组织和广大党员干部要大力弘扬伟大的建党精神，传承好共产党人的光荣与梦想，增强忧患意识，永怀赤子之心，高扬奋斗精神，以攻坚克难的勇气、百折不挠的韧劲、真抓实干的作风，加快建设幸福美好新和硕！

一、坚持以维护稳定为硬任务，努力实现长治久安

习近平总书记在第三次中央新疆工作座谈会上的重要讲话，从战略和全局高度谋划推进新时代新疆工作，必将引领新时代新疆工作沿着正确方向行稳致远，是我们必须长期坚持的指导思想和行动指南。全县各级党组织要深入贯彻落实习近平总书记重要讲话精神，完整准确贯彻新时代党的治疆方略，牢牢扭住社会稳定和长治久安总目标，多谋长远之策，多行固本之举，牢牢守住大局稳定基本盘，努力开创和硕稳定发展新局面。

（一）坚定不移打好反恐维稳主动仗，推动社会大局持续稳定长期稳定。（略）

（二）坚定不移做好意识形态领域工作，深入开展文化润疆工程。一是牢牢掌握意识形态工作领导权。全面贯彻落实中央关于加强意识形态工作的决策部署，旗帜鲜明坚持党管宣传、党管意识形态、党管媒体，坚定不移举旗帜、聚民心、育新人、兴文化、展形象，确保意识形态工作的正确政治方向。广泛宣传关于新疆工作的“四个白皮书”，教育引导各族干部群众树立正确的国家观、历史观、民族观、文化观、宗教观。二是加快实施文化润疆工程。持续深入开展“习近平新时代中国特色社会主义思想进万家”活动，推进实施“西新工程”“东风工程”“农家书屋工程”。加强新时代文明实践中心和县级融媒体中心建设，建立完善文明实践中心、所、站、点四级联动机制，推进党员干部现代远程教育网络优化升级。广泛开展社会主义核心价值观和中国梦宣传教育，持续推进“中华经典诵读工程”“广电精品润疆工程”，推动中华文化元素和标志性符号进文化馆、博物馆、图书馆等公共文化机构、进基层文化阵地、进旅游景区。

（三）坚定不移巩固发展民族团结，促进宗教和睦和谐。一是铸牢中华民族共同体意识。深入开展“民族团结一家亲”和民族团结联谊活动，广泛开展全国民族团结进步示范县创建活动，进一步增强各族群众对伟大祖国、中华民族、中华文化、中国共产党、中国特色社会主义的认同，使“三个离不开”的理念更加深入人心，让各民族手足相亲、守望相助。二是加快构建互嵌式社会结构和社区环境。全面落实关于建立各民族相互嵌入式的社会结构和社区环境的意见，坚持从居住生活、工作学习、文化娱乐等日常环节入手，大力发展城镇互嵌式社区，把互嵌式乡村建设纳入乡村振兴规划，有计划、分批次地打造不同类型的互嵌式示范小区和示范村镇，鼓励各族群众交流互动、融合发展、共事共乐。三是积极促进宗教和睦和谐。全面贯彻党的宗教工作基本方针，坚持宗教中国化方向，依法保障信教群众的正常宗教需求和正常宗教活动。严格落实《新疆伊斯兰教教务活动手册》。

二、坚持以经济建设为中心，全力推动经济高质量发展

抓经济发展，必须明大势、掌大势，顺势而为。我们要坚持把推动高质量发展作为第一要务，完整、准确、全面贯彻新发展理念，主动融入新发展格局，实施“五大战略”，打造“三区三基地”，抢抓机遇、乘势而上，把和硕建设成为天山南坡高质量发展先行县。

（一）着力推进产业升级，构建高质量发展新体系。坚持一产上水平、二产抓重点、三产大发展，促进一、二、三产业融合发展。系统谋划产业链、科学布局创新链，推动形成企业集中、产业集聚、要素集约的现代化产业发展格局。着力构建产业强、企业强、创新强、品牌强、融合强“五强”现代产业体系，提高经济质量效益和核心竞争力。一是加快推进农业现代化。按照“稳粮退棉、优红强牧、促果兴特色”方向，深入推进农业供给侧结构性改革，促进农业“接二连三”。加快创建工业辣椒、葡萄、蔬菜产业的自治区级现代农业产业园，力争在全区率先实现农业现代化。实施优质粮食工程，加快实施现代种业提升工程。引导小麦、玉米种植向优势区集中，推广张杂谷、捷麦等节水作物种植。到2025年，粮食综合生产能力保持在2.8亿斤以上。打造“十万级”牛羊、“百万级”蛋禽养殖基地，加快建设畜禽屠宰加工、分割、包装、销售产业链。围绕“一乡一业”“一村一品”，加快设施农业提质升级。大力培育专业大户、农民合作社、龙头企业等新型农业经营主体。大力发展庭院经济，推广订单蔬菜种植，打好农业“生态牌”“绿色牌”“富硒牌”。二是加快推进工业现代化。围绕“三区三基地”建设，实施工业转型战略，推动优势产业转型升级。培育和引进龙头企业，构建特色优势产业体系。实施农产品加工业提升工程，加快发展辣椒、番茄、果蔬等农产品精深加工，打造特色农副产品精深加工基地。发展壮大葡萄酒产业。推广葡萄标准化种植技术，推进增产提质。大力发展与葡萄酒相关的酒庄经济、体验经济、文旅经济，引进制瓶、包装、瓶塞等配套产业，延长葡萄酒产业链，打造全国优质葡萄酒产区。推动传统优势产业转型升级，以石材精深加工为重点，推动石材产业向工艺制造、建筑装潢等创意设计高端环节发展，打造南疆最大的石材产业基地。培育发展纺织服装、药材加工、电子装备等新兴产业，增强产业承载力。加快推动新型建材、石英石和硅基新材料产业发展，建成非金属矿产资源深加工基地。三是加快推进现代服务业。深入实施全域旅游发展战略，强化提升“学马兰精神、赏金沙美景、食博湖野鱼、品和硕红酒”全域旅游发展新格局，保持旅游业增长势头，打造全域旅游发展示范区。立足“四个满意”，加强旅游基础设施建设，推动金沙滩、红蝶谷景区提质升级，不断丰富旅游业态，提升旅游服务能力，推动旅游业加快发展。力争到2025年，接待国内外游客达到100万人次，旅游总收入超过3亿元。充分发掘马兰红山旧址红色文化资源潜力，着力打造爱国主义教育基地、革命传统教育基地和党性教育基地。提升发展乡村旅游、民宿经济，合理布局建设城市综合体、特色商业街区，壮大商贸龙头企业和精品市场，培育发展“夜间经济”，全面提升服务品质，加快打造区域商业中心。加快住宿餐饮、文化教育、健康养老、家政服务等业态提档升级，不断满足群众多元化需求。引进大型物流企业，规划建设集货运、仓储、物流等为一体的商贸物流基地，完善城乡电商网络，争创国家电子商务进农村综合示范县，努力打造中巴经济走廊商贸物流基地。

（二）着力推进招商项目建设，培育高质量发展新动力。紧紧抓住国家推进丝绸之路经济带核心区和中巴经济走廊建设的历史机遇，主动融入大开发大建设，吸聚人流、物流、资金流、信息流、技术流，形成全方位开放发展格局。一是发挥产业园区“主力军”作用。科学确定“一区四园”主导产业、优势产业和支柱产业，最大限度保障园区土地、资金、科技、人才等要素供给，全面提升服务功能和承载能力，实现园区差异发展、特色发展、错位发展。引进具有竞争力的龙头企业，通过资金、技术、人才的引进，实现产业规模化、集约化发展，不断壮大园区经济规模。坚持多元化融资、市场化运作、高起点规划建设，持续推进园区“七通一平”等基础设施建设，为产业项目落地创造条件。二是突出招商引资“主抓手”。围绕产业发展定位，大力实施强链延链补链行动，统筹推进补齐短板和锻造长板。精心绘制“招商地图”，采取委托招商、商会招商、会展招商、产业招商等多种模式，既面向区内外招引高质量项目，又鼓励支持现有企业扩展新领域、布局新项目，逐步形成产业链集聚效应，增强抵御风险能力。要凝聚招商合力，常态化开展招商引资专题培训，充分利用一切可利用的资源、调动一切可调动的因素、发挥一切可发挥的能量，形成“人人都是招商主体、事事都是招商形象、处处都是招商环境”的浓厚氛围。三是打造项目建设“主战场”。聚焦国家和自治区、自治州“十四五”规划、“两新一重”发展重点，超前谋划争取一批符合新发展理念和高质量发展要求的重大项目，健全完善项目库。积极推动项目“拿地即开工”，提前对重大工程、重点项目规划方案、条件等前期手续进行预审，以“最优化”的流程为重大项目开辟“绿色通道”。严格落实领导包联责任制，大力推行“店小二”式跟踪服务，千方百计协调解决项目建设难题，确保招商项目履约率、开工率和贡献率。

（三）*着力推进城市扩容提质，展示高质量发展新形象。*坚持以创建更高层级更高质量的文明城市为动力，切实把高品质要求贯穿城市规划建设管理全过程，全面提升城市的辐射力、带动力和影响力。一是高起点做好城市规划。立足和硕县自然和社会经济发展基础，高标准高质量编制好国土空间总体规划、详细规划和各专项规划，处理好保护与开发、城镇与乡村、城市与产业的关系。积极融入自治州“一区一中心一枢纽五基地”发展定位，强化与周边地区协同、融合发展，构建“东联、中融、北接”的区域融合发展格局。强化规划刚性约束，切实维护规划的权威性、严肃性，确保“一张蓝图”绘到底。二是高标准实施城市建设。推进以人为核心的城镇化，以科学规划为先导，以产业发展为支撑，以促进人口集聚、县城扩容提速为重点，着力提升城镇功能品质。以健全城镇功能和改善人居环境为重点，完善城市绿化、路网、卫生、地下管网等市政基础设施，提升城镇宜居水平。鼓励社会资本参与公共停车场、充电桩、5G通信、智能快递柜等设施建设，促进市政公用设施提档升级。三是高水平推进城市管理。实施“清洁城市、清洁农村、清洁家园”行动，大力开展环境综合整治，有序推动绿化、美化、净化、亮化工程，精心营造大气、整洁、有序的城乡面貌。加快构建公安、交通、应急等视频监控网络，推动人防技防相结合，不断提升“智慧城市”管理水平，让城市既有“面子”更有“里子”。深化城市管理体制改革，推动城市管理向城市治理转变，不断提高精细化、规范化、智能化水平，让城市生活更方便、更舒心、更美好。

（四）*着力推进基础设施建设，夯实高质量发展新基础。*充分发挥有效投资对优化供给结构的关键性作用，聚焦交通、水利、能源、通信等重点领域，打造现代化基础设施体系。一是加强水利基础设施建设。按照“节水优先、空间均衡、系统治理、两手发力”的治水思路，加快推进博斯腾湖大型灌区和硕子灌区、清水河伯斯阿木水库、曲惠沟小型水库、博斯腾湖引调水等重大水利工程建设。推进危须河、布茨河、马兰河中型灌区等水利工程信息化管理提档升级，建设一批农田水利、安全饮水、水源保护工程，统筹解决好资源性缺水和工程性缺水问题，全面提升水资源保障能力。二是加强交通基础设施建设。立足构建现代交通体系，实施交通提升行动计划，启动通用机场项目建设，吸引社会资本方参与多式联运产业物流铁路运输专线建设。加快城乡交通一体化，推进乌什塔拉至金沙滩道路、环湖公路、S305线和硕至和静公路等一批道路建设，织密交通网。优化城乡一体化公共交通设施，完善加气站、城乡客运站布局，全面提升县城、景区交通便捷通达状况。三是加强能源基础设施建设。编制能源长远发展规划，优化能源结构和布局，全面推动能源技术进步。加强农村电网升级改造，完善新型农村电网，全面提升农村电气化水平。完善城乡天然气管网输配管道，实现乡镇和有条件的居民点全覆盖。加快光伏产业技术应用，积极争取光伏发电园区项目和指标，鼓励在产业园区、公共建筑屋顶等安装分布式光伏发电系统，争创国家绿色能源示范县。四是加强新型基础设施建设。依托公安视频监控平台和网络监控平台，推进“智慧和硕”建设，加快新一代信息基础设施建设，推进社会管理信息化。加强云计算、移动互联网、物联网、大数据等多种信息化手段在社会管理创新中的应用。推进5G、千兆光纤等基础网络建设，强化互联网、数据专用通道等关键设施布局，实现宽带、光纤覆盖到行政村和自然村。到2025年，5G网络重点区域覆盖率达100%。

*（五）着力推进乡村振兴战略，强化高质量发展新支撑。*全面实施乡村振兴战略，推动乡村产业、人才、文化、生态、组织五大振兴，努力实现农业高质高效、农村宜居宜业、农民富裕富足，打造乡村振兴先行示范区。一是巩固提升脱贫成果。严格落实“四个不摘”“八个不变”要求，建立健全解决相对贫困长效机制，巩固脱贫攻坚成果，推进全面脱贫与乡村振兴有效衔接。健全防止返贫致贫动态监测预警和帮扶机制，守住不发生规模性返贫底线。加强扶贫项目资金资产管理和监督，推动特色产业可持续发展。牢固搭建多层次民生兜底保障体系，努力让全县困难群众生活得到保障。二是全面推进乡村振兴。高质量编制乡村实用性规划，建立健全城乡融合发展体制机制，让农业成为有奔头的产业，农民成为有吸引力的职业，农村成为安居乐业的美丽家园。逐步扩大县域经济圈，将塔哈其镇、苏哈特乡融入县城经济圈，将乌什塔拉乡打造成为县城副中心。积极稳妥推进乡镇中心村建设。加快乡村资源与旅游业深度融合，推动以休闲观光、健康养老、林果蔬菜采摘为一体、民俗旅居配套的新型农村。大力发展“周末经济”“假日经济”，打造经济发展新的增长极。三是加快建设美丽乡村。巩固深化农村人居环境整治提升，推进农村厕所、垃圾和污水“三大革命”，实施人居环境整治五年行动，大幅提升农村居民生活品质。鼓励支持城镇人才、资金、技术、信息等资源流向乡村支持“三农”发展。进一步深化城乡融合发展，以道路建设为突破口，切实提升乡村公路通行能力，建设更高水平的国家级“四好农村路”。加快推进城乡教育、医疗、社保、文化等基本公共服务均等化，着力提升数字乡村建设水平，让城乡群众共享发展成果。

*（六）着力推进生态宜居战略，筑牢高质量发展新保障。*深入贯彻习近平生态文明思想，践行“绿水青山就是金山银山”的发展理念，像保护眼睛一样保护生态环境，像对待生命一样对待生态环境，让和硕大地蓝天常驻、青山常在、碧水常流。一是加快推动绿色发展。认真学习贯彻党中央关于“碳达峰、碳中和”的决策部署，积极推动绿色低碳发展。加快发展循环经济，提高资源利用效率和效益。鼓励园区、重点企业实施清洁化生产、低碳化改造，积极推进光伏、氢能等可再生能源开发利用项目，着力打造绿色发展样板。推进资源再生利用产业规范化、规模化发展，重点支持矿山尾矿再开发利用、废物交换利用、废水循环利用和污染物集中处理，建立循环型现代产业体系。实施全民节能行动计划，开展创建节约型机关、绿色家庭、绿色学校、绿色社区、绿色商超等行动，让生态优先、绿色发展理念成为全民行动和社会自觉。二是持续推进污染防治。深入实施蓝天、碧水、净土“三大行动”。加强大气污染防治，实施大气污染防治行动计划，推进散煤治理和煤炭消费减量替代，严格执行燃煤锅炉排放标准，推广以电代煤、“气电互补”等多元化供暖技术。加强水污染防治，严格落实河湖渠长制，稳步推进减水退地、井电双控、高效节水措施，确保经济社会发展与水资源、水生态、水环境承载能力相适应、相协调。加强土壤污染防治，加快农业面源污染防治，开展耕

地轮作休耕和质量提升行动，确保人民群众喝上干净水、呼吸清新空气，在优良的环境中生产生活。三是加强生态系统保护修复。坚持保护优先和自然恢复，统筹山水林田湖草沙冰系统治理，构建生态安全屏障。严格落实基本草原保护、草畜平衡和禁牧休牧制度，实施三北防护林和天然林保护、退耕还林还草、水土保持综合治理等生态修复工程，持续推进塔什汗湿地公园保护和建设。到2025年，森林覆盖率达到25.9%。

（七）着力推进重点领域改革，构建高质量发展新高地。坚持改革和发展深度融合，以改革创造经济新优势，以改革优化发展新环境，以改革惠及更多人民，最大限度激活发展潜能。一是激发各类市场主体活力。健全要素市场体系，深化农业农村、民生保障、电力、水利、土地、矿产资源等重点领域改革。建立亩产效益综合评价体系，推动经济发展质量变革、效率变革、动力变革。深化国有企业改革。完善国有企业公司法人治理结构，建立健全激励机制，强化绩效管理，坚持由管资产向管资本转变，提升国资监管方式的专业化和科学化水平。健全市场监管体系。全面落实“证照分离”改革，梳理整合改革事项清单，大力推进“一网通办”。二是深化财税金融体制改革。牢固树立“过紧日子”的思想，调整优化支出结构，大力压减一般性支出，突出保工资、保运转、保基本民生，加大对重点领域、重点改革、重点项目和关键环节的财政保障力度。发挥财政资金“杠杆”作用，扎实推进税收征管制度改革。深化金融体制机制改革，加大金融支持实体经济力度，有效防范和化解金融风险。改进预算管理制度，加强和规范政府债务管理，建立健全财政事权与支出责任相适应的制度。三是持续优化营商环境。持续深化“放管服”改革，推进“最多跑一趟、最快送一次”改革，加快实现就近办理、网上办理、异地可办。强化事中事后监管，全面推行“双随机、一公开”监管。建立健全招商引资责任代办和跟踪服务机制，做到“一个窗口对外、一站式审批、一条龙服务”。常态化召开政银企座谈会，严查损害发展环境的各种行为，努力打造效率最高、收费最少、服务最好的一流营商环境。深化“政银企合作”，畅通企业意见诉求直通渠道。落实领导干部与企业结对包联制度，积极构建“亲而有度、清而有为”的新型政商关系。

（八）着力推进对口援疆战略，增添高质量发展新动能。深入贯彻落实新时代党的治疆方略，始终围绕对口援疆任务目标，多点发力，形成全方位、多层次、广领域的援疆格局。一是完善援疆机制。加强与张家口市的政治、经济、文化交流，探索产业援疆、智力援疆和科技援疆新模式，推动两地优势互补、促进共同发展，构建产业、人才、科技、教育、文化、卫生等融合互动发展的援疆工作新格局。二是强化产业援疆。坚持把产业援疆作为增强自我发展能力的重要渠道，支持农产品精深加工、先进制造业及旅游业发展壮大。充分发挥张家口市在内地各省市商会的招商引商作用，做大做强“张杂谷”等产业，搭建农产品外销平台。开展形式多样的营销活动，持续推动和硕特色农产品进入内地市场。三是加大智力援疆。发挥援疆干部桥梁纽带作用，扩大张硕两地行政、行业、企业、文化、教育、商贸等多领域多层次的人员交流互访。推动科研、先进实用技术推广应用合作，助推对口援疆“升级加力”。深入开展张家口市与和硕“双结双促”活动，促进张硕两地资源互补、文化互通、民心互融。

（九）着力推进军地兵地融合，打造高质量发展新格局。加强宏观筹划和战略部署，拓展融合的深度和广度，提升融合的层次和质量，实现融合的制度化、常态化、长效化。一是推动军地兵地融合发展。支持国防和部队建设，完善双拥工作和军民共建机制，妥善安置复转军人，加强民兵、预备役工作，深化军地融合发展。坚持兵地一盘棋，加强重大生产力布局、市场体系建设、基础设施建设、公共服务等方面的统筹规划，主动对接二十四团产业布局和发展，形成产业错位互补发展格局，营造兵地经济融合发展、文化交融共建、维稳责任共担、民生实事共办、群众困难共帮、民族团结共创的良好局面。二是多层次宽领域共建共享。加快与二十四团在产业、基础设施、社会服务等方面的共建共享，推动交通、水利、电力、能源等基础设施与地方同步规划、同步建设、同步受益。加强与二十四团在环保规划、污染防治、环境监测等方面的合作，积极参与跨区域、跨流域的生态通道、生态屏障等重大生态基础设施建设，共同构筑绿洲生态安全屏障。

三、坚持以改善民生为根本，着力增进人民福祉

始终牢记“江山就是人民，人民就是江山”，始终把人民放在心中最高位置。坚守为民初心，践行以人民为中心的发展理念，切实办好人民群众最关心、最直接、最现实的实事好事。让发展实绩更有“温度”、惠民答卷更有“厚度”，让改革发展成果更多更公平惠及广大人民群众，努力让各族群众的钱袋子鼓起来、好日子火起来，生活一年更比一年好。

（一）坚持就业惠民。坚持就业优先，实施更加积极的就业政策，突出解决好城乡劳动力、就业困难人员、高校毕业生和退役军人等群体就业问题。大力发展服务业和劳动密集型产业，鼓励市场需求广、就业容量大、就业门槛低的家政服务、养老护理等生活性服务业发展，吸纳更多中低技能劳动者转岗就业。继续落实就业困难人员社保补贴政策，将就业援助政策措施向贫困户、农村“低保户家庭”等农村就业困难对象延伸，使城乡就业困难对象都能得到及时援助，就业困难人员就业率达90%以上。深化校企合作和产教融合，实现初高中未升学、未就业毕业生接受职业教育和技能培训全覆盖。“十四五”期间，城镇新增就业9000人次，农村富余劳动力转移就业42500人次，城镇登记失业率控制在2.8%以内。

（二）坚持教育惠民。全面贯彻党的教育方针，推进学前教育优质普惠、义务教育优质均衡、高中教育优质特色建设。引进一流教育机构，推进教育高质量、多元化发展。全面提升国家通用语言文字教育教学质量，实施中小学教学质量提升计划。完善本地教师到乡镇小学、幼儿园支教机制，办好乡村小规模学校和乡镇寄宿制学校，努力让每一个孩子都能享有公平优质的教育。抓好教师减负清单、“五项管理”和“双减”工作落实，切实减轻学生、教师、家庭负担。积极与疆内外职业技术学院对接联系，增加和丰富培养应用型、复合型、技术技能型人才的专门班次和内容。深化与张家口市教育合作，扎实推进教育人才组团式援疆，选派骨干教师到张家口市培训，全面提升教师能力和素质。利用好教育云台，努力构建“互联网+”人才培养新模式，推动信息时代教育管理能力和水平不断提升。

（三）坚持健康惠民。健全城乡居民医疗保险、大病医疗保险、医疗救助等制度。加强医疗卫生服务体系建设，优化医疗卫生资源配置，加大基层卫生资源投入，积极与疆内外医学院校、医疗机构联系对接，争取专家坐诊、远程诊疗，让各族群众在家门口就能享有更好的医疗服务。实施科学合理的分级诊疗制度，建立完善医联体和医共体运营模式。加快发展中医药事业。深入推进医疗人才组团式援疆，发挥河北省医疗卫生教育培训资源优势，建立团队带团队、专家带骨干、师傅带徒弟的工作机制，推进以全科医生为重点的基层医疗卫生人才队伍建设。抓好疫苗接种工作，常态化开展爱国卫生运动，不断提升科学防控、精准防控、依法防控水平。落实三孩生育政策及配套支持措施，促进人口长期均衡发展。大力发展体育事业，完善公共体育服务体系，推动全民健身与全民健康深度融合。

（四）坚持安居惠民。加快建立多元主体供给、多渠道保障、租购并举的住房制度，完善住房供应保障体系，促进房地产市场平稳健康发展。推进低密度住宅建设，改善各族群众的生活品质。稳步实施城镇棚户区和老旧小区改造，下大力气解决困扰老百姓多年的物业服务差、供热保障差等民生痛点。巩固提升农村抗震安居工程建设成果，推广使用新型建筑材料和建造技术，加快补齐农村住房配套设施短板，打造乡土特色和各具特点的农村建筑风貌，提升乡村宜居水平和群众居住质量，增强幸福指数。

（五）坚持社保惠民。按照兜底线、织密网、建机制的要求，全面建成覆盖全民、城乡统筹、权责清晰、保障适度、可持续的多层次社会保障体系。实施全民参保计划，将进城务工人员、灵活就业人员等群体纳入社会保障范畴。完善统一城乡居民基本医疗保险和基本养老保险制度，充分发挥社会保险对保障人民生活、调节社会收入分配的重要作用。统筹社会救助、社会福利、慈善事业、优抚安置等资源，完善最低生活保障制度，确保困难群体基本生活。加强退役军人保障体系建设，保障退役军人依法享有相应的权益。完善农村留守儿童、残疾人、孤寡老人关爱服务，落实基本生活保障、安全、教育、卫生健康等政策措施。创新服务模式、引进优质资源、丰富服务供给，推动养老服务专业化、规范化发展。

（六）坚持安全惠民。坚持总体国家安全观，健全完善国家安全风险研判、防控协同、防范化解机制。推进全民国家安全教育宣传，强化保密机要工作，持续增强全社会国家安全意识。健全突发公共事件应急管理体系，完善各类突发公共事件应急预案，常态化开展应急演练，加大对矿山、危险化学品、建筑、交通等重点行业领域和人员密集场所的安全隐患排查治理力度，有效遏制重大事故发生。健全综合防灾减灾体系，提升防灾减灾救灾能力。加强食品药品安全监管，确保人民群众饮食用药安全。全面实施“八五”普法，引导人民群众崇尚法治、遵守法制、捍卫法治。健全矛盾纠纷多元化解机制，完善信访制度，畅通和规范群众诉求表达、利益协调、权益保障渠道，构建源头防控、排查梳理、纠纷化解、应急处置的社会矛盾综合治理机制。加强经济、金融、粮食、能源、生态、网络、重要基础设施等领域安全工作，健全维护国家安全工作体系。

四、坚持以党的领导为核心，不断巩固党的执政基础

要将和硕建设成为天山南坡高质量发展先行县，必须毫不动摇坚持和完善党的领导，不断巩固党的执政基础。全县各级党组织要全面继承发扬伟大建党精神，深刻领会以史为鉴、开创未来的“九个必须”根本要求，贯彻落实新时代党的建设总要求，把全面从严治党要求贯穿于稳定发展改革全过程、落实到党的建设各方面，确保“十四五”规划纲要主要目标和任务顺利实现。

（一）着力加强思想政治建设。要强化理论武装。认真落实《关于新时代加强和改进思想政治工作的意见》，落实好领导干部常态化学习教育机制。通过理论中心组学习、干部夜校等方式，始终坚持把学习习近平新时代中国特色社会主义思想和习近平总书记系列重要讲话、重要指示批示作为重大政治任务，原原本本读原文、认认真真悟原理，学深悟透、融会贯通。进一步增强“四个意识”、坚定“四个自信”、做到“两个维护”，做习近平新时代中国特色社会主义思想的坚定信仰者和忠实实践者。要加强党内政治建设。胸怀“两个大局”，牢记“国之大者”，认真执行新形势下党内政治生活的若干准则，严格遵守民主集中制和请示报告制度，不断提高政治判断力、政治领悟力、政治执行力，始终在思想上政治上行动上同以习近平同志为核心的党中央保持高度一致，坚决做到拥护核心、紧跟核心、捍卫核心。

（二）着力加强干部队伍建设。全面贯彻落实新时代党的组织路线，严格执行“20字”好干部标准，注重坚持以德为先、任人唯贤、人事相宜，做到公心选人、公正用人、公道待人。把敢不敢扛事、愿不愿做事、能不能干事作为识别、评判、奖惩干部的主要依据，真正把想干事、能干事、干成事的好干部选出来、用起来，坚决把不在状态、得过且过和工作没起色、局面打不开、发展上不去的干部调整出去。加大年轻干部培养力度，实现年轻干部常态化配备、科学化培养、制度化运行。统筹做好妇女干部、少数民族干部、党外干部、离退休干部工作。健全干部培训常态长效机制，发挥党校主渠道作用，按照习近平总书记提高“七种能力”要求，大规模轮训党员干部，提高政治素养、领导能力和专业化水平。建立正向激励体系，以思想引领提振精气神、以价值实现激发源动力、以人文关怀增强归属感，形成崇尚实干、带动担当、加油鼓劲的浓厚氛围。落实容错纠错机制，坚持“三个区分开来”，旗帜鲜明为担当者担当、为负责者负责。

（三）着力加强基层组织建设。牢固树立重视基层、关心基层、支持基层的鲜明导向，从严落实基层党建工作责任制，深化基层党建述职评议考核，强化各领域党组织政治功能。深入实施“头雁”工程，注重在外出务工经商人员、农村创业致富带头人、返乡大学生、退役军人等群体中动员培养优秀党员担任村党组织书记。推进“两学一做”学习教育常态化制度化，以“三会一课”为基本制度，以党支部为基本单位，以解决问题、发挥作用为基本目标，推进基层组织标准化规范化建设，切实把基层党组织打造为教育党员的学校、团结群众引导政治方向的核心、攻坚克难的堡垒。大力加强农村、社区、机关、国有企业、“两新”组织等党建工作，扩大党的组织和工作有效覆盖，让党的工作触角延伸到基层的每个角落，让党的执政之基深深根植在服务群众的生动实践中。严把党员发展“入口关”，从源头上提高党员质量，严格党员教育管理监督，保持党员先进性和纯洁性。

（四）着力加强党风廉政建设。严格落实《中共中央关于加强对“一把手”和领导班子监督的意见》，注重坚持全面从严管理干部的思想、工作、作风、纪律，做到管到关键处、管住关键事、管在关键时。积极转变文风会风，持续精文减会，健全完善常态长效机制，切实为基层松绑减负。深入落实中央八项规定精神，坚决打好反“四风”持久战，保持力度、保持韧劲，决不讲例外、决不讲特殊，使好的作风成为党员干部的一种信念、一种习惯。坚持把纪律挺在前面。认真执行廉洁自律准则、纪律处分条例、问责条例，精准运用监督执纪“四种形态”，加强警示教育，抓早抓小、防微杜渐，使纪律成为管党治党的戒尺和不可逾越的底线。强化巡察整改和成果运用，加大审计和督查力度，实现巡察全覆盖、监督无死角。保持惩治腐败高压态势，严肃查处侵害群众利益的腐败问题，决不让腐败分子有藏身之地。加强纪检监察干部队伍建设，深化纪检监察体制改革，着力构建不敢腐、不能腐、不想腐的有效机制，持续释放正风反腐的正能量。

（五）着力加强党内民主建设。充分发挥县委统揽全局、协调各方的领导核心作用，集中精力谋全局、把方向、抓大事，全力构建和睦相处、和衷共济、政通人和的民主政治生态。加强对人大工作的领导，支持和保障人大依法履行职能。加强对政府依法行政的监督和制约，提升法治水平。巩固和发展最广泛的爱国统一战线，促进各党派、各民族、各团体和社会各界人士的大团结、大联合，动员社会各方面力量积极参与维护稳定、安全生产和经济高质量发展各项工作，汇聚起后发赶超振兴发展的强大合力。

同志们，昨天的奋斗铸就了今天的辉煌，今天的奋斗必将成就明天的荣光！一代人有一代人的使命，一代人有一代人的担当。站在新的起点，迈上新的征程，让我们更加紧密地团结在以习近平同志为核心的党中央周围，完整准确贯彻新时代党的治疆方略，牢牢扭住社会稳定和长治久安总目标，在自治区、自治州党委的坚强领导下，团结带领全县各族干部群众，以真抓实干、奋勇争先的担当和勇气，不忘初心、不负韶华，乘势而上、赓续前行，为奋力开启新时代全面建设天山南坡高质量发展先行县新征程而不懈奋斗！

政府工作报告

——2022年1月3日在和硕县第十八届人民代表大会第二次会议上

和硕县人民政府代县长 干 代

2021年工作回顾

百年征程波澜壮阔，百年初心历久弥坚。2021年是中国共产党成立100周年，也是和硕发展进程中具有特殊重要性的一年。一年来，面对艰巨繁重的稳定和发展任务，县人民政府坚持以习近平新时代中国特色社会主义思想为指导，深入贯彻落实党的十九大和十九届历次全会精神，贯彻落实第三次中央新疆工作座谈会精神，贯彻落实区、州、县党代会精神，扎实做好“3+1”重点工作，实现了社会大局持续稳定、经济社会健康发展。预计全县地区生产总值同比增长6.1%；规上工业增加值同比增长9%；全社会固定资产投资同比增长12%；社会消费品零售总额同比增长18%；城乡居民人均可支配收入分别增长5%、8%。顺利完成万元GDP能耗强度下降目标任务。

一是着力抓好三项重点工作，稳定防疫安全红利持续释放。

（略）

深入推进安全生产专项整治三年行动，开展全覆盖、拉网式安全生产大检查。聘请专家对重点企业进行风险隐患评估，有效提升企业本质安全水平。修订完善突发事件总体预案和专项预案，开展综合性应急演练5次。36家重点企业视频资源接入指挥平台统一调度监管。常态化开展食品药品安全检查和问题整治。启动第一次全国自然灾害综合风险普查。全县安全生产形势持续稳定向好，事故起数同比下降57.4%。

二是着力抓好三次产业，综合实力显著增强。全力保障粮食安全，粮食作物面积增长近0.6万公顷，玉米亩均产量突破吨级，冬小麦最高亩产达814千克，再创全州新高。建设育种基地800公顷。新增农民专业合作社、家庭农场19家，土地流转面积稳定在1.67万公顷，农业综合机械化率达到88.5%。新建温室大棚102座，“菜篮子”保障供应能力得到加强。稳定酿酒葡萄种植面积，葡萄酒产业发展基础更加稳固。规模化养殖步伐加快，肉羊养殖基地启动项目前期，兴牧源畜牧产业示范园开工建设。建成农业综合服务中心，启动农产品产业融合示范区建设。清水河伯斯阿木水库坝体工程完成81%。八一水库实现下闸蓄水。实施清水河城乡供水工程，新建改建输水渠道和管网40.5千米。完成高标准农田和高效节水0.53万公顷。

编制园区核心区规划，制定工业企业亩产效益评价管理办法，推动园区节约集约发展。完成新材料工业园区道路铺设和污水处理厂主体工程，建设清水河综合园区标准厂房7800平方米。推进农副产品精深加工，椒源生物建成投产，沁州黄小米项目落地建设，黄芩提取项目顺利签约。加强葡萄酒宣传推介，优化市场布局，销售额同比增长31.5%。矿产资源优势转化进程加快，银辉矿业顺利盘活，双吉矿业启动技改，锶矿完成采矿权开采方式变更。启动年产100万吨石英石原矿和30万吨石英砂提纯项目。国综能源50兆瓦光伏发电项目顺利落地，220千伏光伏汇集站启动前期。分行业选取后备企业进行扶持，新增规上工业企业6家。

持续加强旅游市场监管、完善基础设施，服务质量明显提升。与中旅签订合作协议，携手共同运营金沙滩景区。利用2000万元产业发展资金，启动金沙滩景区基础设施改造提升项目。大力发展红色旅游，推出红山核试验指挥中心旧址研学线路。举办文化旅游季和赛马、赛龙舟等活动，加大主流媒体宣传推介，旅游知名度进一步提升。全年接待游客63万人次，旅游总收入2.85亿元。拓展延伸苏哈特乡配送中心、供销社配送网络，搭建农超对接、定向配送平台。实施“快递进村进社区”工程，快递末端网点实现全覆盖。

*三是着力抓好城乡建设，基础设施更加完备。*新建棚改安置房296套，改造红石、龙驹两个老旧小区基础设施。扩建县城道路14.8千米，新建公交站台55座、公共停车场6100平方米，金沙滩路延伸段桥梁主体完工，314国道县城段拓宽为双向6车道。新装、更换路灯1521盏，加装各式灯箱1428个。改造老旧供水管网20.7千米。新建5G基站59个。完善滨水景观带露天游泳池、音乐水幕、观景台等设施。县城管道天然气全面贯通，四道班分输站项目如期完工。城乡一体化供水覆盖三乡三镇。新建改建县城公共厕所8座，完成农村问题厕所摸排。架设农村电网29千米。改造电采暖7万平方米。编制19个行政村村庄规划。投入5320万元完善阿尔文德尔文村、新塔热村等10个村的基础设施。新建富民安居房40套。新建改造农村公路117千米。

*四是着力抓好环境保护，绿色发展深入人心。*两家供热企业完成密闭煤场改造，空气环境质量优良天数比例达92.1%，排在全州首位。深入推进河湖整治三年专项行动，完成县城饮用水水源地划立治，水环境综合治理能力进一步提升。加强取用水行为监管，井电双控在线监控率达85%以上。推进土壤污染防治，回收残膜1.07万公顷，堆造有机肥30万吨，改良土壤2.67万公顷。完成植树造林506.67公顷，退化林修复166.67万公顷，退牧还草0.61万公顷。发动干部群众积极开展人居环境整治行动，县城内外、村庄周边、道路沿线、院内院外环境卫生全面改观。

*五是着力抓好民生改善，社会事业全面进步。*加大防返贫动态监测，新增“三类户”67户195人，精准制定“一户一策”帮扶措施，无一人返贫致贫。投入1.54亿元建成16个基础设施和产业类项目。脱贫攻坚各项政策顺利接续、平稳过渡。城镇新增就业1718人次，农村富余就业9318人次。完成技工学校标准化建设，改造实训基地6000平方米，规划设置专业22个，完成技能培训3526人。抓好校园安全，提升教育教学水平。规范“五项管理”，丰富课后服务，“双减”工作有效落实。收回两所民办幼儿园，开办县幼儿园三分园，入园难问题有效解决。完成职业高中规划选址。建成县人民医院急诊综合楼、传染病定点分院，公共卫生服务能力显著提升。城乡低保分别提高至每人每月570元、450元，发放临时救助金52万元。完善福利院设施功能，新增养老服务床位120张。围绕庆祝建党100周年和文化润疆主题，举行文艺演出、文献展览等活动70余场，参与群众近5万人次，党的声音传入千家万户。开展“相约冬奥·乐享和硕”冬季系列活动，群众体育文化生活更加丰富。建成新时代文明实践站所40个、科普馆10个，组建志愿服务队133支，打通宣传群众、教育群众、服务群众的“最后一公里”。

*六是着力抓好改革开放，营商环境进一步优化。*推广全程电子化业务，实行政务服务事项“五减一优化”，整合“一件事套餐”19个，事项办结时限进一步压缩。深化工程建设项目审批制度改革，一般社会投资项目办理时限缩减至90个工作日以内。政务一体化平台网上办事大厅覆盖全部乡镇。跨省通办高频事项达到112个。深化国企改革，构建形成“1+N”国有资本管理体系。农村集体产权制度改革全面完成。持续减轻企业负担，累计减税降费1221万元，协调解决中小企业信贷资金超10亿元。坚持“走出去、引进来”，德邦天一装饰装修材料、万良农业饲料加工等一批项目落地建设，累计招商落地项目45个，到位资金15.57亿元。张硕两

地“双结双促”活动扎实开展，在远程医疗、职业教育等领域广泛合作。实施援疆项目20个，到位资金3232万元。拥军优属政策有效落实，军民鱼水情谊更加深厚。与二十四团共同推进解决草场确权、行政区划调整等问题，支持兵团发展壮大。

*七是着力抓好政府自身建设，履职能力不断提升。*深入学习宣传贯彻习近平总书记在庆祝中国共产党成立100周年大会上的重要讲话精神和党的十九届六中全会精神，深化党史学习教育成果，扎实开展“我为群众办实事”实践活动，制定“10+10+N”项目清单，抓好86项民生实事办理，在实践实干中赢得了民心民意。主动接受人大法律监督、政协民主监督，办理人大代表议案建议33件、政协委员提案53件，满意率达98%以上。办理国务院“互联网+督查”和州长、县长信箱75件，群众反映的热点、难点问题得到及时解决。深入推进政府系统党风廉政建设和反腐败斗争，贯彻中央八项规定及其实施细则精神，进一步减轻基层负担、压缩“三公”经费，“四风”问题得到有效纠治。

各位代表，汗水浇灌收获，实干笃定前行，我们所取得的成绩，是以习近平同志为核心的党中央坚强领导的结果，是自治区、自治州党委和县委正确领导的结果，是县人大、政协和社会各界鼎力支持的结果，也是全县各级领导干部和各族人民群众同心同德、团结奋进、真抓实干的结果。在此，我代表县人民政府，向全县各族干部群众、公安干警、医护人员，向援疆干部、驻县部队、武警官兵，向各位代表、委员以及所有关心、支持和硕稳定发展的同志们、朋友们致以崇高的敬意和诚挚的感谢！

在看到成绩的同时，我们也清醒地认识到，发展进程中仍存在诸多困难和问题，主要表现在：三次产业发展不均衡，产业转型升级任务艰巨，发展质量亟须提升；财政收入持续低位运行，刚性支出增加，收支呈现“紧平衡”；教育、医疗供给和城乡基础设施建设存在不少短板，与群众的期盼仍有差距；部分改革举措没有落实到位，一些部门单位服务意识、法治意识不强，营商环境仍需改善；个别党员干部对政策研究不深不透，跑办对接不积极主动，落实力、执行力有待进一步增强。对此，我们必须做好充分的思想准备和工作准备，勇于面对困难、敢于担当作为、善于解决问题。

2022年工作部署

2022年是党的二十大召开之年，也是“十四五”规划实施的关键一年，面临新的机遇与挑战，我们要深刻把握县域经济发展的阶段性特征，坚定信心、奋发有为，推进各项工作再上新台阶。

2022年政府工作的总体要求是：坚持以习近平新时代中国特色社会主义思想为指导，深入贯彻党的十九大和十九届历次全会精神，贯彻落实第三次中央新疆工作座谈会精神，完整准确全面贯彻新时代党的治疆方略，牢牢扭住社会稳定和长治久安总目标，统筹发展和安全，坚持稳字当头、稳中求进，立足新发展阶段、贯彻新发展理念、融入新发展格局，以人民为中心推动经济高质量发展，扎实做好“六稳”工作、落实“六保”任务，在县委的领导下，不断开创和硕社会稳定和长治久安新局面，以优异成绩迎接党的二十大胜利召开。

经济社会发展的主要预期目标是：全县地区生产总值增长6.5%；全社会固定资产投资增长15%；一般公共财政预算收入增长7%；社会消费品零售总额增长8%；城乡居民人均可支配收入增长与经济增长保持同步。为实现上述目标任务，我们将重点做好以下工作：

一、聚焦总目标，推动社会大局和谐稳定。

（略）

二、坚持农业农村优先发展，深入实施乡村振兴战略。巩固拓展脱贫攻坚成果同乡村振兴有效衔接，围绕五大振兴强化举措、补齐短板，促进农业高质高效、乡村宜居宜业、农民富裕富足。

*巩固拓展脱贫攻坚成果。*保持帮扶政策、资金支持、帮扶力量总体稳定，加大防返贫监测和动态帮扶，发挥财政衔接补助资金作用，补齐产业发展、基础设施和公共服务短板，抓好就业提升和产

业带动，完善企农利益联结机制，用好防贫风险救助基金，坚决守住不发生规模性返贫的底线。

推进乡村产业振兴。坚持“稳粮、优红、兴果、强畜、促特色”发展思路，加快培育发展农业全产业链。扛稳粮食生产安全责任。坚持把保障好初级产品供给摆在突出位置，落实“藏粮于地、藏粮于技”战略，坚决遏制耕地“非农化”、防止“非粮化”，确保粮食面积稳定在1.33万公顷。调优种植业结构。发展高效节水农业，新建高标准农田和高效节水0.4万公顷，流转土地1.8万公顷，促进集约规模经营。以市场为导向，积极培育番茄、辣椒、蔬菜等主导产业做大做强，稳定发展小米、黄芩、甜叶菊等特色农作物，绘就“多彩农业”新画卷。做大设施农业。编制蔬菜产业发展规划，全力推进现代蔬菜产业“一园四区”建设，采取“政府统建”和“农户自建+金融支持+风险补偿”两种方式，以苏哈特乡、特吾里克镇为重点，培育形成以陆地蔬菜、小拱棚蔬菜为主的种植基地；以塔哈其镇为重点，培育形成以种苗生产、设施特色林果为主的种植基地；以曲惠镇为重点，培育形成以蔬菜育种、食用菌、果菜为主的种植基地；以乌什塔拉乡为重点，培育形成以叶菜为主的种植基地。延伸蔬菜分拣分级、物流配送等产业链，运营好区域性蔬菜交易批发市场。引进猕猴桃、人参果等设施林果新品种，发展旅游观光、休闲采摘等新业态。做精特色林果业。积极培育高端小众林果，大力发展以新梅、鲜食葡萄为主的特色林果业。组建新梅协会，编制新梅标准化生产技术规范，推广恐龙蛋、味厚等新梅优质品种，引导小宗果园有序流转，集中连片发展庭院林果，创建标准化生产示范园3个，新增新梅133.33公顷。引导合作社统一种植模式、技术标准、包装销售和品牌商标，提升新梅品质和品牌价值。做优葡萄酒产业。优化酿酒葡萄种植布局，有序恢复葡萄酒庄和基地等区域种植面积，重构产区优势。恪守“好的葡萄酒是种出来”的理念，高标准打造精品葡萄酒庄，落实产区葡萄种植、酿造标准化管理措施。鼓励酒协、酒企积极参与国内外知名葡萄酒展销会、大奖赛，持续扩大品牌知名度。做强农区畜牧业。用好金融机构支持政策，引进西门塔尔、杜泊等优质牛羊品种，加大品种改良力度，牛羊良种覆盖率分别提高15%、10%。支持兴牧源10万只肉羊和循环产业园项目建设，力争羊存栏量突破25万只。支持万良农业、鸿盛祥等企业扩大养殖规模，力争蛋禽存栏突破160万羽。塑造农业品牌。深化农产品标准化生产、品牌创建和质量安全监管，申报富硒地理标志及和硕辣椒、和硕番茄农产品地理标志认证，力争新增“三品一标”农产品3个以上。

推进乡村生态振兴。编制“多规合一”实用性乡村规划。高标准完成3个自治区级人居环境整治示范村和1个美丽乡村示范村创建。开展农村人居环境整治。深入实施村庄清洁行动，常态化开展国省道沿线、城乡接合部、兵地接合部等区域环境卫生整治，抓好院内院外“六件事”，开展“美丽庭院”创建活动，健全完善长效管护机制，保持环境干净整洁。采取“2+N”模式有序实施农村“厕所革命”，因地制宜推进污水处理。提升乡村绿化美化水平。完成325省道和硕段沿线绿化设计规划，稳步推进绿化造林。对村庄周边缺株断带、林相残破的防护林进行补植修护，加大乡村巷道和边角地、空闲地绿化美化，建成一批乡村小游园。加强农村基础设施建设。新建自然村硬化路12千米，改善路网24千米，强化农村公路日常管护。建设安居富民房86户。推进乌什塔拉乡天然气管网入户工程。改造农村电网58千米，实施“煤改电”500户以上。

提升乡村治理水平。推进乡村人才振兴。强化乡村人才服务保障，通过政策引导、乡情吸引、培育带动，调动各方面人才资源向基层。依托技工学校，深入开展实用技术培训和科普知识宣传，培育和带动一批“土专家”“田秀才”。推进乡村文化振兴。用好农家书屋、电影下乡等载体，丰富农牧民精神文化生活，积极培育文明乡风、良好家风、淳朴民风。推进乡村组织振兴。建强农村基层党支部，提高抓党建促乡村振兴的质量和实效，构建自治、法治、德治相结合的乡村治理体系，打造善治乡村、平安乡村。

三、培育壮大优势产业，推进工业强基增效。 完善工业园区基础设施，扶持企业做大做强，精准招商、强化服务，提升工业经济贡献度。

发挥园区主阵地作用。 坚持规划先行，优化“一区四园”产业布局。清水河综合园区重点发展劳动密集型产业，培育新兴业态，推动产城融合；多式联运产业物流园区重点发展农产品交易、加工、仓储、物流、冷链等产业，打造全疆最大的辣椒交易市场；新材料工业园区重点发展石灰石、花岗岩、新型建材加工业；光伏新能源园区重点发展集中式大型光伏电站和硅基产业。合理规划乡镇农产品初加工集中区，提升农产品增加值、带动农民就业增收。划定园区核心区，加快完善基础设施。抓好核心区水、电、路、污水处理等基本配套工程建设，实施清水河综合园区排污管网和多式联运产业物流园区核心区路网项目，推动多式联运产业物流园区生物质能工业蒸汽锅炉建设。推进园区重大项目，实现“筑巢引凤”。在清水河综合园区建设5万平方米标准厂房，在多式联运产业物流园区建成农产品产业融合示范区，提升项目承载力和招商吸引力。

突出发展重点产业。 在开发矿产资源上求突破。深化与天山矿业的战略合作，开展矿产资源普查，加大探矿权、采矿权出让力度。加强矿产资源管理，依法治理“圈而未探、占而不采”行为。延伸石灰石开发利用，支持嘉宜矿业实施厂外运输项目，加快和通矿业、德邦天一新型装饰板材项目建设，做好纳米级碳酸钙产业延伸，发展管材、涂料等制造业。加快铜、石英石矿产资源转化，支持双吉矿业完成技改，推动企业满负荷生产；加快石英砂提纯项目建设，力促年内建成投产，并争取工业硅项目恢复生产。在优化石材产业上做文章。推动大理石、花岗岩矿产资源向优强企业配置，实现“矿区初加工、园区深加工”，引导石材企业向工艺制造、建筑装潢等高端环节发展，鼓励发展石材雕刻，进一步扩大市场占有率、提升产品附加值，打造南疆最大的石材产业基地。在壮大农副产品精深加工上下功夫。按照“农头工尾、粮头食尾”模式，推进一二产融合发展。引进辣椒、番茄、黄芩等农副产品精深加工企业，启动生猪、家禽屠宰加工项目建设，布局冷链仓储设施，推进生产、加工、销售一体化经营。发展特色馕产业，制作小米馕等新口味品种，推进馕产业与旅游业、餐饮业、夜经济有机融合。

加大招商引资力度。 深化产业链招商。围绕农业、矿产等优势资源，引进上下游关键配套企业实现补链延链强链，缩短原材料和半成品运距，降低企业成本，形成特色产业集群。丰富招商方式。建强招商专班，深入研究区域特色产业发展趋势，制定招商目标企业清单、绘制招商图谱，推进以商招商、上门请商。提高招商项目落地率。对线索项目、签约项目专班跟进、持续服务，帮助企业开展项目前期，协调解决开工建设问题，以招商落地项目督办倒逼营商环境改善。营造良好招商氛围。落实招商引资优惠政策和奖励办法，压实乡镇、部门招商任务，构建亲清政商关系，形成人人招商的良好局面。

四、加快全域旅游发展，推进旅游产业提档升级。 精准把握旅游发展定位，持续完善基础设施，提升服务质量，丰富旅游内容，补齐旅游短板，逐渐实现全域游、全季游。

推动金沙滩景区建设。 加大旅游基础设施升级改造及重点休闲旅游项目建设，完善金沙滩景区供水、供电、供暖和道路基础条件，实施游客服务中心、生态停车场、智慧旅游系统等项目，修建多功能浮动码头，抓好旅游厕所建设管理。深化与中旅、新旅投等企业合作，共同抓好运营开发、推进项目建设。撬动社会资本参与景区建设，完善休闲旅游服务设施和功能，推进星空营地和水上娱乐项目。开展景区环境整治，提升景区整体形象和宾馆、饭店服务水平。

挖掘马兰文化内涵。 配合筹建马兰干部学院，征集整理红山军事科研基地红色经典故事，继承和弘扬马兰精神。建成党员干部党性教育基地、中小学生实践教育基地，逐步打造全疆爱国主义教育示范基地。发挥好自治州书法、美术、摄影等协会创

作基地作用，大力创作马兰主题作品，多层次、全方位宣传马兰精神。

丰富全域旅游内容。配合做好环博斯腾湖公路建设，规划实施县城至环湖公路连接路，增设步行道和自行车道，配套建设服务区、休闲驿站，加快融入全州旅游大战略。立足红蝶谷、龙驹游牧景区原生态自然风光，完善基础设施，着力发展亲子游、观光游。推进葡萄公园、滨河公园、博物馆创建3A级景区。提升葡萄酒庄内涵品质，打造精品酒庄2个、3A级酒庄1个，促进葡萄酒产业与旅游业协同发展。重点培育发展一批星级农牧家乐和特色民宿，积极开发农耕体验、田园观光、采摘垂钓等休闲农业。规划打造"水路环线"精品旅游线路，串联沿线景区景点，吸引游客从"过境游"向"过夜游"转变。

优化旅游产品供给。精心谋划文化和体育赛事，坚持"一周一活动、一月一赛事"，促进文旅融合、体旅融合。深化"旅游+文化"。举办文化旅游节、乡村采摘节、沙滩音乐会以及美食节、葡萄酒节等节庆活动，展示和硕独特文化魅力。开发蕴含民族文化、马兰精神的旅游商品，打造具有地域特色的"和硕礼物"。深化"旅游+体育"。开展春秋季骑行、长跑、赛马，夏季龙舟赛、飞车赛、沙滩排球赛，冬季冰雪赛、骆驼赛等赛事活动，打造区域赛事品牌，扩大赛事影响力，让旅游业淡季不淡、旺季更旺。

五、推进城市更新行动，建设宜居县城。补齐基础设施和公共服务短板，提升县城品质和精细化管理水平，建设宜居宜业县城。

优化县城设计。高标准修编县城详规、风貌设计，编制综合交通、园林绿化、美化亮化等实用性专项规划。将本地特色文化融入城市设计，完成县城出入口、重点街区等区域设计，加强标志性建筑设计审查。推进"多规合一"，强化规划引导和约束作用，充分体现和硕特色和时代风貌。

推进有机更新。完成城市棚户区征迁和6个老旧小区618户改造任务，推进无人管理、规模较小的临近小区整合，实施老旧建筑"穿衣戴帽"工程，增加小区停车场、充电桩等配套设施。深入开展净化、硬化、绿化、亮化、美化"五化"行动，完成高速出入口道路拓宽和园林景观改造，推动325省道县城段沿线老旧房屋改造出新、路面硬化。持续整治街面环境，规范县城主干道、国省道沿线商铺牌匾设计，统一公交、出租车车身设计和风格，逐步实现县城重点区域架空线入地敷设。科学搭配种植景观植被，全面提升园林绿化水平，实现城市裸露地绿化全覆盖。优化县城街道、标志性建筑物亮化设计，提升九洲假日、亨瑞市场商圈以及葡萄公园、滨水景观带等区域亮化效果。继续实施石材大道供水管网改扩建项目，加强小区饮用水二次供水监管，保障供水绝对安全。接入管道天然气，保障安全稳定运行。规划生活垃圾填埋场二期，推进生活垃圾减量和资源化利用。

提升精细化管理水平。用足绣花功夫管理城市，开展城市精细化管理"七大专项行动"。开展物业服务提升行动。合理调整物业管理费，实现住宅小区物业服务全覆盖，发挥业主委员会作用，强化日常监管，提升服务质量。开展"两违"拆除行动。全面摸排违规自建房和临时建筑，依法依规彻底拆除。开展市容市貌整治行动。整治临街门店占道和临时摊点经营行为，加大建筑工地渣土车辆管理，整治建筑垃圾乱倾倒行为。开展交通环境整治行动。做好文明交通劝导和规范执法，加大对非标电动车管理力度，治理车辆违法载人、乱停乱放、酒驾醉驾等行为。开展餐饮污染治理行动。县城规划区内严禁使用散煤，严格城区烧烤，确保油烟达标排放。开展文明养犬提升行动。规范居民养犬行为，解决流浪犬扰民"顽疾"。开展文明路创建行动。落实门前"五包"责任，规范经营行为，健全长效管理机制，常态化开展评比考核，提升群众文明素养，促进街道干净、市容整洁。

激活城镇消费潜力。依托江南小镇、入城水系，主打康养休闲、文化娱乐、特色美食消费。丰富九洲假日广场购物、餐饮、休闲功能。新建全民健身中心，重启电影院，满足各族群众运动、观影需求。开展小餐饮示范创建，打造服务示范店20

家。繁荣夜间消费，举办夜间演艺、美食烧烤、红酒品鉴等活动，打造独具特色的四季夜市。推动百货商超、特色小店延长营业时间，鼓励节假日期间“不打烊”，方便居民夜间购物。加强消费市场监管，强化消费者权益保护，优化消费环境。

六、着力改善生态环境质量，推动建设美丽和硕。践行“绿水青山就是金山银山”的理念，坚定不移走生产发展、生活富裕、生态良好的发展道路，持续推进生态环境改善和绿色低碳发展。

*加强生态环境保护建设。*强化国土空间规划成果应用，规范开发建设活动。依法查处环境违法案件，始终保持环境监管执法高压态势。加大大气污染防治。控制各类扬尘污染，强化秸秆综合利用和禁烧工作，确保空气质量优良天数比例保持在90%以上。建设经济开发区空气环境监测站，实时监测空气质量。加大水污染防治。压实河湖长责任，持续加大巡河和河道治理工作力度。强化源头预防和治理，加强工业企业排污监管。完成饮用水水源地保护建设，确保供水安全。加大土壤污染防治。实施矿区环境和固体废物堆场整治，从源头控制农业面源污染，保持农药、化肥负增长，力促残膜回收率达到85%以上。加大生态保护修复。严格落实草原禁牧休牧和草畜平衡制度，改良退化草场0.2万公顷，围栏草原0.33万公顷，促进生态植被有效恢复。全面落实林长制，新增绿化造林100公顷、封育0.13万公顷，提高森林覆盖率和生物多样性。

*抓好水资源利用和保护。*构建以蓄水为基础、节水为关键、调水为补充的水资源利用体系。完成清水河伯斯阿木水库建设，提升八一水库水资源调度、运行管护水平，推进博斯腾灌区续建配套、乌什塔拉河前龙口引水枢纽除险加固等项目建设。依托清水河城乡供水工程，将地表水利用范围延伸至苏哈特乡和曲惠镇。严格落实《地下水管理条例》，加强地下水超采监管，强化取水许可管理，更新改造180眼机电井监测计量设施。大力发展节水农业，推广应用保水剂、精准灌溉等节水技术，提高农业用水效率。

*积极推动绿色低碳发展。*做好节能降碳工作，加强工业项目节能审查，对能耗达1000吨标准煤以上项目开展能耗评估和监测，从严控制新上高耗能项目，全面完成能耗“双控”目标任务。打造光伏产业园，力促50兆瓦光伏发电项目并网发电、220千伏光伏汇集站开工建设，并积极争取新增光伏指标。依托伯斯阿木水库，同步建设水电站，争取将抽水蓄能电站纳入上级规划。

七、坚定社会主义文化自信，深入实施文化润疆工程。

（略）

八、坚持以人民为中心，推进惠民工程落实落地。把70%以上的财政资金投入民生事业，增进民生福祉，办好民生实事，不断提升各族群众的获得感、幸福感、安全感。

*实施扩大就业工程。*突出抓好高校毕业生、退役军人、脱贫群众就业，通过挖掘内需、项目带动、支持创业等方式，促进本地劳动力就业。完成城镇新增就业1800人次，农村富余就业9100人次。加大有组织转移就业人员服务管理。严格落实《保障农民工工资支付条例》，依法保障劳动者合法权益。

*实施教育提升工程。*加大优质教育资源供给，继续开展校长、教师交流轮岗，推动义务教育优质均衡发展。加快专递课堂、名师课堂建设进度，提升国家通用语言文字教育教学实效。全面落实“双减”和“五项管理”工作，做到校外减负、校内提质，促进中小学生健康成长。加快职业教育发展，改造实训基地，提升办学规模和质量。关心关爱教师成长，着力改善教师从教和生活条件，营造拴心留人的良好环境。

*实施全民健康工程。*加快县医院提标扩能、疾控中心标准化和中医院等项目建设。培养以全科医生为重点的基层医疗卫生人才队伍。积极与疆内外医疗机构联系对接，搭建远程医疗服务平台，发挥外请专家会诊、手术带动作用，培育打造临床重点专科，提高患者本地就医率。

*实施社保扩面提质工程。*强化养老、工伤、生育保险为重点的基本保障，进一步提高城乡基本

社会保险覆盖率。加快医保信息化建设，优化全民医疗保障体系。统筹社会救助、社会福利、优抚安置等资源，稳步提高困难群体最低生活保障水平。积极争取困境儿童保护中心和龙驹社区日间照料中心项目，做好“一老一小”生活照料服务。落实三孩生育政策，促进相关惠民政策与生育政策有效衔接。关心关爱妇女、儿童、残疾人等重点群体，保障合法权益。

实施公共安全保障工程。扎实推进安全生产“巩固提升年”各项工作，加大矿山、交通运输等领域执法检查力度，排查整治重点风险隐患。压实企业主体责任，推进企业安全生产标准化建设。探索燃气管网数字化建设，常态化开展管网维护检修，推进报警器和自动切断阀安装全覆盖。配齐消防救援装备，新建救灾物资储备库，提升应急救援能力。强化食品药品、特种设备和产品质量安全监管。加强极端天气、地质灾害、森林草原火灾等监测预警和应急处置，坚决防范和遏制重特大事故发生。

九、推动改革措施落实落细，增强发展动力活力。全面落实上级党委政府部署的各项改革措施，通过优化服务实现便企惠民。

深化“放管服”改革。全面实行政府权责清单制度，压缩、再造企业开办环节和流程，实现政务服务标准化、规范化、便利化。推进数字政府建设，依托自治区政务服务一体化平台，推动更多政务服务事项“一件事一次办”和跨省通办，让“数据跑路”代替“群众跑腿”。落实户政、交管、出入境46项便民利企措施。加速工程建设项目审批制度改革，强化部门信息协同共享。加快构建以“双随机、一公开”监管为基本手段，重点监管为补充，信用监管为基础的事中事后监管模式，对新产业新业态实行包容审慎监管。用好领导干部联系服务企业和年轻干部到企业挂职制度，健全企业家参与政策制定和企业困难诉求反映机制，帮助企业做好用地、融资等工作。加强知识产权保护，推进公平性竞争审查，保护民营企业、中小企业合法权益。

深化重点领域改革。推进国资国企改革。实施国企改革三年行动，完善国资监管体制，推动国有企业聚焦主责主业，整合优质资源，优化业务结构，改善收益水平，实现实体化运营。推进投融资体制改革。加强与农发行等金融机构合作，把优质资产资源金融化，争取“农地+”等政策性贷款，为全县重大战略、重大项目建设提供支撑。统筹用好一般债、专项债，稳妥化解存量隐性债务，严控债务风险。推进自然资源领域改革。将国有土地使用权出让收入、矿产资源专项收入划转税务部门征收。推行工业项目“标准地”出让制度，将投资强度、税收强度、能耗等指标作为土地招拍挂的前置条件，力争实现“拿地即开工”。全面推行工业企业亩产效益综合评价，依法依规整治淘汰“散乱污”企业。推进农村改革。完善农村产权制度和要素市场化配置机制，充分激发农村发展内生动力。完成农业水价综合改革，发展水权交易市场，促进农业节水和可持续发展。深化供销合作社综合改革，恢复4个乡镇基层供销社。

十、把握对口援疆工作重点，推进援疆工作取得更大成效。深入落实第八次全国对口支援新疆工作会议精神，用好援疆资金，坚持向民生和基层倾斜，规划实施一批文化、产业、科技等项目。

推进智力援疆。拓展“组团式”援疆，完善柔性引才机制，推进两地在远程医疗、职业教育等领域加强合作。

推进产业援疆。依托张家口市产业资源，吸引先进制造业、农产品精深加工和旅游企业到和硕投资兴业。借助张家口市“后冬奥”时代发展优势，在文旅融合、冰雪运动、宣传推介等方面加强合作。继续抓好捷麦等农作物品种对比试验，择优推广种植。

加强两地交往交流。创新开展“双结双促”，常态化推进张硕两地干部人才交流学习、挂职锻炼，推动各族干部群众多层次、多领域、多形式往来互动。

关心关爱援疆干部人才。对援疆干部人才政治上激励、工作上支持、待遇上保障、生活上关心、心理上关怀，增强援疆干部人才的荣誉感、归属感、获得感、成就感。

十一、牢固树立“一盘棋”思想，推进兵地融合发展。找准兵地融合的切入点和同频共振的契合点，弘扬军爱民、民拥军的光荣传统，巩固发展兵地军民团结奋斗的良好局面。

*支持兵团改革发展。*在社会稳定、经济发展、环境保护等方面交流合作，建立专项规划融合对接机制，加强重点项目协作配合，力争在气化乡镇、路网联通、安全饮水等方面取得实质性进展，将兵地融合的果实惠及各族职工群众。

*支持国防军队建设。*坚持经济建设与国防建设并重，加强国防教育，深化双拥共建，做好随军家属就业、退役军人安置、优抚政策落实等工作，在全社会营造关心、支持、参与国防建设的浓厚氛围。积极推进驻县部队周边居民“煤改电”工程，改善营区空气环境质量。支持和保障国防建设，帮助解决工程建设中存在的问题。

各位代表！党委有部署，政府抓落实。我们将把旗帜鲜明讲政治放在第一位，把推动工作落实作为政府工作的生命线，把为民务实清廉作为价值追求，深入推进政府职能转变，不断提升政府治理能力，以具体行动和实际成效，践行初心使命，诠释忠诚担当，努力建设人民满意的政府。

*突出政治引领，建设担当型政府。*以习近平新时代中国特色社会主义思想为指导，巩固深化党史学习教育成果，增强“四个意识”，坚定“四个自信”，做到“两个维护”，不断提高政治判断力、政治领悟力、政治执行力，完整准确全面贯彻新时代党的治疆方略，始终做到知责于心、担责于身、履责于行，勇于突破惯性思维和路径依赖，认真研究政策，主动请示汇报，强力推进落实，确保各项决策部署落地生根。

*坚持依法行政，建设法治型政府。*严格依照法定权限和程序行使职权、履行职责，自觉接受人大及其常委会法律监督和工作监督，主动接受人民政协民主监督和社会公众监督，切实做好人大代表议案建议和政协委员提案办理等工作。坚持法无授权不可为、法定职责必须为，健全政府重大决策合法性审查机制，完善政府法律顾问制度，让行政权力始终在法治轨道上运行。深入推进政务公开，以政府更加公开透明赢得人民群众更多理解、信任和支持。

*强化务实重行，建设高效型政府。*大力发扬钉钉子精神，树立真抓实干、埋头苦干的鲜明导向，落实“一线工作法”，做到情况在一线了解、问题在一线解决、工作在一线落实，以事不过夜、案不积卷的扎实作风和抓铁有痕、踏石留印的工作态度，攻坚克难抓推进、求真务实抓发展、雷厉风行抓落实，向不作为、慢作为亮剑，向低效率、低效能开刀，切实把县委的“规划图”变成“施工图”，确保各项工作高标准推进、高质量完成。

*持续转变作风，建设廉洁型政府。*深入推进政府系统党风廉政建设和反腐败斗争，严格履行“一岗双责”，加强国有资产、政府采购、公共资源转让等重点领域审计和监管，进一步扎紧制度“笼子”。加强干部作风教育整顿，以永远在路上的恒心和韧劲，持续纠治“四风”，厉行勤俭节约，力戒形式主义、官僚主义，让清正、清廉、清明成为政府的鲜明底色。

各位代表，时代赋予重任，奋斗铸就辉煌。让我们更加紧密地团结在以习近平同志为核心的党中央周围，在自治区、自治州党委、政府和县委的坚强领导下，大力弘扬伟大建党精神，勿忘昨天的苦难辉煌，无愧今天的使命担当，不负明天的伟大梦想，以史为鉴、开创未来，埋头苦干、勇毅前行，以优异成绩迎接党的二十大胜利召开！

大事记

1月

2日　和硕县委书记张峰调研南华化工试生产和清水河伯斯阿木水库工程导（截）流进展情况。实地查看水库工程导（截）流进展情况，听取南华化工有限责任公司负责人介绍企业试运行情况，检查安全生产管理责任制落实生产设备、消防设施运行情况，现场办公解决企业存在的困难。

5日　和硕县金石书法艺术创作交流基地在金石书法工作室挂牌，这是和硕县文学艺术界联合会首次为创作交流基地挂牌。

8—9日　和硕县通过自治区县域节水型社会创建达标建设验收。

10日　在首个“中国人民警察节”、国家第35个“110宣传日”，和硕县公安局联合指挥中心、法制大队、禁毒大队、刑警大队、交警大队、扫黑除恶办公室等部门相关负责人深入市场、街面、大型商场开展以“一心为民110，砥砺奋进新征程”为主题的宣传活动。活动期间，发放各类宣传资料2000余份，接受群众现场咨询1200余人次。

17—19日　政协和硕县第十五届委员会第六次会议召开，会议听取并讨论政府工作报告和其他报告及相关决议。大会征集委员提案90件，经并案和审查，立案64件，全部办复。

18—19日　和硕县第十七届人民代表大会第六次会议召开。审议通过和硕县政府、计划、财政、人大常委会、法院、检察院工作报告及各项报告的决议草案，审查批准《和硕县国民经济和社会发展第十四个五年规划和2035年远景目标纲要草案》。

29日　中国建设银行新疆区分行人员到和硕县考察座谈，双方就进一步深化政银企合作，搭建融资平台、提供智慧服务、线上农产品销售等事宜进行友好交流。

是月　和硕县国源物流园为进一步提升商户的诚信经营意识，在180余个经营户中，评选出26户商户，授予“诚信商户”牌匾。

是月　和硕县清水河伯斯阿木水库导（截）流成功。

是月　中泰集团考察团一行到和硕县参观考察座谈，围绕番茄深加工、石灰石加工、电石加工项目推进等工作深入交换意见、达成一致共识。

2月

14日　和硕县委书记张峰，县委副书记、政法委书记孟海峰，县委常委、统战部部长王永安看望慰问春节坚守岗位的县委机要局工作人员、县公安局110指挥中心公安民警、医院医护人员、龙驹宾馆（集中医学观察点）工作人员，向全县各族人民致以新春的祝福。

25日　和硕县阿力木养殖农民专业合作社理事长阿力木·依明江在全国脱贫攻坚总结表彰大会上被评为“全国脱贫攻坚先进个人”。

是月　和硕县葡萄酒文化展示中心正式建成并

投入运营。葡萄酒文化展示中心位于和硕葡萄公园内，占地面积2600平方米，展厅由“浪漫世界、诗意中国、神秘西域、纵情和硕”四大主题文化馆及负一层大厅共同组成。

是月 和硕县冠龙葡萄酿酒有限公司生产的尼爵有机干红葡萄酒在2020年新疆名优特农产品上海交易会上获得金奖。

3月

1日 和硕县召开2021年春季重大动物疫病防控动员部署会议。会议通报2020年重大动物疫病防控工作开展情况，安排部署2021年春季重大动物疫病防控工作。和硕县春防工作自3月1日开始，农区4月20日结束、牧区5月20日结束。

3日 和硕县召开党史学习教育动员部署会议，安排部署全县党史学习教育工作。

4日 和硕县党委经济工作会议召开。会议总结工作，分析形势，部署全年经济工作和农业农村工作，动员全县抢抓经济发展新机遇，培育发展新动能，全面实施“五大战略”，打造“三区三基地”，以新发展理念引领高质量发展，推动全县改革发展稳定工作取得新成效。

9日 在自治州2021年3月项目集中开工中，和硕县由雪山绿公司小米产业化开发、五维科技生产等6个项目集中开工。本次集中开工的6个项目总投资2.4亿元，涉及农业、教育、住房、电子组装等多个方面，对改善和硕县教育基础条件、推动农产品精深加工、促进和扩大就业、增强经济发展后劲具有重要意义。

11日 和硕县委书记张峰实地调研县城滨河景观带、公交站点设立、老旧小区改造和公共厕所维修等民生工程建设情况。

12日 和硕县召开慰问援疆干部人才座谈会。座谈会上，县委副书记郭丽娜介绍2020年援疆工作总体情况，援疆干部人才结合在疆工作情况谈体会、讲感受并提出意见建议。

15日 和硕县召开政法队伍教育整顿动员部署会议。

22日 和硕县召开2021年政银企座谈会，会议表彰和硕县“十三五”十强纳税大户和纳税十强工业企业。10家企业与4家金融机构现场达成一致，签订贷款协议。

是日 和硕县高级中学职高班20名师生赴河北省张家口市职教中心和机械工业学校教学进行为期3个月的实训。培训架起张家口与和硕两地职业教育友谊、沟通、资源共享的桥梁，进一步推动和提升职业学校教育教学水平。

26日 和硕县召开农田废旧地膜治理工作会议，部署全县农田废旧地膜治理工作

29日20时 和硕平原及山区持续出现降水天气。3月30日4时31分，降雨强度不断增大，暴雨预警信号从蓝色升级为黄色。截至3月30日18时，全县有7个监测站降水量已达50.0毫米以上，其中县城站降水量达60.3毫米，为1981年有记录以来最大降水量。

30日 和硕北部山区降暴雪，积雪厚度达到40~50厘米。和硕县委、县人民政府召集紧急会议，派出由主要领导带领的工作队，查看灾情为民解忧。查看村里的房屋、设施大棚、山区草场等受灾情况，现场解决问题；调运15吨饲草料为民助力赈灾。

是月 和硕866.67公顷新梅果树修剪工作全面展开，果农抢抓有利时机为果树修枝剪形。

是月 和硕众多骆驼养殖户忙于修剪驼毛，给骆驼换上春季新装。和硕凭借优越的天然草场资源优势，大力发展骆驼产业，和硕骆驼存栏量已达1500余峰。

是月 和硕县清水河滨河景观带正式通水。该项目位于和硕县城滨河路以东、清水河以西，总投资7000余万元，2020年8月开工建设。清水河滨河景观带长2432米，宽80~170米，占地面积为33.7万平方米，包括水上乐园、儿童乐园、音乐喷泉、游泳池、风景河等19项建设内容，是清水河河道保护建设项目之一。

4月

1日　和硕县启动植树造林活动，县四套班子和各单位各部门党员干部到葡萄公园、团结公园，参加春季义务植树活动。和硕县完成1.2万余株绿化苗木定植任务，新植的苗木添绿2万余平方米。

5日　和硕县委书记张峰带队在成都参加第104届全国糖酒商品交易会，并就和硕县酿酒葡萄种植、葡萄酒销售及葡萄产业发展方向与专家座谈交流。

是日　新疆芳香庄园酒业股份有限公司主办的"芳香庄园夜光杯新品发布会"在成都举行。

是日　和硕县特吾里克镇团结社区科普馆正式成立，这也是和硕县第一家面向公众的科普馆。

9日　和硕县委书记张峰一行到北京走访考察世界中餐业联合会、北京绿色金可生物技术股份有限公司，洽谈植物精深加工提取项目。

10日　和硕县个体私营经济协会第六届一次理事会在和硕县市场监督管理局三楼召开，会议通过个体私营经济协会章程，选举会长、副会长、秘书长、理事成员。

17日　和硕县0.67万公顷工业辣椒育苗移栽工作全面铺开。

22日　中国农工党中央联络工作委员会委员、国农智库院谢向英院长同国电中兴电力集团、中国初级卫生保健基金会、伊犁辰农生物技术有限公司负责人到和硕县考察，签订合作战略框架协议。

23日　和硕县关工委主任贺·赛尔杰被评为2020年全国关心下一代工作先进工作者。

26日下午　自治州在和硕县组织召开非煤矿山企业安全生产工作座谈会。

29日　和硕各乡镇举办乡村文化旅游节，开启群众夏日休闲模式，为全域、全季、乡村旅游助力增色。

是月　和硕县有序开展新型冠状病毒肺炎疫苗接种工作。

是月　和硕县曲惠镇实施农村饮水安全巩固提升工程，推进榆树园村、冬都呼都格村供水管网改造"暖心工程"，保障辖区各族群众安全饮用水。

是月末　和硕县开展"百万党员学党史、学习达人挑战赛"党史学习教育知识竞赛活动。全县群团、教科、卫生健康系统和特吾里克镇、乃仁克尔乡、塔哈其镇的6支代表队、18名选手参加竞赛。

5月

6日　自治区、自治州安全生产专家在和硕县开展2021年度安全生产"五进"及大排查、大整治巡回宣讲活动。

7日　和硕县召开巩固拓展脱贫攻坚成果集中排查动员部署会议。

17—20日　和硕县委副书记、县长哈热带队前往张家口市、北京市开展项目推介和招商引资和"双结双促"活动，分别与张家口市三生智慧农业有限公司、张家口市卫健委、第五医院、妇幼保健院洽谈签约，与国网综合能源服务集团有限公司对接签订投资协议书。

19日　和硕县委书记张峰到县高级中学职业教育教学点，调研实训基地建设情况。

19—20日　和硕县2019年开工实施的高标准农田建设项目通过验收。

24日　和硕县清水河伯斯阿木水库建设项目工程上游围堰填筑顺利完成，提前实现度汛目标。

25日　自治区关工委命名"马兰红山军博园"为"自治区关心下一代党史国史教育基地"。

26—27日　和硕县召开旅游发展专题会议。会议研究讨论金沙滩景区、马兰红山军博园和红蝶谷景区发展方案及农牧区旅游发展方向，听取葡萄酒文化展示中心、博物馆、滨河景观带及旅游附属设施建设进展情况汇报。

是月初　和硕县总工会、住房和城乡建设局联合举办建筑行业劳动和技能竞赛。竞赛以"建功十四五、奋进新征程"为主题，全县建设一线的5个代表队、61名选手参加比赛。

是月 和硕县新塔热乡“奋斗百年路 劳动铸辉煌”庆祝中国共产党成立100周年第四届赛马大会在布茨恩查干村举行。周边乡镇的100多名农牧民骑手参加比赛，比赛设置走马及跑马两个项目。活动吸引近1000名各族群众和游客驻足欣赏体验赛马会，感受和硕的美丽风光和风土人情。

是月 和硕县公安局交警大队开展“柔性”执法，首次启动“空中交警”无人机喊话执法。现场纠正电动车不佩戴安全头盔30余起，逆行12起，非法载人7起，占用机动车道行驶3起，取得良好的效果。

是月 和硕乡村集市相继开张，集市不仅给农牧民群众特色农副产品找到销路，还为增收致富发挥强力引擎作用。

是月 和硕县与新疆源疆新羊生态牧业有限公司签订育肥羊托管养殖模式再升级，养殖户只负责饲养的方式进行。

是月 在IWSC世界葡萄酒与烈酒大赛中，和硕参评的3款葡萄酒分获大赛银奖和两枚铜奖。佰年酒庄臻选窖藏赤霞珠有机干红葡萄酒获得大赛银奖，祈颜橡木桶窖藏干红葡萄酒和夜光有机干红葡萄酒获得大赛铜奖。

6月

2日 和硕县召开招商引资暨优化环境会议，会议通报和硕县2020年招商引资工作开展情况，审议通过《和硕县2021年度招商引资工作实施方案》《和硕县加快培育规模以上工业企业十项措施》，为首批“招商大使”代表颁发聘书。

11日 和硕县乌什塔拉乡大庄子村股份经济合作社举行揭牌暨股权证首发仪式。乌什塔拉乡产权制度改革工作已基本完成，成立股份经济合作社8个，界定村集体经济组织成员身份3129户9879人。2020年，全乡共分红26.8万元，有978名农民成员享受到改革红利。

12日 文化润疆·江格尔非遗主题盛典暨《牧民歌唱共产党》系列活动之“人民的非遗、人民共享”新疆和硕县非遗日主题活动在和硕县金沙滩景区举办。活动内容以金沙滩非遗文艺演出、江格尔说唱、长调短调、托布秀尔弹奏、传统部落服饰展、萨吾尔登表演、金沙滩非遗旅拍、红色主题、非遗主题专访等多种形式全方面展示和硕。

16—17日 自治区民间文艺家协会在和硕县乃仁克尔乡乌勒泽特村举办为期两天的“民间刺绣”培训班。3位培训老师就传统服饰、民族服饰的特点与演变、色彩搭配、刺绣针法等方面进行详细讲解，向学员们传授技艺，有40余名刺绣手工艺人及爱好者参加培训。

24日 塔里木油田分公司向和硕县捐赠100吨尿素。

是日 巴州侨联、和硕县侨联与库尔勒爱尔眼科医院联合在和硕县乃仁克尔乡开展“喜迎建党一百周年，我为群众办实事”“侨爱心·光明行”公益活动。接受义诊咨询100余人次，发放预防及治疗知识手册、宣传单等共100余份。

25日 和硕县6个重点项目集中开工。集中开工项目总投资5.6亿元，项目涉及水利、电力、农副产品加工、畜禽养殖等多个方面。

是月 和硕县新塔热乡至博湖县塔温觉肯乡克日木哈尔村公路改建项目全面完工并正式通车，线路总长8684米、总投资1251.64万元，

是月 和硕县餐饮协会举办第一届特色鱼宴品鉴会，吸引14家餐厅的30余道鱼类菜品参加竞技。

是月 和硕冠颐酒庄打造的西域葡萄酒文化博物馆正式建成并运行。西域葡萄酒文化博物馆，展厅面积450平方米，展厅内含从先秦到近代反映西域葡萄酒及新疆历史文化的壁画和艺术品200余件。

是月 和硕县55座城市公交车站台建成并投入使用。

7月

1日 和硕县八一水库除险加固工程导（截）流

阶段通过验收。

8日 巴州林业和草原局联合巴州公安局、应急管理局、森林消防支队等部门到和硕县督导检查森林草原防灭火工作。

9日 青岛（胶州）辣椒产业商会（协会）到和硕考察辣椒产业发展情况。考察团到和硕清水河农场辣椒种植基地、青岛派普瑞克食品有限公司、同信农产品商贸有限公司、多式联运产业物流园等处进行实地考察、观摩。

是日 自治区侨联党组副书记、副主席吴晓青一行到和硕县调研“国际文化交流基地”和“侨胞之家”建设情况。

14日 和硕县召开农业农村重点工作暨全面推行林长制动员部署会议，会议贯彻落实自治州党委农业农村重点工作推进会议精神，通报农村人居环境整治、农村卫生改厕及林业有害生物防治等方面存在的问题，部署下半年重点任务。

16—18日 为期3天的和硕2021文化旅游季在金沙滩旅游景区开幕。本次文化旅游季由新疆金沙滩旅游开发有限公司主办，世界中餐业联合会、和硕县葡萄酒协会承办。举行美食文化活动大师技艺展示暨“和硕杯”名厨邀请赛、特色农副产品展销会、美食之乡文旅街区建设研讨会等系列活动，推介和硕好食材，交流探讨美食之乡文旅街区建设。18日，召开葡萄酒品鉴会，14家酒庄的24款葡萄酒参与品鉴，各界人士品鉴和硕葡萄酒，参观葡萄酒文化展示中心。

18日 和硕县葡萄酒文化展示中心召开“和美佳酿 硕飨东方”和硕产区葡萄酒产业发展研讨会，就如何提高产区葡萄酒品质、品牌形象、扩大葡萄酒品牌影响力等问题进行深入研究。全国葡萄酒行业知名专家学者齐聚和硕县葡萄酒文化展示中心，为和硕产区葡萄酒产业发展建言献策。

19日 和硕县委召开经济高质量发展推进会议。听取“三个一批”项目建设、“十四五”项目储备、招商引资和金沙滩景区开发进展情况汇报，研究部署推进经济高质量发展有关工作。

22日 和硕县委书记张峰一行到前暴雨易发区，查看行洪道情况，听取水利局关于防汛工作薄弱环节排查情况，就风险隐患整改工作进行现场办公。

23日 党史学习教育自治区第七巡回指导组一行到和硕调研指导学习宣传贯彻习近平总书记“七一”重要讲话精神和党史学习教育工作并提出指导意见。

30日 自治州农村卫生户厕改建工作现场推进会在和硕召开，副州长冯雪海、八县一市分管领导及相关单位负责人参加会议并实地观摩。

是月 中国移动和硕县分公司、中国电信股份有限公司和硕县分公司和中国联通有限公司和硕县分公司，加大基础设施建设力度，搭建18个5G基站并投入使用，实现县城主要街道、乌什塔拉乡部分区域5G信号覆盖。

8月

4日 和硕县召开农村人居环境整治暨卫生改厕现场观摩推进会，对全县农村人居环境整治和卫生改厕工作进行再动员、再安排、再部署。

6日 中国旅游集团有限公司与和硕县正式签订《和硕县金沙滩旅游度假区联合运营管理协议》，加快推动金沙滩旅游度假区项目进程。

是日 党史学习教育自治区第七巡回指导组一行到和硕县乡镇调研指导学习宣传贯彻习近平总书记“七一”重要讲话精神和党史学习教育工作。

9日 和硕县委书记张峰一行深入县域企业调研企业发展情况，了解企业在当前发展过程中存在的困难和问题，对企业提出的困难和问题进行现场办公。

是日 和硕县人民政府与安徽安欣（涡阳）牧业发展有限公司签订安欣现代农业产业园区项目合作协议，合作期限自2021年8月至2051年8月。

是日 和硕县启动“百年辉煌感党恩 万名代表进万家”活动。

10日 和硕县与生产建设兵团第二师二十四团共同举办“兵地公共文化交融共建基地”挂牌仪式。

13—16日 中国共产党和硕县第十三次代表大会召开，大会选举产生党委委员38名、候补委员7名，选举产生纪委委员19名，选举出席中国共产党巴音郭楞蒙古自治州第十一次代表大会代表20名。

18日 和硕县委书记张峰到丁丁食品公司、金鹰电子科技有限公司、国忠食品开发有限公司、曲惠镇馕产业园等地调研产业发展情况。

19日 和硕县团委在县委党校开展河北省委资助和硕县家庭困难学生助学金发放仪式。

是日 巴州临空经济服务中心联合库尔勒机场举行“和硕新梅号”航空货运专班开通仪式。15时30分，和硕县、和静县4.5吨新梅的航班从库尔勒机场起飞，23时40分抵达杭州萧山国际机场。

25日 和硕召开2021年秋季重大动物疫病防控动员大会，安排部署2021年秋季重大动物疫病防控工作，通报2021年春季重大动物疫病防控工作存在问题。

8月28日—9月1日 和硕县第十八届人民代表大会第一次会议以视频会议形式举行，会议审议通过“一府两院”工作报告及相关报告和决议，选举产生人大常委会主任、副主任、委员等。

30日 和硕县委副书记、县长哈热代表和硕县人民政府与玉环联宇金属制品有限公司、玉环凌锋电器有限公司、玉环佳利德铜业有限公司、台州伟旺洁具有限公司4家企业签订阀门生产和销售项目投资协议。

是月 河北省民委党组书记张少华一行到和硕考察调研民族团结进步创建工作。调研组一行先后到和硕县特吾里克镇团结社区、县人民法院、国家税务总局和硕县税务局等单位，采取实地查看、听取汇报、以群众互动交流等方式了解和硕民族团结进步创建工作开展情况。

是月 和硕县乡村公路建设项目全面启动。新改建农村公路第一批项目共56千米，总投资3000万元。

是月 和硕山区牲畜迎来秋季大转场，10万头（只）牲畜向草原迈进。和硕县牧民转场区域在东塔什汗国家湿地公园及周边山地草原，主要通过3条线路到达多个牧场片区。

9月

2—3日 自治区农村户厕摸排、巩固脱贫成果后评估及乡村振兴重点工作第五指导组、巴州第二指导小组一行到和硕指导相关工作，并开展实地培训及实操演练。

3日 自治区文化旅游厅一行4人到和硕县调研指导工作，召开调研座谈会。

8日 和硕县召开2021年基层农技推广体系改革与建设项目新品种、新技术现场观摩会。塔哈其镇30余名农民和乡镇技术人员先后到辣椒、玉米新品种、谷子高产栽培示范基地和化肥减量增效示范点等地进行观摩，农业推广研究员向观摩人员讲解32种辣椒、7种谷子新品种对比、栽培模式等试验示范。

9日 和硕县召开庆祝第37个教师节座谈会。会上对2021年和硕县教育系统评选出的49名优秀教师、20名优秀班主任及22名优秀教育工作者进行表彰。

9—10日 和硕县召开新时代文明实践示范站建设现场观摩推进会。

10日 巴州葡萄酒文化旅游推介会在和硕县葡萄公园举行。推介会上，和硕县芳香、冠颐、国菲等酒企通过产品展示、美酒品鉴推介等多种形式，为来宾们全面介绍各自企业的发展和优质葡萄酒，展示品牌文化和风采。

11日 新疆金沙滩葡萄酒庄休闲度假旅游线（乌鲁木齐—马兰红山军博园—芳香庄园—和硕金沙滩—和硕县葡萄酒博物馆）入选自治区葡萄酒文化旅游精品线路名单。

12日 和硕县召开对外宣传阶段性工作会议暨挖掘培训“网红”和提升宣传质效安排部署会议。会上通报2021年外宣工作整体情况、外宣工作存在的问题，安排部署营造建设天山南坡高质量发展先行县的舆论氛围。

13—15日 和硕县委书记张峰率队在青岛市招商引资，通青岛（胶州）辣椒协会开展座谈交流，考察青岛和旺、大丰食品、伯兰集团、徐州鼎峰木业、浙江安特磁材、医脉赛科技等公司，签订洽谈合作协议。

14日 和硕县人民医院正式成为中国南丁格尔志愿护理服务第672支分队，翻开和硕县人民医院护理志愿服务新篇章。

17日 和硕县召开融通农业发展（乌鲁木齐）有限责任公司调研考察座谈会。该公司在和硕实验性种植黄芩866.67公顷，效果显著。

24日 克拉玛依市供销合作社考察组一行到和硕供销社农副产品配送中心、农副产品配送超市、园林绿化有限责任公司等地进行实地参观考察，参观酒庄生产基地和产品、品鉴美酒，全面了解和硕县葡萄酒业、酒庄发展情况。

27—28日 自治区住建厅一级巡视员徐彬带领自治区全覆盖、拉网式安全生产大排查、大整治“回头看”督导组到和硕检查指导工作。

28日 巴州文联作家协会、摄影家协会、书法家协会及逗花剧社的文艺骨干在和硕举办“我们的中国梦·文化进万家”巴州书法家协会服务基层书法、传统文化培训班。各乡镇、各学校、文化馆文艺爱好者30人参加培训。

是月 和硕县曲惠镇党史馆正式对外开放，展馆分“觉醒、革命、建设、改革、复兴”五个展厅，展线长度41米，陈展包括浮雕、红船、觉醒、革命、《湘江战役》、建设、改革、复兴等多个板块。

是月 和硕县曲惠镇老城村馕文化产业园开工建设，占地面积2000平方米。

是月 和硕县苏哈特乡在苏哈特村投资560万元建成占地面积1公顷的智慧温室大棚，大棚内部总面积3024平方米，划分Z字架水培滚动式、漏窗式、垂吊式气雾、鱼菜共生、X架管道、水槽等10余种蔬菜栽培区域。

10月

1日 和硕县滨河景观带上，新建设的音乐喷泉建成。和硕新建音乐喷泉景观总面积1.3万平方米，采用微电脑变频控制技术，让流体力学与水景艺术完美结合，呈现出和硕之光、蒸蒸日上、光芒四射等10种喷泉效果，最高喷高可达60米。

11—12日 自治区人大常委会副主任托乎提·亚克夫一行到和硕，调研和硕县推进2020年度自治区本级预算执行及其他财政收支审计查处突出问题整改情况、乡村振兴、党史学习教育等工作。

12日 和硕县委书记张峰深入明祥热力公司调研供暖准备工作。

13日 和硕县委农村工作领导小组暨乡村振兴领导小组专题会议召开。会议传达学习自治区做好迎接国家巩固脱贫成果后评估工作推进会议精神，对做好后评估迎检工作进行安排。

14日 和硕县召开第四批中期轮换援疆专业技术人才欢送会。会上对13名优秀援疆干部人才进行表彰并颁发证书，援疆专业技术人才代表进行交流发言。

是日 和硕县召开党建引领乡村振兴现场观摩推进会。

是月 和硕县各酒庄推选的葡萄酒在2021年新疆丝绸之路葡萄酒节期间的葡萄酒大赛中获金奖5个、银奖2个、铜奖13个。

11月

12日 和硕县召开非煤矿山企业、石材加工安全生产现场观摩会。

19—21日 新疆艺术剧院木卡姆艺术团“石榴籽”文艺小分队到和硕县开展2021“我们的中国梦——文化进万家”文化惠民演出活动。

23日 和硕县与新疆天山矿业开发有限责任公司签订战略合作协议，签约项目为和硕县花岗岩矿开发利用、优质矿权办理、矿产深加工项目，项目地点位于和硕县乌什塔拉乡，计划一期项目投资约1.5亿元。

是月 和硕县特吾里克镇龙驹社区获第五批国

家级充分就业社区称号。

是月 新疆和硕县融媒体中心提供素材入选“美好生活·四季旅行”官方宣传视频。

12月

6日 和硕县召开干部作风教育整顿专项工作动员部署会议，教育督促全县党员干部增强责任感、紧迫感和使命感，认真履职尽责，主动担当作为，以思想解放、作风转变推动工作落实，民族团结、经济发展、人民安居乐业的良好局面。

9—13日 巴州文化体育广播电视和旅游局、州教育局主办，和硕县文化体育广播电视和旅游局、和硕县教育和科学技术局承办的2021年自治州青少年足球锦标赛在和硕县开赛。巴州37支队伍648名运动员参加比赛。

13日 和硕县纪委监委驻乌什塔拉乡沙梁湾村第一书记、工作队长张华入选“新疆访民情惠民生聚民心”推出“5个100”新作为展示第81期——第一书记风采。

15—19日 由巴州文化体育广播电视和旅游局、教育局主办，和硕县文化体育广播电视和旅游局、教科局承办的2021年自治州青少年篮球锦标赛在和硕县开赛。本次比赛由全州33个参赛单位派出的49支代表队643名运动员参加。

21日 和硕县召开“大宣讲、大走访、夯基础、促发展、乡村美”百日专项行动部署动员会议，开展百日专项行动，进一步坚定信心、汇集力量，确保“两节”“两会”及冬奥会期间全县社会大局持续稳定。

28日 河北省张家口市政协主席刘宝岐一行到和硕县考察对口援疆工作。先后到和硕县新塔热乡新塔热村、则格德恩阿茨村捷麦种植地、马兰红山军博园、县人民医院传染病定点分院等地考察，了解河北省张家口市对口援建项目、产业发展情况，到张家口市援疆前方指挥部看望慰问援疆干部。并召开张家口市·和硕县对口援疆工作座谈会。

12月中旬 “千兆宽带网络示范小区”揭牌仪式在和硕县特吾里克镇玉龙家园小区举行，和硕县跨入第三代宽带及千兆宽带行列。

和硕概览

自然概貌

【地形地貌】 和硕县东、南、北三面环山，中间地势低平。最高峰位于哈依都它乌山的克尔克台峰，海拔4199.1米，最低处为博斯腾湖岸边，海拔1048米，高低相差3000多米。县境西北高，东南低。因地壳上升幅度不同，由北向南呈凹形。县境西北有哈依都它乌山，西南濒临我国最大的内陆淡水湖——博斯腾湖，中部是由周围山麓向博斯腾湖倾斜的冲积平原。

【自然资源】 *和硕县土地、林木资源* 和硕县辖区土地面积为127.41万公顷，其中耕地面积5.36万公顷，占全县土地面积的3.05%；园地面积0.98万公顷，占全县土地面积的0.38%；林地面积22.61万公顷，占全县土地面积的7.79%；草地面积52.84万公顷，占全县土地面积的51.39%。森林覆盖率25.77%。

草原资源 和硕县草地总面积52.84万公顷,其中草原管护面积37.73万公顷。和硕县的天然草场按地貌单元、植被类型、土壤基质、气候条件等大体的一致性和放牧利用季节的生产性特点，可分为：高寒草甸草场；山地草甸草场；山地草原草场；低山荒漠草场；平原荒漠草场；低地草甸草场。

旅游资源 和硕县旅游景点（区）有马兰红山军博园红色旅游区、金沙滩旅游度假区（国家AAAA级旅游景点）、红蝶谷、芳香庄园（国家首批AAA级农业生态旅游示范点）等。

野生动植物资源 和硕县主要的野生动物有盘羊、野兔、狐狸、狼、鹅喉羚、鹰、雕、猫头鹰、沙鼠、刺猬、雪鸡等。境内主要天然植被种类有荒漠植被、盐漠植被、沙生植被3种，野生植物主要有红柳、梭梭、沙拐枣、沙棘、麻黄、泡泡刺、骆驼刺、沙蒿、沙柳、盐穗木、琵琶柴等。野生药用植物有雪莲、党参、麻黄、甘草、罗布麻等。

矿产资源 和硕县山地面积约占全县总面积的51%，地质构造有生成矿产资源的基础。矿产资源的勘探始于1950年。非金属矿产资源丰富，花岗石、石灰石、方解石、原盐、芒硝等资源分布广、储量大。

【交通优势】 和硕是进入巴州和南疆的门户，有“南疆第一县”“巴州东大门”之称，是南疆、北疆、东疆的交会点，是南北疆重要的交通枢纽，具有承接南北、连接东西的战略地位。314国道、和库高速公路和南疆铁路吐库二线横贯和硕全境，吐库二线在和硕境内建设2个客运站、3个货运站，伴随“复兴号·绿巨人”动车组列车开通，从乌鲁木齐到和硕县仅需2小时47分钟。

建置区划

【位置面积】 和硕县位于新疆维吾尔自治区中部，天山南麓，焉耆盆地东北缘，北倚天山，地理坐标北纬41° 25′ 20″ ~42° 47′ 50″ 、东经

86° 40′ 20″ ~88° 22′ 15″ 。县城北距新疆维吾尔自治区首府乌鲁木齐市384千米，南濒博斯腾湖，距巴音郭楞蒙古自治州首府库尔勒市90千米。314国道、和库高速公路、吐库二线自东向西横贯县境中部150余千米。和硕县东与托克逊县交界；北隔天山山脉与乌鲁木齐市相望，南接博湖县，东南与尉犁县交界，西与焉耆县相连，西北与和静县相望。地处东疆、南疆、北疆交会处，是自治州东大门，素有“龙驹之乡”之称。面积12740.55平方千米，县界总长约580千米。

【历史沿革】 自汉代开始，和硕县就正式成为祖国不可分割的一部分。西汉神爵二年（公元前60年），汉宣帝在乌垒（今轮台县境）设西域都护府，统辖西域三十六城郭之一的危须（在今和硕县境内曲惠镇一带）。唐显庆三年（658年），危须归焉耆都督府管辖。唐大中元年（847年），危须一带属庞特勤可汗的安西回鹘管辖。北宋宣和四年（1122年），危须属西辽统管。南宋嘉定十一年（1218年），危须一带属蒙古汗国。元至正七年（1347年），危须一带归秃黑鲁·帖木儿建立的东察合台汗国统治。明嘉靖四十五年（1566年），危须一带归叶尔羌汗国。清乾隆三十六年（1771年），游牧于俄国伏尔加河的和硕特恭格、雅兰丕勒诸部随土尔扈特渥巴锡率领的土尔扈特等部从伏尔加河流域返回祖国。乾隆三十八年（1773年），和硕特部设4旗（中路旗、左旗、中旗、右旗），11个苏木被安置在和硕境内，东至乌沙克他尔（今乌什塔拉），西至小珠勒图斯，北至察汗通古山，南至开都河。4旗自为一盟，名为巴图色特启勒图和硕特盟；归属伊犁将军节制。清光绪八年（1882年），和硕特归喀喇沙尔直隶厅管辖。清光绪二十五年（1899年），和硕特归焉耆府管辖。1930年，和硕特部属焉耆行政公署管辖。1939年，盛世才推行“改土归流”政策，下令废盟，巴图色特启勒图盟改为和硕设治局。1946年，成立和硕县，隶属焉耆行政督察公署。1950年4月，和硕县人民政府正式成立，是年4月12日，焉耆专员公署成立，和硕属之。1954年6月23日，撤销焉耆专员公署，设巴音郭楞蒙古自治区（后改为州），和硕属之。

【行政区划】 2021年，和硕县辖4个乡、3个镇、25个行政村、8个社区，县域内有兵团第二师二十四团（二十六团）和新疆清源农业发展有限公司（原巴州清水河农场）等单位。和硕县人民政府驻特吾里克镇。

2021年和硕县行政区划一览表

表1

	村、居委会、分场数（个）		村（社区）名称
	村委会	社区	
全县合计	25	8	25个行政村、8个社区、3个镇、4个乡
特吾里克镇		6	社区：清水河社区、明珠社区、龙驹社区、文化社区、团结社区、光明中心社区
乌什塔拉乡	7	1	村：塔拉村、大庄子村、沙梁湾村、大涝坝村、硝井子村、则格德恩呼都格村、沙井子村 社区：拥军社区
塔哈其镇	5	1	村：古努恩布呼村、查干布呼村、祖鲁门苏勒村、阿尔文德尔文村、浩尧尔莫敦村 社区：小康社区
曲惠镇	3		村：老城村、榆树园村、冬都呼都格村

续表1

	村、居委会、分场数（个）		村（社区）名称
	村委会	社区	
乃仁克尔乡	5		村：艾迪恩阿门村、包尔图村、本布图村、乌勒泽特村、艾勒斯特村
苏哈特乡	2		村：苏哈特村、肖然托勒盖村
新塔热乡	3		村：布茨恩查干村、新塔热村、则格德恩阿茨村

历史文化

【汉代四十里大墩烽燧】 汉代四十里大墩烽燧位于和硕县乌什塔拉乡大庄子村附近，台基呈方形，下宽上窄，长7米，底宽4米，顶宽2.5米，高6米。此台一层土一层红柳、梧桐木夯筑而成，地表无遗物。四周均为开阔地，站在台顶可视五六十里路，为汉代烽燧。

【兰城遗址】 兰城位于乌什塔拉乡沙梁湾村东南约1千米处。古城长265米，宽250米，略呈正方形，分南北两重，为黄土夯筑，多处以土坯修补。城内灰坑、挖坑遍布陶片、碎骨、石磨盘片。陶片为泥质，灰、红两色。城周有壕宽约20余米。1984年，从地表采集的文物有塑造的人面型（深目高鼻）、兽头型、山羊角型陶器耳柄，还有碎骨、大小石球、石雕、陶花、陶拍和刻有文字、花纹的陶罐等。

【汉代危须古城遗址】 汉代危须古城遗址位于和硕县曲惠镇政府所在地东约300米处，遗址为黄土夯筑。西南角残留土墩，长宽约3.6米，高约2.4米。城为长方形，曾出土过彩陶罐、串球等文物。黄文弼先生《塔里木盆地考古记》中记载，此为汉危须古城遗址，为自治区级文物保护单位。

（安　琪）

【河流水系】 和硕县域境内有发源于天山支脉——哈依都它乌山南麓冰川区的清水河、曲惠沟、乌什塔拉河3条山溪性河流以及从开都河引水的解放二渠北干渠。

【气候条件】 和硕县北部山区属干旱半湿润半干旱气候，春夏季降水湿润，秋冬季降雪寒冷。东南部山区属干旱性荒漠气候，夏季少雨干旱，冬季少雪干冷。三面环山的山前洪积扇平原属中温带干旱性大陆气候。平原地区，受三面环山的遮蔽，年平均风力不大；受北部山区冷湿空气影响，加上博斯腾湖湖水对气候的调节，大部分地区气候温和。春季气温不稳，时有冷空气侵入；夏季光照充足，降水量少，蒸发量大；秋季降温较快，无霜期短；冬季气候寒冷。全年多晴日，光能资源丰富，日照时数高。30年平均气温8.7℃，30年最高气温40.4℃，30年最低气温-27.9℃，累年平均降水量92毫米，30年平均蒸发量1860.4毫米，累年平均日照时数2796.2小时，30年平均无霜期177天，30年最大风速18米/秒，30年日最大降水量57.3毫米。2021年，和硕县平均气温9.1℃，最高气温36.5℃（7月27日、8月8日），最低气温-21.2℃（2月2日）。年降水量46.3毫米，比常年偏少52.4毫米。终霜出现在4月2日，无霜期181天，比常年偏多4天，初霜出现在9月30日。

【水文】 和硕县水域总面积163.13公顷；可开发利用1.45亿立方米。主要河流清水河长60千米，年均径流量1.248亿立方米，集水面积1016平方千米，流域面积1356平方千米，曲惠沟河长45千米，年均径流量0.16亿立方米，集水面积392平方千米，流域面积513平方千米，乌什塔拉河长53千米，年均径流量0.52亿立方米，集水面积813平方千米，流域面积1256平方千米；解放二渠北干渠（和硕段）长40千米，年均径流量0.36亿立方米。

经济和社会发展

【经济运行情况】 2021年，和硕县全年实现地区生产总值（GDP）44.61亿元，比2020年增长5.6%。其中，第一产业增加值18.4亿元，增长3.3%；第二产业增加值7.13亿元，增长14.1%；第三产业增加值19.08亿元，增长5.1%。第一产业增加值占地区生产总值比重为41.25%，第二产业增加值比重为16%，第三产业增加值比重为42.75%。（统计公报）

【城乡基础设施建设】 2021年，和硕县新建棚改安置房296套，改造红石、龙驹两个老旧小区基础设施。扩建县城道路14.8千米，新建公交站台55座、公共停车场6100平方米，金沙滩路延伸段桥梁主体完工，314国道县城段拓宽为双向6车道。新装、更换路灯1521盏，加装各式灯箱1428个。改造老旧供水管网20.7千米。新建5G基站59个。完善滨水景观带露天游泳池、音乐水幕、观景台等设施。县城管道天然气全面贯通，四道班分输站项目如期完工。城乡一体化供水覆盖三乡三镇。新建改建县城公共厕所8座，完成农村问题厕所摸排。架设农村电网29千米。改造电采暖7万平方米。编制19个行政村村庄规划。投入5320万元完善阿尔文德尔文村、新塔热村等10个村的基础设施。新建富民安居房40套。新建改造农村公路117千米。

【实体经济转型升级】 2021年，和硕县全力支持民营企业发展壮大。开展规模以上企业培育行动，出台培育扶持规模以上工业企业10项措施，分行业选取优质企业进行重点扶持，促进小微企业上规模，年内培育规模以上企业5家。协调解决信贷资金超10亿元，营造支持企业发展的良好氛围。邀请民营企业家代表列席政府会议，畅通听取企业家意见诉求通道，组织开展座谈交流，广泛征求涉企政策制定和规划编制的意见，政企沟通服务更加精准高效。争取3000万元自治区支持产业发展财政专项资金，围绕十大产业，选取6家市场前景好、成长性高的民营企业予以支持。探索推出《选派年轻干部到企业挂职实施方案》，把优秀后备干部派到企业锻炼，从抓实防疫工作、抓强企业管理、抓好党建工作等方面着手，帮助企业提高管理水平、质量与效益，在实战中提升干部作风和能力。国企国资改革稳步推进。坚持把国有企业搞好、把国有企业做强做优做大不动摇，加快国有企业“脱虚向实”和转型升级步伐，出台国企工资总额管理、薪酬管理、重大事项申报等制度，通过整合盘活资源、优化布局、战略性重组和健全法人治理结构，初步构建国有资本管理体系，组建县属国企集团1家，下辖县属国有企业15家，分设农业、交通、矿产、城投、能源等6大板块。引入社会资本盘活原新沛新材料厂房，规划推进硅基新材料及多能互补项目，通过政企合作启动年产100万吨石英石原矿和30万吨石英砂提纯项目。

【全域旅游提质增效】 2021年，和硕县立足县域资源禀赋，宣传“学马兰精神、赏金沙美景、食博湖野鱼、品和硕红酒”的全域旅游品牌，加强宣传推介和基础设施建设，助力景区提质转型升级。突出文旅融合，以开展党史学习教育为契机，推出红山核试验指挥中心旧址精品旅游线路，大力发展红色旅游，重温红色历史，传承红色基因，弘扬马兰精神，承接疆内外游客近5万人次。加大与马兰部队的沟通对接，支持配合部队整体开发打造红色爱国主义教育基地，全面停止地方开发建设项目。主动适应景区综合发展新趋势，着手重塑金沙滩景区形象，与中国旅游集团签订金沙滩景区项目合作协议，携手央企共同开发运营景区。聚焦“四个满意”，开展景区及周边环境综合整治，加强景区道路、休憩设施、环卫设施、标识标牌等基础设施建设，完成娱乐设施、餐饮广场、星光夜市等改扩建，景区服务能力和水平进一步提升。举办和硕2021文化旅游季、非遗宣传展示、焉耆盆地葡萄酒节、乡村文化旅游节等节庆活动，增加风情表演、美食活动、交流研讨及采摘活动等娱乐项目，集聚人气、吸引游客，有效提升文化产业和旅游产业的知名度和影响力。改造提升博物馆、葡萄酒展示中心，实施引水入城工程，建设游泳池、音乐水幕、木栈道、观景台等设施，造就一批“网红”打卡地，满足群众精神文化需求。打造精品酒庄，推动酒庄多元化发展，支持企业将酿酒与本地风土和历史文化融合起来，推出“酒庄+旅游”“酒庄+品鉴”等一系列特色项目，引领葡萄与葡萄酒产业不断迈向高端。完成智慧平台建设，全面实现一部手机畅游和硕。累计接待游客62.04万人次，实现旅游总收入6587.1万元，同比增长19.01%。

【为群众办实事】 2021年，和硕县围绕“我为群众办实事”实践活动重点任务和“10+10+N”工作清单，着力解决人民群众最关心、最直接、最现实的问题，确定“我为群众办实事”项目86个，认领州级层面任务50项，实施县级层面项目36项，完成86个，项目完工率100%，投入资金9.06亿元，已完成投资8.94亿元。

解决群众“揪心事”。在群众增收致富方面，围绕县域优势及特色，主动对接战略投资商和中东部产业转移，引进青岛派普瑞克辣椒精深加工、中椒红辣椒制品加工等一批农副产品精深加工项目，有力带动富余劳动力就业、带领群众增收致富。在教育教学方面，加强对“双减”、课后服务等政策宣传进社会、进家庭工作，组建润苗志愿服务队，为全县10所中小学提供课后服务素质类项目，各学校每天为学生课后辅导2小时，推进高质量教育工程。在社会保障方面，投入资金270万元，对无劳动能力、无经济来源、无法定赡养、抚养义务人或者其法定义务人无履行义务能力的城乡老年人、残疾人、未成年人，给予特困人员救助供养。一批兜底项目的实施，切实解决一批困扰群众的“揪心急事”。

解决群众“烦心事”。在安全饮水方面，投入8700万元，实施八一水库除险加固工程；投入资金92.8万元，改造9.2千米的自来水主管道，让群众喝上放心水、优质水。在农村住房安全方面，投入资金114万元助力农村抗震防灾工程建设项目。在医疗卫生方面，投入5250万元建设传染病定点医院，建设负压病房10间。投入中央资金14万元做好“两癌”筛查，项目惠及全县农村育龄妇女约2500人。

解决群众“操心事”。在便民服务方面，在政务服务大厅全面实施“马上就办，办就办好，只进一扇门，最多只跑一次”基础上，推行“帮代办”制，为办事企业和群众量身定做服务流程，切实为企业和群众办事提供便利化服务。在为民服务方面，推进在职党员“双报到”工作，开展“我为群众办实事，点亮百姓微心愿”文明实践活动。累计为群众办实事14209件，开展志愿服务活动5217场次。

（叶　旋）

中国共产党和硕县委员会

综　述

【县委常委会工作】 2021年，中共和硕县委员会统筹发展和安全，立足新发展阶段、贯彻新发展理念、服务和融入新发展格局，全面实施“五大战略”、打造“三区三基地”，深化党史学习教育，全力推动各项工作落实。坚持把开展党史学习教育贯穿全年工作始终，常态化抓好学习、宣传、宣讲、培训、普及、研讨“6项活动”，同步抓好86项民生实事落实，开展“民族团结一家亲”和民族团结联谊活动，加快构建各民族互嵌式社会结构和社区环境，全面贯彻党的宗教工作基本方针，积极引导宗教与社会主义社会相适应。坚持“稳中求进”工作总基调，经济发展呈现稳中有进、稳中向好良好态势。全县地区生产总值同比增长5.6%；全社会固定资产投资同比增长16.6%；城乡居民人均可支配收入分别增长5%、8%。坚持把财政支出的70%以上用于保障改善民生，扎实推进以就业、教育、住房、医疗、社保等为重点的各项惠民工程。“两新”组织建设、村集体经济发展成效显著，完成县乡村换届工作。持续推进干部作风整顿专项治理，运用“四种形态”批评教育帮助和处理干部416人次，不敢腐、不能腐、不想腐的体制机制逐步健全完善。

（孔　莹）

【党史教育综述】 2021年3月3日，和硕县召开党史学习教育动员部署会议，部署全县党史学习教育工作，动员和激励全县上下学党史、悟思想、办实事、开新局，用忠诚和实干建功新时代、奋进新征程，努力开创和硕稳定发展改革新局面，以优异成绩庆祝建党100周年。成立以县委主要领导任组长的党史学习教育领导小组，领导小组下设综合协调、实践活动、新闻宣传、简报信息、巡回指导五个专项小组，制定印发《和硕县党史学习教育实施方案》《和硕县委关于开展“我为群众办实事”实践活动的实施方案》《关于深入学习贯彻习近平总书记在庆祝中国共产党成立100周年大会上的重要讲话精神的实施方案》等指导性文件。开展学习贯彻“七一”重要讲话精神和十九届六中全会精神专题交流研讨、专题读书班并开展理论测试，举办县委理论中心组学习10期，研讨交流12次，县级干部夜校17期，带头讲党史微故事19场，撰写交流研讨材料182篇。

*分类指导，覆盖全体党员“扎实学”。*各级党委（党组）将党史学习教育纳入理论学习中心组学习、“三会一课”“党旗映天山”主题党日、村（社区）每日“20分钟微党课”等内容，利用“线上+线下”开展党史知识竞赛、党史答题等活动。坚持分类指导，通过在职党员牵手无职党员、“一对一”帮扶学、网络平台送学、线上网络推荐学等形式，确保“两新”组织党员、离退休党员和流动党员学习全覆盖。全县242个党组织、4124名党员参加党史学习教育，各级党组织开展理论中心组学习638场次7133人次，读书班779场次18629人次，专题党课1160场次25649人次。

创新平台载体，检验成果“主动学”。发挥党员网上活动室、“学习强国”、共产党员网、新疆干部网络学院、“石榴云”等新媒体平台作用，加强线上学习。开展领导干部讲“微党课”，党员干部轮流“微分享”，干部轮流讲“微故事”，集体观看党史微电影的“四微”活动。举办“百万党员学党史 学习达人挑战赛”知识竞赛暨口述家乡红色党史故事比赛、“奋斗百年路 启航新征程”村（社区）党员学党史知识竞赛、“品读百年辉煌 凝聚奋进力量”党史学习阅读活动、“学党史、忆初心、悟思想”党史学习教育读书演讲比赛等，激发全社会共同参与学习党史的热潮。

开展专题培训，提升素质“强化学”。发挥县委党校主阵地作用，推进党史教育示范学习，提升领导干部的理论素养。组织县级领导参加自治区党委党史学习教育集中培训班，借助自治区优质教学资源，有效提升领导干部理论知识储备。举办党史学习教育专题培训7期929人次；依托县委党校持续推进党史学习教育“送学上门”活动，开展“百堂党课送乡村”活动700余场次。

加强思想引领，突出宣传宣讲“覆盖学”。发挥县域主流媒体作用，依托广播、电视、“和硕零距离”微信公众号、和硕政府网、“和硕好地方”APP客户端等所属平台，先后开设44个专栏，总发稿量291期3806条，阅读量121万次，点赞量3306次。梳理各乡镇、各部门、各单位党史学习教育新方法、新举措，分类设置新闻宣传选题进行上报，中央和自治区、自治州等各级各类媒体采用稿件5265篇，撰写上报简报275期，被采用简报信息78篇。发挥“金胡杨、红柳滩、马背驼峰”等17支常规宣讲分队作用，开展专题宣讲2158场，受教干部群众53245人次。

为民办实事，解决群众“揪心事”“烦心事”“操心事”。围绕“我为群众办实事”实践活动重点任务和“10+10+N”工作清单，着力解决人民群众最关心、最直接、最现实的问题，确定“我为群众办实事”项目86个，认领州级层面任务50项，实施县级层面项目36项，完成86个，项目完工率100%，投入资金90571万元，已完成投资89381万元。

特色亮点。“一十百千万”活动为抓手推动党史教育全民化。和硕县委建立“一”套制度贯穿全年学习、实施“十”项惠民工程凝心聚力、开展“百”场活动丰富教育形式、讲授“千”堂党课传承红色基因、走进“万”户家庭宣讲党的历史，把党史学习教育与庆祝中国共产党成立100周年系列庆祝活动结合起来，与常态化学习、培训、宣传、宣讲、研讨、普及结合起来，与中共十九届六中全会精神结合起来，抓好各环节的落实，推动党史学习教育走深走实。组织10支石榴籽文艺小分队下乡演出336场次；放映农村公益红色电影341场次；开展国旗下的“党在心中 歌唱祖国”红歌大传唱活动414场次；讲述“学党史·微故事”551场次。和硕县党史学习教育“1357+”模式，推动党史学习教育走新入心。和硕县紧扣“学党史·悟思想·办实事·开新局”“一个主题”，让党史学习教育全员“动起来”。办好理论课堂、流动课堂、红色课堂“三个课堂”，让党史学习教育形式“活起来”。坚持将党史学习教育与庆祝建党百年华诞有序结合多彩文艺献礼、与本地红色资源有机结合党史教育增实效、与群众工作有机结合为民解忧暖民心、与乡村振兴促发展有机结合旅游产业增收益、与志愿服务有效结合激发为民服务活力“五个结合”，让党史学习教育内容“实起来”。以“百名党员喜迎建党100周年”为主题，组织开展红色主题党日、办好一个红色读书班、进行红色调研、倾听红色宣讲、组织红色歌咏比赛、开好红色组织生活、开展红色知识测试“七红活动”，让党史学习教育氛围“火起来”。创新“N个增量”，让党史学习教育效果“强起来”。传承以“马兰精神”为核心的爱国主义精神，推动全县党史学习教育加热升温。把伟大的“两弹一星”精神和马兰精神作为党史学习教育的重要内容。通过开展“国旗下的党史微故事宣讲”“国旗下的红歌传唱”和“千堂红色党课进基层”，用红色精神鼓舞士气，凝聚党心民心；打造“马兰精神”红色教育线路，将马兰革命烈士陵园、马兰红山军博园有机串联，开发红色教育品牌线路，让干部群众在红色之旅中感受幸福生活的来之不易，追忆革命历史、传颂革命精神。2021年，利用马兰红山军博园、马兰烈士陵园、县博物馆、“为国七迁”广场开展党史教育现场教学180场次8540余人次，接待游客7万余人次。（叶　旋）

【全面深化改革委员会工作】　2021年，中共和硕县委员会将全面深化改革与全县重点工作结合起来，强化职能部门、责任单位、重点乡镇的关键主导作用，结合实际制定高质量的改革方案，明晰改革的重点任务、主体责任、推进举措、时间节点等要素。坚持抓重点和带整体相结合、治标和治本相促进、重点突破和渐进推动相衔接，推动改革不断取得新成效。谋划改革任务73项，至年末，73项改革全部完成。（孔　莹）

【财经工作委员会】　2021年，和硕县第十二届党委、第十三届党委召开4次财经工作委员会，主要研究讨论2021年度和硕县各项财政资金支出。

第1次财经工作委员会。听取《和硕县2021年部门预算编制情况汇报》，研究审议相关单位申请资金情况。

第2次财经工作委员会。听取《2021年关于上级专项、直达资金及政府隐性债务支出进度的情况报告及政府债务限额说明》《和硕县开展提高津贴补贴工作情况报告》《关于新疆新沛新材料有限公司破产债权申报情况报告》，研究审议各单位申请资金情况。

第3次财经工作委员会。听取《和硕县2021年财政收支执行情况报告》《和硕县债务及拖欠账款总体情况报告》，研究审议《和硕县财政收入征管考核实施办法》《和硕县行政事业单位独立核算优化整合方案》《和硕县工程项目财政资金集中支付程序及管理办法》《和硕县县属国有企业重大事项管理规定》《和硕县县属国有企业负责人薪酬管理办法》《和硕县县属国有企业工资总额管理办法》《2021年预备费动用方案》《和硕县关于化解2021—2023年地方财政暂付性款项的请示》以及各单位申请资金情况。

第4次财经工作委员会。研究审议《中共和硕县财经委员会议事决策制度》《关于2021年和硕县财政预算调整方案（草案）的报告》和相关单位申请资金情况。（孔　莹）

【巡视整改】　2021年，和硕县委认领中央第六巡视组向自治区反馈意见中4个方面15项共41个问题，以及选人用人工作、落实意识形态工作责任制、兵地深入融合发展、巡视指导督导4个方面68个问题，已完成整改107个，2个正在整改中。关于《自治区党委第九巡视组关于巡视和硕县的反馈意见》反馈4个方面16项共40个问题，选人用人专项检查反馈的4个方面10个问题，巡察工作反馈3个方面10个问题，和硕县全部对照认领，并制定印发《和硕县贯彻落实自治区党委第九巡视组巡视反馈意见整改方案》，年内全部整改完成。（孔　莹）

【推动经济高质量发展】　2021年，和硕县紧扣县域发展实际，研究推动高质量发展工作举措，提出全面实施“五大战略”、打造“三区三基地”。统筹发展和安全，立足新发展阶段、贯彻新发展理念、服务和融入新发展格局，扎实做好“六稳”“六保”工作，经济发展呈现稳中有进、稳中向好的良好态势。1—9月，完成地区生产总值26.82亿元，同比增长3.2%。1—11月完成固定资产投资9.04亿元，同比增长18.4%；完成一般公共预算1.58亿元，同比增长6.4%。着力抓好项目建设、招商引资等一批支撑当前的事，抓好光伏发电、全域旅游等一批构筑优势的事，抓好绿色发展、低碳转型等一批势在必行的事，夯实经济发展的后劲、筑牢高质量发展的基础。（孔　莹）

【减轻基层负担】　2021年，中共和硕县委办公室坚持把基层减负作为力戒形式主义问题的重要内容，压实领导班子和领导干部基层减负的关键责任，坚持从思想观念、工作作风和领导方法上深入查摆问题，做到查准“病因”、找准“病根”、抓实整改，推动干部队伍的风气实起来、严起来。制定《和硕县推进基层减负工作联席会议制度（试行）》《关于解决到基层督导调研多问题的具体措施（试行）》，引导各级各部门统一思想行动，全力推动基层减负各项工作落实。抓住文件数量精简、会议活动精简、督查检查规范三个重点，发挥各乡镇监察办公室、派驻纪检监察“探头”监督和巡察利剑作用，将基层减负工作纳入日常监督范围，督促全县各级部门单位全面落实从严治党主体责任，将基层减负的各项措施落到实处。控制文件会议总量，带头把文件会议数量减下来。设立1个基层减负监测点，动态监测，确保县级2021年文件会议数量比2020年只减不增。常态化规范互联网群组及各类政务APP。全面推行村（社区）党组织“一会制”，严格村（社区）责任事项准入，严禁将部门单位职责转嫁到村（社区）。（孔　莹）

【学习贯彻习近平总书记“七一”重要讲话精神】2021年，中共和硕县委员会在庆祝中国共产党成立100周年大会召开后，立即部署，迅速传达，召开常委会、中心组学习，组织各县级领导，各乡镇、各部门、各单位主要负责人传达学习习近平总书记“七一”重要讲话精神，各部门单位分别以中心组学习、党支部集中学习等形式传达学习会议精神，确保全体党员干部理解会议精神，明确工作要求。县委主要领导带头讲党课，示范带领37名县级领导和各单位各部门主要负责人讲专题党课503场次，受教干部8729人次。坚持把学习习近平总书记“七一”重要讲话精神作为党史学习教育的核心内容，举办为期3天的专题读书班及以“学习百年党史 观照现实问题 开好工作新局”为主题开展交流研讨，全县党员干部参观“庆祝中国共产党成立100周年百幅书画展”。全县各级党组织开展理论中心组学习268场、受教干部2955人次，开展专题研讨339场、受教干部7450人次，举办专题读书班295场、受教干部3751人次。在采取工作措施方面，组织各基层党组织采取自下而上、上下结合的方式，择优推荐优秀共产党员50名、优秀党务工作者30名、先进基层党组织20个，召开全县“两优一先”表彰大会进行集中表彰，激励全县各级党组织和广大党员建功新时代、奋进新征程。（孔　莹）

【乡村振兴战略】　2021年，和硕县建立长短结合、标本兼治的体制机制，健全完善防返贫致贫监测预警和帮扶机制，保持现有帮扶政策持续稳定，坚决做到“四个不摘”“八个不变”，稳妥有序做好政策衔接、工作衔接、机制衔接、设施衔接、产业衔接、组织衔接。健全产业扶贫长效机制，因地制宜发展特色种植、特色养殖、特色林果、特色旅游等产业，大力发展餐饮、零售、物流等服务业，积极引进企业、私营个体领办各类经济实体，巩固拓展脱贫攻坚成果。接续推进全面脱贫与乡村振兴有机衔接，着重增强内生发展动力和发展活力，构建新型经营主体与易返贫、致贫户之间的利益联结机制，共享集体经济发展效益，确保脱贫后能发展、可持续。实施乡村振兴战略，加快建设现代农业产业体系、生产体系、经营体系，发展规模效益型农业，走出一条集约、高效、安全、持续的现代农业发展道路。稳定提高农业综合生产能力。实施“藏粮于地、藏粮于技”战略，加大土地流转力度，力争流转土地1.67万公顷以上。发展高效节水农业，推广耐旱节水、产量高的农作物品种种植，扩大张杂谷、捷麦的种植面积，切实提高水资源利用率。培育发展特色林果产业，发展壮大农区畜牧业，提高规模化种植养殖水平，促进以养带种、多元发展。突出发展现代食品工业，把增加绿色优质农产品供给放在突出位置，打造“有机、富硒、生态”优质特色农产品品牌。推进新塔热乡、苏哈特乡融入县城经济圈，加快乡镇中心村建设。坚持“错位发展”“一乡一业”“一村一品”，推进庭院经济市场化运作，发展“订单式”蔬菜种植，做优做强蔬菜产业规模，加快蔬菜交易中心建设，鼓励发展鲜切菜生产，提升农产品精选、分拣分级、储藏保鲜等能力，创建和硕蔬菜品牌，将和硕打造为乌鲁木齐市、库尔勒市的“菜篮子”。加快农村

电子商务建设，争创“国家电子商务进农村综合示范县”。（孔　莹）

【工业转型战略】　2021年，和硕县围绕“三区三基地”建设，实施工业转型战略，推动优势产业转型升级。培育和引进龙头企业，构建特色优势产业体系。实施农产品加工业提升工程，加快发展辣椒、番茄、果蔬等农产品精深加工，打造特色农副产品精深加工基地。发展壮大葡萄酒产业。推广葡萄标准化种植技术，推进增产提质。发展与葡萄酒相关的酒庄经济、体验经济、文旅经济，引进制瓶、包装、瓶塞等配套产业，延长葡萄酒产业链，打造全国优质葡萄酒产区。推动传统优势产业转型升级，以石材精深加工为重点，推动石材产业向工艺制造、建筑装潢等创意设计高端环节发展，打造南疆最大的石材产业基地。培育发展纺织服装、药材加工、电子装备等新兴产业，增强产业承载力。加快推动新型建材、石英石和硅基新材料产业发展，建成非金属矿产资源深加工基地。（孔　莹）

【全域旅游战略】　2021年，和硕县完善全域旅游协调机制，成立全域旅游发展领导小组，形成党政领导抓旅游的体制机制。以小景点串联大景区，塑造提升“学马兰精神、赏金沙美景、食博湖野鱼、品和硕红酒”全域旅游品牌。加快推进与中旅集团合作步伐，整合金沙滩旅游资源，让金沙滩再现昔日辉煌；发掘马兰红山军博园“两弹”研发军事纪念地这一全国性、唯一性“红色旅游”资源潜力，重启红山核武器试爆中心旧址修复保护项目，推动开展马兰干部学院筹建工作。持续加强军博园、龙驹、红蝶谷等景区建设、营销，拓展旅游市场，提高全县旅游服务水平。全力打造乡村旅游精品线路，开发休闲农业、民俗、民宿、农（牧）家乐等乡村旅游产品，结合“四好农村路”建设串联乡村旅游景区、红色旅游景区等，着力构建以景区串线路，以线路带区域的旅游发展格局。建设集娱乐、购物、餐饮、文化于一体的大型商业综合体。发展特色餐饮，打造美食一条街，引进疆内外餐饮名店，举办美食节、葡萄酒推介品鉴活动，提升县域餐饮行业管理服务水平。（孔　莹）

【文化繁荣战略】　2021年，和硕县坚持贯通中华文化血脉、融入现代文明、彰显中华优秀传统文化和社会主义核心价值观，形成党委领导、政府负责、社会协同、人人参与、重大工程引领的文化润疆工作格局。实施文艺精品战略，组织本土文艺工作者努力推出一批展现和硕特色、正确反映新疆历史、具有中华文化底蕴、彰显优秀民族文化特色、符合现代文明理念、反映各族群众现实生活的精品佳作。建设一批具有中华文化特征和中华民族视觉形象的重点工程和项目，吸引影视公司来拍摄马兰题材影视剧、微视频，全面提升和硕知名度。

（孔　莹）

【推动党委决策部署落地】　2021年，和硕县委办公室将贯彻落实习近平总书记重要指示批示精神与深入开展党史学习教育，与推动“不忘初心、牢记使命”主题教育长效化、制度化相结合，对贯彻落实情况进行全面“回头看”，总结回顾、巩固成果、查找不足，对工作推进中存在的问题进行梳理，对发现的问题一抓到底，突出问题揪住不放，限时销号进行整改，确保习近平总书记重要指示批示精神落实到位。由各县领导按照职责分工，做好具体的督促指导工作，对已经上报落实情况的，持续抓好落实；对需出台相关制度的，持续推动落地落细；对落实中存在问题的，不回避矛盾，积极妥善解决；对需要长期抓好落实的，不松懈麻痹，坚持久久为功，真正做到问题不查清楚不放过、责任不追究不放过、整改不彻底不放过。

（孔　莹）

重要会议

【中共和硕县第十三次代表大会】　2021年8月13–16日，中国共产党和硕县第十三次代表大会召开，应到会代表150人，实到会代表150人。14日，张峰代表中共和硕县第十二届委员会向大会做题为“坚定不移贯彻落实新时代党的治疆方略全面开启建设天山南坡高质量发展先行县新征程”的报告。报告对过去五年的工作进行回顾，对今后5年发展形势进行分析，安排部署今后五年的奋斗目标和重点工作，动员全县各族人民，坚定不移贯彻落实新时代党的治疆方略，牢牢扭住社会稳定和长治久安总目标，加快实施“五大战略”、打造“三区三基地”，全面开启建设天山南坡高质量发展先行县新征程。大会审议通过关于十二届县委报告决议、十二届县纪委报告决议。大会选举产生党委委员38名、候补委员7名，选举产生纪委委员19名，选举出席中国共产党巴音郭楞蒙古自治州第十一次代表大会代表20名。16日，中国共产党和硕县第十三届委员会第一次全体会议召开，会议审议通过《中国共产党和硕县第十三届委员会第一次全体会议选举办法》，选举张峰为县委书记，哈热（蒙古族）、朱震为副书记，兰吉飞、李福君、朱宏伟、马亚龙（回族）、琪曼古丽·阿不力米提（女，维吾尔族）为县委常委；审议通过《中国共产党和硕县第十三届委员会工作规则》《中国共产党和硕县第十三届委员会第一次全体会议公报》，批准中国共产党和硕县第十三届纪律检查委员会第一次全体会议选举产生的书记、副书记和常务委员会委员人选。（孟成成）

【中共和硕县委十三届二次全体会议】 2021年11月29日，中共和硕县第十三届委员会第二次全体会议召开，会议传达学习中共十九届六中全会精神，要求全县各级党组织和广大党员干部深入学习贯彻中共十九届六中全会精神，原原本本学、融会贯通学、联系实际学，自觉把学习领会中共十九届六中全会精神同落实党中央各项决策部署贯通起来，同正在做的事情贯通起来，更好地发现和纠正发展中的理念偏差、思维偏差、方法偏差，更有力地解决实践中存在的突出矛盾和问题，不断开创工作新局面，切实把学习成效转化为推进和硕社会稳定和长治久安的强大动力和过硬成果。（孔　莹）

【中共和硕县十二届党委常委会会议】 2021年，中共和硕县第十二届党委召开43次常委会会议，主要研究讨论2021年度和硕县各项重点工作的部署。

第204次常委会会议。1月3日召开，会议传达学习国家主席习近平2021年新年贺词、在全国政协新年茶话会上的讲话和中央全面深化改革委员会第十七次会议精神；审议拟推荐第六批全国学雷锋活动示范点和岗位学雷锋标兵的方案、和硕县2020年工作总结、和硕县委政治建设专项工作报告和和硕县委各项议事规则、制度及清单。

第205次常委（扩大）会议。1月7日召开，会议传达学习第三次中央新疆工作座谈会精神，研究部署和硕县贯彻落实工作和近期重点工作；研究审议《关于开展和硕县2021年迎新春系列文体活动的实施方案》。

第207次常委会会议。1月15日召开，会议审议和硕县贯彻落实《2019—2023年全国党政领导班子建设规划纲要》重点任务（讨论稿）、《和硕县公务员平时考核工作方案（试行）》（讨论稿）、和硕县2021年县级领导干部“春节”走访慰问方案、关于拟推荐和硕县2021年自治区民族团结进步示范区示范单位方案、政府工作报告、关于召开和硕县第十七届人民代表大会第六次会议工作方案、关于召开政协和硕县第十五届委员会第六次会议有关事项方案及干部人事议题。

第211次常委会会议。1月29日召开，会议审议2020年度自治区“民族团结一家亲”和民族团结联谊活动先进集体和先进个人推荐方案、2021年第一批自治州民族团结进步示范区示范单位推荐方案、命名2021年第一批和硕县民族团结进步示范单位的方案、2021年地下水超采区治理巩固拓展提升实施方案；听取自治区党委第九巡视组巡视反馈意见整改落实情况、自治区党委第九巡视组对和硕县巡察工作开展专项检查反馈意见整改落实情况、自治区党委组织部第九选人用人专项检查组反馈意见整改落实情况和落实自治州党委“六项重点”工作情况。

第212次常委会会议暨脱贫攻坚专题会议。1月29

日召开，会议研究审议和硕县2021年巩固脱贫攻坚成果同乡村振兴有效衔接项目库编制情况的报告。

第214次常委会会议。2月8日召开，会议听取和硕县安全生产近期重点工作开展情况、研究审议2021年和硕县安全生产近期重点工作开展情况，研究审议2021年和硕县安全生产工作要点、中共和硕县第十二届纪律检查委员会第六次全会日程、坚定不移推动和硕纪委监察工作高质量发展为开局“十四五”开启新征程提供坚强纪法保障——在中国共产党和硕县第十二届纪律检查会议第六次全体会议上的报告（审议稿）、和硕县党委2021年巡察工作计划、和硕县党委落实巡察工作主体责任规定、和硕县推荐“七一勋章”初步建议人选和全国“两优一先”表彰对象事宜、关于巩固深化“不忘初心、牢记使命”主题教育成果的实施方案、贯彻落实《自治区党委加强村级党组织和村干部队伍建设“1+2”文件精神的实施方案》的工作方案及和硕县村干部和后备力量培训行动三年实施方案、关于全面推行“党旗映天山”主题党日计划。

第215次常委会会议。2月17日召开，研究审议和硕县人力情报工作实施方案、自治区党委第九巡视组对和硕县巡察工作专项检查反馈意见的整改落实情况报告、关于进一步加强巡察机构干部队伍建设的意见和和硕县党委巡察工作六大责任主体职责清单。

第217次常委会会议。2月28日召开，会议听取和硕县稳定工作情况汇报、自治区党委第九巡视组巡视反馈意见整改落实情况和自治区党委组织部第九选人用人专项检查组反馈意见整改落实情况；研究审议和硕县县、乡镇领导班子换届工作实施方案、和硕县2021年度党委（党组）理论学习中心组学习计划、和硕县党委（党组）理论学习中心组实施办法、中共和硕县委员会关于在全县开展党史学习教育的实施方案及干部人事议题。

第219次常委会会议。3月7日召开，会议听取党史学习教育有关工作情况汇报，研究审议关于成立和硕县教育工作领导小组的方案、大额资金支付项目、换届工作领导小组建议名单及其办公室内设机构组成人员、工作职责、关于召开“三八”妇女节表彰大会的方案、关于项目代建管理办公室运行机制改革的方案和干部处分、任免。

第220次常委会会议。3月12日召开，会议研究审议关于拟推荐上报自治州政法系统劳动模范和先进工作者的方案、关于和硕县推荐2019—2020年度自治州“民族团结一家亲”和民族团结联谊活动先进集体和先进个人方案、关于和硕县供销社行政领导兼职社属企业负责人的事宜、关于自治区党委第九巡视组巡视和硕反馈意见整改进展情况的报告、落实第三次中央新疆工作座谈会精神的实施方案、关于对各乡镇党委召开党员代表大会的请示审查情况的报告、关于中国共产党和硕县第十三次代表大会代表名额构成的初步方案、关于乡镇出席中国共产党和硕县第十三次代表大会代表预分方案和干部任免。

第221次常委会会议。3月19日召开，会议研究审议关于第九批全国民族团结进步示范区的推荐方案、关于公务活动禁止饮酒的通知、对《关于中国共产党乌什塔拉回族民族乡第十六届委员会委员、纪律检查委员会委员人事安排问题的请示》审查情况的报告、关于乌什塔拉回族民族乡出席中国共产党和硕县第十三次代表大会代表候选人预备人选的审核情况报告、和硕县第十三次党代会县委提名代表候选人建议名单、和硕县乡镇党委换届工作督导组建议名单、和硕县关于自治州2020年度县市党委书记抓基层党建述职评议考核会议上点评意见的整改方案、关于选拔选调生进乡镇班子有关事宜和干部处分。

第222次常委会会议。3月25日召开，会议研究审议农田防护林建设实施方案、2021年生态环境保护工作要点、2020年度和硕县党委领导班子年度（绩效）考核反馈意见整改方案、2020年度县级领导干部考核定等初步意见、关于对特吾里克镇等6个乡镇党委、纪委换届人事安排审查情况的报告、关于特吾里克镇等6个乡镇出席中国共产党和硕县第十三次代表大会候选人预备人选审核情况的报告、和硕县第十三次党代会县委提名代表候选人建议名单、关于拟推荐开发建设新疆奖章、开发建设巴州奖和自治州工人先锋号的单位、人选的方案和关于拟推荐自治州劳动模范和先进工作者的方案。

第223次常委会会议。4月26日召开，会议听取总工会工作汇报、妇联工作汇报、团委工作汇报、和硕县推进党建引领物业管理工作情况汇报和硕县发展壮大村级集体经济情况汇报；研究审议和硕县发展壮大村级集体经济效益奖励资金使用管理办法、2021年度民兵整组工作实施方案、和硕县党委党的建设工作领导小组2021年工作要点、和硕县关于加强和改进新时代党建带群建工作实施方案、关于加强党建引领金融服务乡村振兴工作的实施方案、《和硕县推进基层减负工作联席会议制度（试行）》及《关于解决到基层督导调研多问题的具体措施（试行）》、关于2021年农村“三老人员”申报事宜、和硕县开展自治区第39个民族团结教育月活动实施方案、和硕县学习贯彻落实《新疆维吾尔自治区民族团结进步模范区创建条例》实施方案、关于推荐玉孜曼、齐登巴特两位同志参加自治区第七届道德模范评选的报告、和硕县委党风廉政建设责任清单和干部处分。

第225次常委会会议。5月6日召开，会议研究审议县委班子成员分工方案、人大班子成员分工方案、政府班子成员分工方案、政协班子成员分工方案、县级领导干部包联（联系）点方案、关于拟选树自治州政法英模和先进典型方案和关于隆重庆祝中国共产党成立100周年活动实施方案。

第226次常委会会议。5月7日召开，会议通报自治州党委赴和硕县换届考察组考察目的、程序和自治州党委赴和硕县换届考察组传达中央和自治区、自治州党委有关换届政策精神、换届纪律并提出工作要求。

第227次常委会会议。5月17日召开，会议研究审议2021年度招商引资工作实施方案、和硕县加快培育规模以上工业企业十项措施、关于命名和硕县第一批民族团结进步教育基地的方案、关于拟推荐自治州第一批民族团结进步教育基地的方案、关于命名2021年第二批和硕县民族团结进步示范区示范单位的方案、关于拟推荐2021年第二批自治州民族团结进步示范区示范单位的方案和和硕县技工学校建设实施方案；通报拟新进班子考察对象人选。

第228次常委会会议。5月24日召开，会议研究审议大额资金支付项目、巴州国信公司委托财政局代履行相关职责的《授权委托协议》、《和硕县国有资产监督管理架构方案》、关于调整《和硕县政府工作报告2021年工作任务分解方案》责任分工的通知、关于调整《和硕县第十二届八次全体会议任务分解方案》责任分工的通知、和硕县庆祝建党100周年“七一”表彰工作方案，安排部署有关工作。

第232次常委会会议。6月18日召开，会议听取义务教育均衡发展工作情况专题汇报；研究审议安全生产大排查大整治突出问题清单、县委全面深化改革委员会2021年工作要点及责任分工方案、关于进一步加强巡察整改和成果运用工作的意见、关于成立和调整相关工作领导小组及委员会的通知、关于拟设立和撤销部分党委（党组）事宜、全面推行林长制实施方案和干部任免。

第234次常委会会议。6月25日召开，会议听取关于和硕县第十三次党代表大会有关工作汇报和筹备工作建议和关于政协换届工作有关事宜的汇报；研究审议和硕县2021年“七一”前夕走访慰问方案、和硕县学生暑期服务关爱管理工作实施方案及干部任免、处分。

第235次常委会会议。6月25日召开，会议研究审议和硕县“十四五”规划期间巩固脱贫攻坚成果同乡村振兴有效衔接清单（部门、乡镇）及项目库（财政专项、一般债）。

第236次常委会会议。7月4日召开，会议听取2021年上半年全县重点项目进展情况汇报、1—6月招商引资工作进展情况汇报，研究审议确定和硕县“两优一先”表彰对象和干部任免。

第237次常委会会议。7月6日召开，会议研究审议《关于召开中国共产党和硕县第十三次代表大会决议（草案）》及说明、《关于召开中国共产党和硕县第十二届委员会第九次全体会议的方案》和《关于召开中国共产党和硕县第十三次代表大会的请示》及说明（沟通稿）。

第238次常委（扩大）会议。7月12日召开，会议传达学习陈全国同志在第一次全体会议上的讲话、陈全国同志在第一次全体会议上的工作报告、陈全国同志在第二次全体会议上的讲话和中国共产党新疆维吾尔自治区第九届委员会第十二次全体会议关于深入学习贯彻习近平总书记在庆祝中国共产党成立100周年大会上的重要讲话精神扎实推进新疆社会稳定和长治久安的决议（草案）；张峰对学习贯彻习近平在庆祝中国共产党成立100周年大会上的重要讲话精神进行部署。

第239次常委会会议。7月13日召开，会议听取常委、副县长汇报落实分管领域全面从严治党及党风廉政建设履行一岗双责情况、乡镇党委落实党风廉政建设主体责任情况汇报和部门单位党委（党组）落实党风廉政建设主体责任及以案促改情况汇报；研究审议纪委监委2021年上半年纪检监察工作报告和2021年上半年政治生态分析情况报告；部署有关工作。

第241次常委会会议。7月18日召开，会议传达学习自治州村（社区）“两委”换届工作方案，研究审议和硕县村（社区）“两委”换届工作方案，审议确定从优秀村党组织书记、社区工作人员中考录（招聘）乡镇公务员和事业编制人选，审议中共和硕县第十三次代表大会代表选举工作的通知、2020年度绩效考核定等及奖金发放事宜、聘请和硕餐饮产业发展顾问、技术指导的请示、关于聘请和硕葡萄酒产业发展顾问的请示、和硕县党委2021年巡察工作要点和干部处分；听取和硕县党委2021年上半年巡察工作总结。

第242次常委会会议。8月1日召开，会议研究审议县直机关工委等5个选举单位出席中国共产党和硕县第十三次代表大会代表候选人预备人选审核情况的报告、和硕县第十三次党代会县委提名代表候选人建议名单、关于和硕县推荐提名中国共产党巴音郭楞蒙古自治州第十一次代表大会代表候选人初步人选的方案、调整部分县级领导干部包联（联系）点方案、加强和改进同级监督工作的具体措施、《和硕县委常委食品安全工作责任清单》及《和硕县食品安全监管事权清单》、拟命名互嵌式居住示范小区的方案、拟命名民族团结兵地融合宣传教育基地的方案和干部处分。

第243次常委会会议。8月4日召开，会议听取“两委”推荐情况汇报，研究审议村（社区）“两委”候选人初步人选。

第244次常委会会议。8月4日召开，会议听取“两委”建议人选考察情况汇报；研究审议“两委”预备人选和确定县委常委、书记、副书记和纪委常委、书记、副书记候选人预备人选。

第245次常委会会议。8月10日召开，会议听取关于县直机关工委等5个选举单位出席中国共产党和硕县第十三次代表大会代表的情况报告，研究审议《关于2021年村（社区）“两委”换届职数设置的方案》。

第246次常委会会议。8月10日召开，会议听取中国共产党和硕县第十三次代表大会筹备工作情况汇报；研究审议党委报告（草案）和纪委报告（草案）、中国共产党和硕县第十三次代表大会代表名册、中国共产党和硕县第十三次党代会人事安排相关问题、《关于和硕县党费收缴、管理和使用情况的报告（草案）》《中国共产党和硕县第十三次代表大会选举办法（草案）》《中国共产党和硕县第十三届委员会第一次全体会议选举办法（草案）》《中国共产党和硕县第十三届纪律检查委员会第一次全体会议选举办法（草案）》《中国共产党和硕县第十三次代表大会日程（草案）》《中国共产党和硕县第十三次代表大会秘书处工作机构和任务（草案）》等材料、中国共产党和硕县第十二届委员会第十一次全体会议方案、《和硕县出席自治州第十一次党代会代表候选人推荐酝酿考察情况的说明》《和硕县出席自治州第十一次党代会代表候选人预备人选圈选办法（草案）》、和硕县出席自治州第十一次党代会代表候选人预备人选建议名单和列席和邀请人员名单。　（孔　莹）

【中共和硕县十三届党委常委会会议】 2021年，

中共和硕县十三届党委召开20次常委会会议，研究讨论和硕县各项重点工作的安排部署。

第1次常委会会议。8月18日召开，会议听取政法队伍教育整顿工作汇报，研究审议县第十三届党委常委分工方案、拟表彰民族团结兵地融合发展先进个人的方案、新时代推进和硕县和二师二十四团融合发展的实施方案、村（社区）“两委”换届示范点党组织书记人选的情况报告、和硕县第十六届政协人事安排及协商情况的报告，酝酿讨论《巴音郭楞蒙古自治州出席中国共产党新疆维吾尔自治区第十次代表大会代表候选人推荐人选名单》和和硕县建设工程项目招投标实施方案。

第2次常委（扩大）会议。8月23日召开，会议对学习贯彻落实自治州系列会议精神进行安排部署；研究审议《政府工作报告（审议稿）》《人大常委会工作报告（审议稿）》《政协常委会工作报告（审议稿）》《人民法院工作报告（审议稿）》《检察院工作报告（审议稿）》、和硕县第十八届人大常委会组成人员、和硕县第十八届人民代表大会第一次会议有关事项的方案、关于召开政协和硕县第十六届委员会第一次会议有关事项的方案和确定政协和硕县第十六届委员会第一次会议临时党组织。

第4次常委会会议。9月6日召开，会议听取和硕县“双减”工作汇报，研究审议庆祝第37个教师节工作方案、《和硕县课后服务经费保障机制》、《和硕县进一步减轻义务教育学校学生作业负担和校外培训负担的实施细则》、《和硕县关于铸牢中华民族共同体意识的责任分解方案》、《和硕县构建互嵌式社会结构和社区环境责任分工方案》、对八一水库除险加固工程勘察设计费签订补充协议的意见、支付解除承包八一水库合同补偿费用的意见、村（社区）党组织书记人选情况的方案、《2021年和硕县深化全面从严治党工作要点》和干部处分事宜。

第5次常委会会议。9月6日召开，会议听取公安工作汇报、中央第六巡视组向自治区反馈意见整改落实情况报告；研究审议自治州第十一次党代会报告（征求意见稿）、调整县长、副县长工作分工的方案、调整和硕县人大常委会党组成员分工方案、调整县政协领导班子成员分工方案、关于增加公安局党委委员职数的方案、《和硕县2021—2025年发展党员工作规划》《关于推进城市基层党的组织和工作有形有效覆盖的实施方案》《和硕县共青团基层组织改革试点实施方案》、深入贯彻第三次中央新疆工作座谈会精神优化完善“民族团结一家亲”和民族团结联谊活动的实施方案、金沙滩景区基础设施提升改造方案及干部任免。

第6次常委会会议。9月20日召开，研究审议《和硕县纪委监委关于开展粮食购销领域腐败问题专项整治工作的实施方案》，部署有关工作。

第10次常委会会议。10月27日召开，会议听取“我为群众办实事”实践活动项目进展情况汇报、人民法院工作汇报；研究审议《关于请求批准桑杰等七名同志为自治区第七次全国人口普查工作先进个人及县人普办先进集体的请示》《2021年和硕县绩效考核暨和硕县委管理领导班子和领导干部年度考核工作方案》《和硕县全面推开排查整顿农村发展党员违规违纪问题工作具体实施方案》《和硕县关于选派优秀干部到企业挂职推动党建高质量发展的实施方案》《关于增设商务和工业信息化局党组成员职数的请示》《和硕县领导干部联系服务专家工作制度》《关于推荐2021年“诚信之星”的请示》《和硕县技工学校职能配置、内设机构和人员编制规定》和干部人事议题。

第11次常委（扩大）会议。11月7日召开，会议传达学习自治州推动高质量发展暨第四次群众工作观摩会有关情况、自治州推动高质量发展暨第四次群众工作观摩会有关情况，部署自治区乡村振兴战略实绩考核迎检工作、春农牧业生产工作和近期重点工作。

第12次常委会会议。11月12日召开，会议听取2021年意识形态工作情况汇报和党史学习教育巡回指导情况通报，研究审议《关于和硕县拟推荐自治州第十一次民族团结进步模范集体和模范个人的请示》《深入贯彻新发展理念 推动建设天山南坡高质量发展先行县实施方案》《和硕县工业企业“亩产效益”综合评价实施细则》《关于拟推荐阿拉同才次克等参加2021年全国学雷锋志愿服务“四个100”先进典型评选的报告》《关于加强和硕县龙驹艺术团建设的实施方案》《和硕县志愿者服务管理办法》《县级领导定点联系学校、幼儿园工作制度》《关于调整党的建设工作等领导小组的建议方案》《关于推荐马建军申请自治区建筑技术工种职业技能培训就业奖励金的请示》和干部人事议题。

第13次常委（扩大）会议。11月21日召开，会议传达学习《中共中央关于党的百年奋斗重大成就和历史经验的决议》和中共中央政治局11月18日会议精神；听取赴若羌县、且末县观摩学习情况汇报、参加自治区县市区纪委书记、监委主任业务培训班情况汇报和和硕县党委巡察工作领导小组2021年度工作报告；研究审议《和硕县党委巡察工作规划（2022—2026年）》和干部处分。

第14次常委会会议。11月28日召开，会议传达学习任广鹏书记在和硕县干部大会上的讲话；研究审议《中国共产党和硕县第十三届委员会第二次全体会议日程安排》《在中共和硕县第十三届委员会第二次全体会议上的主持讲话》和《中共和硕县委员会关于认真学习宣传贯彻落实党的十九届六中全会精神的实施意见（讨论稿）》。

第15次常委（扩大）会议。12月2日召开，会议传达学习任广鹏书记在推进全州经济社会高质量发展暨第四次群众工作现场推进会上的讲话；研究审议关于个别领导工作分工调整及成立有关工作专班的事宜、持续推进招商项目落地行动实施方案、冬季“大培训大提升”行动实施方案、持续推进高质量就业行动实施方案、持续推进城市更新行动实施方案、持续推进农村人居环境整治行动实施方案和持续推进农牧业增效行动实施方案。

第18次常委会会议。12月19日召开，会议研究审议《关于拟推荐自治区第一次全国自然灾害综合风险普查工作先进个人人选的说明》《2021年和硕县委落实全面从严治党主体责任情况报告》《2021年和硕县纪检监察工作报告》《2021年政治生态分析情况报告》《和硕县纪委监委关于贯彻落实中央八项规定精神情况报告》《2021年和硕县党风廉政建设和反腐败工作情况报告》和干部处分、调整。

第20次常委会会议。12月31日召开，会议研究审议《政府工作报告（审议稿）》、召开和硕县第十八届人民代表大会第二次会议的有关事宜、研究审议和硕县出席自治州第十五届人民代表大会代表候选人建议人选情况、研究审议和硕县推荐提名自治州十三届政协委员人选情况、《人民法院工作报告》和《人民检察院工作报告》。（孔　莹）

组　织

【基层党组织及党员基本情况】 2021年，和硕县有党组织242个，其中地方委员会1个，乡镇党委7个，党组性质党委4个，基层党委5个，地方党委派出工委5个，党总支13个，党支部207个。共有党员4282名，其中预备党员385名；女党员1748名，占党员总数的40.82%；少数民族党员1811名，占党员总数的42.29%；离退休党员919名，占党员总数的21.46%；农牧渔民党员1097名，占党员总数的25.65%；年龄在35岁及以下党员1047名，占党员总数的24.45%；大专及以上学历党员2663名，占党员总数的62.19%。（熊江峰）

【发展党员】 2021年，和硕县发展党员380名，其中发展女党员202名，占发展党员总数的53.16%；发展少数民族党员161名，占发展党员总数的42.36%；发展农牧渔民党员155名，占发展党员总数的40.79%；发展35岁及以下党员243名，占发展党员总数的63.95%；发展大专及以上学历党员253名，占发展党员总数的66.58%。（熊江峰）

【基层组织建设】 2021年，和硕县委研究制定《和硕县委党的建设工作领导小组2021年工作要点》，从6个方面26项重点任务进行安排部署，进一步明确单位职责、细化工作措施、量化考评体系。制定印发《和硕县委组织部2021年工作要点》，明确各领域基层党组织工作重点及党建任务清单，推动全面从严治党向基层延伸、向纵深发展。实施机关党支部“星级化”管理，狠抓领导班子分工常态化备案制度落实，促进党建与业务深入融合。牢固树立党的一切工作到支部的鲜明导向，推动村（社区）“星级化”创建与基层党组织软弱涣散整顿有机结合。持续规范推行村级事务“一会制”和“召集人制”，规范落实“四议两公开”“述询评”及无职党员设岗定责等基层组织运行机制，规范运行“一支部三中心”“两中心两站”组织运行架构，持续建强基层组织。高质量完成县、乡、村三级换届，不断建强基层队伍。加强村级运转经费和服务群众专项经费保障，全面落实村干部报酬增长机制，探索实施村集体经济效益奖励机制，为71名村干部发放2020年度集体经济效益性奖励资金28.39万元，最高领取1.47万元，逐步形成村干部报酬“基本报酬+业绩考核报酬+奖励资金”新模式。探索建立以社区党支部为核心的“1+2+N”社区治理体系，“1”即社区党支部在基层社会治理中发挥领导核心作用；“2”即小区党支部、业主委员会党支部协同配合；“N”即吸收小区在职、退休、流动党员加入小区党支部，联合小区周边“两新”组织、企事业单位党组织，搭建便捷议事平台，共同参与社区基层治理。选派党员至“三有”非公企业，实现全部单独成立党组织。选派65名党建指导员、10名优秀干部至“两新”组织党组织指导工作、挂职锻炼，促进“两新”组织党建与生产生活深入融合，实现党的组织和工作有形覆盖到有效覆盖。坚持抓好基层党建述职评议工作，组织各党（工）委书记就抓基层党建工作向县委进行专项述职。（徐　铭）

【换届工作】　2021年，和硕县完成县、乡两级的换届工作。1月，和硕县启动乡镇党委换届工作。换届工作督导组下设7个督导小组，全程监督，对换届相关材料进行审核把关。摸清乡镇、村（社区）班子底数和运行情况，逐一分析研判乡镇、村（社区）情况，整合优化组织设置，撤销村（社区）党总支6个，规范25个行政村“一支部三中心”（党支部统领党群服务中心、综治中心、农村发展中心）运行机制，从农民村干部中选拔村（社区）党组织书记20名，占比60.6%，从机关和企事业单位公职人员中选派13人，占比39.4%。成立7个换届考察组，县委组织部对4乡3镇开展乡镇领导班子换届全额定向考察，完成139名乡镇两委预备人员的考察。3月30日，完成乡镇党委换届选举，全票选举产生新一届乡镇党委委员63名；7月24日—8月1日，和硕县7个乡镇分3批次召开新一届人代会，共选举产生和硕县各乡镇人大、政府班子成员41名，其中选举产生人大主席7名，乡镇长7名、副乡镇长27名。各乡镇党政班子全部配备到位，优化乡镇党政班子结构，做到老中青结合、梯次配备。8月13—16日，选举产生新一届县党委常委委员38名（应选39名，实选38名），选举产生候补委员7名、纪委委员19名。选举产生和硕县人大常委会组成人员25名，其中主任1名，副主任4名，委员20名。选举产生新一届人民政府县长1名，副县长5名。选举和硕县监察委员会主任1名，人民法院院长1名，人民检察院检察长1名。选举产生政协和硕县第十六届委员会主席1名，副主席4名，常务委员12名。（孟成成）

【党代表选举】　2021年，和硕县对全县党员、党组织进行调研摸底和分析研判，与各基层党组织充分沟通、与州换届办请示对接，确定代表名额及预分方案。各乡镇党员代表大会代表名额及比例与上次党员代表大会一致，其中，特吾里克镇45名、曲惠镇35名、塔哈其镇55名、乌什塔拉60名、苏哈特乡40名、乃仁克尔乡30名、新塔热乡40名。预分乡镇出席县党代会代表名额60名，另县委提名代表候选人7名，每乡镇1名。换届办经广泛酝酿提名、支委会商议、乡镇党委研究并与组织部门沟通，确定提出县乡党代表候选人初步人选名单，其中乡镇党员代表大会代表候选人初步人选436名，出席县十三次党代会代表候选人初步人选91名，确保差额比例不少于应选代表人数的30%。对7个乡镇推选出的县乡党代会代表候选人初步人选进行考察，综合运用民主评议党员、考核考察、档案审核、专项考核等结果，通过召开座谈会、个别谈话，征求纪委、信访、计生等19个部门意见，全面开展考察工作，严格代表质量把关。经过代表考察和支部大会及乡镇党委会酝酿讨论，按照不少于应选代表人数的20%，圈选确定县乡党代会代表候选人预备人选。经过选举，全县产生305名乡镇党员代表大会代表和67名出席县党代会代表。中共和硕县第十三次代表大会选举出席中国共产党巴音郭楞蒙古自治州第十一次代表大会代表20名。全县3812名党员参与党代表选举活动，基层党组织参与率和党员参会率均达到100%。

（孟成成）

【党校到支部】 2021年，和硕县委组织部以“云课堂”为依托，以“学习强国”、巴州党员网上活动室、马兰花党建网为载体，以党校教师为骨干，发挥县乡党校“三个阵地、一个熔炉”作用，分级分类组织党员参加教育培训，将党校培训模式嵌入支部工作，优势互补、灵活多样，推动党建工作“走下去、接地气”。（徐　铭）

【审批制党建试点及推广】 2021年，和硕县委组织部进一步压实部门单位党组（党委）党建主体责任，激励广大干部带头试点探索、攻坚克难、改革创新，实现上级为下级担当、组织为干部担当、干部为事业担当，推动党的建设始终走在前、作表率，促进党建与业务工作深度融合。向巴州党委分别申报《和硕县关于选派优秀干部到企业挂职推动党建高质量发展的实施方案》《和硕县发展壮大村级集体经济效益奖励资金使用管理办法（试行）》2项试点工作，推动试点工作有效落实。

（张延博）

【党员干部教育培训】 2021年，和硕县举办第十一期科级领导干部培训班、第二十二期中青年干部培训班，先后选派76名各层级干部采取“线上+线下”模式，参加中央、自治区、自治州各类专题培训班、主体班。举办2021年度党史学习教育轮训班，轮训科级以上干部400余人。依托综治视联网覆盖到村的优势，探索“主课堂+分会场”全方位的理论培训新模式，围绕中国共产党成立100周年系列庆祝活动，组织373名基层干部参与新疆党史学习教育专题培训示范班；选派农牧（居）民代表队参加自治州、自治区举办“奋斗百年路 启航新征程”村（社区）党员学党史知识竞赛，均获得第一名的好成绩。推荐5名站点管理员参加自治区级“党员教育之星”展示活动，其中3名被自治区评为“党员教育之星”。结合党史教育学习、“党课开讲啦”、驻村工作、“四微”学用活动，制作拍摄的《共和国的马兰》被人民网、全国党员干部现代远程教育频道、自治区党员教育微信公众号采用播发，以此为蓝本编排制作的现代诗歌朗诵节目，参与自治区“四微”学用活动展示；《扶贫路上的“孺子牛”》《幸福在哪里》《乡里乡亲》3部优秀党员事迹片由自治州电视台播出；配合自治州拍摄制作优秀党员事迹片《革命的故事》由自治区党员教育中心采用并播发。马兰红山军博园被自治州授予“自治州干部党性教育基地”“自治州妇女干部教育基地”，被自治区授予“自治区关心下一代党史国史教育基地”。（葛雪欢、马　悦）

【人才工作】 2021年，和硕县开展推荐“农业科技人才服务促进乡村振兴专家团队”工作，会同相关部门，在全县“土专家”“田秀才”中推荐确定100名农业技术人才，组建和硕县农业科技人才服务促进乡村振兴专家团队，深入全县各包联村开展农业科技服务。完成自治州第二批有突出贡献优秀专家、第三批自治州优秀专家、第二批自治州青年优秀专家、第二批自治州少数民族中青年优秀专家人选的推荐工作。推荐农业技术推广中心陈晓丽入选第二批自治州青年优秀专家。完成“西部之光”访问学者、2022年定向西藏新疆公共管理硕士专业学位（MPA双证）班报考人员和2022年中科院少数民族高层次骨干人才计划新疆博士研究生班报考人员推荐工作。申报实施“和硕县人才引进扶持项目”。依托援疆渠道、疆内外科研院所、高等职业技术学校、医疗机构等行业部门单位开展柔性引才，采取与疆内外对口行业部门单位建立交流合作关系的方式，柔性引进5名医疗专家、6名清华大学研究生赴和硕县开展相关医疗服务及教研活动，进一步提升本县相关专业领域水平。申报实施优秀农村实用人才培养计划。获批自治州人才发展专项资金20万元，举办农村实用人才培训班2期，培训农村实用人才100名。（任树伟）

【干部日常监督管理】 2021年，和硕县执行《和硕县领导干部离任交接工作暂行办法》，解决个别领导干部离任交接中“拍屁股走人”“新官不理旧账”等问题。有29名离任领导干部参加冻结人财物谈话会议。持续巩固领导干部企业、社会团体兼（任）职专项整治工作，常态化开展乡科级领导干部违规违纪因私出国（境）证件核查工作，坚持防止权力异化，从源头上防止领导干部违规违纪因私出国（境）行为的发生。认真学习和贯彻落实《领导干部报告个人有关事项规定》和《领导干部个人有关事项查核结果处理办法》，扎实开展个人有关事项报告相关工作。完成全县29名县级、131名正科级实职领导干部《个人有关事项报告表》填报、审核、上报工作。着力抓好换届风气监督，明确换届风气监督“五类责任主体”，确保换届工作有序健康平稳进行。成立严肃换届纪律监督组，做到齐抓共管、形成合力。强化教育引导，筑牢严守纪律的思想防线，组织教育观看严肃换届纪律教育警示专题片68场次1220人，开展谈心谈话2905人次。（周　燕）

【干部考核管理】 2021年，和硕县为加强公务员队伍建设，全面、深入地了解掌握公务员的思想政治、工作能力、工作实绩和德、能、勤、绩、廉等方面情况，进一步规范公务员考核工作，完善考核评价激励机制，印发《和硕县公务员平时考核工作方案（试行）》，在全县各级机关按照干部管理权限，面向非领导成员公务员（不含职务职级并行改革前的非领导职务人员）以“季度”为周期开展公务员平时考核，对406名公务员日常工作和一贯表现进行了解、核实和评价。印发《关于和硕县科级干部2020年度考核定等及表彰奖励的通知》《关于2020年度和硕县乡镇、县直部门单位、参照公务员法管理事业单位和党群系统事业单位科级以下公务员和工作人员考核定等的通知》文件，科级干部中确定优秀并记三等功奖励人员14名，确定优秀等次85名，不确定等次16名。科级以下干部中确定优秀并记三等功奖励人员8名，确定优秀等次93名，不确定等次32名，不称职（不合格）人员5名，未参加考核人员1名，其余均为称职（合格）。根据县委统一部署，12月初成立5个考核组，完成全县60个领导班子，385名乡科级领导干部2021年度考核工作，全面了解和掌握领导班子运行和领导干部履职情况。（孟成成）

【干部档案管理】 2021年，和硕县委组织部严格日常管理，采取定期反馈、定点收集，发单催办等方式，加强档案材料收集、鉴别、整理和归档等工作，切实做到干部档案日常管理规范化、制度化。全面推进干部人事档案专项审核工作，对全县事业单位人员档案进行“回头看”审核工作，第一时间下发工作提示，为人社、教育部门提供了清晰可见的“施工图”，完成全县国有企事业单位管理人员和专业技术人员档案专项审核2239卷。强化服务理念，充分发挥干部人事档案资政作用。坚持档案管理“服务干部工作、服务班子建设、服务领导决策”的工作思路，共对200余名考察对象的档案进行严格任前审核，积极配合州档案中心补充县级领导档案材料50余人，协助纪检监察部门查询信息108余人次，服务干部统计、工资调整、晋升类等信息查询156余人次。（杨庆美）

【“光荣在党50年”纪念章颁发】 2021年，和硕县委组织部通过党内信息统计系统和全国党员管理信息系统查阅符合党龄要求的老党员，将查询名单反馈至各基层党（工）委，要求各基层党（工）委结合反馈名单开展摸排，对在职在编党员，主动对接县人社局和档案管理中心，反复核实档案，校验入党时间；对农牧民党员，要求各基层党（工）委查阅档案，多方求证入党时间，确保符合条件人员不错统、漏统。通过5次严格细致的摸排，对各党（工）委上报115名老党员征求纪检、公安、信访等部门意见，确定和硕县“光荣在党50年”纪念章颁发对象。制定《和硕县“光荣在党50年”纪念章颁发仪式方案》。按照“梯次递进，临近七一达到高潮”的要求，形式多样地开展纪念章颁发活动。县级层面举行“光荣在党50年”纪念章颁发仪式，县委主要领导为21名老党员代表颁发“光荣在党50年”纪念章并赠送鲜花，老党员代表发言。具有审批权的各基层党（工）委结合实际情况，陆续召开颁发仪式9场，组织各级党员领导干部、入党积极分子、发展对象到现场接受教育，聆听老党员光荣事迹。结合“七一”前夕走访慰问活动，由县级领导带队，各党（工）委书记陪同，进村入户开展“七一”慰问活动，为行动不便的老党员颁发“光荣在党50年”纪念章，将党组织的关怀和温暖送到党员们心中。对在年初统计符合条件但在近期去世的老党员，由党委书记上门为其家属颁发纪念章，老党员亲属向带队领导讲述老党员生前的事迹。

（熊江峰）

【“访民情惠民生聚民心”工作】 2021年，和硕县统筹推进“3+1”重点工作，强化党组织第一书记统筹领导驻村各支力量，全面摸排梳理各类矛盾纠纷，积极协调、及时化解处置各类风险隐患，营造安定和谐的社会大局。探索建立“1+2+3”困难诉求办理机制，采取“八步法”有效解决群众困难诉求。全年走访群众12.8万户次28.4万人次，开展应急演练3035场次，排查化解矛盾纠纷228件、安全隐患687个，解决群众困难诉求4054条。

持续用力，抓好安全生产 全县各驻村工作队全面树牢安全生产意识，细化安全措施，加强安全监管，严格落实安全生产责任制，全面细致抓好安全生产隐患排查工作，坚决遏制重特大事故发生，驻村工作队结合农业生产需求，邀请科技人员进乡镇（场）、农机作业现场、田间地头等开展农机安全隐患排查治理，指导农牧民群众做好农机检修、保养和调试工作。为农机户讲解农机知识、指导农机新技术、现场示范解答，帮助农牧民群众提高自身素质。开展道路交通安全、防火安全、防一氧化碳中毒等安全教育，组织四位一体各支力量共同入户摸排安全隐患，对发现的安全隐患及时制定措施，确保隐患消除在萌芽状态。

真抓实干，推动乡村振兴 围绕乡村振兴战略布局、产业发展方向，依托中央、自治区、自治州下达1.5亿元资金，实施项目16个，全部完工。制定《和硕县2021年巩固拓展脱贫攻坚成果同乡村振兴有效衔接包联帮扶实施方案》，建立县级领导乡村振兴联系点制度，发挥后盾单位优势，给予各村（社区）一定的资源帮扶，提升村级收入。针对群众技能需求，通过微信群、农村“大喇叭”等方式开展政策宣传，组织村级各支力量摸排技能培训需求和就业意愿，根据不同需求，开展有针对性、实用性的技能培训，累计开展技能培训22期603人（次），摸排岗位2937个，及时引导劳动力就近就地就业，全县10906名劳动力实现就业。

凝聚各方合力，助推责任落实 每月召开1次驻村工作情况分析会，每季度召开1次推进会，帮助驻村工作队查找问题、补齐短板、推进工作，乡镇党委召开推进会、工作分析会47场次，县领导开展调研90余人次，后盾单位主要领导调研160余人次。建立第一书记月考工作制度，常态化开展能力测试，促使理论成果转变为驻村工作具体实践，有效提升第一书记学习理论、强化业务的主动性。制定并印发《关于重申驻村干部管理有关纪律要求的通知》，采取实地了解、去向报备、乡镇反馈等方式，定期、不定期抽查驻村干部履职情况。制定《和硕县驻村工作队队长、队员选派标准及要求》，老中青梯次配备，少数民族干部、女干部合理搭配派驻工作队成员，为全县25个行政村和8个社区选派32个驻村工作队、153名队员，其中州派工作队8个、队员43名，县派工作队23个、队员105名，

兵团派工作队1个、队员5名。本年州县两级调整工作队队长16名，队员70名。

激励保障机制　和硕县加强工作队经费保障，为工作队开展工作创造更好的基础条件，加大资金投入，强化服务保障。落实工作队为民办实事经费、第一书记办实事经费，保障每村（社区）运转经费15万元、为民办实事经费10万元（重点村社区15万元）、基层基础保障水平和村干部的积极性不断提高。落实工作队成员生活补助，开展节日期间慰问，帮助改善驻村生活条件，解决驻村干部工作和生活后顾之忧。为工作队拨付为民办实事经费190万元，第一书记工作经费48万元，驻村干部补助247.5万元（含提标补助20.7万元）。加强驻村办经费保障，保障驻村办的工作经费保障，为工作开展工作创造更好的基础条件。（才海龙）

宣传工作

【理论学习中心组学习】　2021年，和硕县制定印发《关于进一步加强和改进党委（党组）理论中心组学习的通知》及2021年党委（党组）理论学习中心组学习手册，全县各级党组织按照《和硕县各级党委（党组）理论学习中心组实施方案》，采取“线上+线下”多形式、分层次的理论学习，把党史、全国“两会”、十九届五中全会和第三次中央新疆工作座谈会精神作为贯穿全年的常态化学习内容。免费发放《习近平新时代中国特色社会主义思想学习问答》《学习活页》等学习资料。县委理论学习中心组组织集体学习57次，进行专题研究交流52次，举办县级领导干部夜校19次。（李欣宴）

【理论宣讲】　2021年，和硕县深入贯彻党的意识形态责任制，开展一系列宣传教育活动，提升关于新疆工作系列白皮书内容的领会和掌握水平。组建以县委书记为队长的和硕县“党的十九届六中全会精神”宣讲总队及12支宣讲分队，抽调县级核心宣讲员组建党的十九届六中全会精神示范性宣讲团，发挥金胡杨宣讲队、夕阳红宣讲队、红柳滩宣讲队、马背宣讲队等17支宣讲小分队的作用，结合各自分工和包联乡镇、村、社区、企业以及分管部门实际开展示范性宣讲。在新时代文明实践中心（所、站、点）、乡村科普馆、农家书屋、文化活动室，组织全县各级党组织围绕主题、精心谋划，创新形式开展宣讲，组织全县党员干部利用各种时机，采取以上率下宣讲、示范性宣讲、“宣讲+入户”“宣讲+培训”“宣讲+志愿服务”“宣讲+社会治理”“宣讲+文化惠民”等多种宣讲形式，开展全覆盖宣讲活动。建立基层理论宣讲示范点，县委宣传部投入3万元资金，将特吾里克镇龙驹社区和曲惠镇老城村打造为和硕县2021年基层理论宣讲示范点，打造新疆历史长廊，制作宣传展板，并结合新时代文明实践站志愿服务活动，开展各类宣讲活动；和硕县委宣传部投入3万元，印制关于新疆工作的系列白皮书合订本共2500本，发放到各级宣讲员、各乡镇、村（社区）。全年开展集中宣讲5083场次，受教育人数达35.58万人次。（李欣宴）

【文化润疆工程】　2021年，和硕县深入推进文化润疆工程，持续开展“习近平新时代中国特色社会主义思想进万家”活动，通过以上率下宣讲、示范性宣讲、全覆盖宣讲、入户宣讲等“宣讲+入户”“宣讲+培训”“宣讲+志愿服务”“宣讲+社会治理”“宣讲+文化惠民”等多种宣讲形式，共开展集中宣讲2042场次，受教育人数132167人次。结合党史教育，在马兰红山军博园开展学习教育和体验活动。加强对广播电视村村通、文化信息资源共享、农家书屋、东风工程、农村公益电影发行放映等重点文化惠民工程以及“三馆一站”、综合文化活动中心等场所建设和管理，全县“东风工程”和农家书屋共开展阅读活动390场次，借阅书籍数量4368册，参与借阅书籍阅读活动4347人次。进一步完善农村公益电影放映工作机制，订购储备了优秀国产故事片、科教片等328部，并利用农牧民夜校等有利时机积极开展农村公益电影放映工作，截至年底，放映国产优秀故事片174场次、科教片119场次，观影群众4500余人次。建成8个乡村科普馆，培养10支“石榴籽”文艺小分队，推进建设7个乡村新时代文明实践示范站。加大文艺精品创作，建成和硕县文学艺术交流中心、金石书画交流培训室，创作国画12幅、油画25幅、书法作品12幅。与州文旅局共同创作反映马兰基地艰苦创业精神《如果·马兰》音乐剧，独立创作《白马》《听奶奶讲革命故事》等舞蹈作品14支。以“我们的节日”为主题组织各类节庆演出活动，年底开展常态化惠民演出达500场次。加强文物保护利用，做好兰城遗址和红山核武器试爆指挥中心的保护管理，博物馆增加和硕发展史展区，开展流动博物馆日活动，举办野外文物看护员培训。扎实开展非物质文化遗产推广活动，举办“文化润疆·江格尔非遗盛典”暨“牧民歌唱共产党”世界非遗日主题活动。对和硕县3名自治区级非物质文化遗产传承人进行评估，新疆电视台《好大一个家》栏目组拍摄赛骆驼非遗传承人李加热的故事。

（李欣宴）

【记录小康工程】 2021年，和硕县以时间为轴线，以大事记为脉络，紧盯记录脱贫攻坚、全面小康取得的历史成就和巨大变化，组织全县各乡镇、各单位开展素材收集工作，成立工作专班，对收集素材进行严格筛选，及时录入数据平台。共上传审核通过大事记32条，其中县级大事记1个、乡级大事记6个，村级大事记25个，录入相关素材488条。

（李欣宴）

【宣讲人才培养】 2021年，和硕县有362名宣讲员。通过集中培训、“以会带训”、观摩、视频培训等形式，对各乡镇宣传委员、各村（社区）“两委”班子、各级宣讲员进行培训6场次，讲解员培训1场次，组织到相邻县市及本县各乡镇观摩学习，提高各级宣讲员、讲解员的综合能力和宣讲水平。

（李欣宴）

【意识形态工作】 2021年，和硕县扎实做好宣传思想文化工作，将意识形态责任制落实情况纳入年终考核、民主生活会和述职报告的重要内容，组织各乡镇、各部门单位开展意识形态工作互学互检。落实审读把关工作责任，确保宣传文化产品导向正确。开展出版物市场专项整治行动，联合执法检查打字复印店、印刷厂、网吧、歌舞娱乐场所、书店、音像制品店、校园周边商店、超市星级宾馆等经营场所。指导龙驹社区成功申创第四批自治区“扫黄打非”进基层示范点。

（李欣宴）

【新时代文明实践活动】 2021年，和硕县委宣传部整合资源，全力推动新时代文明实践中心建设。和硕县拨款20万元，申请上级项目资金50万元用于新时代文明实践中心、所站建设。已完成新时代文明实践中心1个，新时代文明实践站33个，其中建设新时代文明实践示范站7个。推进乡村科普馆建设，建成乡村科普馆10个并投入使用。

（李欣宴）

【主题宣传】 2021年，和硕县全面宣传展示县域经济社会发展成就，做好重大主题报道，围绕庆祝中国共产党成立100周年这条主线开展宣传，统筹做好重大会议活动和主题宣传、形势政策宣传、成就宣传、典型宣传。开展党代会、两会、脱贫攻坚、学习宣传贯彻十九届五中全会精神、学习宣传贯彻第三次中央新疆工作座谈会等重大主题宣传报道，围绕“全面建成小康社会”“新春走基层”“党史学习教育”“民族团结一家亲”开展系列宣传报道，在所属各平台开设“新征程开局十四五”“深入学习贯彻第三次中央新疆工作座谈会”“新春走基层”“春耕一线”“聚焦两会”“走向我们的小康生活”“同心奔小康”“砥砺奋进谱新篇”等专栏，多角度、多方位充分展示县域经济社会发展、民生改善、乡村振兴、民族团结、旅游产业发展、社会进步的良好局面。和硕公共电视节目播出4684小时，广播节目播出4174小时，政府门户网站公开信息2985条，制作专栏专题9个，“和硕零距离”微信公众号开设“聚焦十九届五中全会”“学习贯彻第三次中央新疆工作座谈会精神”“奋斗百年

路 启航新征程”等42个专栏，总发稿量285期2280条，总阅读量519452人次，“和硕好地方”APP发布6248条，“和硕头条”抖音号发布作品207条。

（李欣宴）

【对外宣传】 2021年，和硕县拓展宣传领域，创新方法手段，完善体制机制，突出工作成效，打造多方位、多层次、多领域的和硕县“大外宣”新格局，为实现和硕县经济社会高质量发展营造良好的舆论氛围。全年，中央、区、州各级主流媒体刊载新闻稿件16636篇，其中《人勤春来早 瓜果蔬菜育苗忙》《重点项目开工建设 补齐短板加速发展》《戈壁腹地十余万只红蝶起舞》《新疆和硕近距离拍摄秃鹫夺食大战》5条新闻在中央电视台新闻频道播出。《多种形式学党史 凝心聚力办实事》《万亩新梅花开美美哒》《2021年新疆巴州葡萄酒文化旅游推介会举行》等45条新闻在《新疆新闻联播》《直播民生》播出，比2020年同期增长6倍。在巴州电视台上稿209条，比2020年同期增长6倍。《人民日报》采用新闻稿件22篇，中国新闻网采用新闻稿件54篇，“石榴云”用稿85条，新华网采用新闻稿件18篇。“学习强国”供稿158篇，发稿81篇。《戈壁腹地十余万只红蝶起舞》《和硕直达博湖公路通车》2条新闻，在巴州电视台、新疆卫视、中央电视台、“石榴云”、人民网、中新网、“学习强国”、新华社、腾讯新闻、搜狐网等10余个平台连续刊播、转载。

（李欣宴）

【社会主义核心价值观教育】 2021年，和硕县将社会主义核心价值观教育融入日常生活。印发《关于认真学习宣传贯彻落实〈新时代公民道德建设实施纲要〉〈新时代爱国主义教育实施纲要〉的通知》，利用各种契机进行广泛宣传教育，在乡村醒目位置、乡村公共文化阵地、活动场所等设立宣传标语、文化墙等，引导群众参与各类志愿服务、困难帮扶等活动。开展爱国卫生运动。确定每周五开展卫生环境整治。净化绿化美化家庭、院落和公共空间环境，宣传国家政策鼓励各族群众退耕还林、退牧还草，加强生态环境保护，开展“文明健康 有你有我”公益广告宣传倡导科学文明、绿色健康的生活方式。县文明办制定并下发了《和硕县关于持续深化精神文明教育大力倡导文明健康绿色环保生活方式的通知》，引导广大群众文明过节、文明祭扫，破除陈规陋习，发出《关于文明祭扫的倡议书》《弘扬美德 树立新风 文明过年》等倡议书，在全社会营造勤俭节约、反对浪费的良好风尚。把精神文明建设融入乡村振兴、基层治理、基层党建等各项工作中，深化移风易俗，印发《关于规范〈村规民约〉的通知》，各村结合实际修订完善村规民约，破除陈规陋习，反对铺张浪费。开展中国特色社会主义文化、社会主义思想道德学习教育实践活动，发挥各乡镇科普馆、党史馆、文化长廊等阵地作用，引导各族群众崇尚科学知识，学习共产党人优秀的品质，争做一个有道德的人。在新时代文明实践中心制作“学习榜样”展示板块，展示本县获得自治区级及以上的优秀共产党员、文明家庭、劳动模范、民族团结先进个人、脱贫攻坚先进个人、新时代好少年等先进典型事迹。开展身边人讲身边事、“游家乡看变化”，提升乡风文明，助力乡村振兴建设。开展“五好”文明家庭、最美家庭、星级文明户的评选活动，鼓励被表彰家庭积极主动地成为乡风文明的推动者，2021年，评选“县级文明户”6840户，“五好文明家庭”18户，“最美家庭”22户、“好婆婆”17人、“好媳妇”23人、“好儿女”14人、“好丈夫”15人，通过创建评选活动，提升村民文明素质和农村文明程度。

（李欣宴）

【未成年人思想道德建设】 2021年，和硕县贯彻立德树人根本任务，落实培育和践行社会主义核心价值观，加强中国特色社会主义和中国梦学习教育，把爱国主义教育有机融入教育教学各环节，充分发挥爱国主义基地重要育人作用，落实课程育人、文化育人、活动育人、实践育人、管理育人、协同育人六育人实施途径和要求，实现全员全过程全方位育人工作机制，将“每课三分钟”与时政内容、爱国主义教育、社会主义核心价值观教育、理想信念教育和实践课程相融合。开展爱国主义教育、感恩教育、环保教育、养成教育、传统文化教育、安全教育、法制教育等，学校德育体系建设完善，能够把思想道德教育和社会主义核心价值观教育融入日常教育教学的各个环节。开展新时代好少年、红色教育、心理健康、防疫知识教育等系列活动，培养学生全面健康发展，充分利用楼道文化、展板、红领巾广播站、每日一学、每日一寄语、宣传栏等方式加强学生的日常思想教育。引导学生树立正确健康观，形成健康的行为和生活方式，全面提高青少年学生体质健康水平，培养学生感受美、表现美、鉴赏美、创造美的能力，提升审美与人文素养。加强心理健康教育，培养学生积极乐观、健康向上的心理品质，促进学生身心和谐可持续发展。弘扬劳动精神，教育引导学生崇尚劳动、尊重劳动，在劳动实践中增长知识见识。为深入贯彻落实第三次中央新疆工作座谈会精神，以铸牢中华民族共同体意识为主线，以开展“文化润疆”为载体，把传承中华民族传统文化，弘扬中华传统美德，引导中小学生认知传统、尊重传统、弘扬传统，以文化人、以文育人，使中华优秀传统文化在广大师生中内化于心，外化于行，让中华民族共同体意识根植师生心灵深处。（李欣宴）

【文明单位创建】 2021年，和硕创建自治区级文明村镇6个、自治区级文明单位15个、自治区级文明校园3个，自治州级文明村镇17个、自治州级文明单位53个、自治州级文明校园7个、自治州级文明家庭2个。（李欣宴）

【志愿服务】 2021年，和硕县组建“1+12+7+N”的志愿服务队伍，县委书记牵头1支总队把方向，统筹全县志愿服务活动，调配各方资源；党员志愿服务队、教育服务志愿服务队、科技科普志愿服务队等12支专业志愿服务队开展对象化、分众化的志愿服务，为群众提供多元化、精准化、专业化的服务；实践所7支志愿服务大队吸纳乡镇党员干部、站所技术人员，为每个村、社区送去党的思想传播员、政策解读员、技术指导员，帮助实践站开展文明实践、志愿服务工作；33个实践站组建133支志愿服务队，开展“为民、便民、利民”服务活动。为了服务最远一户牧民，和硕县乃仁克尔乡实践所成立“马背志愿服务队”，分期分批定期进入海拔2700米的乌斯通沟、塔什汗、冬窝子等草场进行宣传和服务。和硕县特吾里克镇龙驹社区实践站聚焦群众的需求，成立“红、金、蓝、粉、绿”五色志愿服务队伍，精准服务人民群众，不断延伸服务群众的神经末端，全力打造“便民利民在社区、爱心互助话团结、矛盾纠纷不上交、困难群体有人帮，智慧社区促就业”的服务型社区。2021年开展志愿服务1700余场次，实现志愿服务惠民生。

（李欣宴）

【庆祝中国共产党成立100周年系列活动】 2021年，和硕县举办“庆祝建党100周年 百幅书画作品展”“庆祝建党100周年和硕县发展成就展”。打造文化活动品牌，举办“和硕县喜迎建党100周年‘新时代 新作为 新成就’迎春书画楹联展暨楹联送祝福”五个一百系列活动，围绕建党100周年举办“启航新征程 奋斗新时代”春节联欢晚会、“书香和硕·全民阅读”活动、新疆“三史”流动展馆巡展活动、《颂歌献给亲爱的党》“石榴籽”文艺小分队汇报演出、和硕县2021文化旅游季开幕式活动。

（李欣宴）

【“三个一百”乡村文化阵地建设】 2022年，和硕县打造具有特色的乡村科普馆及党史馆，加大文艺队、体育队、草根宣讲队、志愿者服务队等队伍组建力度，经常性深入村（社区）、群众家中开展志愿服务及表演工作，通过生动形象的行动让群众感受到党的恩情，凝聚人心。全县共建设乡村科普馆10座，面向各族农牧民免费开放51场次1610人次。组建各类服务队、宣讲队40余支，开展志愿服务活动80余场次，通过各类形式向群众宣讲430余场次，受教育群众3.6万余人次，为群众办实事好事763件，感恩教育受教育8434人次。（才海龙）

统战工作

【政党协商】 2021年，和硕县注重党外代表人士作用发挥，支持党外代表人士参政议政。引导县各民主党派积极履行参政党职能，对事关社会发展重大问题，深入调查调研，建言献策。换届期间，56名党外人士当选县人大代表，推荐53名党外人士担任县政协委员。

（张建飞）

【党外知识分子工作】 2021年，和硕县委统战部建立健全党外知识分子信息库，做到底数清、情况明。发挥好正面引导，支持他们立足本岗位发挥专长、成就事业、服务社会，为培养一支政治坚定、素质优良、作用突出的代表人士队伍提供有力支撑。

（张建飞）

【铸牢中华民族共同体意识宣传教育】 2021年，和硕县全面压实各级党委（党组）理论学习中心组学习，坚持把学习习近平总书记党史学习教育动员大会上的讲话、习近平在庆祝中国共产党成立100周年大会上的讲话、中共十九届五中、六中全会、中央民族工作会议精神及第三次中央新疆工作座谈会精神与铸牢中华民族共同体意识相结合，以“三会一课”、主题党日、线上线下学习为载体，推动中华民族共同体意识走深走实。安排干部职工在结亲走访期间，利用微信群、周一升国旗、农牧民夜校等载体，以群众喜闻乐见的形式、通俗易懂的语言宣传《新疆的若干历史问题》等白皮书以及《简明新疆地方史》，与群众一同观看《中国新疆之历史印记》，教育引导各族干部群众牢固树立休戚与共、荣辱与共、生死与共、命运与共的共同体，树立正确的“五观”，树牢“三个离不开”思想，增进“五个认同”，让中华民族共同体意识根植心灵深处。全县干部职工为各自的结对亲戚购买或打印“四个白皮书”17245本，开展思想教育1585余场次，受教育群众5.83万人次。

（比拉力·艾沙江）

【开展“民族团结一家亲”和民族团结联谊活动】 2021年，和硕县落实自治州“民族团结一家亲”和民族团结联谊活动常态化长效化机制，结合实际，健全完善教育培训、结亲互助、融情互动、宣传教育、协调联动、帮扶解困、动态调整、激励评价八项机制。常态化开展“民族团结一家亲”和民族团结联谊活动，举办民族团结进步知识竞赛、演讲比赛、歌舞展演等活动，用群众喜闻乐见的方式深化民族团结进步教育，开展民族团结联谊活动1.7万场次，参与干部群众73万人次，营造各族群众支持和参与创建工作的浓厚氛围。推进“三进两联一交友”，全力促进各族群众广泛交往、全面交流、深度交融。开展“五同五送”“我为亲戚办实事”实践活动，办实事好事7500余件次。制定下发《关于深入开展“买保险·送民安·民族团结一家亲”活动的通知》，组织全县干部职工为结亲群众购买200元专项保险，使各族群众家庭财产、人身安全得到有力保障，进一步加深干部职工和各族群众感情交流。全县各级干部职工为结对亲戚购买保险7368份（其中家庭财产保险3680份、政府救助保险3688份），资金共计73.68万元。组织市监局牵头，各乡镇、相关部门配合，开展不同民族间的个体工商户、市场商超经营者相互结对子、交朋友，加强互动交流，促进相互扶持、信息互通、理念共享。常态化开展“我和亲戚游家乡”活动，结合实际，科学合理制定关于常态化开展“我和亲戚游家乡”活动的实施方案，与每季度民族团结联谊活动紧密结合，推动各族干部群众相互了解、相互尊重、相互包容、相互欣赏、相互学习、相互帮助。全县1849名干部职工带着2087名亲戚游和硕，拉动消费共计88252元；组织返乡大学生召开“感恩家乡”座谈会33场次。

（比拉力·艾沙江）

网信管理

【网络宣传】 2021年，和硕县委网信办加强网络宣传和舆论引导工作，以多形式、多渠道、多载体

传播中国共产党的好政策。组织竞赛活动5次，2000余人参赛，转发推送正面信息636篇，转发量达57万余人次。（李骄禹）

【互联网党建】 2021年，和硕县委网信办结合学党史学习教育，指导属地互联网领域党组织和党建指导员开展工作，组织属地7家网站负责人、党建指导员参加“2021·网信专家巡讲”培训班。召集属地网站、微信公众号、微博及其他账号负责人进行政务新媒体信息发布及信息安全培训。召开互联网党建工作座谈会，传达学习党的各项精神，要求各网站负责人、党建指导员要履职尽责，填写《自治州互联网党建工作手册》，引导互联网企业传播社会主义核心价值观，营造健康向上的网络环境。（李骄禹）

【网络文化活动】 2021年，和硕县委网信办利用“互联网+”优势，以融媒体中心为依托，结合“互联网不是法外之地”“网络安全宣传周”等工作，重点突出《网络安全法》《网络信息内容生态治理规定》等相关法律法规。征集主题短视频15部，自治区选用13部。组织全县各媒体及网评员参加“万人说新疆”活动，发布一大批百姓视角、群众语言的短视频作品积极参与“万人说新疆巴州”话题，上报6410部作品参与话题，浏览量达3466万余次，转评赞量达12万余次。开展“网络中国节”“中国好网民”“网络安全宣传周”等活动，提升网络舆论氛围。（李骄禹）

机构编制

【机构编制委员会会议】 2021年7月15日，和硕县机构编制委员会召开会议，对机构编制相关工作进行研究。研究讨论和硕县乡村振兴局、食药环大队、国安办、纠风室、和硕经济技术开发区管理委员会、技工学校、龙驹艺术团、科技馆、指挥中心、林草局、安全执法大队等机构，职能配置、编制调整事宜。（马守和）

【机构编制调整】 2021年，和硕县委机构编制委员会办公室设立乡村振兴局、技工学校、龙驹艺术团、科技馆。核减13个行政事业单位40名编制，收回的编制重点向乡村振兴、林草局、国安办、维稳指挥中心、技工学校、龙驹艺术团、科技馆、安全生产监察执法大队、县委网信办、妇儿工委等民生和公共服务领域投放，推动编制资源更好地服务发展需要，有效解决公益事业发展不平衡、不充分的问题。（马守和）

【编制实名制管理】 2021年，和硕县委编办依托机构编制实名制管理系统大数据平台，严格机构编制工作权限和程序规定，规范机构编制审批和使用流程，严格审核人员上下编情况，提高各部门“用编申报、入编审核、减编审核”和“编制就是法”的常态意识。建立实名制系统专人负责制度，适时监控机构、编制和人员情况，推行实名制系统数据月报制度，确保各类机构编制实情和实名制系统数据相统一。依据县委、县政府、编办、组织、人社等相关部门提供的有关机构编制文件、干部任免文件、人员调动和转隶文件，及时调整、更新和补充实名制系统信息，做到机构清、编制清、领导职数清、实有人员清，消除文件下达与数据维护“时差”，确保实名制系统数据的准确性、完整性和真实性。2021年，和硕县党政机构共计35个。党委机构12个，其中纪检监察机关1个、党委工作机关11个；政府工作部门23个。至年末，全县有行政编制696名，事业编制1938名。（马守和）

【事业单位法人登记】 2021年，和硕县事业单位登记管理局开展事业单位登记、变更、注销、年检等工作，对全县197家事业单位法人进行年检，为5家事业单位办理事业单位法人登记，为25家事业单位办理法人变更登记，为合并撤销的32家事业单位办理注销手续，及时年检。规范事业单位年检档案管理，明确专人负责档案管理，及时对事业单位上报的年检报告、设立登记、变更、注销等资料审核入档，做到“一户一档”，提高事业单位法人登记管理标准化、规范化水平。（马守和）

机关党建

【党员学习教育】 2021年，和硕县直属机关工作委员加强党史学习教育，强化思想政治根基，下发工作提示8期、学习清单10篇，要求班子成员撰写专题研讨提纲10篇，党员干部撰写专题学习心得体会6篇。丰富学习载体，提升党员干部学习动力。推行“党校到支部”“党费日+报告”工作机制，依托“巴州党员网上活动室”“学习强国”等平台，构建起“网上+网下”“集中+自学”的常态化学习培训体系，组织党员干部学习网上党课3期。落实党建工作与业务工作“同谋划、同检查、同部署、同培训”，每月列出党建工作责任清单，提醒各党支部书记清楚每月党建工作抓什么、怎么抓，确保县直机关党建“横向到边、纵向到底”，下发工作清单8期，培训党支部书记2期168人，党员领导干部带头上党课240场次，党史专题党课210场次，廉政党课75场次。（张金环）

【机关政治建设】 2021年，和硕县直属机关工作委员新成立3个党支部、4个临时党支部，建立按期换届选举提醒机制，细化换届选举工作流程，组织4个任期届满党支部严格按照换届选举工作流程，启动换届选举工作。组织19个党组织及时补齐党组织委员，确保党组织班子健全，支部工作运行正常。建立在职党员服务退休党员制度，全面摸排退休党员情况，建立1对1或多对1联系机制，通过电话、实地走访等形式常态化开展送学、慰问等关怀活动。规范“三会一课”制度，规范基层党组织议事规则和程序，着力破解支部会议召开不及时、会议流程不规范等问题。制定《和硕县机关“党建联盟”活动实施方案》，引导机关、企业中小党支部签约结盟，开展支部联建活动，构建协作共享、优势互补、辐射引领的党建工作新格局。加强对所属支部的指导，实地指导15个党支部扎实开展党史学习教育专题组织生活会。从严把好发展党员关口，实行“2345”发展党员工作机制，召开68次工委委员会议，研究发展党员工作事宜，确定入党积极分子65名、发展对象20名、预备党员46名，完成单机版发展党员系统上传工作。做好庆祝中国共产党成立100周年暨“光荣在党50年”纪念章颁发仪式和新党员入党宣誓。（张金环）

【机关组织建设】 2021年，和硕县直属机关工作委员落实党建述职评议工作常态化，召开2020年书记抓基层党建述职评议考核会议，对落实抓基层党建工作责任提出了意见建议。开展所属支部的2020年度书记抓党建专项述职。做好群团组织基础建设，完善党建带群建工作机制，加强对工会组织、妇女组织、团组织等群团组织及非公有制经济组织的领导，扩大党的工作的覆盖面。围绕“党建+队伍建设、党建+乡村振兴、党建+群团建设”“党建+急难险重”等，全面推进“党建+”工作，每月在完成规定动作后，组织所属党员干部到社区“大党委”、居住社区“双报到”，累计开展“三联三同三送”活动420场次，参与党员3300余人次。（张金环）

【机关纪律建设】 2021年，和硕县直属机关工作委员制定《和硕县直属机关2021年党建工作要点》，分层分类健全完善《2021年机关党建工作互学互评互检细则》，细化实化机关党建工作责任清单，明确抓党建工作的科学路径和方法，将管党治党责任层层分解到位、层层传递到位、层层落实到位。更新完善党组（党委）议事规则，及时提醒41个党组（党委）召开会议研究议事规则、建立议事清单，确保讨论事项明确、议事程序规范。抓好抓实所属党支部“三会一课”制度、民主生活会和组织生活会制度等党内法规制度，增强党员干部制度意识、规则意识，强化制度执行力。推动互学互评互检常态化作为传导压力、纠偏堵漏的重要举措，研究制定《关于成立县直机关工委“互学互评互检”

党务专干的通知》，定期“把脉问诊”“政治体检”，督促提醒基层党组织抓牢基础环节、落实基本制度、补齐短板弱项，着力整治机关党建“灯下黑”“两张皮”和弱化虚化边缘化问题，推动管党治党从宽松软走向严紧硬。（张金环）

【星级化创建】 2021年，和硕县直属机关工作委员制定《和硕县机关党支部建设质量提升三年攻坚行动“星级化”管理实施方案》，确定党支部标准化规范化创建星级等次，自评为九星级支部15个、八星级支部18个、七星级及以下支部24个。（张金环）

巡 察

【和硕县十二届党委巡察工作领导小组会议】 2021年2月3日，县委常委会第34次。会议审议通过《和硕县党委2021年巡察工作计划》《关于全县各级党组织巡视巡察反馈问题整改督导情况报告》《和硕县党委贯彻落实〈关于加强巡视巡察上下联动的意见〉工作方案》《关于进一步加强巡察机构干部队伍建设的意见》《和硕县党委落实巡察工作主体责任规定》《和硕县党委巡察工作六大责任主体职责清单》；研究讨论和硕县党委巡察组长库和人才库调整更新事宜、十三届和硕县党委拟巡察对象建议名单等事宜。7月12日，县委常委会第35次会议召开。会议审议《和硕县党委2021年上半年巡察工作总结》《和硕县党委2021年巡察工作要点》。研究县委巡察工作领导小组成员分工、新一届县委巡察有关工作。（泰尔格力）

【和硕县十三届党委巡察工作领导小组会议】 2021年9月8日，第1次会议召开。全面总结十二届和硕县委巡察工作，部署迎接自治州开展巡视巡察工作整改督查有关工作。10月13日，第2次会议召开。学习贯彻中央和自治区、自治州党委关于巡视巡察工作的新部署新要求，研究审议《关于调整十三届和硕县委第一轮巡察单位的报告》《关于抽调人员参加十三届和硕县委第一轮巡察工作的报告》《十三届和硕县委第一轮巡察组长、副组长、成员及任务分工》等事宜。11月17日，第3次会议召开。研究审议《和硕县党委巡察工作规划（2022—2026年）》《和硕县党委巡察工作领导小组2021年度工作报告》等。（泰尔格力）

【自治州党委巡察暨整改】 2021年，自治州党委巡察组对和硕县公安局、法院、检察院开展提级巡察，于9月3日反馈巡察问题106条，县公安局、法院、检察院针对反馈问题制定整改措施330条，全部整改完毕。自治州党委巡察组采取“提及+交叉”的方式，对和硕县开展涉粮问题专项巡察，12月3日反馈问题28条，县委针对反馈问题制定整改措施59条。（泰尔格力）

【县党委巡察工作】 2021年，和硕县党委巡察领导小组办公室谋划新一届党委巡察全覆盖工作，提出《2021年和硕县党委巡察工作要点》《十三届和硕县党委巡察工作规划（2022—2026年）》。10月18日，召开十三届和硕县委第一轮巡察工作动员部署会议，启动县委第一轮巡察。10月25日至12月30日，县委3个巡察组分别对县总工会、妇女联合会、供销社、统计局，乃仁克尔乡艾勒斯特村、本布图村、艾迪恩阿门村7个党组织开展常规巡察。健全完善巡察工作有关制度，印发《和硕县委落实巡察工作主体责任规定》《和硕县委巡察工作六大责任主体职责清单》，明确职责权限，压紧压实巡察工作主体责任；与纪检监察、宣传、审计、信访等有关部门建立工作协调机制，结合实际制定《关于健全完善和硕县委巡察机构与县委组织部工作协同机制的实施意见》《和硕县委巡察机构与县政法机关协作机制（暂行）》《和硕县委巡察机构与县财政局协调协作机制（暂行）》《和硕县委巡察机构与县统计局协调协作机制（暂行）》，健全协作机制，增强监督质效。县委巡察办组建3个专项督导组对2016年以来全县各级党组织巡视巡察反馈问题整改落实情况开展“回头看”专项督查；与县纪委监委党风室组成联合督导组，先后6次对中央第六巡视组巡视新疆反馈问题、自治区第九巡视组反馈问题整改情况开展督查，督促被巡察党组织结合巡察整改推动内部管理、推动作风建设。（泰尔格力）

【巡察工作联动机制】 2021年，和硕县委巡察领导小组办公室建立健全信息互通、力量互补、成果共享、衔接有序、协调一致的联动机制。配合州党委巡察组做好“上下联动+交叉”巡察，配合做好巡察人员抽调、巡前征求意见、召开巡察动员会及反馈会等工作。（泰尔格力）

【违纪违法线索转办】 2021年，和硕县委巡察领导小组办公室紧盯重点人、重点事、重点问题，强化正风肃纪反腐，把发现问题、形成震慑作为巡察工作的核心和关键。及时向纪委监委移交发现的问题线索，发挥巡察利剑作用。（泰尔格力）

【巡察后评估】 2021年，和硕县委巡察领导小组办公室落实《对和硕县党委巡察组作风纪律开展后评估制度》，十二届和硕县党委第九轮巡察组撤点后，巡察办向被巡察单位发放《和硕县党委巡察组巡察期间作风纪律情况调查问卷》60份、个别谈话15人、对巡察组在巡察期间的费用清单和支出明细进行审核。（泰尔格力）

老干部工作

【概况】 2021年，和硕县有离退休干部1181人，其中离休干部3人，退休县级干部35人，科级退休干部284人，其他退休干部859人。（陈　杰）

【落实老干部待遇】 2021年，和硕县注重老干部政治待遇工作。完善老干部学习点名制度、参加重要会议制度、征求意见、联系老干部、组织老干部参观考察等8个方面制度，增强老干部组织观念。组织离退休干部学习中共中央新修订的党规党纪2次。在春节、中秋节前夕，县四套班子领导采取召开茶话会、座谈会、逐人逐户慰问的方式对县级离退休干部、遗属进行慰问。为35名县级离退休干部、遗属、270名科级干部送上慰问金。县领导召集老干部座谈会2次，走访看望老同志30余人次。召开和硕县经济运行情况老干部通报会2次，组织集体学习6次，170人次老干部参加。为3名离休干部和270名退休干部订阅《老年康乐报》。报销离休干部医疗费94074.79元；组织探望7名住院老干部，做好8名去世老干部善后、家属慰问安抚工作。（陈　杰）

【老干部活动阵地建设】 2021年4月28日，和硕县老干部活动中心组织60余名老干部开展主题为“庆建党百年华诞 展银龄康乐风采”系列文化体育活动，举办文艺会演、门球、台球、扑克牌比赛等文体活动。5月27日，举办“庆建党百年华诞 展银龄康乐风采”书画展。引导青少年学党史、颂党恩老干部创作党史主题绘画50余幅、书法作品36幅、摄影作品50余幅。在建党100周年之际，老干部局、关工委、民政局，在民政局开展“庆祝建党100周年暨关爱困难儿童、孤寡老人文艺演出”活动。10月14日，联合县团委、机关工委、科协、妇联、华汇城建、党校志愿服务队携保暖内衣和暖心的袜子到和硕县敬老院进行青年志愿者活动。（陈　杰）

【关心下一代】 2021年，和硕县老干部局开展《未成年人保护法》、民族团结宣传活动，全年在县城、农村、乡镇宣传时间300余小时。和硕县关工委制作《关心下一代党史国史教育基地——马兰红山军博园》宣传片，在新疆关工委公众号刊登。9月29日，和硕县关工委“五老”成员和教科局到和硕县第一中学、和硕县第五小学指导学校“双减”工作，对学校的课后服务、放学安排、教师减负、优化教学流程等方面给出具体指导意见。6月10日，老干局成立老干部红色故事宣讲团，聘请10多名老领导、老干部、老专家担任宣讲团成员，进机关、进学校、进社区、进乡村、进企业宣讲，共计宣讲6场。4名“五老”成员赴和硕县第四小学、第六小学、第七小学，给3所小学的526名在校学生开展宣讲红色革命故事活动，推动党史教育进校园活动，“五老”宣讲团让红色基因在广大青少年思想中代代相传。

（陈　杰）

党校教育

【主体班教育】 2021年9月15日至12月30日，和硕县举办第十期科级干部理论进修班、第二十一期中青年干部培训班，其中科干班学员15人，中青班学员33人，学制3个月，其中集中培训1个月，社会实践锻炼2个月。因工作的需要，培训通过“线上+线下”的方式，依托“云视讯”平台、县委专用通信设备（系统综治专网）结合“党校到支部”工作机制，采取集中授课及线上授课、微党课、“党费日+”主题党日、学员讨论、学习交流、实地观摩调研、志愿服务等形式进行。（赵　霞）

【短期班培训】 2021年，和硕县委党校利用视联网采取“线上+线下”的方式，举办和硕县今冬明春暨巩固脱贫攻坚成果同乡村振兴有效衔接重点工作专题培训班、入党积极分子和发展对象培训班、驻村工作队新调整队员培训班、村（社区）后备干部培训班、“两新”组织培训班、驻村管寺干部培训班、自治区党史学习教育专题培训班、宣传思想工作培训班、大学生西部计划志愿者培训班、机关党支部书记示范培训班等48期，线下培训人数2588人，线上培训人数2200人。依托“百堂党课送乡村、企业、机关”“农牧民夜校”“国旗下宣讲”等形式，开展宣讲送学上门服务，为各村（社区）、乡镇、部门送学120场次，网络送学46场次。

（赵　霞）

【线上教学】 2021年，和硕县委党校利用“视联网”“云视讯”等网络模式开展培训工作，举办第一季度入党积极分子和发展对象培训班、驻村工作队新调整队员培训班、第十期科级干部理论进修班、第二十一期中青年干部培训班等培训班，线上培训人数2200人。组织党校全体教师通过网络直播课程培训的方式参加全国党校（行政学院）系统“深入学习贯彻党的十九届五中全会精神教研骨干培训”。（赵　霞）

【教学科研】 2021年，和硕县委党校安排部署十九届五中和六中全会精神、第三次中央新疆工作座谈会精神等专题14个，党史系列课程12个。召开教研活动和集体备课会14次。现场教学15场次，技工学校授课113节。参加州委宣传部全州巡回宣讲2场次，宣讲28场次。全年录制微党课、视频课10节。开展专题研究7次。组织全校教师深入各机关、农村、企业开展专题调研，撰写各类文稿12篇。《马兰精神的内涵及时代价值》被确立为巴州党校系统2021年度重点课题，在巴州党校系统暨二师铁门关市党校庆祝建党100周年党史主题精品课评选活动中被评为精品课，并在巴州党员网上活动室展播。5月，《发掘本地红色资源、加强干部党性教育探析——以巴州和硕县为例》获全区党校（行政学院）系统第二十届理论研讨会三等奖。与州党校联合打造以“六个体系”+“九个一”为主的马兰精神系列专题，引导广大党员干部学习好、传承好、弘扬好“艰苦奋斗、干惊天动地事，无私奉献、做隐姓埋名人”的马兰精神。（赵　霞）

【师资培养】 2021年，和硕县委党校实施“青蓝工程”，调整新老教师师徒结对，以老带新培养年轻骨干教师。选派9名教师参加全州党校系统教学科研培训、全国党校（行政学院）系统骨干培训，6名教师参加巴州党校系统暨二师铁门关市党校庆祝建党100周年党史主题精品课评比活动，3名教师参加全州党校系统举办的清华大学博士生科研能力培训会，5名教师参加党校教师系列继续教育培训及中国干部网络学院基层干部师资直播培训，2人参加自治区宣讲员培训。（赵　霞）

【硬件保障】 和硕县委于2016年投入近2000万

元新建5000平方米的综合教学楼1栋、4800平方米的学员公寓楼2栋。有报告厅、多媒体教室、会议室、图书室等现代化基础教学设施。校内建设有教学、住宿、文体活动等基础设施，可同时满足500人培训。（赵　霞）

对口受援

【“十四五”援疆项目】　2021年，张家口市前指向省前指争跑对接，批复规划内项目资金1.13亿元，是“十三五”援疆项目资金的2倍。发挥监督和督促的角色作用，紧盯项目实施进度，组织召开和硕县援疆项目联席会议和推进会议，与县级领导及各有关部门逐一梳理项目进展情况及有关问题。举办援疆项目资金培训班，邀请省前指资金处领导现场进行指导培训，推进援疆项目的实施进度。（郭丽娜）

【“张杂谷”产业援助】　2021年，张家口市前指加强“张杂谷”产业援助力度，扩大产业链条向纵深发展。邀请张家口农科院专家成立谷子研究所分院，张家口专家团队常驻开展科研工作，逐步将“张杂谷”种植向全疆推广，形成规模优势，2021年，全疆种植面积达0.66万公顷。推动张家口农科院与“天山小米”进行股改，促进产业做大做强。将“张家口杂交谷子新疆发展分院建设及‘张杂谷’产品深加工项目”纳入“十四五”援疆项目中，投资达300万元。（郭丽娜）

【捷麦（冬麦）试种支援】　2021年，张家口市前指立足和硕实际，引进捷麦（冬麦）试种，取得初步成效。和硕县有大面积盐碱地，不适合普通农作物种植，张家口市前指与沧州种子企业联系，引入耐盐碱高产冬小麦——捷麦新品种，首批引进并试种成功。2021年，指挥部又引进第二批试种种子并播种完成，增加引进捷麦20原种、捷麦19选育种、沧麦6005原种共3个品种，分别按节水、播量、丰产、盐碱4个组别设计不同对比实验，最高产实现亩产760千克。捷麦新品种相比其他小麦种植具有节水抗旱、耐盐碱、抗倒伏、高产等多个优势，特别适合在新疆推广种植。第三批捷麦冬小麦试种于9月底播种。（郭丽娜）

【扶持新梅深加工】　2021年，张家口市前指加大新梅深加工产业支持力度，促进果品深加工进一步发展。经过多次深入调研，针对当地新梅产量大、果品优良、甜度高、口感好的特点，将新梅深加工作为支持产业发展的主要支持项目之一，确定将“和硕县新梅标准化综合示范项目”列入“十四五”援疆产业目录，涉及援疆资金300万元，支持打造新梅示范种植基地53.33公顷。（郭丽娜）

【拓展和硕农特产品销售渠道】　2021年，张家口市前指加大和硕农特产品各省市销售力度，促成当地企业华祥林果有限公司与张家口市桥西区武城街商会、河北小智科技公司形成“线上+线下”长期供销合作关系，促进新疆农特产品在各省市的销售。在张家口市最繁华的商业街区武城街举办和硕县农特产品展销会，新建武城街新疆农特产品专卖店、崇礼冬奥会新疆特产展柜、宣传新疆农特产品销售店，大力推广销售新疆农特产品，年销售额达500万元。推进农特产品网络平台同步销售工作，在河北小智科技公司和张家口市共同开发的市政网络平台上进行线上销售，牵线与巴州临空物流公司形成长期合作，以双方互销互助的模式助销库尔勒香梨、巴州黑头羊肉、新疆粮油等多种特产，年销售额达300余万元，形成“线上+线下”双通道销售模式，实现新疆农特产品销售稳步增长。（郭丽娜）

【助力馕产业发展】　2021年，张家口市前指开发小米馕产品和谋划建立各省市销售网点，尽全力推动馕产业发展。谋划如何加大支持馕产业发展的新途径，依托天山小米公司初步研发“小米馕”、小米糕点系列产品，推进张杂谷和新疆馕巧妙结合。探索小米馕的深入发展，筹备在张家口市新建馕制作及销售店面的工作，融合新疆馕文化与新疆

民族特色文化，深度挖掘开发，推进馕产业向各省市发展。（郭丽娜）

【招商引资】 2021年，张家口市前指在张家口市开展专项招商活动。整合利用派出单位和后方的各种人脉资源，在张家口市开展上门对接、招商推介等招商引资活动。5月，在张家口召开和硕县项目推介会，吸引涉及农业、机械、食品加工、旅游、电子等160余家企业参加，与弘基农业有限公司、张家口商会、三生科技有限公司、宣工机械有限公司、河北五行圆农业科技开发集团有限公司等多家企业签订意向协议。在张家口市招商期间，还与宣化、怀安经济开发区管委会等签订两地招商引资战略合作协议，就智慧农业市场拓展、生物肥生产和藜麦种植等招商项目达成意向协议。（郭丽娜）

【“双结双促”活动】 2021年，张家口市前指对接市政府办公室，印发新一轮《张家口市对口支援和硕县开展第四轮“双结双促”活动实施方案》《张家口市对口支援二十四团开展第四轮“七对一”帮扶活动实施方案》。和硕县各级党政代表团和考察团先后4次赴张家口市进行对接和考察活动，取得丰硕的成果。张家口市交通运输系统、桥西区人大和政协、桥西区商会考察团、张家口市职业技术学校等单位进疆考察对接，就行业发展和相关产业进行实地考察。5月，由县长哈热率代表团到张家口开展对接交流活动，其间，分别赴涿鹿县和张北县进行对接；发改、教科、商工、卫健等部门也分别派专人到各省市部门进行考察对接；6月，开展张硕“村村结对、携手发展、共同推进乡村振兴”活动，由张家口市与和硕县各选出4个村进行结对。（郭丽娜）

【款物援助】 2021年，张家口市援疆指挥部多次对接争取，张家口市桥西区、桥东区、怀安县、张北县、交通局等区县部门出资，市发改委、卫健委等市直部门多形式地在脱贫攻坚、产业发展等民生领域实施援助，2020—2021年，计划外援助款物达到810.4万元。（郭丽娜）

【医疗援助】 2021年，张家口市援疆指挥部与市卫健委和医疗部门进行对接，引入“远程会诊”模式，与市第五医院签订医疗服务战略协议。张家口市选派5名专家，赶赴和硕开展全民义诊活动，并开展相关培训。医疗团队利用节假日12次深入农村基层为群众义诊，累计诊疗达2000余人次。（郭丽娜）

和硕县人民代表大会

重要会议

【和硕县十七届人民代表大会第六次会议】 2021年1月18—19日，和硕县十七届人大六次会议以视频会议方式举行。会议应到代表118名，实到代表106名。会议审议通过和硕县政府、计划、财政、人大常委会、法院、检察院工作报告及各项报告的决议草案，审查批准《和硕县国民经济和社会发展第十四个五年规划和2035年远景目标纲要草案》。大会收到代表议案和建议、批评、意见（以下简称“建议”）39件，经大会议案审查委员会审查并经大会主席团确定代表议案3件，即《关于稳定和吸引和硕县医疗人才队伍的议案》《关于加强农田防护林管理和免除农田防护林水资源费的议案》《关于加大乡村旅游业等第三产业扶持力度的议案》。

（王述民）

【和硕县十八届人民代表大会第一次会议】 2021年8月28日—9月1日，和硕县第十八届人民代表大会第一次会议应到代表149名，实到代表144名。会议审议通过县人民政府工作报告、关于和硕县2021年上半年国民经济和社会发展计划执行情况的报告、关于和硕县2020年财政决算（草案）及2021年上半年财政预算执行情况的报告、县人大常委会工作报告、县人民法院工作报告、县人民检察院工作报告及其决议。9月1日，选举那永强（蒙古族）为县第十八届人大常委会主任，孟海峰、阿依古丽·依布拉音（女，维吾尔族）、王彩娟（女）、马建龙（回族）为副主任，选举20名委员；选举哈热（蒙古族）为县第十八届人民政府县长，朱震、陈勇、阿尤甫·克热木（维吾尔族）、阿力腾才次克（女，蒙古族）为副县长；选举兰吉飞为县监察委员会主任、巴依尔塔（蒙古族）为县人民法院院长、陈德全为县人民检察院检察长，表决通过和硕县第十八届人民代表大会法制委员会和财政经济委员会主任委员、副主任委员、委员。（王述民）

【和硕县人大常委会会议】 2021年，和硕县举行十七届人大常委会会议8次、县十八届人大常委会会议3次。听取和审议县人大常委会及县“一府两院”工作报告61项，做出决议决定37项。全年依法任免人大常委会、“一府一委两院”领导及工作人员56人，其中任职36人，免职（含接受辞职）19人，罢免州人大代表1人。组织国家机关工作人员就职宪法宣誓8次36人。

十七届人大常委会第35次会议 1月14日在县委党校105会议室召开，会议应到22人，实到17人。会议审议通过县人大常委会代表资格审查委员会关于和硕县第十七届人民代表大会补选代表的资格审查报告、关于举行和硕县第十七届人大六次会议有关事项的报告（草案）、和硕县人大常委会工作报告（征求意见稿）。审议通过代表人事和干部任免事项。

十七届人大常委会第36次会议 3月29日在县委党校105会议室召开，会议应到21人，实到17人。会议传达学习全国“两会”精神及各级领导在党史学习教育动员大会上的讲话精神。审议通过和硕县人大常委会2021年工作要点及议题安排（草案）、和硕县人民政府关于贯彻实施《新疆维吾尔自治区妇女儿童发展纲要（2011—2020年）》终期评估情况的报告，听取关于和硕县农业面源污染治理工作情况的报告。审议通过干部任免事项。

十七届人大常委会第37次会议　4月17日在县委党校105会议室召开，会议应到21人，实到16人。会议审议通过《和硕县新一届各乡镇人民代表大会代表名额及构成方案（草案）》。

十七届人大常委会第38次会议　5月17日在县人大常委会134会议室召开。会议应到21人，实到14人。会议审议通过县人民政府关于贯彻实施《中华人民共和国妇女权益保护法》情况的报告，关于推动经济高质量发展2021年项目库储备和项目开工建设情况的报告，审议通过县人大常委会主任会议关于《和硕县县、乡镇人民代表大会换届选举时间的决定（草案）》《和硕县县、乡镇人民代表大会换届选举工作方案（草案）》。会议审议通过干部人事任免事项。会议决定免去陈延华、巴特尔、依布拉音·努尔3人县人民政府副县长职务，决定任命阿尤甫·克热木、张亮为县人民政府副县长。会议表决通过《关于设立和硕县选举委员会及任命组成人员的决定（草案）》《关于设立各乡镇选举委员会及任命组成人员的决定（草案）》。会议接受马德勇、毛少骏辞去县十七届人大常委会副主任职务的请求。

十七届人大常委会第39次会议　5月28日在县人大常委会134会议室召开。会议应到19人，实到11人。会议审议通过和硕县第十八届人民代表大会代表名额分配及构成方案（草案）。会议审议通过干部人事任免事项。

十七届人大常委会第40次会议　7月3日在县人大常委会134会议室召开。会议应到17人，实到14人。会议学习习近平总书记在庆祝中国共产党成立100周年大会上的讲话。审议通过关于调整和硕县选举委员会组成人员的决定（草案）、关于调整各乡镇选举委员会组成人员的决定（草案）。会议审议通过干部人事任免事项。

十七届人大常委会第41次会议　8月12日在县人大常委会134会议室召开。会议应到17人，实到12人。会议审议通过县人民政府关于2021年和硕县财政预算调整方案（草案）的报告、关于和硕县第十七届人民代表大会第六次代表建议办理及代表议案办理进展情况的报告、关于贯彻实施《新疆维吾尔自治区宗教事务条例》情况的报告、关于贯彻实施《新疆维吾尔自治区民族团结进步工作模范区创建条例》情况的报告及县人大常委会执法检查和调研组相关报告；听取县人民政府关于2021年上半年国民经济和社会发展计划执行情况的报告、关于和硕县直达资金预算管理相关情况的报告、关于草原生态保护工作情况的报告；听取县人民法院2021年上半年法院工作报告、县人民检察院2021年上半年检察院工作报告。审议通过关于和硕县第十八届人民代表大会代表资格的审查报告，确认150名县十八届人大代表资格；审议通过代表人事事项，决定在原选区补选2名县十八届人大代表（均为汉族）；会议以无记名投票方式罢免1名自治州十四届人大代表职务，报自治州人大常委会备案、公告；审议通过干部任免事项。

十七届人大常委会第42次会议　8月24日在县人大常委会134会议室召开。会议应到16人，实到12人。会议审议通过县人民政府2020年财政决算（草案）及2021年上半年和硕县财政预算执行情况的报告、关于2020年和硕县财政预算执行和其他财政收支情况的审计工作报告，批准2020年财政决算；听取了县人民政府关于2020年度环境状况和环境保护目标完成情况的报告；审议通过县人大常委会代表资格审查委员会关于个别代表资格的审查报告；审议通过县人大常委会主任会议关于举行和硕县第十八届人民代表大会第一次会议有关事项的报告（草案）、和硕县人大常委会工作报告（征求意见稿）。

十八届人大常委会第1次会议　9月26日在县人大常委会134会议室召开。会议补选1名自治州十四届人大代表。

十八届人大常委会第2次会议　10月29日在县党政综合楼202会议室召开。会议应到25人，实到21人。会议审议通过县人民政府关于县十七届人大六次代表议案办理情况的报告，听取县人民政府关于巩固拓展脱贫攻坚成果与乡村振兴有效衔接工作情况的报告；审议通过关于设立和硕县第十八届人大常委会代表资格审查委员会的决定（草案），审议通过县十八届人大常委会代表资格审查委员会主任委员、副主任委员、委员名单（草案），审议通过县十八届人大常委会各工作委员会组成人员名单（草案）；审议通过干部任职事项。

十八届人大常委会第3次会议　12月31日在县人大常委会134会议室召开，会议应到25人，实到20人。会议审议通过关于和硕县第十八届人民代表大会个别代表资格的审查报告、关于确认终止和硕县第十八届人民代表大会个别代表资格及确认个别代表资格的决定（草案）、关于举行和硕县第十八届人大二次会议有关事项的报告（草案）、县人大常委会工作报告（征求意见稿）；审查和批准县人民政府和硕县深入开展法制宣传教育的第八个五年规划（2021—2025年）（草案）、关于2021年和硕县财政预算调整方案（草案）的报告，听取县人民政府关于和硕县国有自然资源资产管理报告；会议审议通过干部任免事项，会议决定任命干代为县人民政府副县长、代县长。　（王述民）

人大监督

【听取并审议“一府两院”工作报告】　2021年，和硕县人大常委会听取和审议“一府两院”工作报告和专题报告24项。围绕经济平稳运行、巩固脱贫攻坚成果同乡村振兴有效衔接及经济高质量发展，坚持把计划、预决算监督同审计监督有机结合起来，积极发挥财政预算联网系统监督作用，着力推动“六稳”“六保”工作。2021年听取和审议县人民政府关于2021年上半年国民经济和社会发展计划执行情况、关于和硕县2020年财政决算情况及2021年上半年财政预算执行情况、关于和硕县2020年本级财政预算执行及其他财政收支情况的审计报告、关于和硕县直达资金预算管理相关情况、关于国有自然资源资产管理情况、关于和硕县财政部门预算安排情况及关于2021年和硕县预算调整方案的报告，及时作出批准决议，保证维护社会稳定及民生事业的刚性支出。围绕统筹发展和安全，及时巩固脱贫攻坚成果同乡村振兴有效衔接、环境状况和环境目标完成情况、草原生态保护、农业面源污染治理、旅游产业等方面的报告，针对存在问题提出建议落实整改。围绕贯彻新发展理念，适时听取重点项目工作、高质量发展等专项工作报告。围绕社会治理现代化，及时听取代表议案和建议办理等工作报告，提升基层共建共治共享水平，保证人民当家作主。强化司法工作监督，及时听取审判、执行及公诉工作，维护社会公平正义，保障人民群众安全感、获得感和幸福感稳步提升。　（王述民）

【执法检查】　2021年，和硕县人大常委会围绕国家安全、公共安全和社会稳定，紧扣依法治疆和团结稳疆，有针对性地选择与人民群众密切相关的法律法规，开展执法检查，先后对《自治区民族团结进步工作模范区创建工作条例》《自治区宗教事务条例》《自治区去极端化条例》《妇女权益保障法》等10余部法律法规的贯彻实施情况进行执法检查，在常委会会议上听取和审议法律法规贯彻实施情况报告，结合审议情况下发审议意见，督促有关机关进行整改。规范“一府两院”行政及司法行为，提高依法行政和公正司法水平，促进法律法规在本县的正确贯彻实施。　（王述民）

【视察调研】　2021年，和硕县人大常委会结合工作要点，组织区、州、县三级人大代表参与视察和调研8次240余人次。围绕常态化乡村振兴、农村人居环境改善、生态文明建设和基层社会治理，及时组织人大代表进行全方位多层次的视察和调研，形成较高质量的调研报告，为县委决策提供依据。结合巩固拓展脱贫攻坚成果同乡村振兴有效衔接，常委会领导班子成员深入实际进行调研，不断巩固脱贫攻坚成果，助推乡村五大振兴。围绕经济高质量可持续发展，组织常委会组成人员及人大代表先后开展人民检察院公益诉讼检察建议中涉及农业面源污染治理工作、农村环境卫生集中整治、安全生产等内容进行专题视察和调研，针对发现的问题及时提出建议促进有关部门进行整改，着力促进经济社会高质量发展。发挥人大代表在乡村振兴中的引领示范作用，先后2次组织人大代表视察观摩先进农村庭院经济户、农民专业合作社的管理、经营经验，助推农牧民增产增收致富。制定视察和调研方案，及时组织区、州、县三级人大代表分期分批进行集中视察调研，形成视察或调研报告及代表议案和建议批评意见，组织人大代表视察县人大代表议案建议办理、城镇集中供热、基层司法所建设及运行等情况进行视察，促进人民群众关注的民生问题得到解决。（王述民）

代表工作

【县乡人大代表选举】 2021年3月上旬，和硕县人大换届选举工作全面展开，经过动员部署、宣传发动、选区划分、选民登记、提名推荐、确定代表候选人、投票选举等工作程序，选举产生和硕县第十八届人大代表150名，各乡镇新一届人大代表341名。5月19日，和硕县选举委员会召开动员部署暨培训会议，全面安排部署全县的换届选举工作。印发《和硕县县、乡镇两级人民代表大会换届选举工作方案》，明确这次换届选举的指导思想和原则、代表名额分配、代表结构和素质、时间安排等具体要求。全县各选区按照属地、便民原则、人口相等、代表限额的原则，共划分93个县级选区（含驻县部队2个选区）、137个乡镇级选区。全县各选区经确认有选民资格并依法登记选民42530人。6月，县级选区推荐县代表候选人275名，政党、团体推荐85名，选民10人以上联名推荐190名。137个乡镇选区推荐乡镇人大代表候选人566名，其中政党、团体推荐142名，选民10人以上联名推荐424名。全县设置县、乡镇投票会场314个，设置票箱322个，流动票箱59个。7月8日，全县选民42530名，其中参加选举41374名（含委托7098名），参选率达到97.28%。

（王述民）

【人大代表构成】 2021年，和硕县有自治区十三届人民代表大会代表2名，自治州第十四届人民代表大会代表30名。县第十七届人民代表大会代表119名，其中特吾里克镇33名、乌什塔拉乡23名、塔哈其镇18名、曲惠镇11名、苏哈特乡8名、新塔热乡10名、乃仁克尔乡7名、巴州清水河农场5名、第二师二十四团2名、驻县部队2名；县第十八届人民代表大会代表150名，其中特吾里克镇47名、塔哈其镇24名、曲惠镇15名、乌什塔拉乡31名、乃仁克尔乡8名、苏哈特乡10名、新塔热乡13名、驻县部队2名。

（王述民）

【服务代表履职】 2021年，和硕县人大常委会组织各级代表开展农村环境卫生整治、城镇集中供热、乡村振兴、发展庭院经济、安全生产视察活动3次，视察代表120余人。全年开展会前培训14期，培训代表700余人次。组织代表及乡镇人大主席参加上级人大举办的培训班4期，培训120余人次。组织区、州、县人大代表开展履职培训2期，培训代表60余人，开展网上培训班3期，培训代表600余人次，提高代表履职意识和能力。坚持为各级人大代表寄送新疆人大杂志等相关资料400余套。坚持邀请县人大代表列席“一府两院”联席会议及常委会会议，全年组织代表参与相关会议11次70余人次。组织代表视察调研、执法检查和参与法律法规修订60余人，拓宽代表知情知政面。优化规范建设县人大代表工作室1个，乡镇人大代表联络站7个，村（社区）人大代表联络站30个，将全县523名四级人大代表混合编组全部进站开展代表活动，保证闭会期间代表活动的正常开展。落实代表执行职务保障服务制度，坚持在交通、食宿、误工补贴、评选评优等

方面为代表履职创造条件。（王述民）

【人大代表联系群众】 2021年，和硕县人大常委会将区、州、县、乡镇四级人大代表混合编组，成立各代表小组，制订活动计划定期开展代表学习讨论，反映群众意见和建议，提出改进工作建议。结合规范和加强人大代表“家、室、站”建设，健全和完善县人大常委会组成人员联系代表、代表联系人民群众的“双联系”制度和代表小组活动制度、代表接待选民制度、代表服务人民群众等制度，通过制定和落实代表联络站工作计划，促进代表联系服务群众常态化、制度化。2021年，全县各级人大代表采取走访、电话、书信、召开座谈会、视察、执法检查等多种方式，积极投身乡村振兴、常态化安全生产、农村环境卫生集中整治、维护稳定及基层社会治理等各项工作之中，争当维护稳定的排头兵、党的政策的宣讲员、乡村振兴的引路人、脱贫攻坚的带头人、扫黑除恶的情报员，使代表真正成为反映群众意愿的“代言人”、维护群众利益的“贴心人”、解决群众困难的“热心人”。据不完全统计，2021年，全县523名各级人大代表联系选民2万余人次，各代表小组（联络站）接待选民500余人次，听取群众意见建议240余条，解决群众困难诉求210余件，为民办实事好事230余件，发挥人大代表为人民代言、为人民服务的作用。（王述民）

【人大代表议案建议办理】 2021年，和硕县人大常委会重视代表议案和建议、批评、意见办理工作，加大督办力度，规范办理程序和办法方式，提高办理质量。县十七届人大六次会议期间主席团确定的3件议案和29件建议得到办理和答复，答复率达100%。

（王述民）

和硕县第十七届人民代表大会第六次会议代表议案一览表

表2

序号	代表议案标题	代表团	领衔代表	附议代表
01	关于稳定和吸引和硕县医疗人才队伍的议案	特吾里克镇代表团	王彩娟	马文娟、阿力腾才次克、巴太、乌仁其米克、甫尔外、马宁成、张凯林、艾山江·阿西木、乔古代、巴依尔太、李玉刚（11人）
02	关于加强农田防护林管理和免除农田防护林水资源费的议案	塔哈其镇代表团	林　刚	史军山、托来、闫青、傲叶、孜来汗·米吉提、古再丽努尔·吐逊、阿力木·依明江、何万勇、玉孜曼、古丽柯孜·麦麦提、敖且、张文清（12人）
03	关于加大乡村旅游业等第三产业扶持力度的议案	苏哈特乡、清水河农场代表团	王　铎	刘青祥、吾斯满江·麦麦提、阿不力孜·吐尔逊、林浩然、王广军、赵碧玉、毕开慧、李靓婧、米代（9人）

和硕县第十八届人民代表大会第一次会议代表议案表

表3

序号	代表议案标题	代表团	领衔代表	附议代表
01	关于规范小区物业管理的议案	特吾里克镇代表团	高云云	李靓婧、甫尔外、荣雪飞、艾山江·阿西木、排祖拉·卡斯木、海特热木·艾力、乔古代、乌仁其米克、金燕、吉日格力、杨健德（11人）
02	关于加强和硕县畜牧兽医技术服务能力建设的议案	乌什塔拉乡代表团	何　刚	阿布杜许奎尔·阿不都、阿西木·沙衣木、麦热姆妮萨·斯比尔、阿不都塞米·哈力克、李福重、李晓燕、巴都玛拉、马国军、马旭明（9人）

专委会工作

【和硕县人民代表大会法制委员会】 2021年9月1日，和硕县第十八届人民代表大会一次会议表决通过本届代表大会法制委员会的主任委员、副主任委员、委员。法制委员会结合县人大常委会会议各次议题及县委中心工作，对县“一府两院”法律法规贯彻执行情况进行监督，对其法律法规贯彻执行情况报告及相关专项报告进行初审，形成审查报告，为常委会审议有关报告提供审议依据。制定常委会执法检查、视察和调研工作方案，经常委会主任会议讨论通过后，参加常委会执法检查及视察调研组活动，形成执法检查报告或视察调研报告，为常委会审议各项报告提供参考依据。配合做好执法检查、调研和法律法规修订征求意见工作，为科学立法、民主立法提供建议和意见。结合规范性文件备案审查工作，进行合宪性审查和法律一致性审查。2021年9月至年末，参与执法检查5次，形成执法检查报告7篇。参与上级人大立法执法检查和调研3次，参与法律法规修订12次，提出修改意见建议9条。进行规范性文件合宪性审查3件，提出修改建议4条，不存在与宪法法律相抵触问题。 （王述民）

【和硕县人民代表大会财政经济委员会】 2021年9月1日，和硕县第十八届人民代表大会一次会议表决通过本届代表大会财政经济委员会的主任委员、副主任委员、委员。财政经济委员会对县“一府两院”财政经济法律法规贯彻执行情况进行监督，对国民经济和社会发展规划计划草案制定、执行情况报告、重点项目实施，年度财政预算草案编制、财政预算执行、财政预算调整方案草案、财政决算草案、财政直达资金使用管理、国有资产监督管理及财政专项资金使用管理及财政审计等相关专项报告进行初审，形成审查报告，为常委会审议有关报告提供审议依据。2021年9月至年末，参与计划、财政、审计、重点项目等经济社会发展专项工作报告审查6次，形成审查报告8篇。 （王述民）

和硕县人民政府

综　述

【概况】　2021年，和硕县人民政府按照打造“三区三基地”，建设天山南坡高质量发展先行县的总体思路，县委、县政府紧紧围绕“七个加快”，统筹推进产业振兴、人才振兴、文化振兴、生态振兴、组织振兴、乡村建设、乡村治理、就业增收、投入保障、作风保障10项重点工作任务。扎实做好“3+1”重点工作，稳定防疫安全持续释放红利，挖掘优势资源潜力，积极培育激发内在动力。全县地区生产总值同比增长6.1%；规上工业增加值同比增长9%；全社会固定资产投资同比增长12%；社会消费品零售总额同比增长18%；城乡居民人均可支配收入分别增长5%、8%。完成万元GDP能耗强度下降目标任务。

（金　琴）

【重点项目推进】　2021年，和硕县人民政府完成新材料工业园区道路铺设和污水处理厂主体工程，建设清水河综合园区标准厂房7800平方米。推进农副产品精深加工，椒源生物建成投产，沁州黄小米项目落地建设，黄芩提取项目顺利签约。加强葡萄酒宣传推介，优化市场布局，销售额同比增长31.5%。矿产资源优势转化进程加快，银辉矿业顺利盘活，双吉矿业启动技改，锶矿完成采矿权开采方式变更。启动年产100万吨石英石原矿和30万吨石英砂提纯项目。国综能源50兆瓦光伏发电项目顺利落地，220千伏光伏汇集站启动前期工程建设。分行业选取后备企业进行扶持，新增规上工业企业6家。

（金　琴）

【实施全域旅游战略】　2021年，和硕县完善旅游基础设施，提升服务质量，发挥马兰红山军博园、曲惠红蝶谷等景区文化旅游带动作用，与中国旅游集团签订合作协议，投入2000万元全面加快金沙滩AAAA级景区设施升级。举办以“美食美酒映美景、百香百味庆百年”为主题的和硕2021文化旅游季和乡村文化旅游节、骆驼赛、龙舟赛等节庆赛事活动，大力发展红色旅游，推出红山核试验指挥中心旧址研学线路，打响“学马兰精神、赏金沙美景、食博湖野鱼、品和硕红酒”旅游品牌。引导农牧民利用闲置院落发展“小果园、小菜园、小花园”，推进乡村旅游“后备箱经济”发展，创建星级农家乐风情园19家，扶持发展农家民宿10家，100余户脱贫群众在旅游发展中拓宽增收致富门路。加大主流媒体宣传推介，旅游知名度进一步提升。全年接待游客63万人次，旅游总收入2.85亿元。

（桑仁高娃）

【优化营商环境】　2021年，和硕县推广全程电子化业务，实行政务服务事项“五减一优化”，整合“一件事套餐”19个，事项办结时限进一步压缩。深化工程建设项目审批制度改革，一般社会投资项目办理时限缩减至90个工作日以内。政务一体化平台网上办事大厅覆盖全部乡镇。跨省通办高频事项达到112个。

（金　琴）

【招商引资】 2021年，和硕县坚持“走出去、引进来”，累计招商落地项目45个，到位资金15.57亿元，德邦天一装饰装修材料、万良农业饲料加工等一批项目落地建设。 （金 琴）

重要会议

【和硕县人民政府全体会议】 2021年6月4日，和硕县人民政府召开第十七届人民政府第十五次全体会暨廉政工作会议。会议通报上半年经济运行情况，分析经济社会发展中存在的问题，对下半年经济运行重点工作进行部署；卫健委、农业农村局和塔哈其镇、新塔热乡负责同志围绕党风廉政建设和反腐败工作进行大会交流发言；县委副书记、县长哈热对做好下半年各项重点工作提出意见。 （金 琴）

【第十七届人民政府常务会议】 2021年，和硕县第十七届人民政府召开13次常务会议。

第51次常务会议 1月13日召开，会议审议通过《和硕县国民经济和社会发展第十四个五年规划和2035年远景目标纲要（报审稿）》、2021年推进前期工作的中央预算内项目及政府债券项目、调整变更代建工程部分建设内容、补办团结小区等住宅项目用地手续等事宜。

第52次常务会议 1月26日召开，会议听取自然资源局关于制止耕地“非农化”工作开展情况汇报，审议《和硕县2021年安全生产工作要点》《和硕县2021年地下水超采区治理巩固提升实施方案》，修改完善后，提交县委常委会研究。研究审议补偿政府征用新疆志恒房地产开发有限公司的土地费用事宜，同意对和硕县城乡一体化供水工程建设项目等4个代建项目变更签证内容进行审计事宜。

第53次常务会议 3月23日召开，会议通过县扶贫办编制的2021年巩固拓展脱贫攻坚成果同乡村振兴有效衔接项目库，由扶贫办按程序做好项目申报和组织实施工作。会议要求，各乡镇、各部门要切实增强做好脱贫攻坚与乡村振兴有效衔接，将脱贫攻坚和乡村振兴统筹规划、协同推进，总结用好产业扶贫、就业扶贫等全方位、立体化的扶贫模式和工作经验，构建脱贫攻坚巩固提升和乡村振兴相互支撑、协调配合的互动格局。强化边缘人口监测管理和救助帮扶，排查可能存在返贫致贫风险的人员情况，定期对中央、自治区提前下达资金项目实施情况开展调度，及时解决项目建设中存在的问题，加快资金支付进度，推进项目顺利实施。

第54次常务会议 3月23日召开，会议审议通过县财政局制定的《和硕县行政事业单位财务管理制度（试行）》，修改完善后由政府办公室印发执行。审议通过《和硕县2021年生态环境保护工作要点》《和硕县农田防护林建设方案》修改完善后提交县委常委会研究。研究通过《和硕县设施农业提质增效方案》，修改完善后印发执行。研究审议扶持酿酒葡萄种植政策、扶持龙驹马业发展事宜，研究解决信访问题处理意见，审议通过塔哈其镇小康社区富民安居房办理用地手续事宜、调整强雄建筑用石有限公司新疆和硕县清水河建筑用砂矿采矿权坐标范围事宜、成立和硕县职业高中事宜、行政规范性文件清理结果、委托第三方运营康养院事宜、提高全县最低生活保障标准方案等。

第55次常务会议 5月20日召开，会议审议通过《和硕县关于实现2021年巩固拓展脱贫攻坚成果同乡村振兴有效衔接实施方案》，修改完善后，提交县委常委会研究。审议通过调整乡村振兴领导小组、和硕县2021年自治州财政专项扶贫资金项目计划。

第56次常务会议 5月20日召开，审议通过林草局制定的《和硕县全面推行林长制实施方案》，修改完善后，提交县委常委会研究。会议要求，要认真践行生态优先、绿色发展的生态文明理念，科学划定片区，明确目标任务，层层压实责任。要对照职责分工，认真抓好林草资源保护、管理、监测等各项工作，切实把林长制各项任务抓实抓紧抓细。审议通过农业农村局制定的《2021年和硕县农业农村局工作重点任务分解方案》，修改完善后印发实施。会议要求，要准确把握全年工作重点，对标任务指标体系和措施要求，逐项抓好落实，确保全面完成目标任务。

农业农村局、水利局、林草局要加强工作指导，及时协调解决问题，促进工作扎实有序推进。各乡镇要主动作为、自加压力，结合实际创造性的推动工作落实，加快补齐“三农”领域短板，厚植发展优势，不断提升农业发展质量和效益，促进乡村振兴战略高质量实施。

第57次常务会议　6月1日召开，审议通过县住建局制定的《和硕县物业服务行业专项整治工作方案》，由住建局梳理汇总会上提出的意见建议，修改完善后，提交县委常委会研究。会议要求，特吾里克镇和相关部门要把落实《方案》具体工作与党史学习教育结合起来，纳入“我为群众办实事”内容，对照职责分工和整改措施，认真组织实施，切实提升全县物业服务质量和水平。审议通过《和硕县加快培育规模以上工业企业十项措施》。会议指出，《和硕县加快培育规模以上工业企业十项措施》围绕企业关心的财税、金融、技改、创新、人才等方面，提出实实在在的扶持政策，每项政策对企业都是“真金白银”，体现了县委、县政府扶优扶强、支持企业做大做强的决心，进一步增强了中小微企业发展的信心，为推进工业转型升级强基增效，推动经济高质量发展奠定了坚实的基础。会议要求，要制定配套实施办法，明确申报流程，压实工作责任，抓好政策的宣传解读和落实兑现，主动送政策上门，指导企业用好支持发展的各项政策，畅通政策落地的“最后一公里”。审议通过《和硕县“招商大使”选聘管理办法》，由政府办公室印发执行，审议通过首批“招商大使”人员名单。研究审议新疆国源集团与政府共同开发旅游资产处置方案，理顺新疆国源集团投资开发旅游资产与政府之间的关系，统筹做好资产评估、措施论证、资金筹措、协议审查等工作，确保国有资产不流失。

第58次常务会议　8月2日召开，会议听取乡村振兴衔接资金和地债资金项目实施和资金支付进度情况汇报，审议通过《和硕县防贫风险救助基金管理使用办法》，组织相关部门单位对《管理办法》进行论证，再次征求意见建议，修改完善后印发实施。会议要求，要进一步健全完善工作措施，强化风险管控，确保《管理办法》符合县域实际、充分发挥作用，切实筑牢防返贫“堤坝”。要加强防贫救助基金管理，提高基金使用效率，保障基金运行规范和使用公开透明。

第59次常务会议　8月2日召开，审议通过《和硕县突发事件总体应急预案》及《和硕县安全事故应急预案》等8个专项应急预案。会议要求，由分管县领导牵头，组织相关部门对预案进行论证，结合县域实际，提出切实可行的处置程序和工作措施，修改完善后报县人民政府印发。要聚焦风险识别研判、预报预警、风险管控和应急处置等关键环节，明确灾害事前、事发、事中、事后各个阶段应对工作的责任单位和职责，进一步提高预案的针对性、操作性和实用性。要抓好应急预案演练，通过实操熟悉预案操作流程，提高指挥人员和参与人员的应急救援能力，进一步检验预案、完善预案，确保预案贴近实战，真正管用。审议通过《和硕县产权交易管理实施办法（试行）》，审议通过《和硕县人民政府领导班子成员食品安全工作责任清单》《和硕县食品安全监管事权清单》《关于进一步加强和改进临时救助工作的实施方案》《和硕县项目招投标管理办法（暂行）》。研究审议提高困难群众基本生活保障标准、新材料工业园区基础设施建设项目变更人行道施工工艺、功拜申请5.33公顷养殖用地、国有土地用水等事宜，审议调整2021年车购税农村公路建设计划实施方案。

第60次常务会议　8月11日召开，会议审议《政府工作报告（征求意见稿）》。听取《政府工作报告》起草情况汇报，会议听取并审议县发改委汇报的《国民经济和社会发展计划执行情况及今后五年计划工作报告（征求意见稿）》；会议听取财政局汇报的《关于和硕县2016年—2021年财政预算执行情况的报告（征求意见稿）》，会议要求，财政局要抓紧充实完善《报告》内容，细化财政预算执行，分类梳理汇总数据，充分体现财政政策对扩内需、保增长、调结构、惠民生等方面的积极作用。（金　琴）

【第十八届人民政府常务会议】　2021年，和硕县第十八届人民政府8—11月召开2次召开常务会。

第1次常务会议　10月14日召开，会议听取关于对开展涉粮问题专项巡查自查情况的报告。审议通过《2021年度和硕县应急粮油储备安全和管理实施方案》，同意方案提出的储备计划、管理要求和补贴标准，由发改委结合会上提出的意见，修改完善后印发执行；审议通过《深入贯彻新发展理念，推动建设天山南坡高质量发展先行县实施方案（2021—2025年）》，由政府办公室梳理汇总会上提出的意见建议，修改完善后提交县委常委会研究；审议通过《加快推进和硕县快递业高质量发展实施方案》，由政府办公室印发执行。会议要求，各相关部门要对照任务分工抓好工作落实，切实发挥快递业对加快发展农村电子商务和推动民生事业改善等方面的作用，推动全县快递产业高质量发展。研究审议清水河水权管理职能移交协议，由水利局修改完善后，报请县人民政府签订；研究审议和硕县工人文化宫改扩建方案。

第2次常务会议　11月25日召开，会议讨论通过《和硕县2022年巩固脱贫攻坚巩固同乡村振兴有效衔接项目库及项目清单》，由乡村振兴局牵头，梳理汇总会上提出的意见建议，修改完善后按程序报州乡村振兴局。会议审议通过《和硕县2022年地下水超采区治理巩固提升实施方案》，由水利局修改完善后，提交县委常委会研究。会议要求，结合会上意见，组织各乡镇和相关部门对方案作进一步论证和修改完善，把中远期规划与2022年工作计划融为一体推进落实，科学制定压采措施，合理确定休耕面积，分年度逐步推进地下水采补平衡，重点降低超采区水资源开发强度，切实解决地下水超采问题。审议通过《和硕县进一步规范有序推进农村土地适度规模经营实施意见》，修改完善后印发执行。

综合政务工作

【议案提案办理】　2021年，和硕县人民政府办理3件议案，分别是稳定和吸引和硕县医疗人才队伍、加强农田防护林管理和免除农田防护林水资源费、加大乡村旅游业等第三产业扶持力度，议案均已办结，并向人大代表进行答复。围绕全县改革、发展、稳定和广大人民群众最关心的热点、难点问题，对政府各方面的工作提出建议30件，内容涉及经济建设、社会发展、民生改善等多方面。人民政府召集相关部门召开人大议案建议和政协提案交办会，对议案建议办理工作进行安排部署，要求各承办单位要把议案建议办理与本单位重点工作同研究、同部署、同落实，切实提高办理工作的主动性、时效性和满意度，确保“办结率”和“满意度”双提高。至年末，所有建议已全部办结，并向人大代表进行答复。　（金　琴）

【政府网站建设】　2021年，和硕县人民政府网主要开设有走进和硕（和硕概况、地理环境、行政区划、产业发展、和硕风光）、领导之窗、新闻中心（今日和硕、时政要闻、视频新闻、公示公告、专栏栏目）、政务信息公开（政府机构、政府信息公开、政策解读、重点领域公开）、政务服务（企业办事、个人办事、便民资讯）、政民互动（县长信箱、在线访谈）等六个栏目，主要发布中央要闻、疆内要闻、州内要闻、和硕新闻、招聘信息、各类政府信息、重大项目建设审批、土地征收、环境影响评估、公共资源配置，棚户区改造项目建设、保障性公共住房申请、财政信息，公开预决算、三公经费等相关信息。今日和硕板块发布1163条，时政要闻板块发布709条，视频新闻板块发布107条，公示公告板块发布73条，走进和硕板块发布42条，图片新闻板块发布120条，政务公开板块发布850条。　（申亚莲）

【政府信息公开】　2021年，和硕县人民政府网站执行规范性文件公开、文件解读制作发布、公文类政府信息公开属性审核等工作制度，提升政府信息公开工作规范化、制度化水平。对“放管服”、市场监管、住房保障、教育、医疗等重点领域政府信息内容全面公开，制定责任清单，明确牵头部门，实现公开内容覆盖权力运行全流程、政务服务全过程。全面梳理细化相关领域政务公开事项，形成26个领域基层政务公开事项标准目录。在“行政执法”栏目公开食品安全、教育、生态环境、安全生产、市场监管等领域监管执法情况抽查信息45条；做好公益事业信息公开，公开扶贫资金、各级专项资金的分配及使用情况、扶贫项目实施情况29条信息；公开义务教育均衡发展、双减等重点信息23条；公开就业扶持政策，发布企事业单位招录、职业培训等信息21条；发布城乡低保、特困人员供养、医疗救助、临时救助、养老服务补贴、困难残疾人补贴、孤儿基本生活保障等方面的政策、救助标准、办理指南、发放标准等信息，定期公开各类救助、补贴发放情况及资金支出等重点信息32条。办结政府信息公开申请5件。（政府网站）

【互联网+政务服务】 2020年，和硕县行政服务中心推行“网上办理”、政务大厅“一门办”。推进线上线下融合，优化整合提升政务服务大厅“一站式”功能，实现“一个窗口”“一次办成”。优化网上政务服务流程，优化简化部门内部、跨部门审批环节和业务流程，推行“告知承诺”“容缺审批”。加大与邮政快递等业务合作力度，完善全县“办事结果”邮寄物流平台，实现审批结果县域内快递寄送。

（金　琴）

【办公用房调配保障】 2021年，和硕县党政机关办公楼31栋（包含下属单位），总建筑面积9.13万平方米，办公用房总建筑面积4.9万平方米，技术业务用房总建筑面积4.24万平方米。办公室面积未发现超过规定面积标准情况，全部符合标准。调整2家单位办公用房，调剂办公用房面积达3628平方米，进一步整合了办公用房资源，降低了运行成本，促进了节约型机关建设。投入经费6万元完成办公用房信息管理平台建设，全面提升办公用房精细化管理。处置清理出空置办公用房，盘活利用闲置资产，出租办公用房1间、门面4间，租赁收入7.3万元。完成1处办公用房门面拆迁工作。（艾里扎太）

【公共机构节能】 2021年，和硕县机关事务中心制定《节水节电制度》《节能制度》等节约资源管理制度；推进无纸化办公，办公设备设置节约用电、随手关灯、节约用水、空调控温等节能提醒标识。开展公共机构生活垃圾分类，在和硕县党政机关办公大楼区域设立分类垃圾桶，张贴垃圾分类投放指南，增强机关工作人员的垃圾分类意识。开展节能宣传周和低碳日活动，通过墙报、发放宣传手册、悬挂横幅、电子屏及电梯门口张贴宣传海报等方式宣传节能。宣传周张贴公共机构节能、垃圾分类宣传海报200余份，宣传横幅20多条，发放宣传资料1000余份，以周促年。

（艾里扎太）

政务服务

【行政许可审批】 2021年，和硕县人民政府办公室编制公布全县行政许可事项清单，动态更新清单内容，推进群众办事事项“程序化”梳理工作，对行政系统审批事项涉及的具体办事事项、受理条件、申请材料、办事流程、环节时限、权限责任等要素进行梳理调整，调整梳理行政许可事项共计307项。发布事项要素进行优化梳理，精简和优化办事环节和流程，压缩审批时限，精简申请要件。全程网办和不见面审批率达到90%以上，发布事项914项，企业法人办理事项487项，个人办理事项427项。（金　琴）

【“放管服”改革】 2021年，和硕县政务服务中心简化办事流程。简化各类审批事项程序、规范运作，实现“一窗受理、分类审批”，服务中心设置咨询台、自助服务区、自助办税区、24小时自助服务区等功能区。整合设置综合服务窗口，变“多窗”为“一窗”，推行“前台综合受理、后台分类审批、统一窗口出件”服务模式，将分设的55个服务窗口整合设立为商事登记、投资项目、工程建设项目、社会民生等综合受理区域。设置自助服务区3个和24小时自助服务区1个，设置“综合窗口”2个。在乡镇开设“综合窗口”，服务延伸至乡镇，实现全县乡镇政务一体化平台全覆盖，70项政务服务事项“就近办”。

（金　琴）

【推行特殊人群无障碍办理】 2021年，和硕县丰富行政服务窗口收费方式种类，开通扫描二维码的智能支付、银行卡和现金支付，实现多种收费方式并存，为老年人缴费提供便利；在大厅咨询台、自助服务区，休息区配备老花镜、轮椅、助行器等老年人残疾人用品，为特殊群体提供服务；在大厅设置专门的老年人事项办理引导人员，根据老年人事项办理具体情况为老年人做好解答解释工作，做好“陪办”服务。在办事大厅设置老年人专属通道、绿色服务窗口，张贴“老年人优先”“老年人专座”“残疾人专座”等标识。对老年人、残疾人和孕妇等特殊人群需要办理的各类事项所有窗口优先办理，对于办理事项提供“预约服务、全程陪办、协助填表、打印复印”等特殊群体帮办代办服务。（金　琴）

【帮代办服务】 2021年，和硕县行政服务中心成立帮代办中心，制定《和硕县行政服务中心帮代办制度》，提供“一对一”保姆式服务，指定专人为投资企业以及来窗口办理业务行动不便或其他特殊群众提供帮办、代办服务，帮助投资企业受理帮代办服务45项，个人事项13项，最大限度减少企业和群众跑腿次数，提高办事效率，增强群众满意度。（金　琴）

【政务服务效能提升】 2021年，和硕县施行在行政机关办理涉企经营许可事项时实行告知承诺制，解决企业和群众办事创业的“堵点”“痛点”问题，解决企业和群众办证多、办事难等问题。梳理第一批告知承诺事项54项，向社会公示。推进服务事项清单化管理，规范政务服务事项标准，提升政务服务效能，全面推行政务服务事项清单化管理，企业年检年报事项清单按照自治区政府部门涉企信息归集资源目录开展工作。打通政务服务企业“绿色通道”，制定《企业开办流程图》，建立帮代办制度，修改完善《重点项目绿色通道服务制度》。（金　琴）

脱贫攻坚成果提升

【乡村振兴局挂牌成立】 2021年7月，和硕县农业农村局加挂乡村振兴局牌子，原政府办公室（扶贫办）所承担的扶贫工作职能调整至县农业农村局，主要负责巩固拓展脱贫攻坚成果、统筹推进实施乡村振兴战略有关具体工作。设立和硕县乡村振兴服务中心，隶属和硕县农业农村局（乡村振兴局）管理的公益一类事业单位，机构规格股级，经费实行全额预算管理。（桑仁高娃）

【加强组织领导】 2021年，和硕县坚持把巩固拓展脱贫攻坚成果同乡村振兴有效衔接，成立农村工作领导小组暨乡村振兴领导小组，下设10个专项组，为全面推进巩固拓展脱贫攻坚成果同乡村振兴有效衔接，提供坚强政治保障。2021年，召开领导小组会议和县委、县政府专题会议37次，全力推动工作落实。制定《和硕县实现巩固拓展脱贫攻坚成果同乡村振兴有效衔接实施方案》，实施“九大巩固拓展工程”，量化十大专项组牵头部门、配合单位及乡镇巩固拓展脱贫攻坚成果同乡村振兴有效衔接重点任务清单，厘清工作职责，明确任务完成时限。建立常态化工作调度、督查指导、问题整改、监督问效工作机制，充分调动10个专项组和乡镇、村“动起来”、基层干部“跑起来”，构建起责任清晰、各负其责、执行有力的巩固拓展脱贫攻坚成果同乡村振兴有效衔接工作推进机制，全力保障责任、政策、工作落实到位。（桑仁高娃）

【强化包联帮扶】 2021年，和硕县建立健全县级领导乡村振兴联系点制度，制定《和硕县2021年巩固拓展脱贫攻坚成果同乡村振兴有效衔接包联帮扶实施方案》，梳理形成县级领导、行业部门、包联干部、村（社区）“两委”和驻村工作队为主体的包联帮扶工作清单，全县74个部门单位定点帮扶乡镇、村（社区），结对帮扶全覆盖。县级领导通过实地调研、召开座谈会、入户走访等方式，协调解决问题146个，形成调研报告34篇。结合“民族团结一家亲”和民族团结联谊活动组织包联帮扶单位、干部职工深入农户开展人居环境整治、困难帮扶等系列主题活动6场次，促进各级包联帮扶落地见效。（桑仁高娃）

【乡村振兴干部队伍建设】 2021年，和硕县落实自治区、自治州党委总体部署，县、乡、村三级乡村振兴机构于6月初挂牌成立，配齐配强乡村振兴机构干部266名。选优配强村（社区）"两委"班子成员138名，建强基层乡村振兴干部队伍，为全面推进巩固拓展脱贫攻坚成果同乡村振兴有效衔接提供坚强组织保障和人才支撑。 （桑仁高娃）

【脱贫攻坚成果巩固提升】 2021年，和硕县统筹相关行业部门全面梳理国家、自治区、自治州层面制定出台的产业发展、就业增收、兜底救助、金融服务等普惠性政策，依据教育、医疗、住房、饮水等民生保障政策调整变化情况，分析研究政策调整变化带来的影响和风险，强化各项政策精准精细落实，坚决守住不发生规模性返贫的底线。

义务教育成果巩固方面。全面落实学前和义务教育阶段12年免费教育，落实义务教育阶段保障经费791.58万元，全覆盖资助6638名在县就读义务教育阶段学生，实现义务教育阶段适龄儿童入学率100%、巩固率100%；巩固拓展义务教育阶段办学条件成果，推动县域义务教育优质均衡发展，全年累计投入项目建设资金2443.9万元，实施校舍改扩建、补充教学设备和实验器材等项目，义务教育阶段办学条件进一步改善；全面落实教育帮扶政策，健全完善从学前教育到高等教育全学段的学生资助工作体系，确保各学段学生资助政策落实到位。2021年，累计发放寄宿生生活补助、非寄宿生家庭经济困难生活补助、助学金4248人次168.23万元；巩固拓展义务教育阶段控辍保学成果，确保除身体原因不具备学习条件外的义务教育阶段适龄儿童少年不失学辍学。

医疗健康成果巩固方面。全力推进县乡村医疗卫生机构标准化和医疗队伍建设，7个乡镇卫生院、33个村（社区）卫生室标准化建设全面完成，乡村配备执业医师38人、执业助理医师27人，合格村医40名。全面落实"基本医保、大病保险、医疗救助"综合保障政策，完善居民医保分类资助参保政策，2021年农村人口参保达2.84万人，参保率98.46%。全县9个医疗机构深化"先诊疗、后付费""一站式"信息对接和即时结算工作机制，脱贫人口县域内定点医疗机构住院报销比例达90%以上。强化大病专项救治和慢病签约服务管理，优化"两病"门诊用药保障机制。

住房安全保障成果巩固方面。实施农村住房安全巩固拓展工程，充分发挥县、乡、村三级联动作用，落实农户住房安全动态监测和日常巡查，完成所有乡村人口住房安全鉴定，新建富民安居房40套，实现9563户农户住房安全有保障全覆盖。

饮水安全成果巩固方面。建立健全《农村饮水安全供水管理制度》《供水工程维护管理制度》等运行管护长效机制，严格执行农村饮水安全验收标准，开展农村饮水安全水质定期监测，完成5个乡镇城乡供水一体化建设。2021年，投入96.9万元实施农村饮水安全巩固提升项目，实现所有农村人口饮水安全有保障全覆盖。 （桑仁高娃）

【健全防贫机制】 2021年，和硕县研究制定《和硕县防止返贫致贫动态监测和帮扶救助实施方案》《和硕县防贫风险救助基金管理使用办法》《和硕县防止返贫致贫监测预警和帮扶救助联席会议制度》等长效机制，坚持动态监测、实时预警、未贫先防、返贫速扶、常态清零，明确监测对象、监测程序和责任分工，全面开展实时监测，坚决做到"早发现、早干预、早帮扶"。 （桑仁高娃）

【巩固拓展脱贫攻坚成果项目建设】 2021年，和硕县乡村振兴局紧扣全县"十四五"规划和2035年远景目标，强化项目库编制培训和指导，实现由"资金等项目"向"项目等资金"转变、"产业项目单一"向"产业项目集聚"转变。2021年，财政专项衔接资金巩固拓展脱贫攻坚成果项目库储备项目44个，资金规模2.1亿元，地方政府债券资金巩固拓展脱贫攻坚成果项目库储备项目58个，资金规模24亿元。根据"一个清单、两个项目库"的工作要求，新增储备产业发展、基础设施及公共服务类项目99个，资金规模13.6亿元。2021年，中央、自治区、自治州共拨付资金1.55亿元，申报实施16个项目，至年末，所有项目全部完工，支付资金1.54亿元，支付率99.36%。对2013年以来143个扶贫项目全面进行清理登记造册，完成所有资产移交和信息录入，切实做到“账账相符、账实相符”。规范帮扶项目风险防控“三分一总”台账，确保各类帮扶资产运营规范、管护到位、收益稳定。（桑仁高娃）

【脱贫人口就业稳岗】 2021年，和硕县乡村振兴局采取转移就业、就地就近就业、农业内部就业等方式，实现有劳动能力的1869名脱贫人口全部就业。建立就业动态监测和定期研判工作机制，常态关注脱贫人口就业状态和稳岗情况，实现脱贫人口就业稳岗率达100%，优先选聘12名脱贫人口担任生态护林员、草场管护员，县、乡、村三级开发特设岗位和公益性岗位926个，制定《和硕县特设援助岗位开发管理办法》，全面规范加强公益性岗位日常管理。组织人社、商工、农业农村、市监等部门全面摸清精确工种，通过职业技能培训、创业培训、企业订单培训等方式，推进农村富余劳动力多渠道就业增收。2021年，组织“春风行动”招聘活动11场次，培训89期3618人，发布就业岗位信息11批1531条，实现农村富余劳动力转移就业9326人（次）。（桑仁高娃）

【消费帮扶】 2021年，和硕县乡村振兴局制定和硕县2021年消费帮扶推进行动实施方案，明确7个乡镇和24个部门单位13项职责任务，全面压紧压实责任。搭建消费帮扶平台。认定帮扶产品42类，设立运营专区8个、专馆2个、专柜12个，销售帮扶产品83.02万元。主动与疆内外农产品市场对接，进一步拓宽帮扶产品销售渠道，初步构建起援疆帮扶、定点帮扶、结对帮扶、社会帮扶、电商帮扶等多方参与的消费帮扶格局。2021年，组织社会力量购买和销售脱贫户农副产品及帮扶产品达2075.18万元。（桑仁高娃）

【脱贫攻坚领域问题整改】 对照中央第六巡视组反馈的5个问题、自治区党委第九巡视组反馈的4个问题、国家脱贫攻坚成效考核反馈的12个问题、历年扶贫项目专项审计反馈的各类问题，明确整改责任人和完成时限，分类建立整改台账，逐项逐条制定整改措施，通过周调度、月通报、实地督查等方式，全面对账销号，确保整改到位、不反弹。常态化抓好问题“回头看”，围绕“两个对照”（即：各类问题整改到位和取得实效情况是否存在简单“急刹车”“翻烧饼”“一刀切”现象，是否存在会议整改、纸面整改、数字整改、选择性整改、虚假整改情况），对2016年以来中央、国家和自治区层面已整改的4批次114条问题全面开展“回头看”，以问题整改成效推动巩固脱贫攻坚成果同乡村振兴有效衔接落实落细落到位。（桑仁高娃）

信　访

【概况】 2021年，和硕县信访部门接待群众来信来访（含领导接待、网上信访、上级交办）47件，其中涉法涉诉10件；群众来信2件2人次，已全部办结；县委、县政府领导阅批重大信件问题7件，全部办结，办结率100%。信访部门在来访接待过程中，受理转送群众反映的信访事项37批次，除涉法涉诉案件出具不予受理告知单以外，其他案件均由信访部门出具程序性受理告知书全部进行网上转交办，全部办结。接收各级转交信访案件10件，全部查结并回复信访人。2021年，县内未发生集体越级上访和个体极端访事件。（金　琴）

【网上信访】 2021年，和硕县、乡两级全面贯通网上信访工作平台，引导群众多通过网上信访系统反映诉求，实现“让数据多跑路、让群众少跑腿”的新信访格局，实现“互联网+信访”模式，进一步维护信访秩序夯实基础。全面提升全年网上信访工作“三率”，实现信访事项及时受理率100%、按期办结率100%，群众满意率98%以上，参评率100%以上。

（金　琴）

【信访积案化解】 2021年，和硕县重视集中治理重复信访、信访积案专项治理工作，成立专项工作领导小组组织实施化解处置工作。中央交办6件、自治区交办4件重访积案共10件全部落实“五个一”，要求分别由县级领导、涉事单位党政主要领导、信访专兼职干部以及村（社区）干部分工负责化解。中联办交办6件已化解4件，自治区交办4件已化解2件，并通过州、区两级审核予以办结。

（金　琴）

【完善责任体系】 2021年，和硕县落实《和硕县领导干部信访案件双包工作制度》《和硕县县级领导干部密切联系群众工作制度》和县级领导接访下访等系列文件要求，党政主要领导带头阅批群众来信、主动担责、包案、协调重大信访矛盾纠纷、带案下访，处理重大疑难信访问题，分管领导经常分赴各乡镇（场）、各有关单位梳理信访问题，对重点问题进行分析研判、指导推动处置。落实县级领导接访制度，联席会议办公室制定接访县领导名单并予以公示，每半个月由1名县级领导利用半天时间到群众来访接待大厅坐班接待上访，重点时段由当时带班领导作为接访领导，确保每天1名县级领导在接待场所随时接待来访群众，随有随接待随处置。开展信访积案化解专项治理工作，成立专项工作领导小组，制定中央、自治区、自治州交办和硕县6件重复信访案件台账，专题研究精准分类，明确责任与分工签订责任书，限时化解，按时全部化解、息诉息访。

（金　琴）

中国人民政治协商会议和硕县委员会

重要会议

【政协和硕县第十五届委员会第六次会议】 2021年1月17—19日，政协和硕县第十五届委员会第六次会议在党政综合大楼及各乡镇分会场召开。会议听取和审议政协和硕县第十五届委员会常务委员会工作报告；全体委员列席和硕县第十七届人民代表大会第六次会议，听取并讨论政府工作报告及其他报告；审议通过《政协和硕县第十五届委员会常务委员会工作报告的决议》、政协和硕县第十五届委员会提案审查委员会《政协和硕县第十五届委员会提案委员会第六次会议关于政协十五届六次会议提案审查情况的报告》《政协和硕县第十五届委员会第六次会议政治决议》。（张　敏）

【政协和硕县第十六届委员会第一次会议】 2021年8月27—31日，政协和硕县第十六届委员会第一次会议召开。会议听取和审议政协和硕县第十五届委员会常务委员会工作报告；全体委员列席和硕县第十八届人民代表大会第一次会议，听取并讨论政府工作报告及其他报告；审议通过《政协和硕县第十五届委员会常务委员会工作报告的决议》、政协和硕县第十六届委员会提案审查委员会《政协和硕县第十六届委员会提案委员会第一次会议关于政协十六届一次会议提案审查情况的报告》《政协和硕县第十六届委员会第一次会议政治决议》。（张　敏）

【政协常务委员会会议】 2021年，政协和硕县第十五届委员会召开4次常委会会议，政协和硕县第十六届委员会召开2次常委会会议。

第十五届委员会第23次常委会会议　1月15日召开，会议听取县人民政府《关于政协和硕县第十五届委员会五次会议提案办理情况的通报》，协商确定《政协和硕县第十五届委员会第六次会议召开时间、会期》，审议通过《政协和硕县第十五届委员会第六次会议议程、日程（草案）》；通过《政协和硕县第十五届委员会常务委员会工作报告（草案）》，通过《政协和硕县第十五届委员会常务委员会关于十五届政协五次会议提案工作情况的报告（草案）》。

第十五届委员会第24次常委会会议　1月19日召开，会议听取各组组长汇报县十五届政协常务委员会工作报告、县十五届委员会常务委员会关于十五届政协六次会议提案工作报告，关于政府工作报告、第十四个五年规划纲要和2035年远景目标草案编制情况的说明、计划、财政报告，法院、检察院工作报告的讨论情况；审议通过《政协和硕县第十五届委员会常务委员会工作报告的决议（草案）》《政协和硕县第十五届委员会提案委员会关于政协十五届六次会议提案审查情况的报告（草案）》《政协和硕县第十五届委员会第六次会议政治决议（草案）》。

第十五届委员会第25次常委会会议　3月23日召开，会议传达学习全国两会精神及相关党史动员讲话精神；审议通过《政协和硕县委员会2021年工作要点（草案）》《关于辞去政协和硕县第十五届委员会委员资格的申请（草案）》。

第十五届委员会第26次常委会会议　8月23日召开，会议听取县委组织部部长作关于新一届政协委员提名情况的说明，审议通过《政协和硕县第十六届委员会委员、常务委员名单》；听取县人民政府《关于政协和硕县第十五届委员会六次会议提案办理情况的通报》，审议通过《关于召开政协和硕县第十六届委员会第一次会议的决定》，审议《关于政协和硕县第十六届委员会第一次会议议程、日程（草案）》《第十六届委员会第一次会议预备会议日程（草案）》；审议通过《政协和硕县第十五届委员会常务委员会工作报告（草案）》《政协和硕县第十五届委员会常务委员会关于提案工作情况的报告（草案）》《政协和硕县第十六届委员会第一次会议主席团成员、主席团会议主持人和秘书长名单（草案）》；授权主席会议决定未尽事宜。

第十六届委员会第1次常委会会议　10月12日召开，会议传达学习自治州第十一次党代会精神及相关文件，宣读《关于政协和硕县第十六届委员会领导班子成员分工的通知》，审议通过《政协和硕县委员会常务委员会工作规则（草案）》《政协和硕县委员会全体会议工作规则（草案）》。

第十六届委员会第2次常委会会议　12月24日召开，会议审议通过《关于接受赵卫东同志辞去政协和硕县第十六届委员会主席、常务委员、委员资格申请的决定（草案）》，协商确定《政协和硕县第十六届委员会第二次会议召开的时间、会期、议程（草案）、日程（草案）》，审议通过《政协和硕县第十六届委员会第二次会议秘书长、副秘书长名单（草案）》、《邀请和列席人员名单（草案）》，审议《第二次会议提案审查委员会主任、副主任、委员建议名单（草案）》《编组名单及小组召集人名单（草案）》《政协和硕县第十六届委员会常务委员会工作报告（草案）》《第十六届委员会办公室主任名单（草案）》。

（张　敏）

协商议政

【会议协商】　2021年，政协和硕县委员会发挥协商民主重要渠道和专门协商机构作用，为各项事业发展贡献了政协智慧。先后召开2次全会，通过分组讨论、提交提案等形式，组织委员就“一府一委两院”及其他工作报告中的重大事项进行全面协商议政，坦诚发表意见建议。县政协十五届六次会议，组织全体委员对《政府工作报告》、计划、财政报告以及“两院”工作报告进行充分协商讨论，提出意见建议17条；政协十六届一次会议上，提出37条有参考价值的意见、建议。两次全会10多名委员就经济社会发展的民生改善、维护稳定方方面面进行大会发言，提出真知灼见。运用列席县委常委会议、县政府常务会议、规划评审会议等形式，就事关全县改革发展稳定重大问题发表意见，确保建言建在关键处、议政议到点子上。

（张　敏）

【视察调研】　2021年，政协和硕县委员会聚焦县委中心工作和目标任务，组织政协委员就实施乡村振兴战略、优化营商环境、完善公共卫生服务管理体系等课题开展调研，形成专题报告3篇，为县委决策提供参考。组织委员参加法院、检察院听证会、案件审理会，选派委员担任县特邀行风监督员和部门单位评议员。政协委员参与调查走访和各类评议会议，发表评议和批评意见，有力地推动部门工作效能的提升和作风的转变。

（张　敏）

【政协委员建言献策】　政协和硕县委员会十五届六次会议期间，各族各界政协委员、政协各参加单位和政协专门委员会围绕县委十二届八次全委扩大会议决策部署，就事关和硕县社会稳定和高质量发展及各族群众关心的热点、难点问题，履行参政议政职责，1月18日会议收到提案90件，经县政协提案委员会全体审查，决定立案61件，占提案总数的67.78%；并案16件，占17.78%；作为委员来信转送有关部门研究参考11件，占12.22%；撤案2件，占2.22%。

政协和硕县第十六届委员会第一次会议期间，各族各界政协委员、政协各参加单位和政协专门委员会围绕县委十三次党代会确定的五年工作指导思想和目标任务，就事关全县社会稳定和经济高质量发展及各族群众关心的热点、难点问题，通过提案建言献策。8月29日，会议收到提案82件，经县政协提案委员会审查，决定立案54件，并案10件后，转为委员来信18件。在立案提案中，促进社会和谐稳定方面的提案4件，占提案总数的7.4%；深化改革促进发展方面的提案22件，占提案总数的40.7%；保障和改善民生方面的提案20件，占提案总数的37%；加强生态文明建设方面的提案7件，占提案总数的13%；加强政策法规建设方面的提案1件，占提案总数的1.9%。

（专委会工作科）

委员工作

【政协委员协商推荐】 2021年5月，和硕县召开领导干部和民主党派、工商联以及无党派人士代表参加的民主测评和民主推荐大会，对现任县政协领导班子成员进行民主测评和民主评议，对新一届政协领导班子成员进行全额定向民主推荐和个别谈话。州派考察组与县委沟通、协商，并报上级组织部同意，研究确定和硕县新一届政协领导班子人选考察对象，并对换届人选考察对象进行公示；通过民主测评、民主推荐、民意调查、个别谈话、延伸考察以及与考察对象集体面谈等形式，对考察对象进行全面、深入、细致的实地考察。考察工作结束后，考察组就考察情况与县委交换意见，进行沟通，形成新一届政协领导班子成员换届人事安排初步方案，对方案中涉及的人员均征求县纪检（监察）机关的意见，其中党外干部还征求统战部的意见。和硕县通过充分酝酿，协商沟通，综合平衡，在全县43个推荐单位推荐的201名人选中，遴选出105名县十六届政协委员建议人选，经县十五届政协二十六次常委会会议协商确定。8月17日，县委从105名县十六届政协委员人选中研究提出县十六届政协常委会组成人员建议人选名单。县第十六届政协常委会组成人员名额为17名，与上届保持一致。提出的17名县第十六届政协主席、副主席、常务委员人选中，民主党派、无党派和其他非党人士5名，占29.41%，中共党员12名，占70.59%，常务委员会组成人员党内、党外、民族、性别构成比例大致与上届保持一致。提出的17名县十六届政协主席、副主席、常委人选中，民主党派、无党派和其他非党人士5名，占29.41%，中共党员12名，占70.59%，常委会组成人员党内、党外、民族、性别构成比例大致与上届保持一致。17名人选中，汉族9名，占52.94%，少数民族8名，占47.06%。大专以上文化程度的15名，占88.24%；具有专业技术职称的2名，占11.76%。妇女人选6名，占35.29%。（王亚萍）

【委员构成】 2021年，政协和硕县第十六届委员会委员界别设置仍保持本县上届的界别不变，对其中个别的人员划分进行适当调整，中共党员不低于委员总数的50%，妇女委员应占委员总数的30%以上，政协委员、常委人数，按照同级人大代表总数的80%安排。至年末，政协和硕县第十六届委员会委员总数为104名，其中中共党员51名，占委员总数的49%，党外人士53名，占委员总数的51%，妇女33名，少数民族48名，大专以上文化程度的81名。该届委员设界别17个，中共界4名、工会界2名、妇联界3名、共青团界2名、文化艺术界3名、经济界20名、科学技术界7名、农业界27名、教育界6名、新闻出版界2名、医药卫生界4名、少数民族界1名、侨联界1人、宗教界6名、民革界1人、工商联界5名、特邀界10名。

（张　敏）

【委员教育培训】 2021年，政协和硕县委员会制定《党组成员联系界别党员委员、党员委员联系党外委员的制度》《和硕县政协委员履职管理办法》，组织委员参会、提出提案、参与调研视察等活动，激发委员建功立业的热情。制定完善相关制度，规范协商议政工作流程，形成衔接有序、规范协调的管理格局，履行政协职能的制度化、规范化、程序化建设有新提高。坚持将委员学习培训贯穿政协工作全过程，开展以“政协委员履职能力提升”为主题的专题培训和外出学习培训相结合方式，引导委员广泛学习各方面知识，准确把握政协履职方式方法，积极建言献策，全面增强履职本领。（张　敏）

【委员活动】 2021年，政协和硕县委员会组织各界委员学习宣传关于新疆工作的系列白皮书和《简明新疆地方史》，组织各界委员和机关干部带头走进农牧民夜校，开展国家通用语言文字培训教育，引导各族干部群众多层次、多形式走动互助，开展“民族团结一家亲”和民族团结联谊活动等群众工作，树牢中华民族共同体意识。开展志愿服务，建言防控举措，凝聚抗疫共识，捐资捐物12.8万元。各界委员深入乡镇、村（社区）、企业，聚焦重点区域、重点行业领域、重点企业和重点环节，帮助排查整治风险隐患，压实各委员企业安全生产主体责任，筑牢安全生产责任体系。组织政协委员、企业代表深入县行政服务大厅、相关部门、企业，实地视察“放管服”工作落实，剖析制约企业发展的瓶颈问题，形成调研报告，呈县委参考。2名政协委员被聘请为县招商大使，积极推介和硕资源，为高质量精准化招商引资献计出力。政协委员中的民营企业家、非公经济人士深入基层开展帮就业、帮项目、帮技术、帮资金，提供帮扶资金14.7万元。

（张　敏）

政协和硕县委员会重点提案一览表

表4

案号	提案人	案由	承办单位
202106006	李俊景、童海燕	关于大力发展县域一分场胡杨林旅游的建议	文旅局，新塔热乡
202106007	张晓东、丁学刚	关于大力支持发展和硕县葡萄酒产业的建议	商工局（葡萄办），水利局，发改委（援疆办），文旅局，宣传部
202106020	刘继华	关于推进农副产品深加工提升附加值的建议	商工局，农业农村局
202106022	张爱萍	关于深入研究以文化促发展，积极推进文化润疆工程的提案	文旅局，县委宣传部
202106031	库尔班那木·吐逊、谢启英、山毕力格、曲小虎	加强停车位建设管理，有效缓解城区内停车难、出行不便	住建局，自然资源局
202106046	蒋文斌、蒋忠、艾买提·赛买提、段启友	关于加强农田供水管网建设力度及后期管护的建议	农业农村局
202106050	艾尼娃·吐尔地、何桂花、依马木·牙生、李绪所、张华太、韩晶	关于推进林业用水优惠政策方面的提案	水利局，林草局

中共和硕县纪律检查委员会 和硕县监察委员会

重要会议

【中共和硕县纪委第十二届六次全体会议】 2021年2月9日，召开中国共产党和硕县第十二届纪律检查委员会第六次全体会议，出席会议的县纪委委员16人，列席179人。县委常委、人大、政府、政协及法院、检察院、和硕经济开发区管委会领导出席会议，有关方面负责人参加会议。和硕县纪委常务委员会主持会议，县委书记张峰出席并讲话。会议回顾2020年工作，部署2021年任务。全会审议通过和硕县委常委、纪委书记倪桂艳代表和硕县纪委常务委员会所做的《坚定不移推动新时代和硕纪检监察工作高质量发展，为开局“十四五”开启新征程提供坚强纪法保障》的工作报告。 （唐　红）

【中共和硕县第十三届县纪委第一次全会】 2021年8月16日召开，会议应到会委员19人，实到会委员19人，选举产生中国共产党和硕县十三届纪律检查委员会常务委员会委员和书记、副书记。报告中国共产党和硕县十三届委员会第一次全体会议批准通过。

（孟成成）

【县纪委常委会议暨监委会议】 2021年，和硕县纪委监委召开纪委常委会议暨监委会议62次，研究审议问题线索367件，符合立案线索119件，符合结案线索137件。 （唐　红）

廉政教育

【党纪法规宣传教育】 2021年，和硕县纪委监委结合党史学习教育，大力开展向先进典型学习、廉政微视频展播和“学党史·微故事”等活动，讲专题党课6场次，组织专题研讨4场次，开展“微党课”5场次、微故事9场次，唱红歌3场次，组织学习拉齐尼·巴依卡先进事迹4场次，全体纪检监察干部撰写心得体会532篇次。依托“5·20（我爱廉）”廉政文化宣传周和第二十三个党风廉政教育月，督促各乡镇、各部门单位开展向先进典型学习、警示教育、传承好家风家庭助廉、廉政微视频展播等活动，教育和引导全县各级党员干部和公职人员增强“四个意识”，坚定“四个自信”，做到“两个维护”，锤炼忠诚干净担当的政治品格。 （唐　红）

【警示教育】 2021年，和硕县纪委监委组织全县各乡镇、各单位、各部门用好自治州纪委监委编印的《巴州党员干部严重违纪违法典型案件警示录》，要求各党组织以典型案件为镜鉴组织专题学习，有针对性地开展警示讨论、对照反思和以案促改。安排和硕县2名环境保护工作中失职渎职被追责问责的党员干部，在全县生态环境保护教育警示大会上现身说法、以案明纪，促使党员领导干部以案为鉴，增强政治意识，认真履职尽责。全县共发放《警示录》73本，各党组织组织党员干部观看警示教育片51场次，参观反腐倡廉教育基地1700余人，参观廉政教育基地25场次。（唐　红）

【廉政文化建设】 2021年，和硕县纪委监委组织召开“传红色基因 承优良家风”家庭助廉座谈会，各乡镇、各部门组织召开“家庭助廉座谈会”18场次，发放廉政承诺书350余份，推进党风廉政教育和廉政文化建设，引导党员领导干部及其家属带头加强家风建设，发挥亲情纽带作用，倡导崇勤尚廉的家庭环境。（唐　红）

【政风行风建设】 2021年，和硕县纪委监委定期更新“清风和硕”微信公众平台、纪检监察机关互联网网站信息。刊发中央、自治区、自治州和和硕县党风廉政建设、脱贫攻坚、维稳等重要工作新闻和消息，加强宣传引导，全年刊发310余期。

（唐　红）

【纠正“四风”“四气”】 2021年，和硕县纪委监委在元旦、春节、“五一”、端午、中秋、国庆等节日期间，下发廉政提醒和典型案例通报4期，重申节日纪律，持之以恒正风肃纪。督促各级党组织主要领导认真履行管党治党第一责任人职责，严防借过节之机搞吃喝送礼、公车私用、公款旅游、滥发钱物、大办喜庆事宜等节日“四风”问题，联合业务部门开展监督检查8次，检查农家乐、商场（超市）和旅游景点40余处次。（唐　红）

【“小微权利”清单试点】 2021年，和硕县纪委监委落实权力监督全覆盖、无遗漏。选定乌什塔拉乡沙梁湾村为“小微权力”试点村，建立“四个一”机制，即一项《关于强化职能部门对村（社区）“小微权力”运行监管的九项措施》机制，一支集县、乡、派驻“三位一体”的监督力量，一套涉及57项民生事项的“小微权力”清单，有效管住村（社区）关键“一把手”，厘清清单，绘制流程图，压实职能部门监管职责，将监督执纪触角延伸至最基层，实现权力运行闭环管理。（唐　红）

【廉政教育月宣传】 2021年，和硕县纪委监委健全作风建设长效机制，利用“5·20（我爱廉）”廉政文化宣传周和第二十三个党风廉政教育月，用好家庭助廉座谈会、上级纪委书记与下级党组织书记集体谈话、《警示录》等载体，做实同级同类干部警示教育，督促各级党组织专题学习、警示讨论、对照反思，全县受教育党员干部3700余人。（唐　红）

【曝光典型案例】 2021年，和硕县纪委监委下发4期典型案例通报，以身边事教育身边人，达到通报一批，教育一片的目的。（唐　红）

【整治形式主义官僚主义】 2021年，和硕县纪委监委坚守重要节点，严查违规公款吃喝、违规发放津补贴或福利、违规配备使用公务用车、私车公养、违规收送礼品礼金、大办婚丧喜庆以及公款旅游等问题。抓好中央八项规定及其实施细则精神落实，严肃纠治享乐主义、奢靡之风。（唐　红）

【以案促改工作】 2021年，和硕县纪委监委常态化抓好警示教育、以案促改、建章立制工作。做实“后半篇文章”，下发以案促改通知书69份，在33个党组织开展以案促改、以案促治、以案促建，督促剖析问题根源，健全完善长效机制。

（唐　红）

信访举报

【受理信访举报】 2021年，和硕县各级纪检监察机关接收群众信访举报85件次，同比上升66.7%。其中来信35件次，同比上升133.3%；来访33批37人，同比上升32%；电话举报1件次，同比下降87.5%；网络举报16件次，同比上升333.3%；无其他类信访举报件。（唐　红）

【检举平台建设】 2021年，和硕县纪委监委完成纪检监察外网及内网铺设及终端设备采购。部署检举举报平台来访平台1个，办理子平台1个，处置子平台7个、平台基层版14个全部投入使用，系统运行正常，实现数据联通和信息闭环。（唐　红）

【信访线索核查】 2021年，和硕县纪委监委规范信访举报件的受理登记、分流转办、处置反馈等各环节，明确办理时限，严把监督执纪第一道程序。（唐　红）

【信访预警提醒机制】 2021年，和硕县纪委监委定期梳理群众集中反映的热点难点问题，针对问题集中的部门单位，下发信访预警告知书2份，督促相关部门单位加强分析研判，找准症结原因，妥善化解矛盾纠纷，做好解疑释惑及心理疏导工作。（唐　红）

监督监察

【政治监督】 2021年，和硕县纪委监委统筹抓好“5+1”专项整治工作。深化人防系统腐败问题专项治理，县住建局对县域内3337栋已有建筑和在建建筑，和硕县1个人防建设项目，进入办理前期手续阶段。深化农村乱占耕地建房问题专项整治，督促相关职能部门各司其职，把清查整治工作中发现的违法用地问题，与纠“四风”树新风结合起来，一体推进、综合施治。全年开展动态巡查18次。常态开展生态环境保护监督检查，下发纪律检查建议书1份、整改通知书3份，追责问责1人。经对2002年以来信访举报、督导检查、巡察等途径发现的涉及冒名顶替上大学问题线索起底过筛，扩线深挖，暂未发现冒名顶替上大学相关的问题线索。督促县农业农村局与各乡镇、相关部门进行对接，通过实地走访、座谈交流等方式进行调查统计和摸排，不存在合村并居情况。（唐　红）

【日常监督】 2021年，和硕县纪委监委常态化开展维护稳定、安全生产、高质量发展以及生态环保、营商环境、脱贫攻坚与乡村振兴有效衔接等方面监督检查，制定监督清单，明确监督内容，精准开展日常监督。处置维护社会稳定方面问题线索74条，组织处理73人，党内警告1人；处置问题线索32条，组织处理26人，党内严重警告3人，警告3人；处置安全生产方面问题线索3条，组织处理2人，政务警告2人；查处损害群众利益问题12件，给予党纪政务处分11人，组织处理1人。（唐　红）

【派驻监督】 2021年，和硕县纪委监委落实纪检监察工作双重领导体制，执行“两为主一报告”“三为主一报告”，健全完善派出机关与派驻机构一体运行机制，规范派驻（派出）机构监督检查、审查调查、内外审等工作流程，每周报告工作，定期查看进展，按月召开例会。发挥纪检监察组“前哨”“探头”作用，聚焦监督重点，提高监督质效。2021年，各派驻纪检监察组共立案37件，结案39件。（唐　红）

【专项监督督导】 2021年，和硕县纪委监委开展对县委第238次常委（扩大）会议、第十三次党代会、“两会”等会议精神传达以及贯彻落实情况的监督检查，形成专报3期，下发通报2期，推动全县上下统一思想、同向发力。严肃换届纪律，落实全覆盖监督检查，以强有力的监督保障换届环境风清气正。（唐　红）

【党风政风监督】 2021年，和硕县有党风政风监督员19名。下发纪律检查建议书5份、监察建议书1份、纪检监察建议书4份。（唐　红）

【办案安全与办案质量】 2021年，和硕县纪委监委建立案件质量评查工作机制，每月交叉互检、逐案过筛。评查案件54件，反馈问题793条。强化政治责任意识，压实审查调查安全责任，对“走读式”谈话进行全过程监督，在审查调查工作例会上通报“走读式”谈话过程中的不规范行为。（唐　红）

【民生领域专项整治】 2021年，和硕县纪委监委紧盯“19+1”项整治任务，持续纠治教育医疗、养老社保、安全生产、执法司法等群众身边的腐败问题，督促“我为群众办实事”实践活动走深走实，查处损害群众利益问题案件12件12人；开展粮食购销领域腐败问题专项整治工作，查处案件3件3人。（唐　红）

党纪执纪问责与监察调查处置

【违反中央八项规定问题查处】 2021年，和硕县纪委监委查处违反中央八项规定精神问题16件16人，其中享乐主义、奢靡之风10件10人，形式主义、官僚主义6件6人，给予党纪政务处分16人。（唐　红）

【监督执纪“四种形态”运用】 2021年，和硕县纪委监委运用监督执纪“四种形态”处理416人次，四种形态分别占比67.1%、28.6%、3.8%和0.5%。（唐　红）

【立案审查调查】 2021年，和硕县纪委监委保持“惩”的力度，靶向发力减存量遏增量。建立《和硕县纪委监委协同办案工作机制》，深入整合室组乡人员力量，精准研判、科学分办、分类处置。处置反映问题线索367件368人，立案审查调查119件，给予组织措施224人；结案137件，给予党政纪处分135人，组织措施9人。（唐　红）

【乡村振兴领域专项整治】 2021年，和硕县纪委监委围绕巩固脱贫攻坚成果工作开展情况监督检查4次；联合县党委巡察办，组成联合督导组，先后6次对中央“六巡”、自治区“九巡”以及十二届县委巡察反馈问题整改情况开展督查；印发《工作提示》2期，督促县乡村振兴局对2016年以来中央、国家和自治区层面已整改的4批次114条问题进行“回头看”，以问题整改倒逼工作能力和水平提升；发挥审计监督作用，审计全县19个乡村振兴项目，督促项目单位及时整改存在的问题，切实防范风险。2021年，查处涉及乡村振兴领域腐败和不正之风案件9件9人，给予党纪政务处分8人，组织处理1人，对1批1件1人乡村振兴领域典型案例进行点名道姓通报曝光。（唐　红）

【违纪处分】 2021年，和硕县受到党纪处分114人，受到政务处分23人，职务违法犯罪调查10人。（唐　红）

群众团体

和硕县总工会

【工会组织建设】 2021年，和硕县总工会建立基层工会组织168个，工会职工7237人，会员7233人，其中行政工会组织58个，事业工会组织12个，国有集体企业工会组织8个，非公有制企业工会组织90个。是年，被命名为区级模范职工之家单位8个，区级模范职工小家单位5个，区级模范职工之家标兵2个；州级模范职工之家单位45个，州级模范职工小家单位5个，州级模范职工之家标兵3个；县级模范职工之家22个。（张素红）

【职工建功立业活动】 当年，和硕县总工会开展“围绕总目标、当好主人翁、建功新时代”主题劳动竞赛3场次，基层企事业工会开展劳动竞赛活动覆盖面达65%。开展以合理化建议和“五小”活动为内容的技术革新、技术交流、发明创造和“我为企业献一计”的职工技术创新活动。提出合理化建议20件、小发明7件、小创造1件、小设计6件、小革新6件。2021年，获自治区劳模和职工创新工作室1个、自治区关键核心技术创造性优秀创新成果单位1个、劳模引领性优秀创新成果2人。开展岗位练兵技能竞赛，激发各族职工的劳动热情和创造活力。（张素红）

【职工维权】 2021年，和硕县总工会参与县域社会治理现代化建设，推动健全协调劳动关系三方机制，完善以职工代表大会为基本形式的企事业单位民主管理制度。制定《关于加强企业协商民主制度建设的实施办法》。厂务公开建制率90%，建制单位制作公开栏41期，公开项目32项；职工代表大会制度建制率92%。召开职工（代表）大会单位32家，征集提案42个，落实提案32个，上报自治区优秀提案2个。开展矛盾排查化解，接待处理来信来访1起。组织开展“安康杯”竞赛活动，参赛企业达90%；与相关单位开展劳动安全检查16次。对重点行业和特殊职工群体不稳定因素进行排查，防止矛盾积聚和扩大。（张素红）

【困难职工帮扶】 2021年，和硕县总工会投入24.16万元开展“迎新春送温暖、稳岗留工”专项行动，春节期间慰问援疆干部25人，慰问南疆籍务工人员12人，慰问一线职工320人；开展夏日送清凉活动1次，慰问企业班组、车间、驻村工作队等62个，送去西瓜等防暑物资7.07万元；“金秋助学”救助困难职工家庭大学生13人，发放助学金3.4万元；救助深度、相对困难职工6人，发放生活救助金0.92万元。“农民丰收节”慰问农民工100名，发放慰问物资3万元；慰问新就业形态劳动者116名，发放慰问物资3.48万元。开展“我为职工送健康”活动，购买消防器材1089个，购买医疗互助保障金34个852人93720元。建立4个户外劳动者服务站点，创建自治区级最美站点1个。（张素红）

【关心关爱劳动模范】 2021年，和硕县总工会落实劳模待遇工作，做好劳模生产生活状况调查和慰问金发放。完成14名自治区劳模和先进工作者生活状况的登记填报工作。发放新评选区级劳模及先进工作者奖金8万元。慰问自治区劳模14名，发放慰问金1.4万元，慰问州级劳模28名，发放慰问金2.24，实现慰问活动全覆盖。组织两级劳模和先进工作者做好疗休养工作。全县有自治区级劳动模范和先进工作者14名；自治州级劳动模范和先进工作者36名；县级劳动模范和先进工作者63名。（张素红）

【表彰先进】 2021年，和硕县总工会获自治区劳模和职工创新工作室1个、自治区关键核心技术创造性优秀创新成果单位1个、劳模引领性优秀创新成果2人、自治州级劳动模范和先进工作者8人、开发建设巴州奖状单位1个、奖章2人、自治州工人先锋号车间班组2个、自治州“三学一争”先进个人6名。

（张素红）

【劳动工资集体协商】 2021年，和硕县总工会推进“三个合同”签订工作。开展“要约行动月”活动，发出要约35份，签订工资集体协议合同、集体合同32家，覆盖职工1139人；签订女职工权益专项保护集体合同30家，覆盖女职工377人。“三个合同”签订率均达93%。（张素红）

【职工文化活动】 2021年，和硕县总工会开展以“劳动创造幸福”为主题的宣传教育，组织“劳模工匠进校园·思政老师进企业”“劳模进万家”等活动，推进“民族团结一家亲”联谊活动。参与自治区最美对子网络推荐活动，开展工会系统民族团结“1+1”微行动。与相关部门联合举办春节联欢晚会、送春联等大型文体活动，营造健康向上的文化氛围。创建自治区职工书屋1个，自治州级职工书屋7个，县级职工书屋32个。开展读书活动1次，参加人数5000余人。（张素红）

共青团和硕县委员会

【团组织概况】 2021年，共青团和硕县委员会有基层团委9个，团工委1个，团支部128个，团员1744人，其中农村团员561人，学生团员539人，企业团员104人，机关事业单位团员590人。少先大队11个，中队177个，少先队员5394人，配有总辅导员1名，大队辅导员11名，中队辅导员177名，法治副校长11名。（李 涵）

【基层团组织建设】 2021年，共青团和硕县委员会配齐专职团干部4名、兼职团干部2名、挂职团干部2名。县团委与组织部门及7个乡镇党委沟通交流，以换届为契机，选派党政班子中35岁以下的党员领导干部担任团委书记，在机关选拔优秀年轻干部担任团委副书记，协助做好各项团的工作；利用村（社区）“两委”换届契机，选派班子成员中35岁以下的党员干部兼任团支部书记，确保村级后备力量及时补充团干部队伍；督促学校共青团及时改选、补选出空缺团干部，保证工作有序衔接。

（李 涵）

【团干部培养】 2021年，共青团和硕县委员会发挥基层共青团组织作用，结合和硕县实际，采取县、乡、村三层联动的方式，组织实施各项改革工作。率先在县乡两级组织建立校内外团校，县团委打造县级团校，为团干部、少先队辅导员培训交流打造阵地；县城3所中学全部建立校内团校，用于团员教育管理、交流学习；7个乡镇建立校外团校，为开展劳动教育、社会实践、志愿服务、社区报到提供保障。举办团干部、辅导员“岗位大练兵，能力大提升”专题培训。团县委开展专题培训3场次，讲授专题团、队课32节次，覆盖团干部、辅导员120余人次。通过党史国情、重要讲话、重要文件、基础团务、队务工作知识的学习、测试、交流、竞赛，增强团干部、辅导员的履职本领。并选派32名优秀团干部、辅导员参加全国、自治区、自治州各类培训，培养政治过硬、本领过硬、品行过硬的干部队伍。

（李 涵）

【“西部计划”项目实施】 2021年，共青团和硕县委员会新招募全国各地92名（其中中央项目22人、地方项目70人）应届毕业大学生，全县121名应、往届志愿者到岗开展志愿服务工作。（李　涵）

【民族团结融情实践】　2021年，和硕县团委、少工委开展红色融情营、“民族团结一家亲”融情营、青少年夏令营、兵地融情营、“城乡一日营”等融情实践活动。举办7场融情营活动，全年各类融情营实践活动参加人数近300人，利用融情营活动，促进各民族少先队员交流交往交融。以“我们的节日”为统领，在春节、中秋节、端午节、古尔邦节等传统节假日开展“你来我家吃馓子，我到你家吃月饼”等民族团结实践活动。（李　涵）

【少先队工作】　2021年，共青团和硕县委员会加强少先队基础建设，普及《少先队辅导员工作纲要（试行）》，加强自身建设，组织开展丰富多彩的教育活动，推动全县少先队事业的全面发展。

（李　涵）

【青年志愿者服务】　2021年，共青团和硕县委员会引导团组织做好爱心服务活动，提升团组织的影响力。组织青年志愿者80余人助力文化润疆·和硕金沙滩“江格尔”非遗盛会和2021年和硕旅游文化季活动。（李　涵）

和硕县妇女联合会

【妇女组织概况】　2021年，和硕县妇女联合会建立妇联组织117个，组建率100%。其中乡（镇）妇联7个，7个妇联主席均进入党委班子，比例达100%，村、社区妇联组织33个，8个社区妇联主席和25个村妇联主席进入“两委”比例均达到100%。行政事业单位妇委会39个，非公和社会组织妇女组织38个。（卫　霞）

【基层妇女组织建设】　2021年，和硕县妇女联合会建设村、社区“妇女之家”32个，实现全覆盖，其中州级示范“妇女之家”11家；申报州级示范“妇女之家”3家。建立“家长学校”32个，家庭教育辅导员96人，“儿童之家”5个，巾帼志愿服务队35支377人，心理咨询服务队33支174人，法律咨询服务队34支171人，家风传习服务队34支360人。

（卫　霞）

【妇女和儿童发展纲要实施】　2021年，和硕县妇女联合会采取宣传培训、项目助推、示范引领、监测评估和调研督导等措施，统筹成员单位把实施纲要目标与实现本部门工作目标相结合，将《中国妇女发展纲要（2011—2020年）》《中国儿童发展纲要（2011—2020年）》工作纳入单位年度工作计划。4月，和硕县在“两纲”（2011—2020年）终期评估中，各项指标全部达标。（卫　霞）

【妇女儿童关爱帮扶】　2021年，和硕县妇联贯彻落实保护妇女儿童权益系列法律法规，做好脱贫妇女儿童、病残妇女儿童等弱势群体的常态化、接力式关爱帮扶工作。申报自治区妇女儿童基金会“春蕾计划”项目资金，帮助20名困难女大学生和4名中小学生完成学业，发放“春蕾计划”助学金7.2万元；申请“两癌”救助金4万元；开展2021年“爱心一元捐”募集活动，募集6.1万元。（卫　霞）

【妇女儿童权益维护】　2021年，和硕县妇女联合会建立健全联动机制，联合有关部门做好婚姻家庭矛盾纠纷预防化解工作，维护妇女儿童合法权益。接待、参与矛盾纠纷调解43件，调解率100%。发挥3支队伍作用，开展心理疏导34次、婚姻矛盾纠纷调解26次、法律咨询56次、困难帮扶266次。

（卫　霞）

【妇女创业就业】　2021年，和硕县妇女联合会发挥各村、社区“妇女之家”阵地作用，通过周一升国旗、农牧民夜校、走访入户等形式开展“巾帼大宣讲”“文化润疆进家庭”宣传教育，宣传党的就业惠民政策和创业就业信息，拓展妇女创业就业思维，帮助妇女致富；利用和硕女声微信公众号平台，转载就业创业相关信息、法律法规，宣传女性创业先进事迹，帮助创业就业妇女树立信心，激发妇女创业就业热情；发挥村社区妇联干部、“赋能”协管员作用，开展就业惠民政策宣传、推送招聘信息，协助申请小额担保贷款等就业创业服务工作。发挥妇女参与美丽乡村建设的主力作用，推进“乡村振兴巾帼行动”，动员农村妇女创建“美丽庭院”、发展庭院经济，结合巩固脱贫攻坚成果同乡村振兴有效衔接工作，向妇女群众积极宣传和提供创业就业政策及信息，配合人社局开展创业就业技能培训。向州妇联争取创业就业扶持资金7000元，扶持创业妇女2人，争取“靓发屋”项目扶持妇女创业4人，发放新建“靓发屋”物资6万元；使用“爱心一元捐”资金扶持脱贫创业就业妇女6人，举办妇女电商培训1期50人，配合技工学校积极组织妇女参与技能培训，授课6次。（卫　霞）

和硕县科学技术协会

【科普行动】　2021年，和硕县科学技术协会推进国家、自治区、自治州、县级四级联动“基层科普行动计划”项目。推荐上报自治州级科技小院1个、科普示范基地2个及科普带头人1名。新疆天山小木种植加工协会获自治区级科普示范协会称号，奖补金2万元；塔哈其镇李昌明获自治区科普馆带头人称号，奖补金1万元；新疆芳香庄园获自治州科普示范基地称号，奖补金1万元；和硕县新投绿环设施农业获自治州“科技小院”称号，奖补金0.5万元；塔哈其镇阿力木江·依明获自治州科普带头人称号，奖补金0.5万元。（叶　旋）

【青少年科技教育】　2021年，和硕县科学技术协会组织全县中小学生参加自治区科协举办的线上科技创新编程大赛和线下智能机器人大赛、自治区“参观科技展览有奖征文”活动，其中获得科技创新编程大赛二等奖6人、智能机器人大赛三等奖4人；征文活动中获自治区一等奖2名、二等奖3名，优秀辅导员教师5名。12月21日，县科协联合县教科局开展和硕县第36届青少年科技创新大赛，并协同教科局参加自治区第35届青少年科技创新大赛，获奖作品5个。（叶　旋）

【农民科技致富工程】　2021年，和硕县科学技术协会发挥成员单位人才优势，围绕自治区“十大产业”及各乡镇技术需求，依托农牧民夜校、乡村科普馆、科技小院及科普示范基地等载体，开展科技培训，帮助农牧民提高发展绿色优质特色农产品的意识和能力。发挥乡土人才“小课堂”作用，助力乡村振兴。实施“科技助力乡村振兴”项目，为塔哈其镇祖鲁门苏勒村、曲惠镇冬都呼都格村申请并拨付科技培训项目资金各1.5万元。结合科普馆开放开展“田间课堂”“现场学堂”等流动讲堂，邀请示范带动作用好、专业技术能力强的“土专家”“田秀才”上讲台、现场讲解产业政策并传授生产技能，为乡村振兴赋能。截至目前开展实用技术培训22场次，培训人员612人次；田间小课堂10场次，培训人员335人次。（叶　旋）

【县科技馆机构设置】　2021年，和硕县科学技术协会落实州委3年内完成县级科技馆的建设任务要求。7月19日，设立科技馆，完成县级科技馆人员编制和机构设置工作。（叶　旋）

【乡村科普馆建设】　2021年，和硕县科学技术协会建设乡村科普馆10座（位于特吾里克镇团结社区、龙驹社区，苏哈特乡苏哈特村，塔哈其镇、阿尔文德尔文村，新塔热乡新塔热村，曲惠镇老城村，乌什塔拉乡塔拉村、则格德恩呼都格村，乃仁克尔乡乌勒泽特村），建筑面积2120平方米。投资514万元改建2个场馆、新建8个场馆和馆内布展，购置展品及体验设备162件。科普馆依据“探索、发现、创造、紧贴地方特色、拓展科普基地需求”的理念，以丰富的科技展陈设计，满足各类群体需求。

乡村科普馆在2021年8月20日前完成对外开放，开展宣传、科普、培训等活动245场次，接待群众16000余人次。 （叶　旋）

【荣誉】 2021年，和硕县乡村科普馆联合行动被评为2021年全国科普日优秀活动；和硕县科学技术协会获2021年新疆全民科学素质网络知识竞赛活动优秀组织单位称号；和硕县入选第二批全国科普示范县。 （叶　旋）

和硕县归国华侨联合会

【“侨爱心”公益活动】 2021年，和硕县归国华侨联合会开展“喜迎建党一百周年，我为群众办实事”“侨爱心·光明行”公益活动，协调库尔勒爱尔眼科医院在和硕县各乡镇开展义诊23场次，为全县941名群众进行眼疾筛查，对白内障患者和翼状胬肉患者实施救助项目，实施白内障救助手术56人，胬肉救助手术11人，救助金64800元，解决基层眼疾患者的困难诉求。9月3日，巴州侨联举行困难大学生助学金发放仪式，上海有弛文化工作室为和硕县28名困难学生发放助学金56000元。 （姚　丽）

【为侨服务】 2021年，和硕县归国华侨联合会探索侨法宣传新模式，开展“侨心向党 同心筑梦”侨界法制学习宣传活动，通过“线上+线下”的宣传模式，举办涉侨法规专题培训1场，悬挂宣传标语2条，制作侨法宣传展架10块，开展侨法进社区宣传3场次。县侨联维护归侨侨眷的合法权益，探索建立涉侨纠纷多元化解机制，妥善化解矛盾纠纷，与人民法院联合成立诉调对接工作领导小组，设立诉调纠纷调解工作室，创新“线上线下”调解模式，满足涉侨纠纷当事人便捷、高效多元化解纠纷的需求。县侨联开展送温暖活动，了解归侨侨眷和群众的困难诉求，在节日期间开展向生活困难的归侨侨眷送温暖活动，走访慰问侨眷19户，慰问金2700元；并在“七一”建党节同自治区侨联党组副书记、副主席吴晓青回访“侨爱心·光明行”公益活动白内障手术患者，送去慰问金和鲜花。 （姚　丽）

【侨界联谊】 2021年，和硕县归国华侨联合会创建“侨胞之家”，搭建交流平台，申报自治区“侨胞之家”，开展“亲情中华 温暖童心 欢度六一”红歌比赛、“侨心向党·为党庆生”插花活动、“弘扬传统文化，传承茶艺技能，引领健康生活”茶艺沙龙、“我和亲戚游家乡·共叙成就感党恩”等活动，并征集33幅摄影展作品参加自治区侨联庆祝建党100周年“亲情中华 同心逐梦”书法摄影展。县侨联开展“亲情中华 童心向党”少儿书画作品比赛、高中生作文大赛、“亲情中华 讲好中国故事”云上讲故事比赛等线上线下活动10场次。2021年7月9日，自治区侨联党组副书记、副主席吴晓青一行到和硕县调研，肯定和硕县“侨胞之家”和文化交流基地活动开展情况。 （姚　丽）

和硕县工商业联合会

【商会组织概况】 2021年，和硕县工商业联合会所属商会、协会有5个，其中商会1个（建材商会）、协会4个（石材协会、餐饮协会、个体私营企业协会、葡萄酒协会），企业会员77个，个人会员232人。 （艾尼瓦尔·艾海提）

【会员服务活动】 2021年，和硕县工商业联合会开展会员服务活动，搭建与会员交流的平台，增强会员归属感和凝聚力。工商联为会员提供信息指导、政策咨询、协调联络等服务，促进创业就业。组织会员走进标杆企业考察交流学习，参观阿力木农民养殖专业合作社、巴州华祥特色林果种植专业合作社，增强会员之间的联络，做到资源共享，信息互通，合作共赢，提高会员的经营能力。

（艾尼瓦尔·艾海提）

【助推民营经济发展】 2021年，和硕县工商业联合会开展民企走访调研，引导民营经济人士在加快转变发展方式、保障和改善民生、提高自身素质方面有更大作为，为民营经济发展营造良好的舆论环境和社会环境。工商联每年定期召开民营经济人士座谈会，听取民营经济人士对和硕县民营经济发展的意见和建议，为和硕县民营经济健康发展搭建平台。

（艾尼瓦尔·艾海提）

【组织银企对接】 2021年3月22日，和硕县工商业联合会召开政银企座谈会，学习传达关于强化金融服务支持企业健康发展的通知精神，介绍惠企金融政策，会议上指出搭建银行与企业之间加强沟通联系的平台，密切银企关系，建立长期稳定的沟通合作机制，共同解决和硕县经济工作中存在的困难和问题，促进和硕经济快速健康发展。各金融机构要抓住当前实体经济发展，完善多元高效的金融服务体系，做好金融信贷保障，发挥金融信贷的主渠道作用。企业要规范内部管理创造融资条件，规范管理，增强资信，以好项目和好产品取得金融部门的信贷支持。各金融机构、各企业、各部门要以此次政银企座谈会为契机，加强合作，共同发展，努力促进和硕经济健康发展。（艾尼瓦尔·艾海提）

【法律服务进企业】 2021年，和硕县工商业联合会发挥工商联桥梁纽带作用，以“法律服务强起来”助力“法治观念立起来”“法治企业建起来”“法治营商环境靓起来”。工商联与司法局等有关部门联合推进法律知识、法律服务进企业、进商会活动。（艾尼瓦尔·艾海提）

【光彩事业】 2021年，和硕县工商业联合会组织民营企业参与光彩事业，和硕县50多家民营企业到包联村指导脱贫户种植、养殖，购买村民的牛、羊和农副产品，为村民提供销售渠道，提高脱贫户的收入。新疆新创建设工程股份有限公司为塔哈其镇、苏哈特乡、新塔热乡建设美丽乡村提供20000株街道绿化风景树，价值10万元。阿力木江养殖农民专业合作社、和硕满卡姆食品有限责任公司、新疆新创建设工程股份有限公司等企业为村民建房子、修建厨房、卫生间、院子，赞助村民牛、羊、鸡等家禽，免费提供房屋发展店铺，消费帮扶金额175万元。

（艾尼瓦尔·艾海提）

和硕县文学艺术界联合会

【文艺队伍建设】 2021年，和硕县文学艺术界联合会设书画和民间艺术协会、摄影家协会、作家协会、音乐和舞蹈协会4个协会、71名会员。3月，以民间自发组建的形式成立和硕县非遗石榴籽小分队，成员20余人，由和硕县、自治州、自治区级非遗传承人及喜欢民间文艺的爱好者组成。（李平宴）

【文艺活动】 2021年，和硕县文学艺术界联合会组织书画和民间艺术协会举办“热烈庆祝中国共产党成立100周年百幅作品书画展”“迎新年·送春联”“迎新春楹联书画展”等活动，和硕县非遗石榴籽小分队开展宣传和推广和硕县非物质文化遗产传承与保护，展示、展演及非遗进景区、进校园、进机关、进企业和进军营为主的惠民演出活动。

（李平宴）

【文艺创作】 2021年，和硕县文学艺术界联合会文艺工作者创作歌曲《情绕昆仑行》《巴音郭楞我生命的根》《漫步军博园》等优秀作品，自创歌曲《情绕昆仑行》登上央视舞台，并在“唱响新时代·颂歌献给党”大型文艺晚会活动中获得金奖，宣传和硕本土原创歌曲走向全国，提升和硕县知名度。编排的节目《大红灯笼高高挂》和《那时花开》入选巴州春晚，参加巴州春晚录制活动。创作了《我的祖国》《欢聚一堂》《灯火里的中国》《启航吧中国》《逆行者》《石榴云》《赤霞珠》《到延安去》《听奶奶讲革命故事》等14个红色舞蹈和地方特色舞蹈。编排的舞蹈《到延安去》、样板戏《听奶奶讲革命故事》、现代舞《奔跑吧！青

春》参加巴州庆祝中国共产党成立100周年文艺晚会的录制。（李平宴）

【文艺演出】 2021年，和硕县文学艺术界联合会完成2021年“启航新征程，奋斗新目标”春晚节目录制、全国非物质文化遗产日文艺会演、巴州庆祝建党100周年文艺晚会录制活动等8个大型活动。邀请巴州歌舞团开展和硕县、二十四团党的声音进万家“石榴籽”文艺小分队兵地融合共建文艺演出。协助县委宣传部完成首届和硕县文化旅游季活动的开幕式暨开幕式暖场活动、各个分会场演出服务活动。协助巴州文体广旅局完成2021年新疆巴州葡萄酒文化旅游推进会暨葡萄酒品鉴会一系列活动。开展“党的声音进万家”石榴籽文艺小分队下乡演出90场次，参演人数1195人次，群众参与6262人次，全县社区覆盖率达100%。（李平宴）

和硕县社会科学界联合会

【学术活动】 2021年，和硕县社会科学界联合会开展“三下乡”“科技活动周”“全国科普日”“食品安全健康宣传周”“科技之冬”“防灾减灾”等科普宣传活动，开展44次科普大篷车进乡村、进校园、进社区、进机关、进寺院活动，行程3688千米；科普展板61块，其中少数民族科普展板25块，巡展30场次，观众1.5万余人次，发放科普资料1.8万册（份），开展专题科普讲座25余场次，参与人数8500余人次。利用“科技之冬”活动举办各类实用技术培训班280余期，培训人数达1.79万人次。

（帕提古丽·艾海提）

【社科项目推荐】 2021年，和硕县社会科学界联合会做好国家、自治区、自治州级“基层科普行动计划”项目，推荐自治州级科技小院1个、科普示范基地2个及科普带头人1名。（帕提古丽·艾海提）

【社科征文】 2021年，和硕县社会科学界联合会组织各乡镇、县直各部门、县社科联所属各协会（学会），开展“党的十九届五中全会精神及第三次中央新疆工作座谈会精神”征文活动，选出6篇优秀论文上报州社科联。组织全县中小学师生参加自治区、自治州科协举办的线上科技创新编程大赛和线下智能机器人大赛活动、全区青少年“参观科技展览有奖征文”等活动，获自治区青少年科技创新编程大赛二等奖3项6人、智能机器人大赛三等奖2项6人；征文活动中获自治区一等奖2名、二等奖3名，优秀辅导员教师5名，1名学生和1名科技辅导员受邀参加全国夏令营活动。（帕提古丽·艾海提）

【社科宣传】 2021年，和硕县社会科学界联合会结合“流动博物馆走基层”活动，在和硕县文化广场举办社会科学普及周活动；组建科技志愿者组织23个，志愿者545人，组织科技志愿服务活动91场次；组织全县干部群众参与全国农民科学素质网络知识竞赛和新疆全民科学素质网络知识竞赛活动，在全区各县市排列第18名，获自治区优秀组织单位。和硕县被命名为“2021—2025年度自治州科普教育基地”有博物馆、图书馆、马兰红山军博园、特吾里克镇团结社区科普馆、曲惠镇老城村科普馆等13个科普教育基地。（帕提古丽·艾海提）

【社科宣讲】 2021年，和硕县社科联组织开展新时代文明实践中心（所、站、点）、乡村科普馆、农家书屋、文化活动室，全县党员干部采取以上率下宣讲、示范性宣讲、“宣讲+入户”、“宣讲+培训”、“宣讲+志愿服务”、“宣讲+社会治理”、“宣讲+文化惠民”等多种形式，开展宣讲活动，全年开展集中宣讲5083场次，受教育人数达35.58万人次，国旗下宣讲活动1000余场次，受教育人数达85803人次。（帕提古丽·艾海提）

和硕县残疾人联合会

【基本情况】 2021年，和硕县有残疾人2059人，其中一、二级残疾人798人，三、四级1261人；非农户籍残疾人768人，农村残疾人1291人。0~6岁残疾儿童11人，60岁以上残疾人898人。（李　玲）

【康复工作】 2021年，和硕县残疾人联合会安排10名困难残疾人在县人民医院进行成人肢体康复，康复资金3万元；安排2批次100人次肢体残疾人在盲人医疗按摩诊所进行基本康复，康复资金3.8万元；开展残疾儿童救助工作，为4名脑瘫、孤独症儿童进行网上救助申请，联系自治区、州定点康复机构为残疾儿童开展康复服务，救助资金6.8万元；做好精神残疾人的服务工作，委托特吾里克镇中心卫生院集中采购9000元精神病药物，由县疾控中心发药，为10名精神残疾人提供每人900元的服药补贴，保障精神病患者送药和治疗服务达到100%。

（李　玲）

【残疾人教育引导】 2021年，和硕县残疾人联合会开展残疾人思想教育引导工作，下发工作提示，为各乡镇发放庆祝中国共产党成立100周年“听党话、感党恩、跟党走”群众读本350本。各乡镇残联通过农牧民夜校、周一升国旗、入户等方式，对残疾人进行相关政策及条例宣传宣讲，进行思想引导，收效良好。为2名残疾大学生争取自治区、州“爱心天使”助学资金4000元。（李　玲）

【促进残疾人就业】 2021年，和硕县残疾人联合会做好残疾人就业保障金审核工作，促进残疾人就业，与税务部门联合下发通知，审核有残疾人就业企业11家，有16名残疾人在企业就业。县残联为特吾里克镇3名残疾人解决就业创业帮扶资金3万元，帮助他们从事养殖业、电动车修理，增加收入。

（李　玲）

【第31次“全国助残日”】 2021年5月12—16日，和硕县残疾人联合会开展“巩固残疾人脱贫成果，提高残疾人生活质量”为主题的第31次“全国助残日”活动，以多种方式服务残疾人群众150余人，发放宣传单300余份，营造助残扶残的浓厚氛围，得到群众好评。

（李　玲）

【配发残疾人辅具】 2021年，和硕县残疾人联合会做好残疾人用品用具配发和服务工作，为残疾人免费发放辅助用具100余件，为14名听力残疾人免费配备助听器，配发电动轮椅、普通轮椅拐杖等辅具20余件，方便残疾人的工作和生活。

（李　玲）

【重度残疾人家庭无障碍改造】 2021年，和硕县残疾人联合会通过各乡镇摸底上报有需求人员名单，工作人员上门入户进行现场评估，完成15户重度残疾人家庭无障碍改造，对无障碍改造进行验收，开展满意度测评，群众满意度达100%。

（李　玲）

和硕县红十字会

【红十字宣传活动】 2021年，和硕县红十字会利用“5·8”世界红十字日、“5·12”防灾减灾日、“防灾减灾日”、“国际减灾日”、“12·1”世界艾滋病宣传日、无偿献血日等宣传日，在县城和乡镇繁华地段，先后开展发放宣传资料、播放红十字知识录像，开展义诊、培训等宣传活动，发放《中华人民共和国红十字会法》《中国红十字会章程》《红十字会运动基本知识》《艾滋病防治知识手册》《红十字急救常识》等2600余份，义诊300余人，提升群众公共安全意识、自救互救和应对各类突发公共事件的能力，让群众了解大病医疗救助、预防艾滋病及国家相关免费检查和治疗政策等方面的常识。（白新梅）

【备灾救灾】 2021年，和硕县红十字会开展社会募捐活动，确保在灾情和突发事件发生时，及时有效地开展救助工作。做好专项资金管理使用工作，严把事前、事中、事后各个关口，确保捐赠资金安全规范使用。建立捐赠物资发放制度，对非定向捐赠物资，统一调配后发放至接收单位，做好交接手续，确保款物接收手续完备、专账管理、专人负责、账款相符、账目清楚。（白新梅）

【红十字博爱送温暖】 2021年，和硕县红十字会于春节前夕收到州红十字会下拨的6260元博爱物资，惠及全县困难家庭100户。11月16日，发放3箱杀虫剂和8箱蚊香至新塔热乡和苏哈特乡，价值5529.6元；发放3箱蚊香至特务里克镇团结社区，价值540元。（白新梅）

【先心病患儿筛查救助】 2021年，和硕县红十字会通过与中国红十字基金会的联络，4月17日，在和静县人民医院为和硕县患儿开展“天使之旅”先心病救助活动，和硕县16名患儿参与活动，其中5名患者于2019年7月在郑州进行先心病手术，复查后均已康复；2名患者符合手术条件。（白新梅）

【应急救助培训】 2021年，和硕县红十字会将心肺复苏知识和应急常识以微动漫的形式制作光碟，安排教科局发放至各中小学校，组织学生观看，提升群众应急避险、自救互救能力。10月26日，在供电公司设立应急救护培训班，通过老师讲解急救知识、心肺复苏、突发事件等理论知识，结合实际利用模拟人进行心肺复苏急救讲解和实际操作，通过学习，学员清楚急救的重要性，并且掌握急救知识，72名学员获得救护员培训证。（白新梅）

【遗体器官捐献】 2021年，和硕县有20人通过中国红十字会网站完成捐献人体器官捐献登记工作。（白新梅）

法 治

政法委与综合治理

【“平安和硕”创建】 2021年，和硕县组织开展形式多样的宣传教育活动，发放张贴宣传单2.68万份，在重要路口和人员密集场所张贴海报400余份，制作展板50余块、横幅200余条，广泛动员群众积极参与平安建设活动。组织各乡镇、企事业单位积极开展自治区级优秀平安乡镇和平安细胞工程创建活动。和硕县有自治区级平安校园1所、优秀平安乡镇5个，自治州级平安校园2所、县级平安校园9所。创建“平安家庭”15327户、“平安商铺”4118家、“平安医院”8家、“平安宗教场所”10个、“平安景区”1个、“平安文化市场”44家。

（周迎春）

【基础治理能力提升】 2021年，和硕县制定《关于加快推进基层社会治理现代化努力开创平安和硕建设新局面的实施方案》，并下发县域社会治理现代化试点建设的考核方案和细则，确保各乡镇、各单位严格按照方案要求，稳步推进各项工作落实。“共建共治共享”社会治理新格局基本形成，自治、法治、德治、智治相结合的社会治理体系更加健全，社会治理活力进一步增强；社会矛盾综合防控系统更加健全，风险预测预警预防能力明显提高，重特大刑事案件、群体性事件、公共安全事件等事件明显减少，人民群众获得感、幸福感、安全感明显提升。

（周迎春）

【扫黑除恶专项斗争】 2021年，和硕县制定《关于推进扫黑除恶专项斗争工作机制化常态化的通知》，建立健全源头治理的防范整治机制、智能公开的举报奖励机制、常态化依法严惩机制、精准有效的督导督办机制、激励约束的考核评价机制、持续推进的组织领导机制，常态化推动扫黑除恶斗争。县委中心组对常态化开展扫黑除恶斗争巩固专项斗争成果的意见进行学习部署，专题研讨《和硕县常态化开展扫黑除恶斗争2021年工作要点》，安排部署四大行业领域整治工作。

（周迎春）

【群众工作】 2021年，和硕县从机关事业单位和社会团体中广泛征集志愿者，开展未成年学生爱心帮扶。以“三个一百”为载体，大力实施“育人工程”。依托新时代文明实践站、村民小组活动室、科普馆、图书室及有条件的农家大院等场所，以10~15户左邻右舍为单位，开办农家学习讲堂，广泛深入开展法律知识、国家通用语言、家庭学校“三进农家”活动。

搭建稳岗平台。鼓励引导群众创办农家乐、牧家乐、打馕合作社。馕产业作为“十大产业”之一大力推进，择地建设馕产业园2个，日产馕8000余个。产业带动累计吸纳就业1.27万人次，实现就地就近就业6310人次，有力促进产业发展和就业增收。

搭建服务群众平台。布局“微站点”，困难诉求全链条化解。组织村（社区）梳理整合出为民办实事工作清单，通过在小区、单元设置二维码布告栏，让群众在扫一扫过程中掌握办事流程，清楚办事该向谁“下单”。采取小贴纸、小纸条、微信消息、短信传递等方式向群众告知第一书记电子邮箱地址，鼓励群众说出当面无法表达的诉求，实现群众办事由“只跑一次”向“一次不跑”的转变。点亮“微心愿”，困难诉求全天候解决。推行“乡镇派单部门接单”工作机制，直面群众关心的热点、难点、痛点问题，广泛收集意见，进行精准派单、跟踪办单，做到件件有回应，单单有落实。完善志愿服务机制，组织各级干部、群众组成5支志愿服务队伍，累计为各族群众解决困难1590个。延伸“微服务”，困难诉求零距离解决。把每个联户单元作为困难诉求解决的基本单元，摸清群众生产生活、就学就医、政策享受方面困难，面对面、“零距离”协调解决。县乡村累计收集困难诉求3769件，已办结3765件，做到帮扶到户、落实到人。

（周迎春）

【政法队伍教育整顿】 2021年3月15日，和硕县召开政法队伍教育整顿动员部署会议，会议以视频形式召开，各乡镇设分会场。和硕县政法委主动扛牢政治责任，凝聚思想共识，周密系统谋划，从严从实抓好总体部署，压紧压实“三个责任”，突出“四项任务”，抓好“三个环节”，推动教育整顿取得实效。干警主动坦白说明问题和落实从宽政策23人，核查处置线索26条，整治“有案不立”顽瘴痼疾1条，其他突出问题15条，建立完善机制37项，结合教育整顿打造示范点位11处，组织召开观摩会、工作经验交流会2场次，全力围绕“总目标”，推动和硕县政法工作高质量发展。（周迎春）

法治政府建设

【规范性文件审核】 2021年，和硕县司法局牵头组织全县各乡镇人民政府、县政府各部门、县直各单位对涉及机构改革和与现行开放政策不符规范性文件进行专项清理，2021年度开展规范性文件清理3次，审核备案全县各类合同533件。（赵知博）

【行政执法监督】 2021年，和硕县司法局牵头组织全县行政执法人员的清理审核工作，对全县行政执法人员进行清理审核，对不符合规定的执法证件依法注销。

（赵知博）

公 安

【打击刑事犯罪】 2021年，和硕县公安局始终保持严打高压态势，严厉打击多发性侵财犯罪，切实保障人民群众财产安全，主动出击，综合运用大数据等资源手段，深入开展刑侦工作，推广安装“慧眼识诈”“国家反诈中心”等APP。（苏冠美）

【打击经济犯罪】 2021年，和硕县公安局发挥打击非法集资犯罪主力军的作用，开展摸排线索工作，加强与银行、审计、工商、商务等部门及金融机构的联系，主动获取案件线索；主动开展情报导侦，继续梳理、串并已破和在侦案件线索，注重在办理其他相关案件时发现地下钱庄转移赃款的线索；充分发挥大数据服务情报导侦作用，切实增强资金查控手段，提升经侦情报导侦工作水平和资金查控平台资金分析研判能力，多次组织开展经侦资金查控平台运用培训。（苏冠美）

【“云剑行动”】 2021年，和硕县公安局高位推动反诈专项向纵深挺进，健全完善办案保障机制建设，主动与上级部门联动，发挥各警种的积极作用，提升攻坚克难能力。（苏冠美）

【创建枫桥式公安派出所】 2021年，和硕县公安局主动担当、立足本职，以“枫桥经验”为指引，在全县精细划分网格赋能主体的基础上，推进“警格+网格”双网融合，创新“站室融合”新机制，探索“多元化”矛盾纠纷化解机制，借力一室三队警务机制改革全面提升基层治理能力和水平。

（苏冠美）

【监所管理】 2021年，和硕县看守所聚焦总目标，守住监所安全作为首要的政治责任、第一位的政治担当，落实“一把手”工程，压实责任，抓实抓细“六防”措施落地生根，见到实效，实现监所“三不出”，全面提升监管工作水平，确保看守所绝对安全。 （苏冠美）

【交通安全管理】 2021年，和硕县公安局强化道路交通安全协同共治，加强道路交通事故预防和执法规范化建设，净化路面通行秩序，切实预防和减少较大以上道路交通事故发生，为县域创造安全、畅通、有序、高效的道路交通环境。在事故多发路段设置交警执勤点和假警车、声光锥筒等警示设施，针对大雪、团雾等恶劣天气，与应急管理等部门联勤联动，确保道路安全畅通。 （苏冠美）

【网络安全管理】 2021年，和硕县公安局以开展网上侦察情报工作为主线，发挥网络技术优势，及时发现、严密控制、有效防范、依法打击各种敌对势力的破坏活动和网络违法犯罪活动，完成各项工作任务。 （苏冠美）

【人口管理】 2021年，和硕县公安局登记在册流动人口3.35万人，办理电子居住证5893个，下发流动人口协查函1.7万件，收到协查函3153件，反馈3153件，反馈率100%。 （苏冠美）

【出入境管理】 2021年，和硕县公安局强化执政为民的思想，从出入境管理工作实际出发，坚持管理与服务并重，做到严格执法和文明服务，完成全年工作任务。 （苏冠美）

【从优待警】 2021年，和硕县公安局强化从优待警，增强队伍凝聚力和创造力。为身患严重疾病、生活特别贫困的民辅警积极申请巴州英烈救助协会救助金；多渠道解决住房困难，及时解决民辅警安居问题；落实民辅警生病、红白喜事、生日等慰问制度，切实做到暖警、爱警；落实休假制度，做到劳逸结合；建立民辅警意外伤害保险制度以及完善民辅警“绿色通道”机制。 （苏冠美）

检　察

【立案监督】 2021年，和硕县检察院加强刑事立案和侦查活动监督，从侦查机关调取立案、撤案台账，组织人员进行审查，对侦查活动违法情形书面提出纠正意见2件，采纳率为100%。 （甫尔加拉）

【刑事犯罪检察】 2021年，和硕县检察院办理“严打”案件7件7人，依法打击各类普通刑事犯罪，落实“少捕慎诉慎押”的工作要求，最大限度地尊重和保障人权，有效推动社会治理，促进良法善治。2021年，受理审查逮捕案件31件35人，不予批准逮捕案件7件8人，不捕率为22.2%；审查起诉案件142件156人，决定不起诉15件15人，不诉率为10.2%。加大刑罚执行监督力度，召开监所联席会议4次，参加监管场所研判分析会12次，组织开展日常检查300余次，监督检查社区矫正机构9次，回访矫正对象23人次，制发纠正违法通知书、检察建议79份，均被采纳，推动刑事执行科学化、规范化。

（甫尔加拉）

【民事检察】 2021年，和硕县检察院延伸监督触角，创新监督方式，做实民事检察监督。加强对法院生效判决、调解书的监督和民事执行监督工作，增强监督刚性。2021年，办理对民事审判、裁定、调解书监督案件3件，民事审判违法监督案件36件，民事执行活动监督案件167件。突出检察监督为民理念，办理民事支持起诉案件63件，帮助追讨农民工欠薪98万元，依法维护当事人合法权益，有效化解社会矛盾纠纷。 （甫尔加拉）

【行政检察】 2021年，和硕县检察院在行政检察业务破题、起步和清零上下功夫，探索“人大监督+检察监督”办案工作模式。加大对法院行政诉讼活动的监督力度，促进法院审判质量和效率的提升。监督行政非诉执行，对不规范问题制发检察建议1份，采纳率100%。加大对行政机关行政执法活动的监督力度，办理规范行政执法行为案件1件，与相关部门召开联席会议并制发检察建议6份，促进行政机关依法行政。（甫尔加拉）

【公益诉讼案件】 2021年，和硕县检察院办理生态环境和资源保护、食品药品安全、国有财产保护、国有土地使用权出让和英烈权益保护、未成年人权益保护等领域公益诉讼案件80件，制发诉前检察建议80份，采纳率为100%。其中办理的督促保护马兰红山军博园军事遗迹行政公益诉讼案被最高人民检察院和退役军人事务部确立为红色资源保护典型指导案例向全国推广，县人民检察院被自治区和巴州人民检察院授予集体三等功。与县纪委监委、公安、法院、市场监管等部门建立信息通报制度，定期召开联席会议，加强工作沟通衔接，形成办案合力。全年，与相关部门沟通40余次，召开联席会议2次。（甫尔加拉）

【控告申诉检察】 2021年，和硕县检察院坚持和发展新时代"枫桥经验"，健全控告申诉检察工作机制，完善办理群众信访制度，实行信访申诉案件"七日内程序性答复""三个月内实质性办理完毕"，全面引入听证等方式审查办理疑难复杂案件，促进信访矛盾有效化解。参与社会治安防控体系建设，促进社会治理法治化水平。全年，向相关部门制发检察建议328份，均得到回复并整改，切实堵塞漏洞、消除隐患、提高社会治理效能。（甫尔加拉）

【未成年人检察】 2021年，和硕县检察院落实未成年人刑事案件特别程序，按规定对未成年人犯罪档案进行封存。为及时有效惩治侵害未成年人权益的违法犯罪，切实加强对未成年人的全面综合司法保护，推进建立侵害未成年人案件强制报告联席会议制度。联合相关部门对县域内中小学周边商铺、网吧、KTV等场所进行检查20余次，整治校园隐患，达到"办理一案、治理一片"效果。开展"法治进校园"活动6次，组织学校师生到检察院开展"检察开放日"活动，感受法律和执法机关的威严，从内心树牢学法、用法、守法的意识。为2名涉案未成年困难受害人申请国家司法救助金5万元。（甫尔加拉）

【推行从宽制度】 2021年，和硕县检察院贯彻宽严相济刑事政策，努力用较小的刑罚成本争取更好的犯罪治理效果。全年，各类案件认罪认罚适用率达97.22%，提出精准量刑建议采纳率和一审服判率均达100%，有效降低社会对抗，提高办案质效。（甫尔加拉）

【服务经济社会发展】 2021年，和硕县检察院加大对生态环境和资源的司法保护，维护企业合法权益，营造良好法治营商环境，为县域经济高质量发展提供有力司法保障。落实"谁执法谁普法"责任制，开展普法宣传20余场次，引导人民群众学法、守法、懂法、用法，为经济社会高质量发展营造良好的法治环境。（甫尔加拉）

法　院

【立案受理】 2021年，和硕县法院受理各类案件4689件（旧存49件），审执结各类案件4657件，结案率98.27%。（苏琳格）

【刑事案件审理】 2021年，和硕县法院严厉打击刑事犯罪，维护社会和谐稳定。坚持以审判为中心的刑事诉讼制度改革，依法严惩各类危害社会的刑事犯罪。共受理各类刑事案件，结案率99.15%。（苏琳格）

【民商事案件审理】 2021年，和硕县法院依法审理民商事案件，促进经济发展。坚持"调解优先、调判结合"的审判原则，繁简分流民商事案件，扩大简易程序适用范围，提高审判效率；加强涉民生领域案件的审判管理，开辟绿色通道，提供高效诉讼服务。共受理各类民商事案件1752件，审结1720件，结案率为96.96%。（苏琳格）

【行政案件审理】 2021年，和硕县法院依法开展行政审判工作，助力法治政府建设。支持和监督行政机关依法行政，助推法治政府建设，优化发展软环境。监督纠正不当具体行政行为，保护行政相对人权益，推动行政争议实质性化解。受理行政案件4件，审结4件，审结率100%。（苏琳格）

【案件执行】 2021年，和硕县法院构建执行工作联动机制，推进执行服务中心改革，组建繁简团队，完善联合信用惩戒机制，用足用好各类惩戒措施。受理执行案件2148件，执结2124件，结案率98.84%，执行到位金额8438.8万元，纳入失信被执行人1814人，采取拘留措施14人次。（苏琳格）

【法院信息化建设】 2021年，和硕县法院加强技术应用，助推诉讼服务智慧化。依托信息化，实现网上立案、现场立案、跨域立案有机融合；投入14.6万元建设乌什塔拉人民法庭科技法庭，投入9.41万元改造单位科技法庭。加大互联网庭审直播力度，直播案件66件。（苏琳格）

【案件快审改革】 2021年，和硕县法院推进案件繁简分流、速调快审改革，建立多元调解平台和速裁快审团队，在诉前和诉中进行二次分流，70%的案件由速裁团队快办、30%的案件由繁案团队精办，做到繁简分流、快慢分道。（苏琳格）

【法官工作室】 2021年，和硕县法院推进“一村（社区）一法官”工作机制，加强诉前调解工作，全县32个法官工作室，化解各类纠纷407件；注重关口前移，与各人民调解委员会及派出所签订共建协议，与矛盾纠纷易发多发的行业主管部门建立联合调解机制，设立律师调解室1个，会同县司法局设立调解室3个，全年调解协议司法确认案件478件。（苏琳格）

司法行政

【宪法及法治宣传】 2021年，和硕县司法局落实好“谁执法、谁普法、谁用法、谁普法”，抓住干部学法普法这个关键点，结合宪法法律宣传、政法系统教育整顿，开展各类宣传活动150余场次，放置宣传展板100余块、LED显示屏滚动播放95处，发放各类宣传资料3万余份，解答群众咨询800余人次。（赵知博）

【人民调解】 2021年，和硕县人民调解组织调处各类矛盾纠纷1424件（其中，主动调解210件，依申请调解1223件；婚姻家庭纠纷103件，邻里纠纷321件，房屋宅基地纠纷9件，合同纠纷249件，生产经营纠纷110件，损害赔偿纠纷60件，山林土地纠纷12件，劳动争议纠纷229件，交通事故纠纷5件，物业纠纷4件，消费纠纷1件，其他纠纷326件），调解成功1424件，调解率100%，履行完毕1422件，司法确认24件，排查纠纷235场次，预防纠纷16件。（赵知博）

【法律服务】 2021年，和硕县司法局在部分村社区打造高效统一融合的司法行政工作室，将人民调解、公共法律服务等司法行政业务融为一体，更好地服务群众，将心理咨询纳入矛盾纠纷排查调解工作范畴，建立以聘用持有心理咨询证书的专业人员为心理辅导的专业化人才队伍，为有纠纷诉求的群众，开展心理咨询和疏导工作，确保矛盾纠纷当事人情绪稳定。为人民调解委员会配备持证心理咨询师6人。加强基层法律服务的匹配度和便捷度，加强涉农法律援助工作，逐步将与农民生产生活密切相关的事项纳入法律援助补充事项范围，深化法律援助加强对农村五保、低保对象和残疾人、留守老人、留守儿童、留守妇女等特殊群体的关爱帮扶；

鼓励公证、司法鉴定、仲裁等法律服务主动向农村覆盖延伸，切实满足广大农民群众法律需求，村（社区）法律顾问实现全覆盖。公共法律服务网络平台前期建设初步完成，安置3台公共法律服务机器人，提供自助法律服务。（赵知博）

【公证服务】 2021年，和硕县司法局开展公证案件质量自查评查2次，协助金融机构办理公证合同，为群众提供一对一的法律服务。年末办结各类公证事项805件，其中民事类335件、经济类470件，接待当事人来电咨询及来访557人次。（赵知博）

【法律援助】 2021年，和硕县司法局整合法律服务资源，为全县经济社会发展提供优质高效法律服务。进一步扩大法律援助覆盖面，将与民生紧密相关事项纳入法律援助补充事项范围。共解答群众来信来电法律咨询126人次，办理法律援助案件187起。（赵知博）

【律师工作】 2021年，和硕县司法局结合一村（社区）一法律顾问工作，发挥律师在预防、调处和化解基层社会矛盾纠纷特有的中立、客观的优势，把矛盾纠纷发现在基层、解决在基层，促进法治建设，为构建覆盖城乡的公共法律服务体系奠定坚实的基础。全县两家律师事务所共办理案件112件，其中刑事案件5件、民事案件107件，代写法律文书128件，解答来信来访法律咨询392人次。（赵知博）

【社区矫正】 2021年，和硕县司法局制定社区矫正人员服务管理实施方案，督促各司法所加大社区矫正人员走访谈话，在节日期间通过电话、微信等方式表达节日问候，体现党和政府的关心关爱。社区矫正对象未发生重新犯罪案件。（赵知博）

【人民陪审员培训】 2021年，和硕县有人民陪审员45名，对陪审员进行2次培训，通过培训有效提高人民陪审员履职能力。（赵知博）

军　事

人民武装部

【政治引领】 2021年，和硕县人民武装部抓实政治引领，坚持每月理论学习，制订年度学习计划，推进官兵参加军事职业教育和军队自学考试。强化党管武装工作，协调召开国防动员会议，建立健全各类组织，落实党管武装要求。着力推动专武干部资格认证，优化应急、专业、特殊三类队伍结构。围绕建党百年大庆，持续开展主题教育，组织官兵到马兰红山军博园及兵团二十四团团史馆参观见学，开展“红心向党”故事会、“荣誉墙前话使命”、军兵地“青春心向党、赞歌颂党恩”等群众性活动。连队制作“出彩青春”小报，培树宣传身边典型，激发岗位建功热情。（人武部）

【双拥共建】 2021年，和硕县人民武装部推进军人荣誉体系建设，协调县退役军人事务局落实迎推送新、共送喜报等活动。结合乡村振兴工作，投入10万元资金帮扶乌什塔拉乡拥军社区打造新时代精神文明实践站，开展结对认亲和党组织联建活动，巩固双拥共建和精准帮扶成果。（人武部）

【法制建设】 2021年，和硕县人民武装部加强指导帮带，推进新《纲要》的学习贯彻，落实挂钩帮建、当兵蹲连制度。学习贯彻治军方式“三个根本性转变”要求，开展“学法规、用法规、守法规”活动，组织机关学习工作常用法规，提升业务能力。（人武部）

武警中队

【官兵素质提升】 2021年，和硕县武警中队建立健全支委会，确保堡垒作用的有效发挥。各支委按照部署，各自分工，牵头负责中队各类具体工作。落实组织生活制度，规范党内生活，坚持平等议事。畅通民主渠道，广泛听取群众的意见，落实公开、公正、公平，全程阳光操作，官兵满意服气。建设得力的团支部和军人委员会，团支部推荐优秀青年加入团组织，向党支部推荐优秀团员、优秀团干部，培养入党积极分子并发展其成为预备党员。每月评选优秀基层官兵，推荐红星战士，搭建党支部联系群众的桥梁和纽带。（武警中队）

【主题教育活动】 2021年，和硕县武警中队抓好“传承红色基因，担当强军重任”和“不忘初心、牢记使命”主题教育活动。结合中队实际编写小课教案、安排授课；抽出时间，让战士走上讲台讲心得、谈体会；利用工作、训练间隙开展“强军故事大家谈”讨论；结合开展“时代新人说”活动，挖掘官兵身边的先进事迹，通过讲身边事、赞身边人，坚定中队官兵献身岗位实践的理想信念。开展培养官兵的以队为家的思想等随机性教育，定期利用谈心活动解官兵心中所想、生活所需。利用军职在线、梦课学堂等载体组织官兵学习科学文化知

识，倡导中队官兵报考军队院校。（武警中队）

【官兵文化生活】 2021年，和硕县武警中队发挥官兵特长，编导彩排文艺节目，组织开展篮球、乒乓球、羽毛球、桌球、象棋、五子棋、军棋、纸牌竞技、轮滑等娱乐活动若干次。中队开展“一队一品”、读书分享会、“强军故事会”、主题演讲比赛等活动，陶冶官兵情操，鼓舞工作干劲，缓解工作压力。（武警中队）

【战备执勤】 2021年，和硕县武警中队坚持每月一次战备教育，各类战备物资严格按照要求存放、管理和使用，修改完善本级战备方案，组织中队战备演练，查找薄弱环节，研究战法训法，提高快速反应和机动能力。在执勤中，中队完成备勤、巡逻任务，全年配合公安干警参与联合演练。

（武警中队）

【军事训练】 2021年，和硕县武警中队在军事训练中坚持按纲施训，科学施训，不断提高官兵军事技能和部队整体训练水平。中队参照军事训练计划，科学合理安排训练课目，采取分科目、分场地、分层次训练。中队遵循训练规律，坚持训练日讲评、周会操和阶段考核等制度，做到基础课目经常练、技能课目集中练、体能课目逐步练、难易课目穿插练，寓教于乐，激发兴趣，使官兵智能、体能和技能协调发展、相互促进。（武警中队）

【部队安全管理】 2021年，和硕县武警中队落实“八个方面安全基本工作规范”，开展“安全大检查活动”“条令年”“百日安全竞赛”等活动。严格落实请示报告、请假销假、查铺查哨、内务卫生检查、安全形势分析、隐患排查、点名等日常安全管理制度，提高官兵按章办事、依据条令规范言行的规矩意识，做到以正常求正规，以正规保安全。中队不断强化安全发展理念，从思路、举措上真正做到把完成任务、谋求发展与安全稳定一起抓。中队坚持每日一例、适时搞教育等形式教育引导广大官兵要深刻汲取安全事故教训，提高思想认识，加强安全防范意识，增强自身安全防范能力。注重从细节上下功夫，在警容风纪、日常养成、礼节礼貌、内务卫生质量方面严管细控，坚持从一人一事、言谈举止小节抓起，使官兵在落实“小事”中树立“大观念”，提高中队精细化管理水平。严密组织教育整顿活动，党支部坚持按照依法治警、从严治警的要求。（武警中队）

人民防空

【人民防空知识宣传普及】 2021年，和硕县住建局不定期地组织干部群众学习人防法律法规及相关文件。9月，制定主题为“人防与你在一起”的人防宣传教育月方案，重点学习人防法律法规和人防相关知识；18日，在人员密集场所开展宣传，制作宣传展板4块，发放宣传手册、宣传资料100余份；张贴人防宣传海报，让广大居民了解接收到防空警报后自己应该怎么做，宣传防空防灾知识。

（吴自有）

【人防工程管理】 2019年，审批人防项目1项，和硕县2019年城市棚户区改造浩宇龙腾居小区新建实物安置房项目二标段，项目于2021完成招投标工作，2022年3月开工建设。（吴自有）

经济管理

宏观经济管理

【和硕县“十四五”规划编制】 2021年1月18—19日，和硕县第十七届人民代表大会第六次会议审议通过《和硕县国民经济和社会发展第十四个五年规划和2035年远景目标纲要》。《纲要》由16个部分构成，分为三个方面。第一方面为“十三五”的回顾和“十四五”期间发展环境，1编2章，主要总结“十三五”发展成就，分析发展环境，指出面临的机遇和挑战。第二方面明确“十四五”时期指导方针，目标和重点任务，14编66章，提出2035年远景目标以及“十四五”时期经济社会发展的指导思想、基本原则、主要目标。围绕优化国土空间、创新驱动战略、壮大特色产业、基础设施建设、城乡协调发展、文化润疆、生态文明建设、融入丝绸之路经济带核心区建设、深化重点领域改革、保障和改善民生、社会治理体系和社会治理能力现代化建设、对口援疆、军民、兵地融合发展等13个方面，阐述和硕县“十四五”时期经济社会发展和改革开放的重点任务。第三方面主要强调坚持和加强党的全面领导，提出确保规划顺利实施的保障措施。

（黄　晶）

【“放管服”改革】 2021年，和硕县深化“放管服”改革，推广全程电子化业务，推进并联审批服务，实行政务服务事项“五减一优化”，整合“一件事套餐”19个，事项办结时限压缩64%。深化工程建设领域审批制度改革，一般社会投资项目缩减至90个工作日以内。政务一体化平台网上办事大厅实现乡镇全覆盖。跨省通办高频事项达到112个。深化国企改革，出台国企薪酬管理、重大事项管理等制度，构建形成“1+N”国有资本管理体系。农村集体产权制度改革全面完成，乡村经济发展更有活力。社会信用体系建设初见成效，营商环境进一步优化。

（黄　晶）

【投资和项目管理】 2021年，和硕县重点实施“三个一批”项目25个，总投资24.2亿元，年度计划完成投资10.06亿元，已完成投资5.9亿元。其中，续建项目12个，总投资15.79亿元，年度计划完成投资4.78亿元，已完成投资3.63亿元；新开工项目6个，总投资2.81亿元，年度计划完成投资1.92亿元，已完成投资1.08亿元，开工率100%；储备转化项目7个，总投资5.59亿元，年度计划完成投资3.35亿元，已完成投资1.2亿元，转化率100%。

中央预算项目。2021年，和硕县申报中央预算内项目28个，总投资18.9亿元，到位资金项目5个，到位资金3927万元，开工建设4个，开工率80%。

政府专项债项目。2021年，和硕县列入国家重大项目库专项债券项目15个，总投资26.06亿元，申请债券资金16.6亿元，发行债券项目6个，到位资金3.2亿元，全部按计划完成建设。

一般债项目全面建设。2021年，和硕县共实施一般债券项目11个，总投资3.74亿元，申请债券资金2.9亿元，全部完成建设。

援疆项目。2021年，和硕县到位援疆资金项目20个，到位资金3232万元。其中，固投类项目10个，年度计划投资3070万元；非固投类项目10个，年度计划投资162万元。年末已完成建设项目10个，其余项目按计划有序推进。

乡村振兴专项资金项目。2021年，和硕县开工扶贫专项资金项目4个，总投资2616万元，全部建设完成。

（黄　晶）

【重点项目建设】 2021年，和硕通用机场项目完成机场选址，上报国家空军进行场址核准；和硕县新材料工业园区基础设施建设项目，完成道路、供排水管网、污水处理厂主体等基础设施建设；和硕县农产品产业融合示范区基础设施建设项目，完成部分厂房基础施工；清水河伯斯阿木水库工程，大坝建设进展顺利，累计完成投资3.6亿元；八一水库除险加固工程实现下闸蓄水；50兆瓦光伏发电项目，完成打桩基础施工，项目完成率37%。新疆椒源年产5000吨辣椒红色素及食用辣椒产品产业项目等一批产业类项目相继建成投产。

（黄　晶）

【固定资产投资】 2021年，和硕县完成固定资产投资10.74亿元，同比增长16.7%，超额完成自治州下达固投目标任务。

（黄　晶）

【经济社会发展计划执行情况】 2021年，和硕县贯彻落实中央经济工作会议、自治区党委经济工作会议、自治州推动经济高质量发展重点工作部署会议和县委经济工作会议精神，全面落实“六稳”“六保”任务，全力推动各项工作落实。全县地区生产总值同比增长6.1%；规上工业增加值同比增长9%；全社会固定资产投资同比增长12%；社会消费品零售总额同比增长18%；城乡居民人均可支配收入分别增长5%、8%。完成万元GDP能耗强度下降目标任务。

（黄　晶）

【价格认定】 2021年，和硕县严把价格认证关口，做好每一件价格认定事项。全年办理刑事案件价格认定31件，涉案金额40.58万元，其中刑事案件涉案物品价格认定31件，从未出现提出机关申请复核的情况。

（黄　晶）

【棉花目标价格改革】 2021年5—6月，和硕县发改委、农业局、财政局、自然资源局对该县2020年棉花补贴发放情况进行核实，清水河农场、曲惠镇、塔哈其镇、乌什塔拉乡、乃仁克尔乡，种植面积1704.24公顷，种植户数65户；2020年，棉花补贴标准为1.18元/千克，2020年，和硕县籽棉交售量为1.07万吨，棉花补贴通过一卡通发放棉花补贴1192.73万元。6月底，符合发放标准的棉农补贴已全部发放完毕，未发现拖欠、截留资金情况。

（黄　晶）

【物资储备】 2021年，和硕县救灾物资储备库建设项目总投资248万元，中央预算内224万元、地方自筹24万元，各类储备物资准备到位。调拨救灾物资，充分发挥救灾物资储备应急能力。（黄　晶）

【粮食储备】 2021年，和硕县金湖粮油购销有限责任公司做好粮食收储安全工作，切实保护种粮农民的利益，维护正常的粮食流通秩序，发挥国有粮食购销企业主渠道作用。夏粮收购同比增加41.74%。收购入库的粮食质量全部达到国标二等以上，入库粮食水分低、质量良好。全年销售小麦3.09万吨。监督粮食承储企业在储备粮轮换期间对出库、入库的储备粮，委托第三方机构对常规质量指标、储存品质指标和食品安全指标进行检测，获取检验合格的报告后，方可出库或入库后转为储备粮。对储存期间的储备粮每半年进行储存品质指标检测、每季度进行常规质量指标检测。保管员对负责管理的粮食实行危险粮天天检查，半安全粮3天检查一次，安全粮7天检查一次，所有粮仓按规定配齐电子测温装置，并使用微机检测粮情，每周检测一次，发现问题及时处理。每月常态化对承储粮食企业“三个安全”工作进行监督检查。

（黄　晶）

【节能减排】 “十三五”规划期末，和硕县万元GDP能耗较2015年下降12%，年均下降2.57%。2021年，规上工业能耗有所降低，规模以上工业企业综合能源消费14262吨标准煤，同比下降2.5%，工业增加值能耗0.95吨标准煤/万元，同比下降9.16%。

（黄　晶）

土地资源管理（自然资源管理）

【国土空间总体规划编制】 2021年3月，和硕县自然资源局修改形成和硕县国土空间总体规划大纲阶段成果，上报巴州自然资源局。和硕县国土空间规划大纲、文本、专题研究等11本报告（初稿）完成，上报州自然资源局审核；6月，上报城镇开发边界、矢量数据及报告4稿；9月，再次经州、县两级对和硕县国土空间规划初步成果进行审查，已按相关意见修改完善。（张　琳）

【自然资源调查监测】 2021年，和硕县自然资源局做好国土变更调查与卫片执法检查工作。下发“两项”工作图斑692个，均经自治区审核通过。完成土地市场动态监测、批后监管系统及建设用地备案工作。土地市场动态监测与监管系统，对土地出让合同或划拨决定书履行情况进行动态巡查，现场勘查、拍照取证、填报项目跟踪管理卡，逐宗地完善建设项目用地开发利用全过程的跟踪检查。

（张　琳）

【测绘地理信息管理】 2021年，和硕县测绘资质由丁级升级为乙级。业务范围：扩展土地规划、工程测量、界限与不动产测绘、资源调查评价、土地资源监测与保护、土地勘测等工作，可以在巴州范围内开展测绘工作。土地过户、测量208宗。其中，包含农用地139宗，养殖用地39宗，住宅用地60宗，商业用地30宗，工业用地22宗，其他土地测量58宗，临时用地测量18宗。（张　琳）

【地质环境管理】 2021年，和硕县自然资源局结合县域地质环境特征和地质灾害发育状况实际，广泛征求相关部门、乡（镇）意见和建议后，编制《和硕县2021年地质灾害防治方案》《新疆和硕县地质灾害风险调查评价》，明确工作职责，狠抓责任落实。全面加强地质灾害防治以及应急值守和应急准备，落实汛期24小时值班、险情巡查、灾情速报、应急调查等地质灾害防灾制度。聘请2名地质灾害防治专家指导和硕县地质灾害防治工作。加大对地质灾害动态巡查力度，汛前对重点地质灾害隐患区前后检查4次，历时12天，累计行程距离3000多千米。巡查检查东塔西汗牧道、马兰水泥厂、双吉矿业包尔图铜矿、乃仁克乡黑达坂及4个乡、3个镇，29个村、25家矿山企业，参加巡查人员25人次，工作中查明的地质灾害隐患点共87处。其中崩塌及隐患合计51处，泥石流19处、滑坡17处。乃仁克尔乡地质灾害最为发育，发育灾害点63处，占总灾害点数的72.41%，其余乡镇发育灾害点较少。地质灾害主要沿哈仑沟、吕崔肯勒郭沟、东塔西哈沟、扎和塔西哈沟、乃仁开日沟、包儿图沟、祖鲁木台沟、可可乃克沟及其支沟发育，灾害点占到调查区地质灾害的75%，以上巡查中未发现重大地质灾害隐患和新增地质灾害隐患点。（张　琳）

【生态保护修复】 2021年，和硕县自然资源局统筹推进国土空间生态保护修复工作，坚持节约优先、保护优先、自然恢复为主的方针，加快构建和硕县生态保护修复格局。编制完成《国土综合整治与生态修复和地质灾害防治研究》专题报告，规划安排建设用地整治、河流水系生态修复、湿地保护修复，根据和硕县实际情况，落实天山山脉生态修复区、博斯腾湖湖滨生态修复区、南部荒漠生态修复区、中部平原生态整治区4个主要整治区域。全县安排重点修复工程9个，分别是生物通道修复工程、生态破碎区域整治工程、林地整治工程、博斯腾湖湿地保护工程、塔什汗国家湿地公园保护工程、水涵养工程、生态良田整治工程、矿山生态保护工程。（张　琳）

【村庄规划编制】 2021年，自治州下达和硕县村庄规划编制15个村（苏哈特乡苏哈特村、肖然托勒盖村，乌什塔拉乡塔拉村、则格德恩呼都格村、大庄子村、大涝坝村、沙梁湾村、硝井子村，曲惠镇老城村、榆树园村、冬都呼都格村，塔哈其镇查干布呼村、古努恩布呼村，新塔热乡新塔热村，乃仁克尔乡乌勒泽特村），结合农村人居环境整治增加4个村（塔哈其镇阿尔文德尔文村、浩尧尔莫敦村、祖鲁门苏勒村，乃仁克尔乡艾勒斯特村），按照乡村振兴要求增加6个村，计25个村。至年末，完成22个村村庄规划初稿，另外3个村因人口较少，建设用地需求少，经县政府组织评估论证，暂不编制村庄规划。（张 琳）

【土地供应】 2021年，和硕县上报6个批次用地，涉及9宗地，面积47.25公顷；上报11个单独选址项目，涉及11宗地，面积85.93公顷。供应商服用地2.7公顷，供应工矿仓储用地35.79公顷，供应住宅用地11.62公顷（其中，公共租赁房用地11.33公顷，普通商品房用地0.29公顷），供应公共管理与服务用地6.13公顷，供应交通运输用地73.48顷。（张 琳）

【基本农田保护】 2021年，和硕县永久基本农田保护面积21014.95公顷，保护片221个，保护图斑6809个，全县设立县级永久基本农田保护牌1块、乡镇级永久基本农田保护牌7块、村级永久基本农田保护牌28块，在221块永久基本农田设立保护牌。

（张 琳）

【矿政管理】 2021年，和硕县自然资源局完成矿山统计年报及储量统计工作和网上报备各项工作，做好矿产资源储量核实及储量年报工作。召开专题会议部署2021年矿山储量年报工作，对2021年度矿产资源储量年报数据完成网上公示工作。年检采矿权28个，探矿权22个，矿产卫片图斑32个，32个均为伪变化图斑都合法，日常巡查中发现2起非法采矿行为，国土资源执法监察大队制止并处罚。制定《和硕自然资源局系统安全生产专项整治三年行动实施方案》《和硕县自然资源局开展整治隐患、防范事故“百日安全”专项行动实施方案》，全面动员部署，开展好非煤矿山、地质勘查、城镇建设、消防安全专项整治。做好元旦、春节、“两会”、“五一”、“十一”期间全县非煤矿山安全生产检查工作，要求矿山企业强化安全意识，落实安全生产主体责任，切实履行企业安全生产责任和义务。

（张 琳）

【地籍管理】 2021年，和硕县自然资源局制订《和硕县自然资源统一确权登记工作实施方案》，完成前期工作。完成农村宅基地的不动产权证书的发证5134本，集体建设用地不动产权证书18本。推进历史遗留问题，团结小区、葡萄公园附属楼小区和二中后门附属楼小区补办不动产权证书工作。完成第三次全国国土调查数据安全保密工作。

（张 琳）

【不动产登记业务】 2021年，和硕县不动产登记中心受理各类不动产登记业务4214件。其中，办理不动产权登记业务2567件（“一窗受理、并联办理”报件146件、“互联网+不动产登记”报件520件）、不动产权抵押登记业务711件、办理抵押注销登记835件、办理法院查封业务101件；为司法部门查询不动产登记信息162余次，企业或个人（权利人）查询不动产登记信息89人次。开展优化不动产登记专项行动，实现与税务部门“一窗受理、并联办理”工作模式。利用“自治区数据共享系统”，实现不动产登记机构与县公安部门、法院、民政、编办、住建、市场监管、银保监等单位的信息互通共享，2021年，通过“自治区数据共享系统”查询数据共计645次，2021年6月初，正式启用“跨省通办”业务，各金融机构、企业和个人可以登录“新疆政务服务网”完成抵押权登记、预告登记和登记资料查询业务。通过互联网成功推送不动产登记业务，并形成了不动产登记电子证照，利用互联网、大数据、身份识别、人像识别等技术，构建“外网申请、内网审核”模式，可以提供网上预

约、在线申请、网上查询等服务，实现服务企业和群众零距离。（张　琳）

【土地执法监察】　2021年，和硕县自然资源局加大自然资源违法苗头性、倾向性问题的摸排力度，加大对违法高发区的定期巡查检查频次，加大宣传土地管理法及实施条例，拓宽收集违法线索的发现渠道，力争做到“早发现、早制止、严查处”。至年末，查处违法案件11起查处违法占地8.75公顷，立案率100%、结案率100%。其中，土地违法案件11起，收缴罚没款43.8万元。（张　琳）

【矿山开采整治】　2021年，和硕县自然资源局制定《和硕县露天矿山综合整治实施方案》《和硕县自然资源系统生态环境问题整改方案》，建立“一矿一案”露天矿山综合整治长效机制，突出重点区域、重点矿种，围绕开采准入标准、矿山升级改造、生态环境治理和提高资源保障能力等内容，制定出台符合实际、切实可行的政策措施，推动露天矿山综合整治取得实效。开展联合执法和专项检查行动，严肃查处无证开采、越界开采及其他违法行为。推进矿山整治、地质环境恢复治理工作，缩减周边砂石料厂数量、规范生产秩序，从源头上消除各类违法现象。（张　琳）

财　政

【财政收支概况】　一般公共预算执行情况。2021年，和硕县一般公共预算收入完成1.81亿元，为调整预算（以下简称“预算”）的86.4%，同比减收1566万元，下降8.0%；其中税收完成1.17亿元，同比减收1006万元，下降7.9%，占一般公共预算收入的65%；非税收入完成6405万元，同比减收560万元，下降8.0%，占一般公共预算收入的35%。支出预算完成情况，和硕县一般公共预算支出完成15.07亿元，为预算的138.7%，同比增加298万元，增长0.2%。

政府性基金预算执行情况。2021年，和硕县政府性基金预算收入完成4763万元，为预算的126.7%，同比减收439万元，下降8.4%。政府性基金支出完成3.47亿元，为预算的910.2%，同比减支6923万元，下降16.6%。（吴海霞）

【非税收入管理】　2021年，和硕县财政局加强非税收入收缴业务管理。年初做好年度非税收入预测统计工作，督促各执收单位做到应收尽收并做好收入台账，每月按照要求保障非税收入及时足额入库，按月做好账务处理，年底做好非税收入对账及非税收入管理系统结转工作。（吴海霞）

【金融投资管理】　2021年，和硕县金融类国有企业1家即和硕县惠农融资担保有限责任公司，注册资本3000万元。创新融资担保业务模式，积极扶持民营经济、小微企业和“三农”企业发展。设立民营企业纾困资金，缓解实体经济短期流动性风险。（马丽丽）

【预算执行绩效管理】　2021年，和硕县财政局完善全方位绩效管理，绩效管理的对象涵盖各部门单位整体预算和项目支出预算。对2021年本级预算及上级补助的财政资金进行结果运用，修改完善部门单位整体绩效监控，开展预算绩效管理考核。事前选择2021年度动物防疫社会化服务项目进行绩效评估，完成部门及项目绩效目标审核工作，涉及87个部门，资金9.0亿元；事中完成2021年5月、8月项目绩效监控审报工作，涉及资金7.84亿元，包含扶贫项目，直达资金、产业发展资金上级专项项目、县级项目；事后完成2020年部门及直达资金、扶贫资金、其他项目支出绩效自评表及绩效评价报告审核工作。（李国惠）

【政府采购监督管理】　2021年，和硕县财政局采购办提高政府采购质量和效率，落实“放管服”改革有关要求，使用政府采购云计算服务平台，预算单位使用账号计98个，“互联网+政府采购”项目采购实行电子评标项目46个。和硕县供应商注册使用账号450个，网上超市可上架商品25类、定点服务可上架商品43类，供应商上架使用商品累计2.67万件，申请网上超市、定点服务协议累计546份。全年政府采购支出1.69亿元，货物支出为1.02亿元，工程采购支出2054.19万元，服务采购支出4604.37万元，全年政府采购节约资金1211.12万元。对脱贫地区网络销售平台进行预留份额填报，86个预算单位填报食堂采购和工会采购份额6.99万元，实际采购金额7.84万元，超额完成8475元，完成脱贫地区网络销售平台采购。（吴海霞）

【国库集中支付】 和硕县国库集中支付工作于2008年全面开展，2009年将预算单位的所有支出都通过国库集中支付。到2021年，全县集中支付业务达到100%，实现对资金的全程监控，增强财政资金的安全，避免财政资金沉淀、积压或截留、挪用、流失的问题，从而有效防止奢侈浪费现象，提高了资金使用效益。（吴海霞）

【经济发展支出】 2021年，和硕县财政局现代农业资金投入13106万元，主要用于发放耕地地力保护补贴资金1855.13万元、草原生态保护补助奖励资金2202.47万元、农机购置补贴（农机深松整地补助）472.73万元、农业社会化服务、高标准农田建设等。2021年新型城镇化建设投入2.67亿元，主要用于城镇棚户区改造、老旧小区改造、公租房维修、城镇道路扩建、乡村道路扩建、城市公交车站建设等项目。支持产业发展投入企业6家，投入3000万元，其中葡萄酒加工企业5家、旅游产业企业1家。民营经济和中小企业发展投入资金126.15万元，主要用于外贸发展、小微企业融资担保降费奖补、民贸民品贷款贴息等。（马丽丽）

【民生保障支出】 2021年，和硕县树立过"紧日子"的思想，规范预算管理，强化部门预算约束力。持续调整优化支出结构，压减一般性支出，全县民生保障支出达8.6亿元，占一般公共预算支出的70%以上。（马丽丽）

【财政监督检查】 2021年，和硕县财政局强化外部监督、深化内部监管，"以查促改、以查促管"为目标，从健全机制、制度、促进管理入手，切实加强财政监督工作，充分发挥财政监督职能，切实维护财经秩序、规范财政管理、保障资金安全。（马丽丽）

【会计管理】 2021年，和硕县注册登记的代理记账机构2家，推进代理记账业务行政事业单位27个。加强预算单位会计核算、账账相符、账实相符确保账表一致性。（马丽丽）

【国有企业管理】 2021年，和硕县有县属一级国有企业5户，分别为和硕县包尔图农牧业综合发展有限责任公司、和硕县惠民劳务派遣公司、新疆金沙滩旅游发展有限责任公司、和硕县金沙滩物业开发有限责任公司、和硕县金硕资产运营有限责任公司；二级国有企业12户，均为和硕县金硕资产运营有限责任公司下的二级子公司。（马丽丽）

税　务

【税费改革】 2021年，和硕县税务局落实减税降费政策，协调解决税费优惠政策落实工作中的重点、难点、堵点问题，统筹推进落实落细税费优惠政策，确保各项税费优惠政策落地见效。做好落实新出台政策的准备工作，恢复组建减税降费工作专班。注重对纳税人提出有关政策落实存在的问题，合理化建议等信息进行收集汇总、分类梳理，建立税费优惠政策落实处理问题台账。

（朱兵洋）

【税费收入】 2021年，和硕县税务局各项收入49444万元。其中税收收入21904万元，完成全年任务的99.96%，同比降低3.76%。县级税收收入11690万元，完成年度县级税收收入任务的85.89%，同比降低7.92%。社保费收入26311万元，同比增长

14.84%。累计非税收入1229万元，同比增长49.69%。

（朱兵洋）

【社保非税征收】 2021年，和硕县税务局做好社保费征收工作，推进各部门沟通协作、各司其职，紧盯缴费人“急难愁盼”问题，实现网上办、掌上办，推进一厅联办，一窗通办，为广大缴费人提供更加便捷安全高效的服务。全面掌握梳理各执收单位非税收入的收缴动态，做好非税收入的调研和数据采集，提高非税收入征收质效。2021年非税收入1229万元，其中工会经费199万元，水土保持补偿费261万元，教育费附加和地方教育费附加581万元，残疾人就业保障金137万元，建设行政事业性收费收入48万元，税务部门罚没收入3万元。

（朱兵洋）

【联合办税】 2021年，和硕县税务局办税服务厅进驻和硕县行政服务大厅，与市场监督管理局、自然资源局、社保、医保等部门联合办税。和硕县税务局与不动产中心、住建部门实现数据对接传输，推进不动产登记、交易和缴税（费）等网上受理审核，实现相关业务线上一次受理、自动分发、集成办理、一网通办。和硕县税务局积极与人社、医保等部门沟通交流，促成在和硕县行政服务大厅设置“社保、医保专区”，协调解决企业和灵活就业人员办理申报缴费业务时遇到的问题，为缴费人提供“一站式”缴费服务。（朱兵洋）

【税源管理】 2021年，和硕县税务局摸排基础设施及大型工程开工建设时间、招标工程施工单位名称及工程进度、付款额、付款时间，建立工作台账，掌握重点建设项目管理的主动权，逐一建档立卡，会同发改委、财政、水利、代建等部门核实项目信息，由专人负责监控管理，动态掌握辖区内重点建设项目工程进度。对重点税源企业开展横向、全方位、多维度税收分析，查找企业在发展、税收风险等方面存在的突出问题，有针对性地制定相关措施。对新增重点税源企业及时纳入监控管理；开展辖区内土地占用、出让情况摸底调查，核实税款缴纳情况。（朱兵洋）

【税务稽查】 2021年，和硕县税务局加强税收执法监督，通过税务系统下发的风险任务，开展“双随机、一公开”工作，规范“双随机”的方式方法，提高监管效率。强化税务执法内部控制和监督，通过内控系统推送4批次9条疑点数据，税收执法过错责任追究45人次。落实“首违不罚”清单制度，规范58户纳税人轻微违规涉税行为，让税收执法既有力度又有温度。（朱兵洋）

【税收“放管服”】 2021年，和硕县税务局厘清征纳双方权责边界，简化税费优惠享受程序，通过信息共享、部门协查等方式，推动取消一批税务证明事项，推行税收事项容缺办理。优化税务执法和监管，维护公平公正税收环境。执行“首违不罚”清单制度，切实规范行使税务行政处罚裁量权。推进“非接触式”办税，推广电子税务局、“新疆税务”手机APP、新疆税务微信公众号和新疆税务社保缴费小程序，基本实现企业办税缴费事项网上办理、个人办税缴费事项掌上办理。精简出口退税涉税资料报送、简化退税办理流程，将出口退税办理时间压缩至7个工作日以内，实现出口退税业务网上办理。开展“银税互动”活动，鼓励和推动银行依托纳税信用创新信贷产品，深化税务、银行信息互通，缓解小微企业融资难题。

（朱兵洋）

【纳税服务】 2021年，和硕县税务局强化办税服务大厅网络硬件设施的基础管理和维护，践行智慧税务建设，坚持构建法治公平、优质便捷、现代高效的税收营商环境，2021年，自治区纳税人满意度测评排名全区第三。推进便民办税春风行动，推出10类24项72条为民办事举措，提升纳税咨询服务水平，延伸办税服务点，在和硕县龙驹社区设立便民办税服务点，方便纳税人就近办理涉税事项。

（朱兵洋）

【减税降费】 2021年，和硕县税务局精准把握减税降费政策实质，强化宣传辅导，确保纳税人缴费人应享尽享政策红利，结合征管质量5C评价体系，坚持组织收入原则，做到“减”与“征”“两手抓，两手硬”。至年末，和硕县累计减免税收收入1418.69万元，减免其他收入124.98万元。

（朱兵洋）

【复工复产税收优惠政策落实】 2021年，和硕县税务局构建多点开花的减税降费局面，不断优化税收营商环境。税务局工作人员前往规上、列名企业进行政策辅导活动，将企业所得税普惠性政策、扶持就业、促进产业发展等税收优惠政策送到企业心坎上，进行面对面的交流，详细地了解企业的经营状况，国际市场的行情及企业发展遇到的瓶颈，并提供相应的建议和支持。（朱兵洋）

【税收风险管理】 2021年，和硕县税务局简化无风险和低风险企业的涉税业务办理流程，提醒预警或直接阻断高风险企业的涉税业务办理，依托大数据分析进一步提高风险管理效能。（朱兵洋）

市场监督管理

【市场主体概况】 2021年，和硕县有各类市场经营主体6161户，其中各类企业982家、农民专业合作社359家、个体工商户4792户。（市监局）

【信用监督管理】 2021年，和硕县市监局完善食用农产品质量安全产地准出市场准入机制，加强工作衔接，推进农产品质量安全信用体系建设试点，全面推广应用国家农产品质量安全追溯管理信息平台。录入平台70家，其中种植蔬菜合作社13家、种植业公司1家、有机认证酒厂7家，食品有限公司1家、畜牧业合作社25家、农资店23家。

（市监局）

【反垄断和不正当竞争】 2021年，和硕县市监局打击传销和规范直销，加强对直销企业《直销管理条例》及相关直销规定的宣传，指导企业认真履行社会责任，进一步规范直销企业的经营行为，切实维护直销市场秩序。全面开展反垄断和反不正当竞争执法工作，重点检查水、电、气、交通等关系民生的公共服务行业和领域限制竞争行为，对医药、教育教学服务、旅游、工程建设等领域的商业贿赂等行为进行查处。（市监局）

【价格监管】 2021年，和硕县市监局加强口罩、消毒杀菌用品、抗病毒药品及相关医疗器械等防疫用品市场价格监管，密切关注粮油菜肉蛋奶等生活必需品。检查监督药店30家，集贸市场2家、检查粮油副食品商店56家，发放（张贴）提醒告诫书477份，约谈2家蔬菜批发店，不允许涨价超过35%，对捏造散布涨价信息，借机大量囤积市场供应紧张商品、大幅提高销售价格、串通涨价以及其他违反价格法律法规的行为，依法从严从重从快查处。对手机促销活动检查手机经销店5家，未发现价格欺诈行为。加强主要景点门票价格、交通运输价格和停车场收费情况检查。春节期间，检查12家超市、20家猪肉、牛羊肉经销店、113家蔬菜水果店，未发现价格欺诈等违法活动；严厉打击转供电环节违法行为，查处4起转供电违法行为，已经责令转供电主体清退多收的电费7.39万元，罚没款0.88万元。（市监局）

【食品安全监管】 2021年，和硕县市监局年初起草的《和硕县2021年食品安全监管工作要点》，加强全县食品安全重点工作的统筹部署，开展小作坊专项检查行动，开展餐饮行业塑料污染治理工作，联合相关部门开展农民工集体食堂专项整治行动，开展校园周边食品安全专项整治工作，开展旅游景点食品安全专项整治活动，开展食品生产企业安全生产专项整治行动，开展夜市开业专项检查工作；针对乳制品、食用油、鲜肉和肉制品、调味品和食品添加剂、集中消毒餐具等重点品种开展重点食品的集中整治工作，开展“食品安全你点我检”

活动和“食品安全你我同查”抖音直播活动。（市监局）

【农产品质量安全抽检】 2021年，和硕县市监局开展农产品质量安全抽检工作，检测全县蔬菜、水果6120批次，合格率100%。县农产品质量安全检测中心完成自治区下发的文件要求监测90个样品，监督抽查22个样品，累计112个样品，未发现农残超标问题。配合农业农村部食品质量监督石河子检验测试中心、乌鲁木齐市农产品质量安全检测中心开展农畜禽产品质量安全采样监测，采样4次，采集牛奶、鸡肉、猪肉、鸡蛋、牛羊肉、蔬菜等样品177份，检测结果均合格。（市监局）

【网络交易监管】 2021年，和硕县市监局开展网络市场监管行动，针对“5·1”“6·18”网络商品交易，对和硕县的互联网平台开展定向监测。（市监局）

【广告监督管理】 2021年，和硕县市监局加强商标广告监管，对全县300余个注册商标进行审查，监测各类媒介广告发布。对全县20家广告公司逐一宣传，在制作广告时对其内容自查。（市监局）

【质量标准化工作】 2021年，和硕县市监局开展绿色、有机、地理标志农产品生产和认证，推行食用农产品达标合格证制度。推进品种培优、品质提升、品牌打造和标准化生产，创建绿色食品原料标准化生产基地。加强对农产品生产企业、农民专业合作社、家庭农场、种植大户等规模化生产主体的专题培训，组织生产经营者主体参加农业农村部举办的食用农产品合格证制度线上培训，推行食用农产品合格证使用制度，累计发放合格证6500张，共计5万吨。针对非法添加、农药残留等问题，组织开展食品快检，加大快检覆盖面和快检频次，利用食品快检车快检176批次。（市监局）

【知识产权保护】 2021年，和硕县加大知识产权的执法力度，“3·15”消费者权益保护日、“4·26”知识产权宣传周，联合县委宣传部、文化与旅游局及公安部门对全县的书店、印刷厂等销售、印制报纸杂志场所联合检查1次，打击假冒专利产品，维护专利权人权益。（市监局）

【特种设备安全监管】 2021年，和硕县市监局有特种设备使用单位119家、在册设备总数828台，在用设备总数511台（件）、各类锅炉18台，压力容器117台，起重机械60部、厂内机动车辆88辆、电梯228部，其中，重点监控的生产危化品企业1家、重点监控气瓶充装单位18家，设备登记率99.58%、检验率99.79%。成立1个电梯专项检查小组，开展辖区内全覆盖、拉网式排查治理人员密集场所载人电梯、自动扶手电梯等特种设备安全问题。检查电梯使用单位44家，下达监察指令书11份，停用4部超期未检验电梯，停用4家超期未检验起重机械，停用场内机动车辆8辆，停用锅炉8台。召开电梯安全生产工作推进会，与使用单位、维保单位签订特种设备使用单位安全生产主体责任告知承诺书119份。联合州市监局对本县的18个气瓶充装站进行全面检查。配合住建部门，组织全局干部对辖区餐饮行业是否安装燃气报警及切断装置情况进行摸排并建立台账。（市监局）

【药品安全监管】 2021年，和硕县实行退烧类、止咳类、抗菌类、感冒类药品购买实名制信息登记；开展药品、化妆品、医疗器械经营、使用环节的交叉检查，对县域内药品经营使用单位是否销售酚酞片和酚酞含片进行全面排查，对广西凌云县制药有限责任公司生产的复方金银花颗粒清查，对疾控中心、县医院、乡镇卫生院等20家疫苗使用单位的疫苗采购、运输、储存、销售等环节进行专项检查。检查医疗机构30家、诊所5家、零售药店30家，发出责令整改通知书6份，上报药品不良反应105例，医疗器械不良事件报告30例，下架召回酚酞片40瓶，已全部召回药品批发企业。（市监局）

【工业产品质量安全监管】 2021年，和硕县开展农资专项整治工作，组织所有滴灌带、地膜生产企业召开标准贯彻座谈会，检查滴灌带生产企业3家，检查地膜生产企业5家，化肥销售企业2家。集中对两轮、三轮和四轮电动车开展专项整治行动，严格查处非法改装、销售不符合国家强制性标准、未获得3C认证的电动车，以及非法改装、拼装电动自行车的行为。开展家用燃气具及相关产品质量专项整治工作，经检查对无熄火保护装置的17个燃气灶（其中双灶7个、单灶10个），产品标识不全的橡胶和塑料软管239米，不符合结构标准的72个调压器要求下架暂停销售。（市监局）

【纤维质量监督管理】 2021年，和硕县市监局做好棉花质量事中事后监管工作，做好2021年度棉花加工企业基本技术条件核查工作，重点监管企业在收购过程中是否存在收超水棉、超杂棉，是否对异性纤维没有进行清捡，是否在棉花质量收购过程中存在一些违法违规的行为进行监督检查。完成州局纤检科对本县纺织品、婴幼儿纸尿裤、卫生巾等纤维制品9个批次的抽检任务，对抽检结果轻微不合格的三家纺织品厂家，责令整改；对抽检结果不合格的1家超市进行立案查处，罚没款483元。开展口罩质量监管促进口罩质量提升专项整治行动，检查口罩销售企业。进一步规范絮用纤维制品质量，开展絮用制品、纺织品、服装产品安全质量的专项执法检查，严厉打击絮用纤维制品存在无标识或标识不规范、使用禁用物作为生活用絮用纤维制品填充物等“黑心棉”违法行为，保护消费者身体健康，对全县絮用纤维制品进行监督检查，暂未发现违法行为。（市监局）

【标准计量监管】 2021年，和硕县市监局针对县域内电子计价秤，燃油加油机，粮食收购、番茄收购企业的计量器具，食品生产企业、辣椒收购企业，开展免费计量检定；开展“5·20世界计量日”宣传活动。免费检定计量器具553台（件），免收检定费7.52万元。（市监局）

审 计

【审计工作概况】 2021年，和硕县审计局重点抓好财政审计、经济责任审计和自然资源资产离任审计，采取融合式、嵌入式、“1+N”等项目管理方式，统筹安排实施各类审计项目。针对审计中发现的问题，以专题报告或批阅件的形式，呈报县委、县政府，对审计中发现的问题，要逐一制定整改措施，抓好整改落实。（赵 亮）

【政策跟踪审计】 2021年，和硕县审计局推动重大政策措施落实，发挥审计在增进政策叠加效应的监督和促进作用。2021年，主要审计治理乱收费情况、清理拖欠中小企业账款工作等政策措施的落实情况。（赵 亮）

【财政审计】 2021年，和硕县审计局做好预算执行和其他财政收支审计，开展县本级预算执行审计和3个部门预算执行审计，发现绩效评价工作不到位不规范、财政专户沉淀资金、国有资产未及时入账等9个问题，已整改完毕。（赵 亮）

【经济责任审计】 2021年，和硕县审计局深化经济责任审计，2021年，审计红十字会、应急管理局2个部门领导，发现8个问题，已整改完毕。（赵 亮）

【政府投资审计】 2021年，和硕县固定资产投资审计中心对2021年108个政府投资项目进行（跟踪）结算审核，有73个项目审核完毕，其余35个项目进行结算（跟踪）审计。（赵 亮）

【民生及专项资金审计】 2021年，和硕县审计局开展专项审计，重点对2020年度学前三年免费教育政策落实情况、支持旅游发展政策落实情况、2020年自治区公共卫生项目、脱贫攻坚政策落实情况、支持新疆发展资金进行专项审计，反映资金筹集、

管理、使用和相关政策执行中的突出问题。发现18个问题，已整改完毕。（赵　亮）

【项目稽查】　2021年，和硕县审计局加强政府投资项目管理，对关系全局性、战略性、基础性的重大公共基础设施工程加强审计监督，针对教育、卫生、住建、水利、交通等社会关注度高的建设领域，开展专项督查，全过程跟踪审计，巴州和硕县危须河中型灌区骨干工程节水改造项目、和硕县布茨河中型灌区骨干工程节水改造项目等6个项目开展项目稽查19次，对稽查中发现的问题，逐一进行核实，责令限期整改。（赵　亮）

【固定资产投资审计】　2021年，和硕县固定资产投资审计中心对108个政府投资项目进行（跟踪）结算审核，已有73个项目审核完毕，其余项目结算（跟踪）审计项目仍在进行中，监督工程质量和投资效益，防止财政资金的流失。（赵　亮）

【审计成果运用】　2021年，和硕县委审计委员会及办公室召开3次会议，协调推进重大事项、重点工作、重点任务，听取《和硕县2020年审计工作情况汇报》；审议通过《和硕县2021年审计项目计划》《2020年度财政决算及其他财政收支情况审计发现问题整改方案》《2020年度和硕县本级预算执行和其他财政收支情况审计报告》《和硕县委审计委员会2021年工作总结和2022年工作计划》《重大政策措施落实情况报告》以及3个经济责任审计报告等工作。

【审计能力建设】　2021年，和硕县审计局健全完善议事工作规则和制度，确保重要审计情况、重要审计报告、重大违纪违法问题及其处理意见，首先向本级党委审计委员会报告。强化全县审计工作统筹和管理，优化审计组织方式，合理配置审计资源，审计计划与审计资源的匹配，确保审计计划协同实施。强化审计与组织人事、纪检监察、公安、检察以及其他有关主管单位的协调配合，建立工作协调机制。落实被审计单位、政府、主管单位、审计机关各自整改职责，对审计发现问题整改情况跟踪督促。（赵　亮）

统　计

【企业升规入统】　2021年，和硕县完成升规入统企业10家，其中工业6家，建筑业2家，贸易业2家。工业升规入统情况：和硕县玉刚石材有限责任公司、和硕县鑫磊矿业有限公司、新疆川宏石材有限公司、新疆鑫生达矿业有限公司、新疆宏运生物科技有限公司、和硕县超凡农产品有限责任公司等6家企业，符合营业收入超过2000万元升规入统条件，已完成升规入统。建筑业升规入统情况：新疆融汇建安建设工程有限公司、新疆新创建设工程股份有限公司等2家企业符合升规入统条件，已完成升规入统。贸易业升规入统情况：新疆龙庭温泉酒店有限责任公司、和硕县同信农产品商贸有限公司等2家企业符合升规入统条件，已完成升规入统。（铁尔巴图）

【统计分析服务】　2020年，和硕县统计局强化对经济运行和社会发展状况的统计监测，坚持每月分专业召开经济运行研判会，每季召开经济形势分析会，做到月初报数、月中分析、月底预测，为党委、政府科学决策提供服务。每月及时发布《经济运行》，将经济运行情况送到党委、政府、人大、政协四套领导班子手中；编印《统计年鉴》《领导干部手册》，及时发放到全县各行政企事业单位。（铁尔巴图）

【统计数据发布】　2021年，和硕县统计局发布《和硕县国民经济运行和社会发展统计公报》《统计年鉴》《领导干部手册》；月度发布《经济运行》，日常向上级统计部门和县领导及社会各界提供所需的统计调查资料。（铁尔巴图）

【数据质量研判分析】 2021年，和硕县深化统计管理体制改革，树牢统计法治意识，夯实统计基层基础，强化部门间协作配合，及时解决工作中面临的重大问题，强化统计工作组织体系、工作体系、责任体系，提高统计数据的真实性、准确性和科学性。根据《和硕统计工作联席会议机制》，研究分析全县经济发展有关重要统计数据，审核各成员单位统计数据。协调解决跨部门、跨行业的统计工作。

（铁尔巴图）

【统计规范化建设】 2021年，和硕县统计局针对换届选举人员变动较大的实际情况，监督完善乡镇农村合作经济（统计）发展服务中心（财政所）人员的落实，要求各乡镇确定1名分管统计领导，配备至少2名专职统计人员，对乡镇新换分管领导进行专班统计法律法规培训。开展乡镇统计人员岗位知识培训。（铁尔巴图）

【统计执法】 2021年，和硕县统计局依据《巴州防范和惩治统计造假弄虚作假情况反馈意见整改方案》，年初制定和硕县统计自查工作方案，组合全县、州统计局“双随机、一公开”，开展统计执法检查。成立2个检查组，联合州局力量对县域55家企事业单位、26个投资项目开展统计数据质量自查及执法检查，检查中发现7家单位存在数据质量有问题，后对其立案处理并处罚款。（铁尔巴图）

【统计普法】 2021年，和硕县抓好领导干部学法用法。主动同县委组织部、党校对接，将统计法律法规及统计业务知识纳入县委党校主体班培训课程。抓好统计调查对象学法用法，利用专业培训会、年定报培训会等培训会议，把统计法治列入培训课程体系。结合统计执法检查、“双随机”抽查、调研，向统计调查对象开展点对点、面对面的统计普法教育。推行统计法律告知书制度，明确统计调查对象报送统计资料的种类、时间、方式以及权利、义务和法律责任。结合各项普查、大型调查和“12·4”宪法日、“9·20”统计开放日、“12·8”《中华人民共和国统计法》颁布实施纪念日等特殊时段和法治宣传节点，整合各类资源，利用网络、移动通信、和硕零距离等大众媒体，面向社会公众开展形式多样的普法宣传，营造依法统计、真实统计的良好社会氛围。

（铁尔巴图）

农业·水利

综 述

【党委农村工作会议】 2021年7月14日，召开和硕县党委农村工作领导小组会议。会议要求成立2个督查组，深入乡镇、村（社区）重点围绕农村人居环境整治、卫生改厕、庭院经济发展、村庄美化、林业有害生物防治等七个方面督导，对城乡接合部、兵地接合部、国省道沿线乡村环境卫生进行抽查。会议宣读《和硕县推进人居环境整治工作方案》《和硕县农村厕所革命“百日攻坚”行动方案》。会议要求统筹推进巩固脱贫攻坚成果与乡村振兴有效衔接，用活用好经验做法，实施乡村建设，整合资源、完善举措、广泛动员，推进县域农村人居环境整治，促进城镇基础设施向农村延伸、基本公共服务向农村覆盖，实现农村人居环境干净整洁有序。

（陈绍俊）

【农业经济发展与结构调整】 2021年，和硕县农业发展按照“稳粮、退棉、优红、提升设施农业（庭院经济）”的工作思路，优化农业生产力布局，深入推进农业绿色化、优质化、特色化、品牌化，加快发展粮经饲统筹、种养加一体、农林牧渔结合的现代农业，推动农业由增产导向转向提质导向，提升农产品有效供给质量，促进农业结构不断优化升级。实施稳粮、退棉、优红。全年完成农林牧渔业总产值28.28亿元，同比增长6.9%。其中，农业产值20.24亿元，同比增长5.9%；畜牧业产值5.92亿元，同比增长10.3%；农林牧渔服务业产值1.7亿元，同比增长12%。

稳粮。调整优化粮食品种结构，调减过剩粮食品种种植面积，推进优质高效高产粮田建设，提升粮食综合生产能力，减少普通小麦品种种植，大力推广强筋、富硒、有机小麦品种，支持玉米种植，扩大青贮和特种玉米种植面积，推广高赖氨酸饲料品种、高含油品种、高含糖率食用玉米品种，保障加工原料和饲草料供给。

退棉。发展规模化种植、标准化生产，推广棉花优质高产抗病品种，推广模式化栽培技术、精准施肥、科学水肥耦合和化学调控等措施，提高优质皮棉比例，重点推广新陆早57号、61号、73号等主栽品种。扩大机采棉种植规模，坚持机采棉“农机农艺”配套，提升棉花机采水平，降低棉花生产成本，2021年，棉花机采棉率97.5%。

优红。实行区域化布局，实现加工番茄、加工辣椒规模化、基地化、标准化生产。重点加大加工番茄、加工辣椒新品种筛选、推广及产业化技术，推进加工番茄、加工辣椒生产全程机械化。通过辣椒新品种筛选试验示范，推选出适合和硕县辣椒种植的裕红113、裕红115、辛红1807三个品种。

提升设施农业（庭院经济）。重点开展设施蔬菜、瓜果、食用菌等新优品种引种、选育和培育，良种良法配套栽培技术集成与关键技术科研攻关，加快推广普及优良品种、育苗、无土栽培、节水灌溉、配方施肥、昆虫授粉、生物防治、设施环境控制等关键技术，提升蔬菜产业整体生产能力和竞争力，加快全县老旧日光温室改造提升，新建大棚102座，种植蔬菜1233.34公顷（陆地蔬菜106.67公顷、大棚蔬菜1126.67公顷），总产量达11.03万吨。发展农业庭院经济，推行"4+2+N"庭院经济发展模式，建立庭院农产品配送机制，打通庭院农产品销售渠道，庭院种植养殖"一乡一业""一村一品"率达30%以上，发展庭院经济4500户，创建庭院经济示范户600户。（柘　丽）

【特色经济作物发展】 和硕县水土资源丰富，日照充足，无霜期较长，昼夜温差大，特别适合果蔬的生长。和硕县的经济作物主要以工业辣椒、加工番茄为主，以西甜瓜、酥瓜、食用菌等地方土特产和小品种、陆地蔬菜、小杂粮、食葵、中药材等特色农作物为辅经济作物产业布局。和硕县的工业辣椒经济效益突显，2021年种植面积5380公顷，占全县的播种面积的16.4%，亩产鲜重3210千克，总产25.91万吨，品种优化、品质好、色价理想，为和硕县的农业支柱产业。（陈晓丽）

【"两品一标"认证】 2021年，和硕县围绕特色农业开展"两品一标"认证，全县认证"两品一标"企业或合作社8家，其中绿色食品1个、有机酒厂7家。"两品一标"认证增长率7%。县农业农村局组织农技中心和农产品检测中心入企业、生产基地及市场，检查市场5次，检查产品36个次，抽检合格率达100%。全县未发生"两品一标"质量安全事件，切实维护"两品一标"品牌公信力。（美克热班）

【植物检疫（种植业）】 2021年，和硕县农业技术推广中心站对在和硕县开展冬春小麦制种的4家制种企业的4个冬春麦品种进行田间检疫并发放植物检疫证，对在和硕县开展棉花制种的两家棉花制种企业的2个棉花品种、玉米制种的1家玉米制种企业制种田的12个玉米品种进行田间检疫并发放植物检疫证。（陈晓丽）

【农民科技培训】 2021年，和硕县农业农村局利用科技之冬、科普活动在农牧民农闲季节，通过集中开班、科技下乡、开办农民田间学校，开展农业科技培训和服务活动，全县共开展农民技术培训746次，培训农牧民17554人次。培训人员有粮食生产大户，科技示范户，庭院种植，特色种植，养殖大户。培训内容有冬麦种植管理、小麦田间管理办法、特色栽培技术、农产品计量安全、畜牧防疫知识、惠农政策等知识，提升农牧民专业合作社信息化服务水平，增强合作社的引导和带动能力，提高农牧民整体素质。（阿曼古丽·努拉洪）

【高素质农民培育】 2021年，和硕县农业农村局利用中央培训项目资金43万元，开展新型农业经营主体培训3个班次，遴选和硕县宋亿农业有限公司、和硕县阿里木农民养殖合作社、县农技中心实验基地作为实训基地。招收农民学员150人，主要有现代农业经营与管理、农民素养与现代生活、农产品电子商务、法律基础与农村法规、《农业作物栽培技术》、《蔬菜种植技术》、《畜牧养殖技术》等10余种课程，并组织培训班学员赴和硕县各乡镇、和静县进行参观考察学习。依托云上智农、田园信息等平台进行线上培训，形成多方参与的线上线下农民教育培训服务体系。2021年，完成培训学员150人，其中新型农业经营主体负责人培训50人、庭院经济培训100人。（阿曼古丽·努拉洪）

【农业综合执法】 2021年，和硕县农业农村局推进依法行政、依法治农进程，狠抓规范化建设，加强农业综合行政执法力度，加大涉农法律法规的宣传力度，提高农资经营人员和各族群众的法律意识。全年接受咨询400人次，发放各类农业法律知识等宣传资料4180余份。做好农资市场监管。对种子、农药、化肥、地膜、兽药饲料及添加剂、渔业、农机配件等方面进行全覆盖监督检查，全年开展市场整顿73次，出动执法人员304人次，检查生产经营场所329店次，督促各生产经营场所严格按照管理规范开展生产经营活动、建立健全各项生产经营台账。未发现违法行为。做好动物防疫检疫、屠宰监管、流通环节动物卫生监督检查和畜禽产品质量安全监测工作。全年完成动物产地检疫84.51万头（只、羽），出具动物检疫合格证明3218张；对和硕县动物和动物产品运输车辆进行审查和登记备案，备案动物和动物产品运输车辆75辆；为52人次办理引进动物备案手续；举办3期全县动物检疫和动物防疫培训。联合农机、公安、交通等部门共同开展农村道路交通秩序专项整治行动，全面检查无牌行驶、无证驾驶、脱检漏审等违法行为，坚决遏制重特大农机事故发生，确保农机生产安全。出动农机执法人员约412人次，检查农机825台次，排查农机隐患218个，报废拖拉机20台、涉及农户20户。全年查处违法行为8起，行政处罚金3200元。

（武俊霞）

【农产品产业融合示范区】 2021年，和硕县实施农产品产业融合示范区建设项目，建设年限为2021—2022年，建设用地面积48.73公顷。其中，电子商务9092平方米，中试车间1.64万平方米，生产车间32.75万平方米，仓库10.91万平方米，污水处理4300平方米。项目投资总额2.4亿元，地方政府专项债券1.9亿万元、中央预算内投资0.5亿元。

（杨延斌）

【辣椒新品种试验区】 2021年，和硕县在乌什塔拉乡沙井子村建立和硕县新品种试验基地，该示范基地面积23.33公顷，其中辣椒新品种试验面积3.33公顷，辣椒高产示范面积17.33公顷。辣椒新品种试验区，试种30个辣椒新品种，通过辣椒新品种对比试验，选择出适宜县域种植的高产优质的辣椒新品种3个（裕红115、裕红113、辛红1807）；建立6个辣椒高产示范区，通过辣椒高产示范种植，探索辣椒高产栽培措施。示范基地综合配套农艺技术有钵盘育苗技术、化肥减量增效技术、水肥一体化技术、病虫害绿色防控技术等。（陈晓丽）

【高标准农田建设】 2021年，和硕县高标准农田建设项目，总投资9600万元，配套建设0.53万公顷农田，其中高效节水项目区面积0.27万公顷，高标准农田项目区面积0.27万公顷，涉及6个乡镇，位于和硕县新塔热乡、苏哈特乡、塔哈其镇、曲惠镇、乌什塔拉乡、清水河农场。项目主要建设内容包括土地平整面积930.73公顷；新建高效节水面积3231.87公顷；改善高效节水面积1819.8公顷，配套沉砂池及附属设施70座；防渗改造斗渠27.13千米；修建田间道路6.58千米；补植防护林43.73公顷；土壤改良400公顷。推广防护林抚育管理技术、配备太阳能杀虫灯等。

（汪梦露）

【池塘养殖】 2021年，和硕县从事池塘养殖的养殖户1家，养殖水面面积0.27公顷。经营模式为水产养殖同时开展休闲垂钓经营。2021年，产鱼1吨左右，批发价15元/千克，营业收入1.5万元。全年接待休闲垂钓约330人次，营业额3.3万元。纯收入约2.6万元。（唐　云）

乡村振兴

【实施乡村振兴战略】 2021年，和硕县以产业兴旺为核心，提升现代农业发展水平，优化产业布局和种植结构；落实葡萄、新梅标准化管理技术规范，推进林果业提质增效；优化牲畜种群结构，提高良种覆盖率，推动畜牧业高质量发展；大力发展设施农业，坚持发展全域旅游，深化农村产权制度改革；全面推动乡村人才振兴，培育新型职业农民，积极引导返乡创业，实施农村“领头雁”工程；持续改善农村人居环境，推进厕所革命，高效治理农村生活垃圾和生活污水；实施乡村建设行动，构建新时代乡村治理体系，提升农村劳动力就业质量，发展产业带动就业。为乡村振兴提供充足资金保障。

（桑仁高娃）

【乡村建设行动】 2021年，和硕县完成19个村庄规划初步编制，推进乡村“多规合一”。投入1800

余万元实施农村电网改造升级，村村通动力电达到100%，实现农村生产生活用电从“用上电”向“用好电”转变。实施网络覆盖工程，补齐农村互联网基础设施短板，建设5G基站20个，网络和通信信息信号覆盖率达100%。推进“四好农村路”建设，制定《和硕县全面推行农村公路路长制工作实施方案》，实施新改建农村公路66.9千米、安全生命防护工程46.88千米，建制村通硬化路率达100%。实施住房安全巩固提升工程，制定《和硕县农村住房安全动态监测及日常监管工作实施方案》，农村住房安全排查鉴定覆盖9563户农户，新建富民安居房40户。推进农村饮水安全巩固提升工程，农村自来水普及率达99%以上，投入96.9万元实施饮水安全巩固提升项目，农村安全饮水保障能力进一步提升。实施“快递进村社区”工程，健全完善农村物流体系，高标准完成县域物流节点覆盖率高于40%、农村物流节点覆盖率高于30%、村级物流节点覆盖率高于10%的建设任务，25个建制村邮政快递通达率达100%。大力实施高标准农田建设，投入资金9600万元完成0.27万公顷高效节水工程和0.27万公顷高标准农田建设，现代农业基础进一步夯实。

（桑仁高娃）

【乡村振兴示范区建设】 2021年，和硕县苏哈特乡苏哈特村、新塔热乡新塔村、乃仁克尔乡乌勒泽特村3个村被自治区确定为乡村振兴示范村。县委、县人民政府重点关注乡村振兴示范点的基础设施和公共服务设施，高起点、高标准谋划示范村创建项目。投入2860万元在苏哈特村实施农牧民服务中心基础设施建设项目和观光温室大棚建设项目，投入2550万元在新塔热村实施人居环境整治项目和实施山鸡养殖项目。（桑仁高娃）

【庭院经济发展】 2021年，和硕县把发展农村庭院经济作为乡村振兴重要产业之一，采取“龙头企业+合作社+农户”庭院经济发展模式，鼓励和支持龙头企业与庭院种养专业合作社进行产销对接，连接农民与市场。全县发展农村庭院经济总户数为4659户，庭院经济总面积379.53公顷，其中庭院经济示范户770户。发展庭院蔬菜种植2308户，发展林果业种植779户，发展庭院畜禽养殖1378户，农牧家乐乡村旅游38户，小作坊和手工业等加工18户，其他403户。

庭院经济发展思路。结合县域实际，提出发展庭院经济的工作思路，即推行“庭院经济＋”模式，坚持发展以林果、养殖为主，种植为辅，把发展乡村休闲旅游等作为农业农村经济发展新的增长点。全年，发展农村庭院经济4500户以上，培育示范户600户以上，一村一品率达到30%以上。农业农村局派出27名技术人员，开展包乡包村包户的服务工作，为庭院经济发展提供全方位的技术服务。

庭院经济发展规划。依据“一乡一业”、产业基础和特色优势，制定“一村一品”发展规划。推行“4+2+N”庭院经济发展模式（“4”即生活区、种植区、养殖区、杂物区“四区分离”；“2”即每户有一架葡萄或葫芦和一座卫生厕所；“N”即通过算账对比、市场需求、农牧民特长，确定发展庭院经济重点，推进一个蔬菜小拱棚或菜园、一架葡萄、一个菜窖、一片小果园、一个鸡鸭舍、一个鸽子笼、一个馕坑等），实现农牧民收入来源多元化，有效解决群众院落“脏、乱、差”问题，让农牧民享受更多庭院经济发展的红利。

庭院经济资金支持。和硕县制定出台《和硕县农村庭院经济发展提质增效贷款贴息实施方案》，财政配套200万元专项资金用于全县农村庭院经济发展贴息资金，为期贴息三年，贷款额度2万~20万元不等，重点扶持发展庭院养殖、设施农林业、农产品配送、农牧家乐等。至年末，全县发放庭院经济第一批贷款151户907万元，其中农家乐5户，特色养殖1户，配菜点3户，小拱棚1户，其他均为养殖户。

（陈绍俊）

【农村人居环境整治】 2021年，和硕县累计发动干部群众12万余人次，清理农村生活垃圾3万余吨，清理畜禽养殖粪污等农业生产废弃物2770吨，开展进村入户宣传教育592场次、7万余人次，发放宣传资料6900余份，张贴宣传标语644条。县委印发《关于开展冬季“大宣讲、大走访、夯基础、促增收、乡村美”百日专项活动的实施方案》，开展环境卫生整治，各乡镇完成国省道沿线、城乡接合部、兵地接合部、乡村主干道环境卫生整治工作，累计发动干部群众3万余人次，出动挖掘机、铲车等大型机械以及其他各种车辆1000台（辆）次，整治乡村面貌。实施人居环境整治项目（其中，祖鲁门苏勒村人居环境整治项目，投入240万元；浩尧尔莫敦村人居环境整治项目，投入167万元；阿尔文德尔文村人居环境整治项目，投入658万元；艾勒斯特村人居环境整治项目，投入320万元；艾勒斯特村农村道路建设项目，投入256.53万元），5个项目已完工。

（陈绍俊）

【惠农补贴】 *农机购置补贴。* 2021年，上级下达农机购置补贴资金472.75万元。发放农机购置补贴资金472.92万元，农机具购机总价1556.27万元，受益户155户，补贴机具193台（其中，农机购置补贴资金463.99万元，农机具购机总价1556.28万元，受益户138户，补贴机具173台。农机报废更新补贴资金8.93万元，受益户17户，报废机具20台），通过“一卡通”及时将资金发放到受益户。下达农机深松作业补助75万元，完成深松作业面积148.67公顷，发放深松补贴资金66.9万元。

耕地地力保护补贴。 2021年，和硕县发放农作物耕地地力保护补贴资金1855.13万元，覆盖四乡三镇一场1816户农民，补贴面积1.71万公顷。其中冬小麦220元/亩、457户，补贴面积4293.33公顷；春小麦115元/亩、106户，补贴面积633.33公顷；籽粒玉米18元/亩、1253户，补贴面积1.22万公顷。

轮作休耕补贴。 2021年，发放轮作休耕补贴资金300万元，补贴标准150元/亩，户数208户，补贴面积1333.33公顷。

草原生态保护补助奖励。 2021年，和硕县发放草原生态保护补助奖励资金2202.47万元，覆盖农牧民681户（含新疆清源农业发展有限公司80户草原生态保护补贴奖励资金36.25万元）。禁牧面积15万公顷，草畜平衡面积（含新疆清源农业发展有限公司9666.67公顷）22.73万公顷。

（孟克吉日格）

【新型经营主体培育】 *龙头企业。* 2021年，和硕县有农产品加工等企业达42家，自治州级以上农业产业化龙头企业14家，其中国家级龙头企业2家、自治区级龙头企业4家、自治州级龙头企业8家。

农民专业合作社。 2021年，和硕县在工商部门登记注册的各类农民专业合作社357个，其中养殖业150个、种植业171个、农机服务22个、手工品服饰制作等其他14个。国家级示范社2个、自治区级示范社15个、自治州级示范社24个，其中2021年新增自治州级示范社15个。

家庭农场。 2021年，在工商部门登记注册的各类家庭农场48个，其中养殖业17个、种植业31个。自治区级示范家庭农场3个，2021年，新增自治州级示范家庭农场14个。

（宋　云）

【农村土地承包经营权流转】 2021年，和硕县土地流转的形式主要为转让、转包等，流转渠道主要是种植大户、合作社、家庭农场、企业等。全县流转土地面积1.70万公顷，占耕地种植面积的64.66%，流转户数4147户；其中，脱贫户流转面积1097.4公顷，流转户数704户。土地流转范围：全县集体二轮承包地土地流转面积4726.67公顷，流转户数2903户，占全县集体二轮承包地面积的85.1%；流入种植大户面积1833.33公顷，流入企业面积1330.07公顷，流入合作社1081.67公顷、家庭农场481.33公顷；全县国有土地流转面积1.23万公顷，流转户数1244户，占全县国有土地面积的59.2%；流入种植大户面积7519.87公顷，流入合作社面积65.07公顷，流入企业面积4732.13公顷。

（宋　云）

【农村集体产权制度改革】 2021年，和硕县27个村（社区）全部完成清产核资、界定成员身份、股权设置量化、股份经济合作社登记赋码、开设银行账户等工作，全县认定成员身份8532户27070人，量化资产总额6321.35万元，成立股份合作社27个，27

个村（社区）开设银行账户，打印股权证8532本，完成比例100%，村（社区）集体经济股份合作社收益分红方案通过县、乡、村三级审核。乃仁克尔乡艾迪恩阿门村、本布图村，乌什塔拉乡大涝坝村3个村，向农民成员分红36.7万元，1122名农牧民享受改革红利。（宋　云）

【壮大村级集体经济】　2021年，和硕县委出台《和硕县发展壮大村级集体经济效益奖励资金使用管理办法（试行）》，每年将经营性收入的20%用于奖励村干部，充分激发村干部壮大村级集体经济内生动力。全县集体经济收入为942.42万元，全县25个行政村集体经济收入达50万元以上的5个，占比20%；30万~50万元的8个，占比32%；20万~30万元的12个，占比48%。（闫翠雪）

【农村改厕】　2021年，和硕县农业农村局抓好全县农村户厕摸排工作，9月9日，正式启动农村户厕摸排工作，共计摸排户数10798户，各类厕所12242座，其中旱厕8304座，占比67.8%；水冲式厕所2734座，占比22.3%；简易传统茅厕1128座，占比9.2%。通过实地走访摸排统计，旱厕及水冲式厕所中户厕不能使用的105座，占比0.9%，户厕不能全年使用的111座，占比1%；户厕能正常使用的10839座，占比98%。摸排厕屋、厕具、粪池等各类户厕问题计41880个，全年新建卫生户厕162座。制定“十四五”摸排整改方案，推进“2＋N”农村改厕模式，开展农村卫生户厕问题整改。2022年，推行“小型污水处理站+污水管网”“大三格+定期清运粪污”两种建设模式，投入2700万元完成3个村水冲式厕所建设。（陈绍俊）

种植业

【种植业概况】　2021年，和硕县农作物播种面积3.28万公顷，同比增长4.08%，作物种植结构日趋优化，其中粮食作物播种面积1.64万公顷，同比增长32.86%；经济作物播种面积1.39万公顷，同比下降25.2%。土地规模经营加快发展，流转土地面积达1.67万公顷。（黄　晶）

【粮食作物种植】　2021年，和硕县粮食作物播种面积1.64万公顷，同比增长32.86%，占农作物播种面积的54.41%。其中，小麦0.49万公顷，同比增长12.13%，小麦产量3.62万吨，同比增长15.28%；玉米1.09万公顷，同比增长41.32%，产量11.64万吨，同比增长44.08%；谷子380公顷，同比增长70.35%，产量0.26万吨，同比增长64.35%；薯类273.33公顷，同比增长327.6%。（统计公报）

【色素辣椒种植】　2021年，和硕县辣椒种植面积5380公顷，亩产鲜重3210千克，总产25.91万吨。主要以色素辣椒种植为主，县域内共有辣椒加工企业10家，其中生产辣椒颗粒企业9家，鲜食辣椒加工企业1家，2021年生产辣椒颗粒1.8万吨。

（陈晓丽）

【冬小麦亩产创新高】　2021年，和硕县冬小麦种植面积4340公顷，冬小麦选用新品种主要有新冬22号种植面积4300公顷，新冬52号种植面积40公顷。全县冬小麦平均单产为552.4千克，较2020年亩单产增加9.4千克。最高单产814.79千克/亩，再创全州最高，种植品种为新冬52号。（陈晓丽）

【设施蔬菜种植】　2021年，和硕县坚持发展设施农业，采取“春提早、秋延晚”蔬菜生产模式，主要以茄子、葫芦瓜、黄瓜等果菜为主，全县有温室大棚3018座（按标准棚计算8441座），占地面积4053.33公顷。其中：正常投入使用的温室大棚2769座，生产面积504.2公顷；废弃温室大棚197座，占地面积70.93公顷；空棚52座，占地面积14.13公顷。有小拱棚652座，生产面积35公顷。全县温室大棚年产蔬菜8.7万吨；小拱棚年产蔬菜0.4万吨。设施蔬菜总产量9.1万吨，产值达1.7亿元，占农业总产值的6%。

（陈晓丽）

【棉花种植】 2021年，和硕县棉花种植面积1460公顷，全部实现机械化播种，机械化收获面积1280公顷，籽棉的平均收购价格为8.7元/千克，皮棉平均单产130千克，平均衣分率39%，棉花农业总产值达2482万元。和硕县主栽有新陆早61号、新陆早67号和新陆早42号等3个适应性表现较好的品种。

（陈晓丽）

【加工番茄种植】 2021年，全县种植加工番茄面积273.33公顷，全部为订单产业，平均每亩单产达7800千克。种植的加工番茄主要销售到新疆丁丁食品有限责任公司、和硕县国忠食品开发有限责任公司、新疆宏景清真食品股份有限公司。（陈晓丽）

【甜菜种植】 2021年，和硕县甜菜种植面积255.8公顷，全部实现机械化播种及机械化采收，甜菜单产5.2吨/亩，甜菜收购价格为540吨/元，甜菜总产达1.99万吨，实现农业总产值1077.42万元，糖丝含糖量13.5%，平均产糖率11%。（陈晓丽）

【中药材种植】 2021年，和硕县种植黄芩、板蓝根、防风等药材近1333.33公顷，其中黄芩800公顷，枸杞40公顷，板蓝根66.67公顷，其他药材40公顷。种植甘草340公顷，同比下降23.75%，收获面积286.67公顷，产量5708吨。（陈晓丽）

【节水农作物种植】 2021年，和硕县改变种植结构，扩大“张杂谷”等节水作物的种植，大力推广膜下节水灌溉技术，使各类作物用水量比漫灌节水量节约25%左右；引进抗旱品种，推广膜下滴管、喷灌和水肥一体化技术，降低用水次数和水分蒸发、渗漏，提高土壤保水性；粮食作物、经济作物膜下节水灌溉达到98%以上。（陈晓丽）

【“张杂谷”推广】 2021年，和硕县的节水作物谷子（张杂谷）种植面积发展到713.53公顷，单产水平提高420千克。种植谷子较种植其他粮食作物节约用水（沙土地120立方米左右）（黏土地230立方米左右）。张家口市前指加大“张杂谷”产业援助力度，扩大产业链条向纵深发展。邀请张家口农科院专家成立谷子研究所分院，张家口专家团队常驻开展科研工作，逐步将“张杂谷”种植向全疆推广，形成规模优势，2021年，全疆种植面积达0.66万公顷。推动张家口农科院与“天山小米”进行股改，促进产业做大做强。将“张家口杂交谷子新疆发展分院建设及张杂谷产品深加工项目”纳入“十四五”援疆项目中，投资达300万元。（陈晓丽）

【育种基地建设】 2021年，和硕县做好自治区“四个百万亩”制种基地确认及制种工作。申报和硕县“四个百万亩”制种基地，经过层层审核把关，认定和硕县“四个百万亩”制种基地800公顷，主要包括小麦666.67公顷、特色农作物133.33公顷，基地分布在曲惠镇冬都呼都格村、新塔热乡新塔热村、新塔热乡布茨恩查干村和新塔热乡则格德恩阿茨村，制种企业为新疆新投绿环种植有限责任公司和新疆大疆和农业科技有限公司。（武俊霞）

【种子管理】 2021年，和硕县农业农村局规范种子生产经营秩序，保障农业生产特别是春耕生产用种安全。做好农业转基因生物安全监管工作和种子质量检验检测工作。分别从农作物种子经营门店和大田玉米转基因成分排查和检测监测两方面着手，共计扦样玉米30份，涉及品种9个，经转基因速测均为阴性；对县域辖区内种植的玉米进行取样检测，共计扦样玉米植株叶片350份，检测面积7242.6公顷，检验结果均为阴性，未发现有生产、扩繁、销售转基因玉米情况。扦样袋装蔬菜种子12袋，涉及品种12个，全部开展芽率的检测，所有抽样种子综合判定为合格。做好种子生产经营备案指导和审核工作。全年受理审核并发放备案64个，发放备案单64份，其中包括委托代销种子备案11个，经营不分装种子备案40个，农作物种子生产备案13个。和硕县农业农村局对8家种子生产业的30个种子生产繁育基地进行抽检，总体质量状况良好。

（武俊霞）

【种质资源普查与保护】 2021年，和硕县农业农村局协助做好种质资源普查与保护工作。与中科院人员共同对县域各乡镇村的种子资源进行普查和收集保存，共计征集农作物种质资源60份，经初步筛选后提交农作物种质资源的有47份，包括番茄、辣椒、豌豆、孜然、韭菜、玉米等近20份。

（武俊霞）

【良种繁育】 2021年，和硕县制种面积1301.2公顷，其中包括小麦893.33公顷、棉花399.2公顷、孜然8.67公顷。冬小麦和春小麦制种面积89.33公顷，其中新冬22号613.33公顷，新春26号133.33公顷，新冬55号80公顷，新春37号66.67公顷；棉花制种面积399.2公顷，其中金科20品种232.53公顷，新陆早59号166.67公顷；孜然制种面积8.67公顷，其中多贝地孜然4公顷，新孜然九号4.67公顷。另有玉米和辣椒制种试验示范田，面积约为18公顷，玉米包括先玉335、郑单958、佳玉538、迪卡519、泛玉298、富尔A2636、延科368、卓农89、九玉J03、潞玉1572等10个对比品种，辣椒为红龙23号。 （武俊霞）

【新品种引进】 和硕县农业农村局促进本县玉米和辣椒产业稳定发展，提升玉米、辣椒产量和品种，丰富玉米和辣椒的优质种源，2021年，试种33个玉米新品种，通过玉米新品种对比试验，选择出适宜本县种植的高产优质玉米新品种3个（先玉1483、新玉78、新玉99）。试种30个辣椒新品种，通过辣椒新品种对比试验，选择出适宜本县种植的高产优质的辣椒新品种3个（裕红115、裕红113、辛红1807）；建立6个辣椒高产示范区，通过辣椒高产示范种植，探索辣椒高产栽培措施。该示范基地综合配套农艺技术有钵盘育苗技术、化肥减量增效技术、水肥一体化技术、病虫害绿色防控技术等。对谷子的7个品种开展新品种对比试验，筛选出适合本地高产优质品种3个（沁州黄2号、沁州黄5号、沁州黄7号）品种。 （武俊霞）

【农业技术服务推广】 2021年，和硕县农业农村局在编在岗农技人员参与基层农技推广补助项目包村联户服务工作，参与率100%。包村联户农技指导员联系村27个，覆盖率100%。全年服务科技示范户160户，辐射带动周边1000余户农户增收。推介发布和硕县农业主推技术6项。围绕小麦、玉米、棉花、谷子等特色产业，建立农业科技示范基地2个。针对包村联户的21名农技人员开展为期五天的脱产培训。全县农技人员“中国农技推广”APP使用率超过85%。 （陈晓丽）

【技术人员培训】 2021年，和硕县农业农村局利用全国农业远程教育平台参加2021年农业科技人员知识更新培训网络课程14期，累计126人次；参加自治区组织的大田作物病虫害绿色防控技术培训班1人、天山沃土计划培训班2人，参加州级巴州化肥减量增效工作培训班2人、巴州《基层农技推广体系改革与建设》培训班4人、巴州耕地质量监测网络建设培训班2人、巴州化肥减量增效工作培训班3人，2021年巴州农作物主要病虫害中后期发生趋势会商会议2人。9月26—30日，和硕县农业农村局组织农业、畜牧和农机等22名基层农技人员接受连续5天脱产业务培训，进一步提升服务能力。完成“中国农技推广”APP信息平台使用率，开展和硕县农业、畜牧、农机县乡两级技术人员培训班，建立微信群，进一步促进广大专业技术人员知识更新。

（陈晓丽）

【科技项目申报】 2021年，和硕县农业技术推广中心有2名技术人员申报科技特派员项目，其中1人申报的2021年特色作物甜叶菊推广项目获得自治区级科技特派员项目，1人申报的韭菜种植推广项目获得自治州级科技特派员项目。 （陈晓丽）

【先进适用技术推广】 2021年，和硕县农业农村局组织开展本县主导品种和主推技术遴选工作，制定和发布主推品种和主推技术汇编成册500余份，发放到农牧民手中。主推技术为干播湿出技术、高标准节水灌溉技术、精量播种技术、适时化控技术、测土配方施肥技术、病虫害绿色防控技术、育苗移栽技术。在3个乡镇建立主推技术示范田4个，其中在乌什塔拉乡沙井子村建立玉米高产栽培示范田66.67公顷、在塔哈其镇祖鲁门苏勒村建立玉米绿色防控示范田333.33公顷、在曲惠镇冬都呼都格村建立冬小麦高产示范田15.33公顷，在乌什塔拉乡沙井子村建立33.33公顷机采棉高产示范田；示范田明确地块和产量目标，大力推广主推技术，各作物均获得高产，其中玉米平均亩产达1250千克、冬小麦最高亩产达814.76千克、机采棉籽棉平均亩产达430千克、辣椒平均亩产干椒680千克，通过示范田的建立逐步向周围推广示范。主导品种和主推技术入户率和到位率达到95%以上，实现主推技术精准进村入户到田。 （陈晓丽）

【“互联网+农技推广”服务方式】 2021年，和硕县农业农村局落实全国农业科教云平台的信息录入，利用移动互联网工具，优化线上线下农技推广服务方式。加强线上“中国农技推广”APP使用普及率，与41名县乡农业、畜牧、农机技术人员签订“中国农技推广”APP使用责任书，其中29名种植业技术员使用率达到86%，要求每名农技人员在“中国农技推广”APP线上活跃、结合实际开展的农业技术工作每月报送有效日志、农情等信息。使用组建农牧业专家、技术人员、农民技术员、生产主体为一体的线上“朋友圈”，网上学习更新农技知识，开展咨询问答、互动交流、技术普及等在线服务。结合县域产业发展实际和农民技术需求，推介发布一批符合农业转型升级、质量兴农、绿色兴农要求的主推技术和主导品种，形成操作规范，落实到每个示范基地和示范户。组织县、乡两级农技人员，开展科技下乡联村谋振兴活动，推动农技人员更好地服务农民，促进新品种、新技术、新机具等新成果进村落户到田头。 （陈晓丽）

【测土配方施肥】 2020—2021年，和硕县推广测土配方施肥2.93万公顷，主要作物测土配方施肥覆盖率达95%以上，其中小麦4733.33公顷、玉米9520公顷、棉花1333.33公顷、工业辣椒5066.67公顷、加工番茄266.67公顷。 （陈晓丽）

【农作物病虫害防治】 2021年，和硕县主要农作物病虫害发生面积11.72万亩次，防治面积11万亩次。其中小麦病虫害发生面积1万亩次，防治面积0.9万亩次；玉米病虫害发生面积3.95万亩次，防治面积3.86万亩次；棉花病虫害发生面积0.26万亩次，防治面积0.23万亩次；蔬菜病虫害发生面积0.15万亩次，防治面积0.09万亩次；加工番茄病虫害发生面积0.36万亩次，防治面积0.33万亩次；加工辣椒病虫害发生面积2.7万亩次，防治面积2.64万亩次；地下害虫发生面积0.2万亩次，防治面积0.2万亩次；农区土蝗发生面积0.15万亩次，防治面积0.1万亩次；农田杂草发生面积2.9万亩次，防治面积2.77万亩次。

（陈晓丽）

【农产品质量安全】 2021年，和硕县配合农业农村厅农产品检测中心抽样工作，共抽112批次，第一、第三、第四季度合格率100%，第二季度96.67%。完成自治区农业农村厅年初下达1.5批次/千人检测任务112个样品。各乡镇农产品监管站开展快速检测1500批次。全县通过对食用农产品进行摸底调查，建立和硕县农产品合格证制度，并对7个乡镇各生产基地、合作社、大棚进行宣传，组织生产经营者主体参加农业农村部举办的食用农产品合格证制度线上培训，在全县范围内推行食用农产品合格证使用制度。全县共开具合格证6500张，附带合格证上市的农产品共计5万吨。全县有农产品质量安全电子追溯企业62家。 （陈晓丽）

【废旧地膜回收】 2021年，和硕县农田覆膜面积达1.87万公顷，主要覆膜作物为棉花、玉米、工业辣椒、蔬菜等作物，年使用地膜量达1120余吨，采用人工捡拾和机械回收等方式回收量919吨，地膜回收率达到82.05%。为了探索提升地膜回收效率，和硕县农业技术推广中心站在不同农作物上开展0.02毫米地膜试验5.33公顷。利用废旧地膜回收利用示范县建设项目在全县新建废旧地膜回收网点3个，全面建立农膜回收利用机制，建立健全废弃农膜回收贮运和综合利用网络。和硕县人民政府与各乡镇签订农田废旧地膜回收责任书，各乡镇与辖区内村委会或新型农业经营主体签订责任书，层层分解任务，压实工作责任。（龙云静）

【农药负增长行动】 2021年，和硕县农药实际商品量149吨，较2020年减少3.81吨，其中杀虫杀螨剂商品量69.53吨，较2020年减少1.49吨；杀菌剂商品量27.02吨，较2020年减少0.12吨；除草剂商品量48吨，较2020年减少2.01吨；植物生长调节剂商品量4.45吨，较2020年减少0.19吨。2021年，农药总量呈下降趋势，其中杀虫杀螨剂使用量下降最大，其次是杀菌剂和除草剂，植物生长调节剂使用量略有减少。有机磷类杀虫剂毒性相对较高，防治效果有所下降，市场需求逐渐减少，使用量已在逐年减少。新烟碱类新型杀虫剂的用量有所增长。从农药产品结构上看，生物农药在市场中的占比逐步提高。（陈晓丽）

【化肥负增长行动】 2021年，和硕县化肥使用总量（实物量）3.14万吨，较2020年使用量下降1.83%，其中氮肥1.59万吨、磷肥1.05万吨、钾肥2623吨、复合肥2631吨。县农业农村局在新塔热乡新塔热村和塔哈其镇祖鲁门苏勒村建设2个化肥减量技术服务示范片，示范片化肥用量减少3%以上，化肥利用率提高到40.12%以上，带动全县化肥用量实现负增长。（陈晓丽）

【农作物秸秆综合利用】 2021年，和硕县主要统计三种作物产生的秸秆资源量和利用率，其中小麦理论资源量3.98万吨，可收集量3.94万吨；玉米理论资源量21.04万吨，可收集量20.2万吨；棉花理论资源量7928.3吨，可收集量7672.7吨。根据农户分散利用量调查方法，秸秆利用的模式主要为饲料化和肥料化，利用发展农区畜牧业和发展庭院经济契机，综合利用率达到90.11%。（龙云静）

【粮食补贴】 2021年自治区下达和硕县实际种粮农民一次性补贴资金437.77万元，合计1877.57万元。按照种植冬小麦补贴资金220元/亩、春小麦补贴资金115元/亩、籽粒玉米补贴资金18元/亩的补贴标准。补贴冬小麦面积4295.18公顷，支出资金1417.41万元；补贴春小麦面积635.67公顷，支出资金109.13万元；补贴籽粒正播玉米1.22万公顷，支出资金328.59万元。（陈晓丽）

【新疆天山小米农业科技有限公司】 新疆天山小米农业科技有限公司成立于2015年7月，注册资金1200万元，是一家集农产品种植、收购、加工、销售为一体的现代化农业公司。公司推广的张杂谷在和硕种植面积，带动北疆及周边县城种植近万亩。2016年6月，申请“自治区科技援疆项目”，9月申请“自治州科技星火项目”，年底公司“晟合”商标被评为“巴州知名”商标。2017年，公司投资700万元引进新型低温冷碾设备流水线，提高产品品质，将产能提升至5万吨/年。2018年，开拓市场，拓展微商、电商和农超对接，扩大营销，将天山小米打造成“金色产业”。2019年10月，河北省发改委批给公司200万元用于成立杂交谷子新疆发展分院，进一步提升合作社的机械化能力，为杂交谷子在新疆的发展奠定科技基础。2020年，张家口前方指挥部为公司的发展制定出未来5年目标，加快优质品种引进推广，提高机械化作业水平，延伸产业链，发展种养加循环农业，扩大营销。2021年4月，公司被评为“自治区脱贫攻坚先进集体”。合作社谷子种植面积和种植范围不断扩大，谷子种植区域扩大至阿克苏、喀什等地区。（陈晓丽）

林果业

【林果业概况】 2021年，和硕县有林果业面积达5314.04公顷（新增面积1416.37公顷），其中葡萄4194.37公顷、杏169.48公顷、红枣124.6公顷、香梨18公顷（新增10.67公顷）、苹果56.93公顷（新增面积15.6公顷）、李子704.44公顷、核桃42.39公顷、其他3.75公顷。全县已挂果面积4441公顷。

（欧音高娃）

【退耕还林】 2021年，下达给和硕县完善退耕还林工程建设规模为112公顷，全部为人工造林。涉及5个乡镇20户、11个林班、20个小班。塔哈其镇9.77公顷，特吾里克镇9.2公顷，曲惠镇68.57公顷，乌什塔拉乡20.6公顷，苏哈特乡3.87公顷。补助资金为每亩90元（粮食折合资金70元/亩，生活补助20元/亩）。核实面积112公顷、面积核实率100%、成活（保存）率为85%。整个工程所有苗木全部严格执行“三证一签”（种苗生产许可证、植物检疫证、苗木合格证和产地标签制度），定期预测、全面防治森林病虫害。

（欧音高娃）

【特色林果生产】 2021年，和硕县发挥区域优势，稳中有序推广特色林果种植，突出和硕酿酒葡萄产区特色，区域布局。全县各类特色林果业面积为0.53万公顷，同比下降7.3%，总产量1.68万吨，同比增长18.2%。稳定3866.67公顷的酿酒葡萄面积，打造和硕优质葡萄酒产区，完成品种改良20公顷，果园改造30公顷，疏密改造12公顷。红枣种植面积158公顷，总产量181吨，枸杞种植面积35公顷，总产量41吨。

（欧音高娃）

【鲜食葡萄】 和硕县因地制宜鼓励农户种植近万亩的红提、克伦生、无核白、美人指、里扎马特等经济效益高、市场认可度强的鲜食葡萄，产出的鲜食葡萄因品质优良、色泽艳丽、含糖量高等利好因素促进，赢得全国各地消费者的广泛欢迎，远销北京、上海、重庆、成都、武汉、广州等30多个大中城市。2021年，和硕县种植鲜食葡萄562公顷，产量4218吨。

（政府网站）

【落实林长制】 2021年7月14日，和硕县召开农业农村重点工作暨全面推行林长制动员部署会议，成立县、乡、村三级林长制领导小组，印发实施《和硕县全面推行林长制实施方案》，成立林长制办公室，规划完成三级林长责任区的划分和上图工作，组织培训各级林长开展巡护工作，解决保护发展农田防护林力度不够、责任不实的问题，实现林有人造、树有人护、责有人担的目标，压实保护农田防护林的主体责任。

（金 琴）

【林果业科技推广】 2021年，和硕县林业局加大林果技术推广服务工作，组建7支林果技术服务队，分片包乡责任到人，开展林果生产技术“每周一讲”活动，向农民推广普及林果管理技术，结合林果业生产季节特点，编写简洁、操作性强的林果栽植管理技术措施办法，聘用3名土专家，开展技术培训19场，培训果农910人次。

（欧音高娃）

【林木种苗生产】 2021年，和硕县林业局完成各类树种育苗面积126.8公顷，苗木总产量471.3万株，其中新育（2021年度）39.53公顷、留床87.27公顷（常规造林苗木65.2公顷、绿化树种苗木36.79公顷、经济林苗木24.81公顷）。可供2022年出圃苗木206.2万株，其中生态树种出圃苗木123.52万株（新疆杨15.52万株，密胡杨106万株，榆树2万株）；经济林树种出圃苗木59.6万株（沙棘17万株、野杏25万株、野桃0.3万株、海棠2万株、大果沙枣13.2万株、欧洲梨2.1万株、山楂120株）；绿化树种23.08万株、树种为槐树、榆树类、柳树类、白蜡类、丁香等树种。

（欧音高娃）

【造林绿化和防护林建设】 2021年，天山和阿尔泰山森林草原保护工程建设任务为1666.67公顷，分为生态防护林营造133.33公顷；封育1333.33公顷；退化林修复200公顷。人工造林核实面积133.33公顷，合格面积133.33公顷，合格面积率100%；封育核实面积1333.33公顷，合格面积1333.33公顷，合格面积率100%，退化林分修面积200公顷，合格面积率100%。

人工造乔木林。主要分布在乃仁克尔乡、曲惠镇、苏哈特乡、塔哈其镇、特吾里克镇、乌什塔拉乡、新塔热乡、新疆清源农业发展有限公司，总面积133.33公顷。涉及8个乡（镇、基地）24个行政村230个小班。

退化林修复。主要分布在塔哈其镇、乌什塔拉乡、新疆清源农业发展有限公司、新塔热乡，总面积200公顷，其中塔哈其镇43.96公顷、乌什塔拉乡10.98公顷、新疆清源农业发展有限公司101.19公顷、新塔热乡43.86公顷。共涉及4个乡镇场、11个村、20个林班、851个小班。

封山育林。主要分布在乌什塔拉乡，总面积1333.33公顷，共涉及1个乡镇、2个林班、2个小班。

（欧音高娃）

【重点公益林建设和管护】 2021年，和硕县国家级公益林管护面积32.09公顷，设立基层管护站21个，管护员198人；林区林业宣传牌192块，草原宣传牌64块；各基层管护站配发交通工具摩托车70辆，配备微型消防站和消防物资，主要包括风力灭火器、水式风力灭火器、三号工具、睡袋、灭火拖把等灭火物资；在包尔图管护站塔尔次克沟、布楞沟查汗松树林、南山、卡尔东泉地带对野生动物栖息地、活动区域安装4台红外相机设备。管护人员森林防火期内每月巡护25天以上，一般管护期内巡护22天以上，对林区火灾易发区重点林区在防火期内做到死看死守。印刷“禁火令”宣传单500份，印刷“禁火令”海报21份，森林防火宣传海报6000余份，全部发放至农牧民手中。对农牧民进行蒙、汉、维3种文字的宣传教育活动，散发宣传单1.35万份，口头宣传教育1.5万余人次。成立“防火码”推广领导小组，全面推进建立“防火码”小程序。全面启用东塔什汗国家级湿地公园、包尔图管护站、那音克管护站“防火码”卡点，“防火码”使用率达95%以上。

（欧音高娃）

【草原生态监测】 2021年，和硕县天然草场总面积67.57万公顷，其中可利用面积36.77万公顷（不包含清水河农场和二十四团面积）。主要有高寒草甸类、高寒草原类、温性草原类、温性草原荒漠类、温性荒漠类、低平地草甸类及沼泽类。按季节利用划分夏草场、春秋草场、冬草场和全年草场。和硕县天然草原国家级固定监测点36个，草原站于8月完成36个国家级固定监测点生产力监测工作，重点对草原样地基本情况、草原生产力、高度、盖度等进行野外调查。

（欧音高娃）

【林业有害生物检测与防治】 2021年，和硕县发生林业有害生物危害2332.93公顷。其中春尺蠖450.67公顷、吐伦球坚蚧58.8公顷、桑白蚧109.67公顷、光肩星天牛380.47公顷，榆绿毛萤叶甲466.67公顷，子午沙鼠866.67公顷（统管林区）。林业有害生物防治面积2332.93公顷。其中春尺蠖450.67公顷、吐伦球坚蚧58.8公顷、桑白蚧109.67公顷、光肩星天牛380.47公顷，榆绿毛萤叶甲1066.67公顷，子午沙鼠866.67公顷（统管林区），完成防治工作任务，防治率100%，经济林无公害防治率100%。测报准确率95.7%。全面完成本县林业有害生物防治目标管理指标。全县各乡镇农田有苹果、香梨和山楂等果园，29个小班，面积84.26公顷，总株数4.91万株，通过调查未发现疫情。

（欧音高娃）

【林业检疫】 2021年，和硕县林业局于3—5月、9—11月在乌什塔拉乡7千米公安检查站成立临时检查站，配备人员8人，复检进出入苗木，累计检疫993辆，复检各类苗木1086.66万株；开展调运检疫，针对疆外调入松木板材、包装箱、电缆盘以及县辖区外调入林木种苗、接穗、种子等繁殖材料进行落地复检等检疫执法工作。

（欧音高娃）

新　梅

【新梅栽培史】 新梅学名欧洲李（*Prunus domestica* L.）是蔷薇科李属小乔木或乔木，和硕县是新疆欧洲李的原产地之一，具有悠久的栽培历史。欧洲李在新疆俗称酸梅，维吾尔语称卡尔玉鲁克，国际市场英文名称Prune，在内地市场的商品名称为西梅、洋李，2010年，经自治区领导及相关专家研究为区别于内地及国外产品，把产自新疆的欧洲李果品统称新梅。

和硕县种植的新梅于2009年8月通过自治区林木品种审定委员会认定，2010年通过良种审定。新梅果实成熟后色泽美观，味甜酸可口，营养丰富。果实营养丰富，据农业部农产品质量监督检验测试中心的对新梅内在品质的分析数据：可溶性固形物含量25.7%～32%；总酸含量5.54克/千克；每百克果肉中含维生素C是3.25毫克；富含膳食纤维，还含有17种氨基酸，钙、磷、钾、铁等微量元素以及花青素、多酚类物质。由于和硕地区优越的光、热、水、土自然条件，果实生长发育期日照充足，温度日较差大，有利于糖分等营养物质的积累，提高可溶性固形物含量，使得风味浓郁，果品的内在品质及外观色泽均优于内地及国外同类产品，和硕县出产的欧洲李鲜果可溶性果形物含量比内地栽培的欧洲李高出8～10个百分点，品质极优。

（和硕县林业科学技术推广中心）

【新梅生产】 2021年，和硕县新梅种植面积810公顷，总产量1800吨，总产增速63.64%，总产值1625万元。和硕县华祥特色林果种植协会编制新梅标准化生产技术规范，推广恐龙蛋、味厚等新梅优质品种，引导小宗果园有序流转，集中连片发展庭院林果，创建标准化生产示范园3个，新增新梅133.33公顷。引导合作社统一种植模式、技术标准、包装销售和品牌商标，提升新梅品质和品牌价值。全县有理查德、大法兰西、小法兰西、女神四个主栽品种。

（和硕县林业科学技术推广中心）

【新梅新品种引进】 和硕县主栽新梅1号，搭配授粉品种新梅2号、新梅3号。新梅–1号（French、法兰西）于1996年引进法国欧洲李栽培品种，结果以中、短果枝结果为主，花期随气温而变化在3月下旬至4月上、中旬，花期8～10天，果实发育期115～125天。果实成熟期8月上旬至9月上旬，果实卵形，果顶有乳头状突起，缝合线明显，果柄较长，黏核，核小，果面紫红色，挂白霜。果肉黄色，味甜。嫁接后2年见果，5年生嫁接树树平均单株产量16千克。可自花结实，异花授粉和放蜂可提高产量，花期抗低温、晚霜、沙尘能力强，丰产稳产。

（和硕县林业科学技术推广中心）

【新梅采摘时间】 和硕县新梅1号鲜食果品在8月中旬采收均可，制干果品宜在9月上旬采收；新梅2号鲜食成熟期是9月中旬，制干加工成熟期是9月下旬；新梅3号鲜食成熟期是9月下旬，制干加工成熟期是10月上旬。

（和硕县林业科学技术推广中心）

【新梅生产标准】 2021年12月28日，和硕县林草局、巴州恒实质量技术服务有限公司、巴州食品药品检验所、和硕县华祥特色林果种植协会等单位共同起草《和硕县新梅生产标准体系总则》团体标准，由和硕县华祥特色林果种植协会发布，对和硕县新梅的产地环境、投入品、生产技术规程、包装、运输等执行标准都做详细规定。

（和硕县林业科学技术推广中心）

【新梅鲜食果品质量分级】 2021年12月28日，和硕县华祥特色林果种植协会发布《和硕新梅鲜食果品质量分级》团体标准，2022年1月1日实施，适用于小法兰西、理查德、女神三个和硕县主栽品种的鲜食果品的质量分级。感官指标从感官和风味上将三个主栽品种划分为特级、一级、二级三个等级；理化指标从单果重、总酸、可溶性固形物划分等级。

（和硕县林业科学技术推广中心）

【新梅制干】 以新鲜新梅为原料，经清洗、烘干、浸泡、阴干等工艺加工制成的新梅干果。2021年12月28日，和硕县华祥特色林果种植协会发布《新梅制干技术规程》，从加工场所、操作工艺、质量要求等方面做出规范要求，统一标准。

（和硕县林业科学技术推广中心）

酿酒葡萄

【酿酒葡萄栽培区域的独特性】 和硕县地处北纬42度，平均海拔高度1100米，北靠天山主脉，南有全国最大的内陆淡水湖——博斯腾湖，种植酿酒葡萄具有得天独厚的山地小气候和水域岸边小气候特点，即最大的风土特色——山湖效应，是酿酒葡萄的黄金种植带，具备适宜种植优质酿酒葡萄的地理条件。和硕县光照充足，空气干燥，大气透明度高，昼夜温差大，有利于糖分有效积累；降雨量小，病虫害不易发生，葡萄病虫害的发生概率远低于宁夏，早中晚熟葡萄品种均可栽培，有利于采收期控制和差异化发展，适合种植绿色有机酿酒葡萄。土壤条件适宜，和硕县戈壁砂石土壤导热快，富含钾、钙、硒等矿物质，水质纯净无污染。这些风土条件为和硕县葡萄酒产业的健康发展提供强大的支撑。（马乐三）

【酿酒葡萄种植】 和硕县葡萄产业发展于2011年，和硕县高度重视葡萄产业发展，把葡萄产业作为特色主导产业不断壮大。2015年12月，国家质检总局批准和硕葡萄酒为国家地理标志保护产品。2021年，全县酿酒葡萄种植面积为2339.16公顷，品种主要有赤霞珠、西拉、美乐、梅鹿辄、雷司令、霞多丽、黑皮诺等，树龄为8~12年。（马乐三）

【葡萄酒企业】 2021年，和硕县域内注册葡萄酒企业22家，建成投产18家（其中兵团3家），建成并正在办理相关生产手续3家，待建1家，现葡萄酒年产能达3.84万吨。和硕县葡萄酒生产企业实现产值达9448万元，主营收入3630万元，税收412万元。（马乐三）

【葡萄酒生产】 2021年，和硕县生产的葡萄酒品种有干红、干白、甜型酒、起泡酒、葡萄烈酒、特色果酒、桃红、半干型、蒸馏酒9大系列260余种的葡萄酒产品。2021年，全县酒庄加工葡萄8231吨，产出原汁4480吨，生产葡萄酒2453吨，现有原酒库存1.37万吨。（马乐三）

【种苗优良化、标准化基地建设】 2021年，和硕县申报农业部葡萄优势产业集群项目，与河北苗木繁育基地达成合作，力争在2023年建成13.33公顷优良酿酒葡萄育苗基地，达到每年培育优质酿酒葡萄苗木300万株以上的基础条件。优化种植结构，试验研发新品种，优选适宜产区种植苗木，提高酿酒葡萄产量和品质。强化种植基地管理，提高基地标准化种植水平，助推和硕县酿酒葡萄种植基地提质增效示范园建设。（马乐三）

【葡萄酒品牌推广】 2021年，和硕县为宣传推广创建县域葡萄酒品牌，提升产品知名度。出资120万元举办和硕文化旅游季活动，组织全县所有酒庄参加葡萄酒文化展会、品鉴会、高峰论坛等活动，邀请葡萄酒行业专业人士评定“和硕酒单”。5月，在IWSC世界葡萄酒与烈酒大赛中，和硕参评的3款葡萄酒在赛事评比中锋芒毕露，分获大赛银奖和两枚铜奖。佰年酒庄臻选窖藏赤霞珠有机干红葡萄酒获得大赛银奖，祈颜橡木桶窖藏干红葡萄酒和夜光有机干红葡萄酒获得大赛铜奖。10月，组织县域内所有酒庄参加新疆丝绸之路葡萄酒节，首次以“和硕葡萄酒”新疆首个葡萄酒地理保护产品组团亮相展会，并在展会中获得大奖18个，9个金奖和硕独揽5个，铜奖2个，银奖11个，和硕县金奖总数比例居全疆第一。（马乐三）

【葡萄酒文化展示中心建设】 2021年2月，和硕县葡萄酒文化展示中心正式建成并投入运营。展示中心位于和硕县葡萄公园内，占地面积2600平方米，展厅由四大主题文化馆及负一楼大厅共同组成，四个主题馆分别以“浪漫世界、诗意中国、神秘西域、纵情和硕”命名，从葡萄酒起源一直讲述到和硕产区产品个性，在不同空间里延伸出的不同生命与个性，设葡萄酒品鉴大厅，游客可品鉴和硕各大酒庄生产、酿造口感各异、品种繁多、特色突出的

精致葡萄酒。（和硕新闻）

【西域葡萄酒文化博物馆建成运行】 2021年6月，和硕冠颐酒庄独家打造的西域葡萄酒文化博物馆正式建成并运行。西域葡萄酒文化博物馆，展厅面积450平方米，展厅内含从先秦到近代反映西域葡萄酒及新疆历史文化的壁画和艺术品200余件。

（和硕新闻）

【和硕产区葡萄酒产业发展研讨会】 2021年7月18日，“和美佳酿 硕飨东方”新疆和硕产区葡萄酒产业发展研讨会在和硕县葡萄酒文化展示中心召开，就如何提高产区葡萄酒品质、品牌形象、扩大葡萄酒品牌影响力等问题进行深入研究。全国葡萄酒行业知名专家学者齐聚和硕县葡萄酒文化展示中心，为和硕产区葡萄酒产业发展建言献策。（和硕新闻）

【巴州葡萄酒文化旅游推介会在和硕举行】 2021年9月10日晚，巴州葡萄酒文化旅游推介会在和硕县葡萄公园举行。巴州党委常委、宣传部部长董斌，巴州党委宣传部副部长徐生贵，州相关单位领导，和硕县委书记张峰、和硕县委副书记、县长哈热、周边县市相关领导、新疆葡萄酒、文旅专家，州外酒庄代表、州内葡萄酒庄代表以及各级媒体代表等70余人出席推介会。和硕县委书记张峰作致辞讲话。推介会上，和硕县芳香、冠颐、国菲等酒企通过产品展示、美酒品鉴推介等多种形式，全面介绍各自企业的发展和优质葡萄酒，展示品牌文化和风采。

（和硕新闻）

【新疆芳香庄园酒业股份有限公司】 新疆芳香庄园酒业股份有限公司成立于2001年，注册资金7000万元，是一家集种植、加工、销售和科研为一体的农业产业化高科技企业。2004年起，被列为国家级农业产业化龙头企业。2010年，公司鲜食葡萄及酿酒葡萄、葡萄酒均获得国家权威部门颁发的有机食品认证证书。2015年12月31日，新疆芳香庄园酒业股份有限公司在新三板挂牌，成为全国首家登陆资本市场的葡萄庄园酒民营企业，也是全国唯一一家挂牌新三板的庄园酒生产企业。2020年4月，芳香庄园成为生态环境部首批认定的有机食品生产示范基地。葡萄酒厂的酿造能力达年产万吨，建设两个集储酒、仓储于一体，建设总面积约6400平方米的“新疆第一地下酒窖”，形成仓储瓶装酒30万瓶的能力。2021年，公司自主耕耘0.13万公顷有机生态酿酒葡萄园。（马乐三）

【新疆瑞泰青林酒业有限责任公司】 新疆瑞泰青林酒业有限责任公司成立于2011年4月，2012年投产。酒庄占地面积3.33公顷，总建筑面积1.3万平方米，行政办公及生活服务设施用地1420平方米，是一个集葡萄种植、酿酒、灌装、旅游为一体的具有欧式建筑风格的酒庄。酒庄基本组成单元包括葡萄酒生产车间、葡萄原料基地、休闲设施、配套附属设施及其他如葡萄酒文化展示厅等。拥有年产2000吨葡萄酒的生产线。葡萄加工生产厂区内分别建有原料现场、发酵车间、灌装车间、地下酒窖、办公楼、公寓楼、污水处理设施及相应的采暖设施、按照国家消防规范设计的消防设施。公司种植白葡萄品种有霞多丽、雷司令；红葡萄品种有赤霞珠、西拉、梅尔诺。与西北农林科技大学葡萄酒学院、石河子大学建立战略合作关系。主要葡萄品种（可加占比）赤霞珠29.99%、雷司令20.28%、霞多丽11.6%、西拉32.34%、梅尔诺5.79%。公司生产的酒款类型有红葡萄酒干型，白葡萄酒甜型、干型、半干型。（马乐三）

【和硕冠龙葡萄酿酒有限公司】 冠龙酒庄成立于2005年3月，是上海金恪集团旗下酒庄之一，公司注册资金2731万元，总资产6681万元，是集优质有机酿酒葡萄种植、有机葡萄酒加工灌装、有机葡萄酒流通消费为一体的葡萄酒全产业生态综合性企业，是自治区级重点农业产业化龙头企业。公司厂区占地面积20公顷，公司建立酿酒葡萄种植基地493.33公顷。冠龙酒庄位于天山南麓的新疆巴州和硕县，建立2个葡萄种植基地，主要种植品种有赤霞珠、玫瑰香、美乐等，葡萄种植面积达到493.33公顷地。2021

年，有员工20人，其中高级工程师1人、技术工人3人。2月，在2020年新疆名优特农产品上海交易会上，和硕县冠龙葡萄酿酒有限公司生产的一款干红葡萄酒获得交易会金奖。（马乐三）

畜牧业

【畜牧生产概况】 2021年，和硕县牲畜存栏33.02万头（只）。其中，牛2.67万头，马0.35万匹，骆驼0.14万峰，猪8.06万头，羊21.79万只。牲畜出栏33.81万头（只）。其中，牛1.23万头，马800匹，骆驼600峰，猪9.20万头，羊23.20万只。能繁母畜存栏22.27万头（只）。家禽存栏143.58万羽（只），出栏200.44万羽（只）。（郑焕玲）

【和硕龙驹】 和硕县是龙驹的故乡，被誉为“海马龙驹”的龙驹马属于走马，身形紧凑、秀丽，头、身大小适中，两耳竖立，敏捷而温顺，胸廓较深，蹄质结实，适应高寒牧区群牧饲养，善于奔驰与涉水，长于爬山，有较好的速度与力量。2021年，和硕县龙驹马存栏2500匹。（和硕零距离）

【双峰骆驼养殖】 和硕县的双峰骆驼具有产绒、产肉、产奶量高、耐力好等特性，凭借天然草场资源优势，大力发展骆驼产业，2021年，和硕县骆驼存栏量1500余峰。骆驼历来与和硕特蒙古族牧民生产生活息息相关，形成浓厚的骆驼民俗文化，和硕县的“赛骆驼”被自治区列入区级非物质文化遗产保护名录，骆驼养殖已日渐成为和硕牧民增收致富的渠道。（和硕零距离）

【鸵鸟养殖】 和硕县加大特色禽类的引进力度，曲惠镇老城村迎宾合作社引进鸵鸟试养成功，2017年，该合作社购买26只鸵鸟，至2021年，鸵鸟总数达300余只，鸵鸟的蛋、皮、毛、肉销售至北京、上海、广东等地，一只鸵鸟一年可带来2000元左右的收入。（和硕零距离）

【饲料种植与补贴】 2021年，和硕县种植青贮饲料2180公顷，青贮饲料产量5.22万吨，苜蓿种植118.87公顷，种植作物可产生40万~50万吨的秸秆饲料。2021年，粮食产量25.70万吨（其中玉米产量20万吨）。兑现粮改饲补助211.9万元。（郑焕玲）

【农区畜牧业发展】 2021年，和硕县蛋禽产业稳步发展，以特吾里克镇、乌什塔拉乡为中心，蛋禽养殖规模逐年扩大。2021年，在曲惠镇建设年产20万吨饲料加工厂一个，巴州万良家禽屠宰加工（仓储）项目完成前期准备工作，发展蛋禽加工的下游产业，进一步完善蛋禽产业链。生猪产业稳步推进，2021年，实现出栏生猪9.20万头，较2020年增长25.7%。牛羊存栏较2020年分别增长20.8%、14.4%。（郑焕玲）

【畜禽品种改良与引进】 2021年，和硕县开展蒙古牛遗传资源保护工作，鉴定蒙古牛224头，组建蒙古牛核心群，推广外源激素诱导巴音布鲁克羊生产多羔技术服务，完成生产母羊同期发情，人工授精改良2480只。驯化采精种公马9匹，制作焉耆马冻精3730剂，完成黄牛人工授精改良1653头。（依明江、尼　玛）

【畜牧项目】 2021年，和硕县申报畜牧兽医项目5个，补贴资金2555.37万元，完工项目5个，其中草原生态保护补助奖励项目已发放资金2187.38万元，剩余5户15.1万元未发放完成。（郑焕玲）

【动物疫病监测】 2021年，和硕县畜牧兽医局对牛羊布病、高致病性禽流感、牛羊口蹄疫、猪口蹄疫、新城疫、猪蓝耳病、小反刍兽疫等主要动物疫病进行血清学监测，采样2万多份进行监测。（巴哈尔古力、巴　太）

【强制免疫与疫病防控】 2021年，和硕县畜牧兽医局完成畜禽免疫545.25万头（只），其中强制免疫共完成畜禽免疫448.45万头（只）（其中牛口蹄疫完成5.09万头、羊口蹄疫完成44.29万只、猪口蹄疫完成18.45万头、骆驼口蹄疫完成2390峰、禽流感免疫完成260.88万羽、牛布病免疫完成0.58万头、羊布病免疫完成3.87万只、小反刍兽疫免疫完成23.21万只）。完成常规动物疫病免疫188.56万头（只、羽、条）（其中羊痘免疫完成19.8万只、羊三联四防免疫完成2.72万只、牛炭疽免疫完成1980只、羊炭疽免疫完成1.38万只、猪瘟免疫完成16.79万头、猪蓝耳免疫完成10万头、犬驱虫完成3334条、鸡新城疫免疫完成137.34万羽）。（山吉加甫）

【马传贫危害监测与净化】 2021年，和硕县畜牧兽医局对马传贫检疫采样2584份，送州动物疾病控制与诊断中心检测结果均为阴性，自检马传染性贫血检测马3份，3份结果均为阴性。

（巴哈尔古力、巴　太）

【包虫病监测】 2021年，和硕县畜牧兽医局开展犬包虫病防治投药24876条次，开展病变监测400条，均为阴性。检测包虫病狗粪90份、羊包虫病感染检测血清90份、屠宰场羊包虫病检测200只、牛50头均为阴性。（巴哈尔古力、巴　太）

【畜间布鲁氏菌病监测及净化】 2021年，和硕县畜牧兽医局完成奶牛结核检疫653头、骆驼20峰，阳性率为0，布病检疫牛血清134份，阴性134份，阳性0份，阳性率为0。（巴哈尔古力、巴　太）

【种畜禽管理】 2021年，和硕县畜牧兽医局开展巴音布鲁克后备种公羊鉴定104只、后备母羊550只、绒山羊后备种公羊鉴定61只、鉴定焉耆马49匹、鉴定种公牦牛50头。完成全国第三次遗传资源普查摸排工作。（依明江、尼　玛）

【屠宰市场管理】 2021年，和硕县2个屠宰场（点）屠宰牲畜8022头（只），其中牛706头、羊7316只，检疫出场畜产品395.82吨。每个屠宰场（点）派驻有2名官方兽医，按照操作规程实施屠宰检疫，从入场查验、宰前检疫、同步检疫、宰后检疫全流程严把畜产品质量安全关。全年屠宰环节进行瘦肉精监督抽检1114头（只），检测结果全部为阴性。出场畜产品合格率达到100%，全年未发生畜产品质量安全事故。（唐　云）

【兽药饲料安全监管】 2021年，和硕县畜牧兽医局对全县14家兽药、饲料经营销售店开展监督检查30店次，监管覆盖面100%。督促各经营企业完善进销存台账，落实兽药经营质量管理规范，全县兽药产品追溯系统上传率达到90%以上，未发现经营假劣兽药、不合格饲料的情况。加强兽药、饲料使用环节监管，全年检查规模养殖场36家次，在检查过程中没有发现使用添加违禁兽药饲料和饲料添加剂的情况。开展养殖环节瘦肉精监督抽检1751头（只），检测结果全部为阴性。开展兽药和饲料产品质量监督抽检。共抽检5家兽药饲料经营企业，采集兽药及饲料样品进行质量安全监测以及添加违禁物质检测，共采集兽药5批次、饲料5批次，经检测均为合格产品。（唐　云）

【畜禽养殖场（小区）建设】 2021年，和硕县有养殖小区14个，其中投入使用的有13个（特吾里克镇3个养殖小区、塔哈其镇3个养殖小区、乌什塔拉乡3个养殖小区；乃仁克尔乡牛羊养殖小区1个、曲惠镇牛羊养殖小区1个、苏哈特乡养殖小区1个、新塔热乡牛羊养殖小区1个）；未完成建设养殖小区1个（新塔热乡生猪）。各乡镇养殖小区规划面积约413.54公顷，建成圈舍349座，面积28.94万平方米，具备发展农区畜牧业的硬件设施。（郑焕玲）

【兴牧源畜牧产业示范园】 新疆兴牧源农业有限责任公司的畜牧产业示范园建设项目，新建羊舍3万平方米及相关配套设施，项目总投资2亿元。2021年，项目完成招投资工作，进行“三通一平”及实施青贮窖建设。（杨延斌）

【畜禽遗传资源保护】 2021年，和硕县畜牧兽医局开展遗传资源普查工作，行政村普查率100%，有资源行政村填报率100%，有资源乡镇完成率100%。畜禽资源已知资源5个畜种，7个品种，群体数量共128900（头、只、羽），其中能繁母畜97654头（只），种公畜2453头（只、羽），新发现资源0畜种、0品种，蜂资源0畜种、0品种，开展蒙古牛遗传资源保护工作，鉴定蒙古牛224头，开展焉耆马遗传资源保护工作驯化采精种公马9匹、制作焉耆马冻精3730剂。（依明江、尼　玛）

农牧业机械化

【农牧业机械概况】 2021年，全县农业机械总动力26.11万千瓦，在册拖拉机4674台，各类农机具8743台，大型工程机械设备660台。其中，小型拖拉机2442台，中型拖拉机2245台，大型拖拉机197台；联合收割机48台，其中，棉花收获机3台，加工番茄收获机3台，工业辣椒收获机3台，青贮饲料收获机7台，自走式籽瓜收获机2台，移栽机56台，残膜回收机械897台，精少量播种机械2727台，深松机械26台，机引犁1922台，联合整地机221台，各类打捆机49台，植保无人机81台。农机驾驶员在册数2546人。（许　成）

【耕种收机械化】 2021年，和硕正复播农作物面积3.28万公顷，农业综合机械化率达到88.5%。机耕面积3.26万公顷，机收面积2.3万公顷，小麦、玉米、张杂谷等农作物全程机械化率达到100%，棉花、加工番茄机收率达到98.7%，推广完成移栽面积800公顷。推广智能导航设备22台，秸秆粉碎打包机11台，无人机10台。大型精量播种机28台，自走式4HZL-204籽瓜收获机1台，高地隙打药机2台，弥雾机1台、粮食清选机4台，4YL-6高性能收割机1台，玉米割台4台，高性能割草机1台，150马力以上大型拖拉机22台，召开残膜回收现场会1场，开展技术实验2次，引进秸秆粉碎残膜回收机2台。完成“制种玉米高效植保机械化技术应用”项目，项目资金10万元。（许　成）

【林果业机械化】 2021年，和硕县林果业机械稳步发展，引进适用的林果业机械、挖坑机、高效弥雾机，以满足果树的生长需求，降低化肥和农药的使用，葡萄埋藤、开墩、施肥机林果业步入绿色生产方式，无人机林木防护240公顷，推广3WGF-1500果园弥雾机1台。（许　成）

【牧业机械化】 2021年，和硕县发展饲草料收获机青贮机械，推广普及秸秆机械化回收打捆技术，提高农作物秸秆利用率，秸秆机械化打包收获达到100%，玉米机秸秆机械化打包收获达到91%。拥有青贮饲料收获机械7台，玉米青贮收获全程机械化，完成青贮16.4万吨，9GX-2.8高性能割草机1台，粉碎打包机11台，推广小型秸秆搅拌粉碎饲料机3台，可用于中小型农户喂养机械化问题。和硕县红山草场无人机撒播草种1533.33公顷。（许　成）

【农田水利建设机械化】 2021年，和硕县建设高标准农田，在高标准农田建设挖土填方、开挖沟渠、平整土地等工程建设中，装载机，挖掘机、激光平地机、深松机等农用工程机械得到广泛运用，改造机井房70个，新建蓄水池，安装水上漂水泵70个。（许　成）

【农机安全监理】 2021年，和硕县农牧机械驾驶员在册人数2546人，注销报废农机具157台，其中报废拖拉机20台，户数17户。和硕县应检验拖拉机2886台，实际检验2636台，检验率91%。检验大型工程机械设备445台，检验率78%。持有大型工程机械设备机械操作证279本，持证率42%，未在农机监理系统注册登记的驾驶员307本，合计586本，全县持证率90%。培训拖拉机驾驶员28人，考试合格办理驾驶证24人，大型工程机械设备操作证培训102人，考试合格颁证34人（其余为外县），开展安全检查94天次，出动执法人员282人次，开展联合检查14次，检查拖拉机、大型机械车辆550台次，排查整改农机安全生产隐患155条，办理各类农机违法案件6起，处罚0.22万元，粘贴反光膜740片，农机安全生产总体形势平稳可控，未发生农机重特大死亡事故。

（许 成）

【农机服务专业合作组织】 2021年，和硕县在工商部门登记注册农机合作社26家，2021年新成立合作社4家，其中运行合作社19家，空挂合作社7家，有自治区级农机示范合作社2家，合作社有社员219人，拖拉机165台，收获机械11台，无人机50台、农机具590台架。博众农机合作社开展移栽作业面积800公顷，兴田农机合作社完成飞防面积6.66万公顷，太杰力合作社完成打捆作业面积0.23万公顷，自动驾驶技术，作业监控等先进技术得到广泛应用。

（许 成）

【平安农机创建】 2021年，和硕县开展“平安农机”创建活动，推动全县农机化事业又好又快发展和社会主义新农村建设。开展农业机械、工程机械安全宣传教育，张贴宣传标语40张，发放宣传单4000份，召开安全生产座谈会20场次，参加人员550人次。签订《2021年农机安全生产工作目标管理责任书》，与各乡、镇农业发展服务中心签订农机安全生产责任书7份、与农机合作社签订农机安全生产责任书16份，与拖拉机车主和驾驶员及大型工程机械设备操作人员签订承诺书1900余份，形成一级抓一级，层层抓落实的工作格局。全县农机安全形势总体稳定，无重特大农机安全生产事故发生。开展农机驾驶员培训1次，培训驾驶员15人，开展农机技术培训2400人次。

（许 成）

农业产业化

【休闲农业与乡村旅游】 2021年，和硕县休闲农业经营主体23个，占地面积28.43公顷，休闲农业投资总额1201.8万元，休闲农业政府扶持资金总额8.3万元；休闲农业营业收入984.58万元，其中农副产品销售收入316.6万元，经营利润总额70.1万元，利润占营业收入比重7.12%；接待10.29万人次；休闲农业从业人数886人，其中农民从业人数700人，从业人员人均工资额2.8万元，带动农户660户；休闲农业培训23人次，举办节庆活动12次。和硕县休闲农业类型有县城郊区型、生态农庄型、景区周边型、公路沿线型。

（敖日鲁木）

【农产品品牌创建】 2021年，和硕县农产品加工企业注册商标数达44件，其中“丁丁”和“芳香庄园”商标荣获新疆著名商标；“芳香庄园”“丁丁”“满卡姆”“瑞峰葡萄酒庄”和“徐老桩”等12件商品，获巴州知名商标。12家企业获得HACCP食品安全管理体系认证，10家企业获得ISO 9000系列质量管理体系认证，2家企业获得ISO 14000环境管理体系认证。绿色食品认证2件，有机食品认证17件。农民专业合作社注册商标有“丙米”“迎宾”“泽斯特雪”“福品花语”“克拜克”5个商标。

（敖日鲁木）

【农产品外销】 2021年，和硕县推进农业产业化进程，通过电商和帮扶农副产品直销店，线上线下同步经营，开展县电商服务中心平台，以及抖音、微信、淘宝新疆巴州的礼物“公益助农直播带货”爱心助农，聚焦和硕优势产品活动。拓展市场和引导企业加大技改投入，加强农业龙头企业培育、强化品牌创建、拓展销售市场、生产技术创新，带头做好为民服务引领作用。宣传引导企业参加农场农品交易会开展农产品市场开拓，充分发挥龙头企业农产品销售引领作用。引导加工企业参加国内大型交易会9场次，参会企业20余家。

（敖日鲁木）

【农产品烘干冷链设施建设】 2021年，和硕县组织实施72座果蔬热风烘干房和45座冷藏库，项目投资1052.1万元，其中项目补助资金432万元，县财政补助162万元，农民及农民专业合作社自筹资金458.1万元。投入使用烘干房70座，废弃的烘干房2座，带动农户420余户，带动脱贫户32户；投入使用冷藏库40座，废弃的冷藏库3座，计可冷藏农产品6000吨左右，带动农户1260户，带动脱贫户354户。和硕县承担2020年农产品仓储保鲜冷链设施建设项目有3个合作社，总投资1017万元，自筹资金717万元，项目补助资金300万元。建设机械冷藏库、改扩建冷藏库、保鲜库、储藏通风库、气调储藏库，及配套设施设备等。仓储保鲜冷链设施建设项目已完成，项目实地验收2个，已完成支付项目补助资金200万元。

（敖日鲁木）

【葡萄产业集群项目】 和硕县高度重视葡萄产业发展，把葡萄产业作为特色主导产业不断壮大。申报酿酒葡萄标准化种植示范基地建设、品牌创建和宣传、酿酒葡萄新品种繁育种植、千亩优质丰产标准化栽培核心技术示范园建设和70公顷种条（西拉、砧木5BB）优质丰产标准化栽培种植示范园建设等5个项目，项目总投入2360万元，其中中央财政奖补资金590万元、企业自筹资金1770万元。完成验收及支付项目补助资金470万元。（敖日鲁木）

【农业产业示范区建设】 2021年，和硕县启动农业产业融合示范区建设，一期规划实施厂房、冷链、展销、电子商务等内容，以农副产品交易集散为主体功能，着力增强辐射带动作用。实施现代农业产业园和苏哈特乡现代设施农业项目，新建温室大棚55座、现代化智能温室大棚1座，“菜篮子”保障供应能力得到加强。搭建农产品购销对接平台，完成7500平方米展销中心建设，拓宽本地农产品销售渠道。（敖日鲁木）

【农业产业化龙头企业】 2021年，和硕县农产品加工企业42家，自治州级以上农业产业化龙头企业14家。其中，国家级龙头企业2家：新疆芳香植物科技开发股份有限公司和新疆和硕丁丁食品有限责任公司。自治区级龙头企业4家：和硕县新津木业加工有限公司、和硕冠龙葡萄酿酒有限公司、新疆宏景食品股份有限公司、新疆新投绿环种植有限责任公司。自治州级龙头企业8家：巴州宏基农业发展有限公司、新疆芳香庄园酒业有限公司、新疆清源农业发展有限公司（巴州清水河农场）、新疆金硕植物添加剂有限责任公司、巴州瑞泰青林酒业有限公司、巴州红隆椒业有限责任公司、和硕县金湖粮油购销有限公司、新疆大疆和农业科技有限公司。

（敖日鲁木）

水　利

【水资源管理】 2021年，和硕县目标控制水量21913万立方米，其中地下水7894万立方米，县域3条河流来水量较2020年减少50%，造成无地表水可用。曲惠河没有控制性工程、清水河伯斯阿木水库还未建成，绝大部分地表水难以有效利用。

（尔开西江）

【清水河伯斯阿木水库工程】 2021年5月18日，和硕县清水河伯斯阿木水库工程完成上、下游围堰施工，满足度汛设计洪水标准即10年一遇洪水，相应洪峰流量234.4立方米/秒，7月5日，开始坝体填筑和沥青心墙填筑施工，年末主体工程完成82%。工程总投资6.6亿元，其中中央预算内资金3.3亿元，专项债资金1亿元，其余地方财政自筹，项目于2019年8月启动，2020年12月导流兼深孔泄洪洞具备过流条件，12月31日完成河道截留。（郭　敏）

【八一水库除险加固】 2021年，和硕县八一水库除险加固工程总投资为8723万元，该项目在2021年12月26日通过自治区水利厅下闸蓄水阶段验收，12月27日正式下闸蓄水，到2022年3月可蓄水500万立方米，可满足乌什塔拉乡春播用水。项目建成后，可保护水库下游的乌什塔拉乡安全，保证乌什塔拉乡农业灌溉需要。（郭　敏）

【和硕县清水河城乡供水工程】 2021年，和硕县清水河城乡供水工程项目总投资5800万元，到位资

金3000万元，8月完成招投标工作，年末完成18.2千米引水玻璃钢管安装工作。（阿迪力）

【水利设施产权制度改革】 2021年，和硕县深化小型水利工程管理体制改革，明晰小型农田水利工程产权，落实管护主体和责任，国有水管单位管理的小型水库、干、支渠及渠系建筑物、干排及配套建筑物，产权归属县水行政主管部门。支渠以下末级渠系，干排以下排渠及其量测水，桥、涵等配套建筑物，按照改革原则，产权划归各灌区农民用水者协会所有。重点解决产权归属、管护主体、管护责任和管护经费等问题。（刘 伟）

【河湖长制】 2021年，和硕县水利局进一步健全河湖长体系，压实河湖长责任，全面建立起县、乡、村三级行政区河湖长和分级河流（河段）河湖长责任体系。建立以河（湖）长为主导的巡查责任体系，县总河长、副总河长亲自带领相关部门开展巡河工作，深入一线排查河道问题，及时协调各方力量解决问题，形成河（湖）长巡查常态化、制度化。定期对县域河流开展专项督查，督促各级河段长落实责任，严格按照要求开展巡河工作，对辖区河湖治理形成常态化管理机制。河长、副河长开展巡河12次，县河长办、各乡镇开展巡河巡查工作280余次。（小铁木尔巴特）

【水土流失综合治理】 2021年，和硕县水利局坚持预防与保护相结合、工程措施与非工程措施相结合，合理制定水土保持重点区域的水土流失综合治理措施和工程项目，促进水土资源可持续利用。2016—2020年，全县完成水土保持治理面积82.674平方千米。2021年，新增水土流失治理面积14.3平方千米（其中人工造林面积1.3平方千米、封育面积13平方千米）。（仲 林）

【农村饮水安全工程】 和硕县曲惠镇冬都呼都格村、榆树园村自来水管网改造项目 2021年3月初开工，对冬都呼都格村和榆树园村9.2千米生活供水管道进行改造，安装PE管；建设检查井14座、水表井33座、消防井2座、管道穿柏油马路13处、配套各类管件等。5月底完工。项目总投资103.98万元，其中中央财政扶贫专项资金92.80万元。项目完善农村基础设施条件及公共服务能力，解决贫困人口饮水安全问题。

城乡供水一体化管网连接 2021年3月29日，曲惠镇水厂连接城乡供水管网并通水；5月17日，塔哈其镇水厂连接城乡供水一体化管网并通水；完成曲惠镇、塔哈其镇、塔哈其乡开发区、苏哈特乡、新塔热乡等地的联网供水工作。

河北新村饮水水源更换项目 2021年，和硕县人民政府协调中石油塔里木油田分公司援助100万元，用于河北新村饮水水源更换项目，使河北新村供水管网接入城乡供水一体化管网，管网长达4.9千米，解决河北新村群众安全饮水问题。

（马 莉）

【水质检测及地下水位监测】 2021年，和硕县安装15套地下水水位自动监测设备，做好机井计量设施维护工作，定期做好维护，监测等工作严格执行《和硕县2021年地下水超采去治理工作方案》，强化执法监督检查。严格控制地下水开采总量，按照《和硕县用水总量控制方案》，有效利用监测设备加强地下水监测管控，提高地表水利用率，压减地下水控制灌溉面积。（尔开西江尔）

【节水型社会建设】 2021年，和硕县节水办对国忠等6个工业企业、高级中学等8个中小学、县人民医院、县税务局等22个机关事业单位送达用水计划的工作提示并上报用水计划工作。2021年1月19日，通过水利部节水型社会达标县验收。

（小铁木尔巴特）

【防汛抗旱】 和硕县的清水河、曲惠河、乌什塔拉河水量补给主要为季节性积雪融水补给、冰川补给、大气降水补给及地下水补给4种类型。3条河流主要补给来自流域面上的大气降水。径流量的年内分布极不均匀，全年一半以上的径流量集中在夏季的6月、7月、8月3个月份。2021年春，河道来水量较往年降低30%左右。3月、4月，两场降雨量平均达到80毫米，对开春后的农业灌溉缺水起到一定的缓解作用。落实防汛工作行政首长负责制，为推动防汛工作提供强有力的组织保障。完善防汛预案和水库调度方案，组建抢险队伍，储备铁丝3.4吨、编织袋7万条、铅丝石笼12061平方米。落实水库三级防汛责任人，严格汛期运行水情管理，汛期坚持每天报送清水河来水量和八一水库水位、库容、出水量、进水量等信息。（郭　敏）

工业·建筑业

综述

【概况】 2021年，和硕县累计实现工业总产值10.34亿元，同比增长11.57%。其中，规模以上工业实现工业总产值5.16亿元，同比增长3.24%；规模以下工业实现工业总产值5.18亿元，同比增长10.93%。规模以上工业增加值1.62亿元，同比增长7.8%；实现销售产值5.73亿元，同比增长10.32%，实现出口交货值0.6亿元，同比下降40.32%。（统计公报）

【工业经济结构】 2021年，和硕县有工业企业97家，其中规上企业13家（涉及非金属矿物制品业、化学原料和化学制品制造业、医药制造业、电力、热力生产和供应业、非金属矿采选业、食品制造业、农副食品加工业）；规下企业84家（涉及非金属采矿企业5家；非金属矿物制品企业32家；农副食品加工业10家；葡萄酒加工企业15家；食品加工企业4家；其他制造业18家）。全县规模以上工业实现工业总产值51648.5万元，累计增长3.24%；实现销售产值57293.6万元，累计增长10.32%；实现出口交货值6031.2万元，累计下降40.32%；实现工业增加值16183.12万元，累计增长7.8%；规模以下工业实现工业总产值47738.1万元，同比增长10.93%；实现营业收入57434.5万元，同比增长43.5%。和硕县工业投资13104万元，占全县总投资的12.2%。（杨　超）

【项目资金申请】 2021年，和硕县商务和工业信息化局帮助企业申请项目资金，为企业争取国家级、自治区级、县级各类项目资金合计1525.74万元。其中中小企业国际市场开拓资金项目1.26万元；中小企业担保贷款补助项目76.44万元；中央服务发展资金（农产品供应链体系建设）项目130万元；自治区支持产业发展专项资金项目1000万元；葡萄产业集群项目资金（上级专项、县级配套）218.1万元；葡萄产业扶持政策补助金82.94万元；十强纳税大户、十强工业企业表彰资金17万元。保障企业正常的生产经营，促进企业发展。（杨　超）

【淘汰产能落后的砖瓦行业】 2021年1月，巴州淘汰落后产能工作领导小组办公室组织州级成员单位对和硕县曲惠镇吉祥砖厂、和硕县东村砖厂、和硕县塔哈其乡茶汗布湖天硕砖厂3家轮窑淘汰情况进行验收。经我局对曲惠镇人民政府、吉祥砖厂进行谈话，4月13日，完成曲惠吉祥砖厂烟囱拆除清理工作，拆除部分轮窑，完成淘汰落后产能任务。

（商工局）

矿产开采与加工

【矿产资源概况】 和硕县独特的地质构造形成丰富的矿产资源，品种多、分布广、储量大，主要有花岗岩、大理石、石灰石、石英石、芒硝、方解石等非金属矿6种和铜、锶、石榴石、钨等金属矿产资源4种，以及少量金、银、铅锌、锰、钼、铁、钒等金属矿产资源。化工、水泥、制灰用石灰石、大理石和饰面石材花岗岩是和硕县的优势矿产，其中石灰石资源量占巴州总资源量的36.5%，分布于克尔古提一带的泥盆纪地层中；花岗岩资源量占巴州总资源量的66.5%，分布于坎儿洞地区。（才仁其米克）

【矿产加工企业】 2021年，和硕工业园区非金属矿产加工企业42家，非金属矿采选企业9家，主要加工花岗岩、大理岩、方解石、石灰石、砂石料及建筑板材等。1家铜矿石采矿企业，新疆双吉矿业有限公司。（才仁其米克）

【花岗岩开发利用】 2021年，和硕县有花岗岩开发利用企业24家。其中，花岗岩开采企业2家，花岗岩开采和板材加工企业6家，花岗岩板材加工企业16家。2021年，实际采矿量11.4万立方米；2021年，实际板材加工量331.5万平方米，花岗岩开采和板材加工实现产值3.23亿元，工业增加值1.25亿元，营业收入3.39亿元。（才仁其米克）

【大理石开发利用】 和硕县现有大理石开发利用企业2家，其中大理石开采企业1家，大理石开采和板材加工企业1家。2021年，大理石开采和板材加工实现产值400万元，工业增加值98万元，营业收入557.7万元。（才仁其米克）

【石灰石开发利用】 和硕县现有石灰石开采、石灰粉加工企业16家。其中石灰石开采企业4家（规上3家），石灰石开采和石灰粉加工企业1家，石灰粉加工企业11家。2021年石灰石采矿和石灰粉加工实现产值1.53亿元，工业增加值4762.7万元，营业收入1.67亿元。（才仁其米克）

【石英石开发利用】 和硕县有石英石开采企业1家，石英石提纯企业1家。新疆聚鑫硕新材料有限公司投资建设高纯石英砂提纯项目（纯度达到99.99%），项目总投资5.66亿元，高纯度石英砂生产规模为30万吨/年。年末完成不动产证、采矿权手续和可研评审，项目能评提交州发改委环资科审核。（才仁其米克）

【和硕县川硕石材有限责任公司】 和硕县川硕石材有限责任公司位于新疆和硕经济开发区石材工业园区，于2001年04月在新疆和硕县注册成立，注册资金3000万元。和硕县川硕石材有限责任公司主要经营业务以花岗岩资源开发、加工及产品销售为主。公司下设行政部、基建项目部、财务部、矿山部、销售部、物资部、后勤管理部等职能部门。公司占地面积21.13公顷。自有花岗岩的开发、加工和销售。公司自有资源采矿许可证4个。有加工设备各52台，厂房面积1.28万平方米，办公室1100平方米，职工宿舍4100平方米。2021年，公司有员工146人，实现产值7201万元。（才仁其米克）

【和硕县恒升石材有限公司】 和硕县恒升石材有限公司位于新疆和硕经济开发区综合工业园区，于2002年4月在新疆和硕县注册成立，注册资金1000万元。公司主要经营业务以加工花岗岩、大理石及产品销售为主。公司下设行政部、基建项目部、财务部、矿山部、销售部、物资部、后勤管理部等职能部门。公司是具有现代化特色和规模的石材精加工厂，占地面积4公顷。自有矿区的开发、加工和销售。公司自有资源：矿区原料品种安西红和天山蓝。有加工设备10台，厂房面积1.2万平方米，办公室500平方米，职工宿舍1450平方米，年加工产品可达6万立方米、吨。2021年，公司有员工25人，实现产值4000万元。（才仁其米克）

【和硕恒达石业有限公司】 和硕恒达石业有限公司位于新疆和硕经济开发区石材工业园区，于2012年4月在新疆和硕县注册成立，注册资金500万元。公司设有矿山部、财务部、销售部、生产管理部等职能部门。公司投资建设石材加工厂1座，占地面积7.8公顷。主要从事自有矿产品马兰白石材的开发、加工及产品销售。有各种加工设备50多台（套），厂房面积约6000平方米，办公室120平方米，职工宿舍900平方米，年加工能力可达到年产各种石材产品30万平方米。2021年，公司有员工60人，实现产值2360.6万元。（才仁其米克）

【新疆川宏石材投资有限责任公司】 新疆川宏石材投资有限责任公司位于新疆和硕经济开发区综合工业园区，于2013年5月在新疆和硕县注册成立，注册资金1000万元。公司主要经营业务以加工荒料、板材及产品销售为主。下设行政部、基建项目部、财务部、矿山部、销售部、物资部、后勤管理部等职能部门。公司占地面积5.27公顷。有加工设备各40台，厂房面积3600平方米，办公室870平方米，职工宿舍1440平方米，年加工产品可达25万立方米、吨。2021年，公司有员工54人，实现产值2343.2万元。（才仁其米克）

【和硕县鑫利达石材有限公司】 和硕县鑫利达石材有限公司成立于2013年6月，是一家专业生产加工和销售天然大理石为主的企业，主要产品有天山红梅、粉红麻、芝麻白、芝麻灰、兰麻、白麻、楼兰金花、安溪红、马兰红等各种特色石材板材，生产加工路缘石、蘑菇石、铺装线条、雕花座椅、圆桌圆凳、圆球等异型石材，承接各类工程所需板材。公司注册资金50万元，固定资产1000万元，年产值25万平方米。公司总占地面积3.33万平方米，其中办公楼占地面积518.28平方米，生产车间占地面积6569.10平方米，绿化面积1980平方米，厂区硬化面积达到90%。2021年，有员工33人，实现产值891.46万元。（才仁其米克）

【推进石英石新材料产业发展】 2021年，和硕县自然资源局协助和硕县硕德投资有限责任公司办理包尔图石英岩矿探转采，硕德投资有限责任公司申请办理的铜华山石英岩矿采矿权报州财委会审批，待通过后办理采矿手续。（张　琳）

【新疆双吉矿业有限责任公司】 新疆双吉矿业有限责任公司矿区位于包尔图村铜矿区，以开采铜矿石矿山为主，探矿储量800万吨。公司于2004年注册，开采能力5万吨/年，公司已投资8000万元。选矿厂位于榆树沟，以铜矿选矿为主，厂区面积12.5公顷，投资3000万元，日加工铜矿石400吨。（才仁其米克）

【锶矿开发利用项目】 新疆林源矿业有限公司在和硕县于2002年9月18日注册成立，2020年5月林源矿业有限公司的采矿许可证生产规模从2万吨扩大至15万吨每年，采矿方式由露天开采变更为露天/地下开采，矿山露天/地下开采总服务年限为13.9年，建设期1年，共14.9年。新疆林源矿业有限公司项目位于和硕县可可乃可矿区，精矿粉（锶）年产7.5万吨，预计总投入8000万元，项目投资周期2~3年，投产后预计实现年销售收入9000万元。（才仁其米格）

农产品加工业

【概况】 2021年，和硕县引进农副产品精深加工企业，椒源生物建成投产，沁州黄小米项目落地建设，黄芩提取项目顺利签约。和硕县有农产品加工企业42家。（敖日鲁木）

【辣椒加工产业】 和硕县有辣椒加工企业13家，其中规模以上企业3家、规模以下企业10家。2021年，生产企业10家，停产企业3家。2021年，加工辣椒颗粒、辣椒粉1.51万吨，产出辣椒籽4178吨，工业总产值达到2.1亿元，营业收入2.02亿元。（才仁其米克）

【重点辣椒企业介绍】 新疆椒源生物科技有限公司成立于2021年2月，位于多式联运产业物流园宣化路，项目总投资1.2亿元，占地面积6.65公顷。建成一期精制浸出车间面积2222.5平方米，颗粒出料车间面积3886平方米，溶剂储罐95立方米。计划2022年二期建设食用粉车间2000平方米，1号冷库3870平方米，2号冷库6960平方米，3号库房3000平方米，原料堆棚7500平方米。总计年产辣椒红色素及食用辣椒产品5000吨。主要产品有辣椒食用粉、辣椒颗粒、辣椒红色素、辣椒油树脂，填补和硕县辣椒色素生产企业空白，推动本县辣椒产业形成完整的产业链。

（陈晓丽、才仁其米格）

【和硕县超凡农产品有限责任公司】 成立于2020年6月，位于和硕县特吾里克镇五街道三街坊325省道南侧，总投资4000万元，占地面积7.33公顷。2021年注册“超凡西域红”商标。年加工辣椒制品1万吨，主要产品有辣椒食用粉、辣椒籽粉、辣椒片、辣椒酱，产品主要内销加出口，出口日本、韩国、德国、新加坡、越南、泰国、马来西亚。

（才仁其米克）

【番茄加工产业】 和硕县有番茄加工企业3家，其中规模以上企业2家、规模以下企业1家。番茄酱加工行业采用浓缩杀菌无菌灌装工艺流程，年总计加工番茄酱3.3万吨。2021年，番茄酱加工1.5万吨，工业产值达6078万元，实现营业收入9762万元。

（才仁其米克）

【葡萄酒产业】 和硕县酿酒葡萄种植面积为0.33万公顷（其中基本农户种植面积为0.16万公顷、葡萄酒生产企业种植葡萄面积0.17万公顷）。有葡萄酒加工企业15家，在建3家；年加工葡萄酒2.65万吨。2021年，葡萄酒生产企业葡萄种植面积1753.73公顷，葡萄产量达到6215吨，加工葡萄原汁3980吨，工业产值达到9448万元，实现营业收入3630万元。

（才仁其米克）

【沁州黄小米项目】 2021年，沁州黄小米落地和硕，办理完相关手续。项目由和硕县雪山绿农业科技有限公司投资7500万元，小米产业深加工项目位于和硕县经济开发区清水河综合园区，主要产品包括精选小米和小米系列膨化食品（包括小米锅巴、小米饼干、小米薯片等），生产用地3.32万平方米。

（王桂霞）

【巴州宏基农业发展有限公司】 巴州宏基农业发展有限公司2015年9月被评为自治州级农业龙头企业。种植133.33公顷红枣生产基地，主要有骏枣、灰枣两个品种。公司引进先进的生产设备和生产工艺，将红枣基地种植和红枣加工相结合，日生产可达10吨红枣，年加工红枣1000吨，实现销售收入达2800万元，年利润309.4万元。2021年有职工人数26人。

（敖日鲁木）

【和硕县满卡姆食品有限责任公司】 和硕县满卡姆食品有限责任公司成立于2007年，公司占地面积5900平方米，注册资金为640万元，经营调味品（半固态）、果蔬罐头制造及生产销售。（敖日鲁木）

【新疆大疆和农业科技有限公司】 新疆大疆和农业科技有限公司成立于2018年9月，注册资金1000万元，主要从事小麦良种扩繁、种植、销售和蔬菜、谷物、豆及薯类、食品、水果、化肥、农膜的仓储、加工、批发、零售服务及农业机械的销售、租赁和农业经济管理服务。公司通过“公司+合作社+农户”的运营模式，通过土地流转、托管等方式，现有优质耕地2万余亩，建成“一重点、两中心、三基地”的现代农业示范基地（以良种繁育为重点，以和硕县、且末县为繁育中心，以焉耆县、和静县、轮台县为实验示范基地），引进优良小麦品种进行繁育推广，将公司打造成原料种植—回购—加工—销售为一体的、全程监控的、可追溯的农产品一流企业。公司建立配套的土肥检测中心、农技推广中心、农机服务站等服务单元，推进田间设施标准化、栽培模式化、生产机械化、资源节约化、服务规范化，实现小麦生产科技水平、产量和可持续发展能力持续提升。2021年，公司有高级农艺师3名，普通农艺师5名，大型农机设备若干台，得到新疆天山面粉（集团）有限责任公司、库尔勒孔雀河国家粮食储备有限公司的技术、市场和资金的支持。

（敖日鲁木）

【新疆金硕植物添加剂有限责任公司】 新疆金硕植物添加剂有限责任公司（以下简称“金硕公司”）位于和硕县城，公司以研究、开发、生产、经营甘草系列产品为主营业务。公司通过和硕县委、县政府牵线，由北京绿色金可生物技术股份有限公司将由原国家投资1400余万元建设的灵和甘草制品厂整体收购，并于1997年12月底成立新疆金硕植物添加剂有限责任公司。金硕公司逐年投入计1000多万元资金对原生产车间进行多项技术改造，形成四条深加工生产线，金硕公司经过技术升级目前形成了甘草霜、甘草膏、甘草酸、甘草次酸、甘草酸盐等系列产品，涵盖医药、健康食品、化妆品、烟草添加剂等多个领域，远销东南亚、日本、欧洲、美国等，在国内同行业中处于领先地位。公司注册资金1500万元，公司包含生产部、质量部、动力部、物流部、办公室、财务室等部门。2021年，中层以上管理人员12人，生产部74人，质量部5人，动力部6人，物流部3人，办公室2人，财务室2人，员工共计104人。 （敖日鲁木）

【新疆和硕丁丁食品有限责任公司】 新疆和硕丁丁食品有限责任公司是于1999年9月21日建立，注册资金2000万元。员工120人，每年生产期正是公司用工旺季，解决周边200~300名人员就业问题。公司下设2个分公司和1个养殖专业合作社，分别是新疆和硕丁丁食品有限责任公司和硕分公司、新疆和硕丁丁食品有限责任公司福将分公司、和硕县丰硕科技种养殖专业合作社。合作社有200公顷基地，有4000多只羊，为发展有机食品和循环经济打下基础。厂区占地面积18.6万平方米，建筑面积15400平方米，厂区绿化面积占总面积的40%。公司年产辣椒8000吨，年产番茄酱23000吨，已成为自治区最大的辣椒酱加工出口企业。 （敖日鲁木）

【新疆宏景食品股份有限公司】 新疆宏景食品股份有限公司成立于2009年3月，位于新疆巴州和硕县乌什塔拉乡金沙滩东侧，距离314国道4公里，占地面积72公顷，工业用地13.33公顷，生态林58.67公顷。公司于2012年3月30日在天津股权交易所挂牌，注册资金1093.7万元，总资产8158万元，公司于2009年9月就取得进出口贸易经营权、KOSHER（犹太膳食）认证；2009年11月通过ISO 9001、HACCP等质量管理体系认证；2010年2月，取得QS安全生产证书；2011年11月，通过ISO 14001环境体系认证。主要产品：28%~30%和36%~38%规格的番茄酱，产品95%以上远销东南亚、北美、欧盟等国家。2010年，公司引进日处理1250吨番茄加工生产线，两条生产线日加工番茄1910吨。2015年，公司吸纳和硕县盛果番茄种植合作社入股。2021年，公司有员工115人。

（敖日鲁木）

【新疆新投绿环种植有限责任公司】 新疆新投绿环种植有限责任公司成立于2007年11月，注册资金1亿元，公司是集日光温室蔬菜种植、蔬菜种苗繁育、副食品配送及农产品传统销售与电子商务营销为一体的自治区级农业产业化重点龙头企业，2019年，被列为GAP（国家全程质量控制体系）试点单位。公司拥有农用土地1万余亩，其中日光温室848座，连栋温室一座，膜结构日光温室2座，烘干房5座、保鲜库5座、交易市场1座、沼气发酵池1座等，相关蔬菜种植、育苗、仓储、物流、交易等硬件设施齐全。公司通过认证的无公害农产品达到4个，申请注册农产品专有商标6个，起草制定日光温室嫁接茄子和日光温室嫁接辣椒种植技术2项巴州农业地方标准，编制5项企业蔬菜种苗繁育技术规程。企业设施蔬菜种植主要品种为圆茄、辣椒、西红柿、黄瓜、西葫芦、苦瓜、豇豆等，土地种植蔬菜主要有大白菜、洋葱、大葱、包包菜、土豆等。公司蔬菜大宗批发业务主要集中在乌鲁木齐、伊犁、克拉玛依、库尔勒等地，建立南北疆蔬菜销售网络。公司建有占地面积5000余平方米的蔬菜交易市场1座，建设蔬菜保鲜库5座，建设蔬菜专用运输道路1条，实现了从基地直达高速公路。2017年，在库尔勒建立蔬菜配送中心。2021年，库尔勒地区配送单位达到27家，年配送量达3200余吨。 （敖日鲁木）

电力工业

【概况】 2021年，和硕县供电辖区内有220千伏变电站1座（金沙变），110千伏变电站4座（和硕变、乌什塔拉变、泽斯特变、红蝶谷变），35千伏变电站7座（塔哈其变、曲惠变、艾勒斯特变、那音克变、金沙滩变、红山变、新塔热变）。维管10千伏公用线路46条、总长990千米，维管公变373台、专变2188台，供电总户数3.63万户。（李彦峰）

【电力基础建设】 2021年，和硕公司实施农网项目18个子项、成本项目6项、业扩配套及优化营商环境项目9项，共新建和改造10千伏、0.4千伏线路33.48千米，增换变压器11台、改造变压器9台，户表上墙827户，安装联络断路器45台；实施整台区换表、业扩配套等营销项目8项，更换表计2886只、模块1.8万块。（李彦峰）

【配网整治】 2021年，国网和硕县供电公司推进配网线路集中整治，累计发现缺陷隐患1.37万处，整改1.3万处。加快客户侧隐患治理，对长期不用电的“僵尸户”拆除引流线并销户处理，整改客户专变1618户、整改率90.29%。属地化做好35千伏输电线路巡视工作，全年10千伏主干及分支故障65条次。综合供电可靠率99.84%，同比提升0.1个百分点。故障停电时户数同比降低32.57个百分点。（李彦峰）

【配网管理】 2021年，国网和硕县供电公司新增10千伏线路联络18条，联络率91.3%，负荷转带能力持续提升。安装调试信号源设备6台，增强线路接地定位能力。实施10千伏乌分线、10千伏艾乡线馈线自动化建设项目2项，提升电网自愈能力。深化工单驱动业务，累计巡视线路37条、137条次，发现缺陷、隐患1303处，主要为杆号牌缺失、树障等。其中：转主动抢修工单307条，共治理缺陷、隐患592处，治理率45.43%，转检修计划或储备项目库810条，配网精益化管理水平持续提升。（李彦峰）

【电力供应】 2021年，国网和硕县供电公司实现电费回收率100%、日均采集成功率99.9%。常态化开展线损治理，累计查处表计故障、接线错误、计量异常问题281处，追补违窃电费2.77万元，10千伏线损达标率98.79%，400伏台区线损达标率98.22%。组织全员推广网上国网，累计注册2.43万户，绑定2.2万户。完成高低压新装增容1443户、容量11.13兆伏安。（李彦峰）

【社会用电量】 2021年，和硕县全社会用电量44875万千瓦时，同比增长9.33%。其中，第一产业3926万千瓦时，同比增长42.71%；第二产业12607万千瓦时，同比增长6.26%；第三产业23022万千瓦时，同比增长4.92%。城乡居民用电5319万千瓦时，同比增长18.49%。（统计公报）

【光伏发电】 2021年，和硕县有光伏发电企业2家，分别为和硕恒鑫新能源科技有限公司、国华（和硕）新能源有限公司，光伏发电9363万千瓦时，实现产值7352万元，销售收入7436万元，缴纳税金1524万元。（杨　超）

【光伏产业园区】 2021年，和硕县光伏产业园区规划总占地面积1302.84公顷，规划总容量50兆瓦，实现总投资约19.50亿元，位于乌什塔拉乡安欣牧业园区南侧国有未利用地。光伏园区内建设220千伏升压汇集站及其配套线路（包含国综能源和硕50兆瓦光伏35千伏送出线路工程）。（才仁其米克）

【国综能源光伏发电项目】 2021年10月30日开工建设和硕国综新能源有限公司光伏发电项目，总投资2.4亿元，采用双面玻单晶组件、固定支架安装、集中式箱逆变一体机，由16个3.13兆瓦光伏发电单元组成。（杨　超）

【水力发电项目】 伯斯阿木水库水电站项目，位于清水河克尔古提水文站测验断面上游0.6千米处，拟建设的水电站装机容量为4800千瓦，为水轮发电机组，工程包括引水压力钢管、地面发电厂房、机电设备及高低压配电控制室、室外35千伏升压站、35千伏输出线路等。（政府网站）

【国网和硕县供电公司】 2021年，国网和硕县供电公司有在职职工55人，公司下设综合管理部、财务资产部、营配管理部等6个部室，管辖高压供电服务班、配网运检班、带电作业班、城区供电所、清水河供电所、塔哈其供电所、苏哈特供电所、曲惠供电所和乌什塔拉供电所9个一线班组。主要承担和硕县3个镇、4个乡、2个场，以及农垦二十四团、二十六团的供电服务任务。（李彦峰）

【国华（和硕）新能源有限公司】 国华（和硕）新能源有限公司于2012年7月在新疆和硕县注册成立，注册资金7580.8万元，公司位于新疆和硕经济开发区工业园区，占地面积98公顷，主要经营业务以新能源电力产品销售为主。2021年，公司有发电设备60台，厂房面积1400平方米，办公室140平方米，职工宿舍130平方米，年发电4000万千瓦时。（杨　超）

【和硕恒鑫新能源科技有限公司】 和硕恒鑫新能源科技有限公司成立于2013年3月，主要从事太阳能发电。2021年，主营业务收入3618.4万元。

（杨　超）

医药制造业

【概况】 2021年，和硕县现有医药制造企业3家，其中正在建设2家。2021年，医药制造业工业总产值6486.4万元，工业增加值2342.9万元，主营业务收入6015万元。（才仁其米克）

【体外诊断试剂采样套装项目】 年产2000万人份体外诊断试剂及2000万套采样套装项目。新疆山如画生物科技有限公司于2020年9月注册成立。项目计划总投资6500万元，年产2000万人份体外诊断试剂及2000万套采样套装元。项目建设规模：建设厂房、研发、质量、办公楼等总面积2500平方米，购置核酸提取试剂生产线，形成年产2000万人份核酸提取试剂及2000万套采样套装项目。项目已完成可研编制、备案，已签订厂房租赁合同，因厂房装修，2022年3月复工。（才仁其米克）

【黄芩提取项目】 融通农业发展（乌鲁木齐）有限责任公司在和硕实施中药加工提取项目，建设规模：新建年产黄芩苷320吨、黄芩切片800吨、提取物副产品384吨、黄芩渣4800吨；建设处理车间、提取车间、原料仓库、成品仓库、综合中心和宿舍楼等9700平方米，及配套附属设施。项目总投资5898.08万元。2021年，完成投资项目登记备案。

（王桂霞）

和硕经济开发区

【园区概况】 和硕经济开发区成立于1992年，2005年12月，国家发展和改革委员会将和硕县清水河工贸经济建设区纳入自治区级园区，更名为新疆和硕经济开发区。2011年，和硕经济开发区以“一区四园”模式建设，规划面积63.37平方千米。2014年3月，和硕经济开发区管理委员会机构规格为副县级，为巴州党委、人民政府派出机构，委托和硕县党委、人民政府管理。2021年，整合规范和硕经济开发区管委会机构设置，保留党政办公室，将经济发展局更名为经济发展投资促进局、规划建设环保局更名为住房和城乡建设生态环境局、安全生产监督管理局更名为应急管理局，撤销社会发展局，整合后工作部门设4个。园区入驻各类企业55家，清水河综合园区42家，多式联运产业园区6家，新材料园区7家。（才仁其米克）

【基础设施建设】 2021年，和硕县经济开发区投资1.7亿元完成新材料工业园区的基础设施建设，修建20千米道路、25千米供排水管网、日处理1万立方

米污水处理厂。清水河综合园区正在建设7800平方米标准化厂房，总投资1000万元。（才仁其米克）

【落地项目建设】 2021年，和硕县经济开发区加大招商引资，全年落地项目鲁旺达钙业有限公司年产30万平方米功能性装饰装修材料加工项目、巴州万良农业综合开发有限公司日处理1200吨烘干塔建设及年产20万吨饲料加工项目、和硕县椒源科技有限公司辣椒深加工项目等8个，总投资6.27亿元，对接洽谈项目6个，总投资1.73亿元。（才仁其米克）

【园区经济】 2021年，和硕县经济开发区有44家企业，占比95%，全年工业总产值达6.13亿元，增加值1.41亿元，其中石材企业加工板材、异型材275万平方米，产值2.85亿元，增加值8774万元。

（才仁其米克）

【园区固定资产投资】 2021年，和硕县经济开发区固定资产投资1.03亿元，其中基础设施投入：和硕县新材料工业园区基础设施建设项目3000万元，和硕经济开发区标准厂房建设项目816万元，企业固投6350万元（鲁旺达石粉加工1000万元、万良饲料厂2000万元、西海源流纯净水公司150万元、椒源辣椒色素公司设备及厂房建设2000万元、金鹰电子科技公司1300万元）。（才仁其米克）

【新材料工业园区】 和硕县新材料工业园区位于乌什塔拉乡政府以北5千米处，距离马兰火车站10千米，和硕火车站35千米，距离325省道路口8千米，规划面积6.7平方千米。已入驻石灰石加工、新型保温材料、沥青拌和站、新型装饰板等加工企业7家。经自治州园区批准，2021年8月，启动供排水管网、道路项目建设。（才仁其米克）

【多式联运产业物流园】 和硕县多式联运产业物流园位于特吾里克镇西北10千米处，距离325省道路口10千米，火车站12千米，规划面积15.04平方千米。多式联运产业物流园区重点发展农产品交易、加工、仓储、物流冷链等产业，打造全疆最大的辣椒交易市场。2018年8月，获自治州级工业园区批准，光伏发电、纤维板制造、化工企业、石灰石碳酸钙、辣椒深加工、农副产品示范园6家工业企业入驻。

（才仁其米克）

【和硕县南华化工有限责任公司】 和硕县南华化工有限责任公司成立于2004年4月，原厂址在和硕县城内，年设计生产能力3万吨工业甲醛溶液。公司下设综合办、财务室、供销科、生产车间、安全管理办公室等科室。2020年10月，搬迁至和硕经济开发区多式联运产业物流园区。搬迁后注册资金1138万元，占地面积3.33公顷，厂房面积1198.1平方米，办公室1462.99平方米（包含职工宿舍）。公司将原厂3万吨/年甲醛生产线在搬迁时根据生产需要进行设备更新，其建设内容：3万吨/年甲醛生产线及辅助生产设施，包括1000立方米甲醛储罐2个，2000立方米甲醇原料储罐2个，动力车间、消防泵房，配电室五金库，控制室，化验室，综合楼等，一期投资3000余万元；二期计划投资3000万元，建设内容：5万吨/年甲醛生产线、1万吨/年乌洛托品生产线及辅助生产设施，包括50立方米液氨储罐4个，乌洛托品仓库1座。项目实施后，增加就业岗位32个。2021年，公司有员工30人，产值5000万元。（才仁其米克）

【新疆德邦天一新材料科技有限公司】 新疆德邦天一新材料科技有限公司成立于2020年7月，位于和硕县多式联运产业物流园区内，厂区占地面积4.67公顷，总建筑面积3万平方米，其中包括生产车间、库房、办公区等。公司分二期建设，总投资7000万元，由企业3名股东自筹自建，主要生产新疆远创60万平方米装饰、装修材料制品加工项目，PE管和扣板，及主要原生产用料、纳米复合钙粉，主要以立磨生产纳米复合钙粉，产品流动性好。广泛用于PVC、PE管材、型材、乳胶漆，水性涂料，陶瓷、塑料、扣板，母粒、电线电缆、造纸、涂料、油漆等化工行业，年生产量30万吨，销售总值约5000万元。

（才仁其米克）

建筑业

【建筑业概况】 2021年，和硕县县域内建筑施工企业5家，其中具有建筑工程施工总承包二级资质3家（新疆华玺建设工程有限公司、新疆华汇城建建设集团有限公司、新疆志恒建筑工程有限公司），具有建筑工程施工总承包三级资质2家（新疆新创建设工程股份有限公司、新疆融汇建安建设工程有限公司）。（吴自有）

【招投标管理】 2021年，和硕县招标的房屋建筑和市政基础设施工程招投标项目28个，其中公开招标项目26个，邀请招标2个；总中标金额76916.58万元。涉及12家招投标代理公司。（吴自有）

【施工许可审批】 2021年，和硕县办理施工许可证12项，受监工程12项，监督率100%。房建项目建筑面积21万平方米，市政项目77.29千米，总投资4.2亿元。（吴自有）

【工程备案管理】 2021年，和硕县加强工程竣工验收的监督工作，对申请备案工程的各种技术资料要认真审核、竣工验收后监督工程师及时写出监督报告，对符合备案条件的工程，随时办理验收备案手续。2021年，竣工备案项目10项。（吴自有）

【建筑行业诚信体系建设】 2021年，和硕县域内5家建筑施工企业未被自治区、自治州、县级单位采取警告、处罚等措施。（吴自有）

【建筑质量安全管理】 2021年，和硕县住建局建立健全建设、勘察、设计、施工、监理五方责任主体责任制，依据有关法律、法规，对行政区内的建设工程质量安全依法进行管理。全年召开安全生产例会6次，对全县在建建筑施工工地开展质量安全检查18次，下发责令整改（停工）通知书16份，责令施工单位限期整改落实到位，对整改不到位的施工单位责令继续停工整顿。组织开展安全生产月活动、住建行业"百日安全"专项行动、住建行业"质量月"活动、安全生产专项整治三年行动、拉网式大排查大整治等各类安全生产专项行动。

（吴自有）

【工程建设领域专项整治】 2021年，和硕县住建局开展"和硕县城市建设安全专项整治三年行动""和硕县住建行业消防安全专项整治三年行动""和硕县住建行业安全生产专项治理行动""和硕县住建领域全覆盖、拉网式安全生产大排查、大整治专项行动""和硕县住建局攻坚60天"，扎实开展安全生产"大排查、大整治"专项行动、"打通生命通道专项行动"和和硕县住建行业"安全生产月"活动。开展专项检查，紧盯隐患整改，总结相关经验，防范安全生产事故的发生，提高住建系统安全生产总体水平。（吴自有）

【重点建筑企业】 2021年，和硕县域内建筑施工企业5家，分别为新疆华玺建设工程有限公司、新疆华汇城建建设集团有限公司、新疆志恒建筑工程有限公司、新疆新创建设工程股份有限公司、新疆融汇建安建设工程有限公司。（吴自有）

【巴州筑城商砼有限公司】 巴州筑城商砼有限公司位于新疆和硕经济开发区石材工业园区，于2012年8月在新疆和硕县注册成立，注册资金2500万元。公司主要经营业务以混凝土搅拌、机械设备租赁、道路货物运输及批发零售建筑材料为主。公司下设行政部、生产部、财务部、销售部等职能部门。公司拥有80中联重科电脑全自动操作系统、电子计量、微机管理的混凝土搅拌设备、配备有各种化验设备及检验设备15台、搅拌运输车8辆、38米和49米泵车各一辆。公司生产季，各类专业技术管理人员7人、普工16人。搅拌站主机楼面积468平方米，办公室330平方米，年加工商品混凝土可达20万立方米。2021年，公司实现产值1536.8万元。

（才仁其米克）

商　务

商贸流通

【商贸市场与流通】 和硕县城乡商贸流通网络体系发展较快，集贸市场的扩大，超市（便利店）、快递物流、电子商务的兴起，便民商超（便利店）覆盖到全县各乡镇，各乡镇“巴扎日”活跃，从传统单一的邮政寄递发展为集中铁物流、宅急送等多家快递物流，更加满足居民日益增长的物质文化需求。全社会消费品零售总额高速增长，2021年，限上企业消费品零售总额高位运行，全年限上社会消费品零售总额1.25亿元，同比增长119.1%。

（统计局）

【批发零售】 2021年，和硕县完成社会消费品零售总额8.14亿元，同比增长22.6%，其中城镇完成社会消费品零售总额6.76亿元，同比增长24.6%；乡村完成社会消费品零售总额1.38亿元，同比增长13.7%。

（统计公报）

【住宿餐饮业】 2021年，和硕县住宿餐饮业在册登记的个体工商户有847户，年销售收入5598万元，其中住宿业收入195万元，餐饮业收入5403万元。

（统计年鉴）

【二手车流通市场】 2021年11月，和硕县万顺商贸有限责任公司申请获得二手车交易市场经营资格，位于和硕县水磨东街3号。（格尔岱）

【烟草专卖】 2021年，和硕县烟草专卖局在整体规划新零售终端推广工作上，确定以城区推广为主，农网推广为辅的建设思路，城区的客户的全面建设，形成一定的使用氛围，降低维护难度，有效地提升推广的效率和质量。开展卷烟专项整治活动，加大对重点客户、重点区域、大户的监管，将专项整治活动与分类监管与“双随机”、APCD重点分析客户有机融合，提升市场净化率，维护市场秩序。通过微视频、集中培训、诚信互助小组对相关的烟草法律法规、失信惩戒、违法成本教育进行宣传，针对四类不同客户开展不同频次的培训，提升客户的守法意识。深化“互联网+政务服务”，优化行政许可工作质量，通过宣传网上办证微视频及实地宣传网上办证情况，逐步提升网上办证率。（马文娟）

【成品油销售】 和硕县加油站沿高速公路国道布置有加油站11处，城区布置有加油站6处，共17处。为加强原油、成品油市场监督管理，规范原油、成品油经营秩序，立足和硕县实际，制定《和硕县加油加气站空间布局专项规划》，组织开展县内成品油经营企业的年检工作。2021年，全县汽油的零售量共计1.05万吨，柴油的零售量共计2.22万吨。

（格尔岱）

电子商务

【概况】 2021年，和硕县电子商务进农村综合示范工作按照“整合资源、协同发展”的原则、“三个统筹”方式实施全县推进。引导实体经营向电商拓展，通过线上销售、直播带货等方式销售红酒、辣椒、番茄、小米、新梅、各种蔬菜等特殊产品，从初级农产品到深加工产品、手工艺品都有不同层次的多样化发展。拓展延伸苏哈特乡配送中心、供销社配送网络，搭建农超对接、定向配送平台，畅通服务需求与供给“最后一公里”带动庭院经济和村集体经济发展。至年末，和硕县实现网络交易额1.07亿元，实现网络销售额666.2万元，同比增长31.82%，电商产业继续保持良好的发展势头。

（马浩峰）

【电子商务孵化基地建设】 2021年，和硕县商工局对1500平方米的县级电子商务孵化基地进行改造升级，新增企业集聚、创业孵化、运营管理、电商技术服务、培训服务、营销推广等功能，为全县企业、农户、个人提供规范的农村电子商务公共服务。制订完善电商运营服务相关方案，积极申报国家级电商进农村综合示范项目，和硕县电子商务公共服务中心为本地企业、网商、服务商开展电子商务业务提供政策咨询、技术支持、人员培训、营销推广等服务。在和硕县电子商务孵化基地设立电商运营中心，为电子商务进农村项目和电商创业者提供解决理念、创业培训、产品销售等问题。运营中心对接企业、创业个人20家，孵化基地入驻企业3家，分别为芳香庄园、食通车、塔尔圣谷（新疆）农业科技有限公司，个人创业5人。（马浩峰）

【打通县、乡、村三级商品流通体系】 2021年，和硕县电商服务中心结合建设乡（镇）、村电商服务站点，建立“县级电商运营中心+乡村电商服务站”的联动机制，支持发展共同配送，推动邮政、供销、商贸物流、快递、交通等资源整合，鼓励实体商业和电商快递的物流协同，整合县域日用消费品下乡和农产品进城双向配送，推动商流物流统仓共配，降低农村物流成本。为增强县、乡、村三级电子商务仓储物流中转和配送能力，改造升级一个200平方米仓储，配备10组货架、1组打包台作为物流中转中心。

（马浩峰）

【和硕县年货节营销活动】 2021年，和硕县电子商务公共服务中心承办主题为“和美生活·硕果累累，牛转乾坤·迎春送暖”的和硕县年货节营销活动，精选200多个超值优惠产品，3个电商服务站点、1个同城服务平台创业商户合计配送快消品120个品类、300多件商品。（马浩峰）

【电商服务平台】 2021年，和硕县商务和工业信息化局开发电子商务公共服务中心公共服务平台——“和硕电商便民”微信公众号及商城小程序，集中展示和硕县特色产品、旅游资源、县域文化等功能。通过公共服务平台的建设，线上线下共同发展，促进特色农副产品增收。巴州华祥特色林果种植合作社、新疆芳香庄园酒业有限公司等七家企业通过“互联网+”微店、微信朋友圈、QQ群等网络平台，销售新梅、天山小米、葡萄酒、干果等农特产品138.25万元。（马浩峰）

【线上平台服务】 2021年，和硕县通过“和硕电商便民”商城、“百事联随行商圈”“抖音直播带货”开展网商、微商孵化，为“和硕礼物”社区手工艺品制作及15家葡萄酒酒庄开设线上平台商城服务。通过“百事联随行商圈”电子商务服务站可以自行上传产品线上销售，“和硕电商便民”商城上架销售和硕特色农副产品、葡萄酒、特色民俗手工艺品等95个品种。“和硕电商便民”商城小程序平台累计产生115笔订单，销售产品232件，带动参与商户8家、手工艺产品制作者10人。由工商局单位牵头，在县域内设立帮扶专馆1个、帮扶专柜12个，销售额达33万元。（马浩峰）

【电子商务营销培训】 2021年，和硕县商务和工业信息化局做好电商帮扶政策培训工作，培训21场次440人，其中包括脱贫户、边缘易致贫户292人，为电商发展培养人才。（马浩峰）

【外卖平台】 2021年，和硕县有4家外卖平台。其中“饿了么”外卖平台食品经营户89户，在职员工8人；“食通车”同城外卖配送平台累计产生订单19989单，平台交易量559692元，在职员工17人；“叮当”外卖平台上的食品经营户平台115户，营业额180万元左右，在职员工8人；“爱跑腿”外卖平台上的食品经营户平台39户，营业额180万左右，在职员工2人。 （李建军）

【“多多买菜”社区团购平台】 和硕县电子商务公共服务中心为提升工业品（快消品）供应链平台、县域日用快速消费品供应链平台供货能力，引入“多多买菜”社区团购平台，县域已拓展团店50家，为县域百姓提供水饮酒、休闲食品、日用百货、个人护理、粮油副食等商品。 （马浩峰）

物流业

【寄递行业概况】 2021年，和硕县域内有寄递行业22家，其中县城有和硕县老城邮政支局、和硕县新城邮政支局、和硕县邮政快递、和硕县京东快递、和硕县顺丰快递、和硕县申通快递、和硕县圆通快递、和硕县中通快递、和硕县韵达快递、和硕县百世快递，乡镇有乌什塔拉顺丰快递、乌什塔拉韵达快递、乌什塔拉圆通快递、乌什塔拉申通快递、乌什塔拉中通快递、乃仁克尔乡邮政代办所、苏哈特乡邮政代办所、包尔图邮政代办所、塔哈其镇邮政代办所、曲惠镇邮政代办所、乌什塔拉乡邮政代办所、马兰分销店邮政支局，全县寄递从业人员70人。 （李建军）

【快递末端网点建】 2021年，和硕县实施“快递进村社区”工程，健全完善农村物流体系，有3镇4乡、25个行政村、8个社区，快递进村（社区）全覆盖。快递末端网点建设25个点位、社区17个点位，和硕县建设快捷高效的城市快递末端收投网络和通达的农村快递服务网络，逐步缩小城乡快递服务差距，全面提升城乡快递服务水平，使其高质量均衡发展。 （李建军）

【货运物流】 2021年，和硕县托运部有11家，其中县城有8家，分别为和硕县和硕县德邦物流公司、和硕县袋鼠物流托运部、和硕县华兴伟业物流托运部、和硕县西北平安托运部、和硕县讯风物流中心、东方百合托运部、和硕县乌市万里行卸货点、和硕县兆中接货点；乡镇为3家，有众邦物流营业部（塔拉）、百事货物运输部（塔拉）、香菊托运部（在乌什塔拉乡）。全年进港货物301669件，出港货物7455件。 （李建军）

【农副产品配送网络】 2021年，和硕县供销合作社联合社狠抓“和硕县供销社农副产品配送中心”项目建设，投资100余万元在和硕县特吾里克供销合作社成立农副产品配送中心，购置4辆配送车，配备人员10名（包括采购员、分拣员、配送员、库管员），建立严格的规章制度和产地追溯制度，保证产品的安全性、商品性。配送中心先后与28家单位签订配送合同，累计配送蔬菜类农产品约140吨，配送米面油及副食品约190吨（其中，配送中心收购脱贫户及农户的大田、小拱棚、庭院蔬菜13.6吨），流动资金周转250万余元，盈利31万元。

乌什塔拉农副产品配送点。3月，乌什塔拉供销社投资8万余元，在自有门面房新建农副产品配送点1家，3名干部职工自主运营，向驻地政府机关、村委会、学校8家单位开展农副产品及副食品配送业务，累计配送蔬菜类农产品约15吨，配送米面油及副食品约28吨，实现盈利7万元。

农副产品配送超市。和硕县供销联社投资40万元在县城中心地段（玉龙家园小区南门）新建农副产品配送超市1个，配备店长1名、营业员1名，实行直营，超市经过装修、配货等，已开始运营。

（马国辉）

【苏哈特蔬菜配送中心】 苏哈特蔬菜配送中心成立于2019年12月，苏哈特村利用自治区专项扶贫资金，投资30万元购买3辆厢式运输车、分选蔬菜设备工作台、刀具、包装机、分选蔬菜周转筐、蔬菜分类架等，配送中心将苏哈特村农户种植的蔬菜收集起来，配送到顾客家中，省去中间环节，增加农民利润。（塞尔吉玛）

供销合作

【供销联社概况】 2021年，和硕县供销合作社联合社作为和硕县供销系统的行政和行业主管部门（正科级全额事业单位编制），下设的和硕县供销合作总公司为法人企业，经营范围有农副产品收购、加工、销售，农业生产资料和日用消费品供应，果菜种植，煤炭销售，气调保鲜，废旧物资回收，土地开发和种植，特色林果业等。下设乌什塔拉、特吾里克、苏哈特、新塔热、塔哈其、曲惠、乃仁克七个基层供销社，下设企业有和硕县棉麻公司、和硕县生产资料公司、和硕县大众煤炭公司、和硕县茶畜公司、和硕县志远农业开发公司、和硕县加美园林绿化有限责任公司6家全资公司，参股和硕利华棉业有限责任公司（曲惠轧花厂）、新疆银硕棉业有限责任公司（乌什塔拉轧花厂）、和硕县钰天融仓储冷冻保鲜有限责任公司、和硕县联众农业服务有限责任公司等4家合资企业。（马国辉）

【债券项目实施】 2021年，和硕县供销合作社联合申报的拓展脱贫攻坚成果同乡村振兴有效衔接一般债券项目“和硕县公益展示服务中心基础设施建设项目”“和硕县乡镇农业综合服务中心建设项目”批准实施，两个项目于6月28日公开招投标，7月8日分别开工建设。项目运营，提升塔哈其镇、曲惠镇、乌什塔拉乡、苏哈特乡4个基层供销社发挥“三农”服务前沿阵地作用。

*和硕县公益展示服务中心基础设施建设项目。*项目总投资1300万元，核准一般债券资金1000万元，建设地点在塔哈其镇，规划建设7500平方米农产品展示中心，项目开展工程结算、审计工作。

*和硕县乡镇农业综合服务中心建设项目。*项目总投资1300万元，核准一般债券资金1000万元，建设地点在乌什塔拉乡、塔哈其镇、曲惠镇、苏哈特乡，规划分别建设农业产业综合服务中心，主要是通过国家项目巩固和重建4个乡镇基层供销社，项目正在开展工程结算、审计工作。（马国辉）

【土地经营】 2021年，和硕县供销合作社联合社有国有租赁土地580公顷（曲惠镇453.33公顷、塔哈其镇60公顷、乌什塔拉基层社1015亩），由于节水政策的实施，可租赁种植土地有220公顷，全部采取对外租赁经营，年收取租赁金192万余元，主要用于发放职工工资、缴纳“五险一金”及日常开支。

（马国辉）

【棉麻企业职工安置】 2021年，和硕县供销合作社联合社为了解决下属棉花企业停业部分职工无法分流的问题，专门成立园林绿化公司，通过购买社会服务的形式，承接县城葡萄公园、团结公园、文体广场、火车站绿化带、国源大道绿化带等40万平方米园林绿化养护管护工程，安置12名转岗职工和19名临时工，对各园林绿化片区进行各项管护工作，实现停产企业棉麻公司职工转岗再就业的成效。

（马国辉）

【基层供销社业务拓展】 2021年，和硕县供销合作社联合开拓新的业务，以曲惠供销社经营资质与自然人共同出资成立和硕县联众农业服务有限公司，开展农村富余劳动力转移就业业务，从事劳务输入和管理，为各乡镇及农业大户春播秋摘等，春季组织劳动力728人，完成移栽甜叶菊40公顷、辣椒366.67公顷，秋季管理农民工428人，统一组织开展秋季辣椒采摘，共采摘辣椒158.67公顷。（马国辉）

经贸合作

【招商引资】 2021年，和硕县制定出台《和硕县招商引资优惠政策及靓丽办法（试行）》，从产业导向、用地、税收、财政等方面给予各类优惠政策支持。围绕农副产品加工、光伏产业、矿产深加工、旅游等产业，紧盯河北雄安新区、张家口、江苏等内地省市，制定外出招商计划，聚焦重点产业、目标企业，分季度、划区域策划组织各类专题招商活动。县委、县政府主要领导带队走出去，精准对接行业龙头企业、大型央企国企，有效推动一批项目的务实合作。利用信息化手段、互联网平台，开展“云招商”等线上活动，多措并举进行推介招商工作，确保招商引资工作持续不断。加强招商队伍建设，完成招商专班实体化运作。抓好已签约项目的对接、协调及服务，促进项目早日落地见效。至年末，接待洽谈接待企业63家，落地项目总数45个，引进到位资金15.57亿元，其中新开工落地项目32个，引进到位资金11.49亿元，续建项目13个，引进到位资金4.08亿元。

（贾德辉）

【参与会展活动】 2021年，和硕县工商局组织参加“2021年中国·廊坊国际经贸洽谈会”“第十八届中国西部国际博览会”“2021河南郑州名优土特产展览会”等6次展会，参展商品有红酒30余箱，丁丁辣酱20余盒、小米30余盒等。新疆佰年庄酒业有限公司参加2021线上（中国）亚欧商品贸易博览会，政府领导和新疆佰年庄酒业有限公司参加2021年第五届丝博会，新疆芳香庄园酒业股份有限公司参加第二十一届投洽会。

（贾德辉）

【进出口产品与产值】 2021年，和硕县完成进出口贸易额1029.46万美元。进口贸易额83.8万美元，主要进口商品为甘草酸粉，主要进口国为哈萨克斯坦、乌兹别克斯坦、阿塞拜疆；出口贸易额945.66万美元，主要出口商品为番茄酱、甘草酸盐类、甘草浸膏类、甘草次酸类，主要出口到喀麦隆、开普敦、达曼、印度尼西亚，哈萨克斯坦、日本、美国。

（杨　超）

旅游业

综　述

【旅游发展专题会议】　2021年5月26—27日，和硕县召开旅游发展专题会议。会议研究金沙滩景区、马兰红山军博园和红蝶谷景区发展方案，讨论龙驹游牧景区、苏哈特乡村旅游发展方向，听取葡萄酒文化展示中心、博物馆、滨河景观带及旅游附属设施建设进展情况汇报。与会人员紧紧围绕如何推进全县旅游产业发展、提升现有景区品质进行积极发言，就丰富拓展和硕县特色旅游业、如何培育核心旅游景区、打造精品旅游线路、发展全域旅游进行讨论。（安　琪）

【和硕县全域旅游规划编制】　2021年，和硕县人民政府重视旅游产业发展，根据县域资源禀赋和旅游产业发展情况，突出规划的高起点和超前性，在《和硕县国民经济和社会发展第十四个五年规划和二〇三五年远景目标纲要》中，明确提出实施全域旅游战略，推动旅游业向全域游转变，争取将和硕县打造为自治区全域旅游发展示范区，编制完成《和硕县全域旅游发展规划（2019—2030年）》《和硕县全域旅游发展总体规划》。（安　琪）

【旅游项目建设】　2021年，和硕县新建开工文旅项目1个，金沙滩旅游景区瀚海水世界，面积3.8万平方米，投资5000万元。2021年，投资3500万元，基本完工。重点推进项目2个，金沙滩景区旅游基础设施建设项目，与国旅集团签订合作协议，抓好景区软件提升，利用2000万元产业扶持资金对金沙滩景区基础设施进行改造完善。马兰红山军博园景区基础设施建设项目，配合马兰部队开展项目落地实施。（安　琪）

【景区基础设施提升改造】　2021年，和硕县文旅局高质量推进基础设施建设，投入400万元改善景区容貌，金沙滩、红蝶谷等景区设停车位1000个，满足游客如厕、停车等需求。在精准招商上下功夫，和硕县人民政府与中国旅游集团签订开发建设协议，共同合作开发运营金沙滩景区。（安　琪）

【旅游夜间经济】　2021年，和硕县文旅局丰富旅游业态及夜间经济，制定《和硕县文旅市场发展夜间经济实施方案》，开展乡村文化旅游节，鼓励乡村及县城发展经济，打造塔拉村为乡村夜市经济示范点，金沙滩经济重点打造沙滩夜市、星空夜市，拉动和硕县夜市经济。（安　琪）

【文旅产业融合发展】　2021年，和硕县文旅局推动文旅产业融合发展，利用现有文化资源，推动文旅产业融合发展。融合发展文化旅游。组织乡镇、村开展乡村文化旅游节庆活动，组织开展主题为“美食美酒映美景·百香百味庆百年”首届文化旅游季系列活动，在金沙滩景区举办“冰雪嘉年华”大型主题活动、“农牧民歌唱共产党”大型非遗文艺演出，拉动旅游人次和收入增长。依托文博馆、图书馆等文化场馆资源，以文化服务活动凝聚人气，完成博物馆实施改扩建项目，新增“初心如磐·使命在肩”党性教育主题展，“十一”期间开展“我和亲戚游和硕”“民族团结一家亲”活动。

（安　琪）

【“葡萄酒+旅游”融合发展】 2021年，和硕县借助“葡萄酒+旅游”融合发展，吸引游客参观并深入了解葡萄酒，进而带动葡萄酒产业的发展。2月，葡萄酒文化展示中心正式建成并投入运营。和硕县葡萄酒文化展示中心的建成，将为和硕的葡萄酒打造新的传播阵地。和硕葡萄酒文化展示中心位于和硕葡萄公园内，占地面积2600平方米，展厅由四大主题文化馆及负一楼大厅共同组成，4个主题馆分别以“浪漫世界、诗意中国、神秘西域、纵情和硕”命名，从葡萄酒起源一直讲述到和硕产区产品个性，在不同空间里延伸出的不同生命与个性，始终延续着葡萄酒文化中最为重要的精神内涵——浪漫。对于游客而言，可边听讲解员介绍，边畅聊葡萄酒文化，在葡萄酒品鉴大厅品鉴和硕各大酒庄生产、酿造口感各异，品种繁多，特色突出的精致葡萄酒，参观、了解葡萄酒的文化历史，属不可多得的旅游体验。

（安　琪）

旅游景区景点

【旅游资源概况】 和硕县旅游资源丰富，有地文景观、水域风光、生物景观、人文旅游资源，自然旅游资源有11种，人文旅游资源有19种。国家AAAA级风景名胜区1家，国家级重点文物保护单位、国家级教育基地、自治区级科普教育基地1家，中国西北自驾游汽车营地1处。注册登记酒店宾馆50家，其中星级饭店、酒店2家，准三星级酒店5家。有农牧家乐、风情园30余家，其中星级农牧家乐19家。县域内采摘园20家、初期形成的民宿有7家。旅游景区（点）11处，遗址遗迹48处，其中，国家级2处，自治区级8处，县级38处，旅游产品有丁丁辣子酱、番茄酱，红酒品牌有14种；银泉风干肉系列、芳香庄园鲜食葡萄、蜂蜜系列、杏花村鲜食小白杏、天山小米、新梅、乌勒泽特村有机红枣、驼奶、民族服饰、蒙古族手工艺品及刺绣、木雕、根雕等，有独特的马兰文化、东归文化、祖拉文化。

（安　琪）

【金沙滩旅游度假区】 金沙滩旅游度假区（国家AAAA级景区）位于中国最大的内陆淡水湖博斯腾湖的北岸，巴音郭楞州红山核试爆指挥中心（旧址）红色旅游景区的以南50千米，沙滩海岸线长2000米、宽160米，沙粒金黄细绵，色泽晶莹、沙砾细度1毫米，纯净度96%，金沙滩旅游度假区拥有完整的交通、住宿和饮食等配套设施，主要以水上娱乐和观光为主，可以摄影、徒步、休闲、漂流、避暑、度假等。多次举办国际摩托车赛、沙滩排球赛、丝路模特大赛、新疆小姐泳装大赛、国际环塔拉力赛等大型赛事活动。2021年，金沙滩景区累计接待游客13万人次，实现门票收入289.97万元。

（安　琪）

【红山军博园】 红山军博园位于天山南麓山脉海拔1200～2000米的低丘陵地带，和硕县乃仁克尔乡境内，是中国20世纪60年代核试验基地的研究中心和指挥中心，是“两弹一星”研发的军事纪念地。从这里走出“两弹”元勋程开甲、邓稼先等8名院士和29名将军，马兰红山军博园留下诸多国防将领和核试验科学家的足迹。有长达315米、深邃迂曲的人工防空洞，有核试验部队的军事设施建筑、高级将领旧居和60年代革命军队的精神风范和军事科技文化，记录着“两弹”研发的艰难历程和辉煌历史瞬间。指挥中心旧址于2007年被确定为自治区级文物保护单位。2011年，被列入国家第二批全国红色旅游景区名录，国家发改委正式命名为巴音郭楞州马兰红山军博园。2013年，被列为国家级文物保护单位。沿着崎岖的山路前行20多千米就可以到达高山牧场，牧场草地如毯，牛羊成群，喇嘛庙的鼓声悠扬深远，北坡的松林、蘑菇、雪莲花如神农耕耘，扬鞭纵马在草原上，如入人间仙境。该景区以自然观光、民族风情、体育健身为主。素有“南天池”之称的“八一”水库也坐落在该景区内，与军博园形成高天绿野、山水一色、心旷神怡的一派景象。2021年，马兰红山军博园接待游客7000余人次。

（安　琪）

【红蝶谷】 红蝶谷位于和硕县曲惠镇境内一个神秘的山谷中，北依天山山脉，南依焉耆盆地，距红山40千米。占地面积约3平方千米，是考古、旅游、探险、夏令营、科考的最佳选择。每年5月中旬到6月上旬，无数红蝴蝶成群结队、翩翩起舞，犹如秋风旋起的红叶，形成一道独特的风景。红蝶谷内天山雪水涓涓流淌，百年古树——榆、桑、杏、核桃、沙棘或倔强或葱郁，参差披拂，枝叶婆娑，沿着曲惠河谷绵延数千米，是避暑的绝佳去处。

（安　琪）

【芳香植物生态观光园】 芳香植物生态观光园位于巴音郭楞蒙古自治州和硕县曲惠镇境内，距红山核试爆指挥中心（旧址）红色旅游景区的西南35千米处，占地面积6000公顷，集农业景点、林业景点和畜牧业景点为一体的生态观光园区。是首家集葡萄和芳香植物种植、加工、销售、科研为一体的农业产业化国家重点龙头企业，是亚洲最大的芳香生态观光园，园区内有宾馆（接纳500人）、宴会厅、芳香水疗、休闲娱乐区、酿酒储酒区、全疆最大的地下石磊酒窖。2012年6月，第六届克隆宾国际葡萄酒大赛和国际VINALIES葡萄酒、烈酒品评大赛上，芳香科技葡萄酒一举夺得1金、5银6项国际大奖，是新疆葡萄酒企业中唯一获奖企业。2015年3月，新疆芳香庄园在中国葡萄酒评比中，选送的红蝶谷特酿干红葡萄酒、芳香之恋桃红葡萄酒获得专业组金羊奖、选送的芳香庄园霞多丽干白葡萄酒、芳香庄园金奖梅洛干红葡萄酒、尕亚左岸窖藏干红葡萄酒获得大众组金羊奖。2021年，接待各类旅游观光游客8万人次，旅游毛收入95元，净收入30万元。

（安　琪）

【马兰影视城】 马兰影视城位于314国道和硕县曲惠镇与乌什塔拉乡中段北侧，矗立着一座核爆炸模拟托塔，是1999年5月为拍摄由陈国星执导，李雪健、李幼斌主演的建国50周年献礼片——《横空出世》而耗资修建，是一处理想的旅游景点和爱国主义教育基地。

（安　琪）

【大美南疆第一站】 大美南疆第一站位于巴音郭楞州红山核试爆指挥中心（旧址）红色旅游景区以南28千米，是和硕县集购物、住宿、餐饮一体的旅游集散中心、商务休闲中心，南北疆交通要道上的重要驿站，北上山、南下湖、西游酒庄品美酒旅游线路中心，大美南疆第一站自驾营地、游客中心设施完善，可同时容纳3000辆车。2015年，举办了中国国际环塔拉力赛开幕式及两个赛段的比赛，接待疆内外游客7万余人次。2015年8月，被授予中国西部自驾游示范基地一号营地称号。

（安　琪）

旅游推介

【文化旅游节庆活动】 2021年6月14日，和硕县在金沙滩景区举办第十四届端午节、美食品节、龙舟赛等各种演出活动，活动当日接待旅客0.5万人次，16家国家及区内外新闻媒体、35名记者参加报道，中央及区内外媒体编发各类新闻、专题数百篇（条），有效地宣传和硕县、宣传金沙滩。

（安　琪）

【旅游宣传推介】 2021年，和硕县金沙滩管委会做好会展宣传推介展示工作。在乌市国际会展中心参加冬博会、第六届亚欧国际博览会，在乌市绵江国际参与自治区旅游商品交易会、参加中国旅游产品天津旅游交易会等会展宣传推介活动，将金沙滩景区与县域红色旅游资源，红酒、辣椒酱等特色优势产品展示给社会各界，助推和硕旅游业发展。先后与78多家旅行社签订互动协议，留下名片的有45家，留下文字信息的有48家，发电子协议98家。做

好传媒宣传推介工作，创建并运营金沙滩景区微信公众平台。（热孜完·库尔班）

【文化旅游季系列活动】 2021年7月16—18日，和硕在金沙滩旅游景区举行2021文化旅游季活动。该次文化旅游季由新疆金沙滩旅游开发有限公司主办，世界中餐业联合会、和硕县葡萄酒协会承办，旨在围绕县域独特的旅游资源、优质的葡萄酒资源和丰富的食材资源，搭建文化旅游产业交流平台，释放市场消费活力，创新体现特色，突出生态资源，做好融合文章和进一步落实全域旅游战略，推进文化润疆工程，促进县域经济更好更快发展。17日，和硕2021文化旅游季在县城江南小镇美食广场正式拉开帷幕。活动开展旅游商品展销、和硕红酒文化展览、特色文化演出、葡萄酒产业发展研讨会、文化旅游季全鱼宴品鉴等主题活动，各乡镇也结合自身实际，开展相关特色活动，借助活动载体推动和硕全域旅游加快发展。活动全方位、多视角展示和硕文化旅游融合发展成果，推介旅游精品路线、特色农副产品、文化产品和独具特色的旅游文化资源等，展示和硕生态之美、人文之美。2021年7月17日，和硕2021文化旅游季——葡萄酒品鉴会在当地葡萄酒文化展示中心举行。和硕14家酒庄带来24款葡萄酒在葡萄酒品鉴大厅品鉴，各界人士共品美酒，参观葡萄酒文化展示中心，游客边听讲解员介绍，边畅聊葡萄酒文化。7月18日，“和美佳酿 硕飨东方”新疆和硕产区葡萄酒产业发展研讨会在和硕县葡萄酒文化展示中心召开。（安 琪）

【美食之乡文旅街区建设研讨会】 2021年7月17日，和硕县召开2021文化旅游季好食材推介暨美食之乡文旅街区建设研讨会。研讨会邀请世界中餐业联合会民族餐饮产业委员会、巴州烹饪餐饮协会、奇台县餐饮协会负责人及和硕县农副产品种植加工企业负责人以及来自全国各地的餐饮界大师参加。大家齐聚一堂，共同推介和硕好食材，交流探讨美食之乡文旅街区建设对和硕县餐饮业发展提出意见并进行点题。（安 琪）

【“和硕杯”名厨邀请赛】 2021年7月18日，和硕县举办以“美食美酒映美景 百香百味庆百年”为主题的2021文化旅游季——美食文化活动大师技艺展示暨“和硕杯”名厨邀请赛。活动以博斯腾湖野生鱼为主要原料食材，进行烹饪大师技艺展示和烹饪技能大赛。名厨邀请赛进一步弘扬本地特色美食文化，发掘和推介和硕县乡村丰富的旅游资源，推动乡村旅游与庭院经济建设融合发展，特邀请北京、宁夏、奇台、和静以及和硕本地的20支代表队参加，赛事活动中，各支代表队的名厨通过炸、熘、爆、炒、煎、蒸、烩、烤等多种烹饪技艺，烹制出各式鱼类菜肴，专家评委和现场的媒体朋友及部分游客观看国内资深烹饪大师的技艺展示，品鉴大厨们的菜肴。（安 琪）

【旅游线路】 2020年，和硕县推出精品线路对引流入，“观奇景（红蝶谷）、北上山（马兰红山军博园）、南下湖（金沙滩景区）”、休闲农业暨乡村旅游自驾短途一日旅游线路：从和硕县出发→乌什塔拉乡大美南疆第一站（行程45千米，用时50分钟）→马兰红山军博园（行程25千米，用时40分钟）→下山返回至大美南疆第一站朗庭大酒店（行程25千米，用时30分钟）→金沙滩旅游度假区（行程22千米，用时30分钟）。两日游自驾短途线路：第一天从和硕县出发→曲惠镇红蝶谷（行程22千米，用时30分钟）→马兰红山军博园（行程25千米，用时30分钟）→下山返回至大美南疆第一站朗庭大酒店休息，住宿；第二天金沙滩旅游度假区（行程22千米，用时30分钟）。休闲农业暨乡村旅游精品线路。和硕县→（10分钟）→苏哈特乡→（15分钟）→塔哈其镇→（20分钟）→曲惠镇→（10分钟）→乌勒泽特村特色村→（10分钟）→芳香庄园→（10分钟）→新疆新投绿环种植有限责任公司。2021年9月11日，新疆金沙滩葡萄酒庄休闲度假旅游线（乌鲁木齐→马兰红山军博园→芳香庄园→和硕金沙滩→和硕县葡萄酒博物馆）入选自治区葡萄酒文化旅游精品线路名单。（安 琪）

【特色美食】 2020年，和硕县特色美食有蒙古族特色包子、风干肉、手抓肉和酸奶、酸奶疙瘩、马奶、驼奶等奶制品。维吾尔族特色美食有和硕全鱼宴、烤全羊、羊腿、抓饭、包子、烤肉、拉条子、各种点心等。回族特色美食有特色大盘鸡、椒麻鸡、凉皮子等。各类口味都能满足广大游客需要。

（安 琪）

旅游行业管理

【提升旅游服务质量】 2021年，和硕县实施品牌景区精细化管理，提升旅游品质和档次，对景区经营户开展日常监督与管理，强化安全、服务、卫生、诚信等方面的联合执法检查，要求各经营户做到明码标价、价格公示上墙。会同县执法大队开展执法检查8次，检景区内餐饮场所25处。完善景区旅游质量、安全、统计、培训、管理等各项管理制度，建立旅游服务培训体系，定期开展培训，不断提升旅游管理和服务水平，为推进全域旅游营造良好环境。（热孜完·库尔班）

【创建旅游特色品牌】 2021年，和硕县开展A级景区创建工作，完成旅游导视牌增设、垃圾箱分类、厕所修缮等工作。投入200万元在清水河滨水公园建设县域游泳池，面积约5000平方米。

（安 琪）

【星级宾馆（农家乐）管理】 2021年，和硕县注册登记酒店宾馆50家，其中星级饭店、酒店2家，准三星酒店5家。有农牧家乐、风情园30余家，其中星级农牧家乐19家，推荐新申报三星级农家乐2家，推荐升级申报四星级农家乐2家，推荐5家酒庄申报自治州工业旅游示范基地项目。（安 琪）

【旅游市场监管】 2021年，和硕县在旅游市场排查出各类安全隐患43个，其中旅游景区观光车安全隐患3个，（金沙滩景区、军博园景区、红蝶谷景区观光车未备案、专业安全驾驶员数量不足的问题，均已整改完成），查出消防安全隐患3个（已整改）、查出水上娱乐设施安全隐患2个（正在整改）、查出其他类别安全隐患问题15个（已整改），下发责令整改3个。（安 琪）

银行・保险业

金融监管

【银行业机构管理】 2021年，人民银行和硕县支行督促辖区银行机构结合自身优势，做好反诈拒赌宣传和管理工作，提升辖区支付服务环境；推进优化企业账户服务，对辖内银行机构开展优化企业开户服务现场督导，并不定期开展暗访回头看工作，督促银行机构加强账户管理，为广大小微企业提供更优质快捷的服务。（苏木亚）

【防范化解金融风险】 2021年，人民银行和硕县支行召开辖区经济金融运行形势分析例会，分析辖区经济金融情况及金融运行过程中存在的问题，提出相关建议，为协商解决和硕县经济金融运行中的突出和应急问题，推动县域经济稳步发展。按时报送《地方法人银行机构风险监测统计表》《贷款五级分类统计月报表》等报表，落实重大事项报告制度，关注辖内各类金融风险和突发事件，及时报送风险信息。将各家商业银行的不良贷款情况进行梳理形成报告报送县政府，县政府召集各商业银行、各部门召开金融风险专题座谈会，对不良贷款问题进行座谈。（苏木亚）

【征信监管】 2021年，人民银行和硕县支行培育征信市场，推进中征应收账款融资服务平台应用。截至10月末，辖区推动平台交易笔数达34笔，交易金额2.93亿元，促成1家企业参加央行内部企业评级，发挥平台作为金融基础设施的作用。掌握征信查询前置系统操作流程，提供征信服务，截至10月末，查询个人信用记录2076笔，查询企业信用记录61笔。每季度对和硕县邮储银行征信自助查询设备进行巡查，为群众提供更便捷的征信查询服务。（苏木亚）

【反洗钱工作】 2021年，人民银行和硕县支行组织召开“和硕县反洗钱工作联席会议暨洗钱入罪判决推进会”，邀请巴州中支反洗钱科、和硕辖区县纪委监委、公安局、检察院、法院、税务局及辖内各银行业金融机构等10家单位参会，参会人员20人，力求在推进洗钱罪入罪判决方面有新突破、新进展。抽调人员参与巴州辖区反洗钱法人金融机构风险评估工作和综合执法检查工作，提高岗位人员反洗钱工作能力。组织辖区金融机构持续开展大额及可疑数据监测及报告工作，防范辖区洗钱风险，净化辖区金融环境。（苏木亚）

【提升支付结算质量】 2021年，人民银行和硕县支行在办理ACS业务过程中，核对每笔会计核算业务，全年业务操作无差错；建立普惠金融服务站，帮助乡村农民学习使用非现金支付结算工具，实现村民小额存取款和转账、社保缴纳、水电费交纳等金融服务，让乡村农民感受“家门口的金融服务”便利；做好支付系统线上线下宣传活动，开展支付系统宣传4次，防范电信诈骗宣传15次，预防跨境赌博宣传8次。督促辖区银行机构做好反诈拒赌宣传和

管理工作，提升辖区支付服务环境。（苏木亚）

【加强人民币管理和宣传】 2021年，人民银行和硕县支行开展假币收缴工作。至年末，收缴假币68张，比2020年同期减少8张，下降10.53%；面额合计6340元，比2020年同期减少500元，下降7.31%，人民币流通环境有所改善；召开2021年反假工作联席会，建立协调机制，与辖区金融机构、公安、市场监督等部门形成点面结合的协作之势，提高辖区反假工作水平；开展违规使用人民币图样行为专项整治及打击清理虚拟货币工作，防范金融风险，增强社会公众金融法律常识；开展小面额人民币服务暗访工作，暗访辖区4家金融机构及其4个网点，督促辖区金融机构做好小面额人民币供应服务工作；对建党100周年纪念币兑换情况开展明察暗访工作，严格纪念币发行过程，规范纪念币监督管理工作。（苏木亚）

银行业

【银行机构存款】 2021年，和硕辖区存款余额43.50亿元，同比增加0.12亿元，增长0.27%。其中工行和硕县支行存款余额5.59亿元，同比减少0.56亿元，下降9.06%；农行和硕县支行存款余额7.98亿元，同比增加0.69亿元，增长9.39%；和硕县农村信用合作联社存款余额22.15亿元，同比减少0.35亿元，下降1.57%；邮政储蓄银行和硕县支行存款余额7.10亿元，同比增加0.76亿元，增长11.97%；国库存款余额0.69亿元，同比增加0.41亿元，增长37.53%。（苏木亚）

【银行机构贷款】 2021年，和硕辖区贷款余额25.87亿元，同比增加2.39亿元，增长10.16%。其中，工行和硕县支行贷款余额0.67亿元，同比增加0.46亿元，增长216.56%；农行和硕县支行贷款余额2.76亿元，同比增加0.33亿元，增长13.62%；和硕县农村信用合作联社贷款余额20.91亿元，同比增加1.54亿元，增长7.97%；邮政储蓄银行和硕县支行贷款余额1.68亿元，同比增加0.05亿元，增长3.08%。（苏木亚）

【服务当地经济发展】 2021年，和硕县开展、协同推进“双碳”目标下和硕辖区绿色金融各项工作取得实效，建立绿色金融工作领导小组，推进巴州和硕县清水河伯斯阿木水库工程、和硕县2021年高标准农田建设、和硕县新材料工业园区基础设施建设等6个项目纳入绿色金融项目库。做好“移动支付+特色农产品”工作，助推和硕县2款干红葡萄酒上线云闪付新疆特色农产品平台。（苏木亚）

【工商银行和硕县支行】 2021年，工商银行和硕县支行各项存款余额5.59亿元，较年初减少5568万元。其中储蓄存款时点余额4.43亿元，较年初增长1496万元，对公存款时点余额1.16亿元，较年初减少7064万元。各项贷款余额6749万元，较年初增加4617万元。（工商银行）

【农业银行和硕县支行】 2021年，农业银行和硕县支行各项存款日均余额7.31亿元，较年初增加4535万元，离底线任务目标差额533万元，完成计划任务81.37%。各项贷款余额2.7亿元，其中法人贷款余额1.85亿元，个人贷款余额8496万元，信用卡消费余额2924万元。各项贷款市场份额10.2%，较年初下降0.06%，其中个人贷款市场份额8.4%，较年初增加1.96%，对公贷款市场份额11.3%，较年初下降1.94%。农业银行和硕县支行信贷资产质量好转，信贷结构优化，从以往农户贷款为主逐步转变为法人贷款、非农个贷、农户贷款共同发展，非农个贷成为农业银行和硕县支行贷款业务重要支撑。（农业银行）

【和硕县农村信用合作联社】 经营状况 2021年末，和硕县农村信用合作联社资产总额25.51亿元，较年初减少0.5亿元，降幅1.92%；负债总额22.87亿元，较年初减少0.63亿元，降幅2.68%；所有者权益

2.64亿元，较年初增加0.13亿元，增幅5.18%。经营绩效收入总额1.3亿元，支出总额1.14亿元，实现经营利润0.15亿元，利润总额0.16亿元。

存贷业务　2021年末，和硕县农村信用合作联社存款余额22.15亿元，其中储蓄存款余额14.81亿元，较年初增加1.95亿元，增幅为15.16%，占比66.86%；对公存款余额7.34亿元，较年初减少2.31亿元，降幅23.94%，占比33.14%。日均存款22.59亿元，较年初增加0.68亿元，增长3.1%。储蓄存款余额增幅、日均存款增幅创历史新高。贷款余额20.76亿元，较年初增加1.54亿元，增长8.01%，占全县市场份额的80.23%，其中涉农贷款余额13.79亿元，占各项贷款余额的66.43%，增速为18.99%；不良贷款余额0.84亿元，较年初减少0.08亿元，降幅8.7%；不良贷款率4.05%，较年初下降0.75个百分点。和硕县农村信用合作联社存贷款市场份额在县域四家金融机构中居首位。

金融助力乡村振兴　2021年末，和硕县农村信用合作联社为1317户建档立卡脱贫户发放小额信用贷款268笔1167.6万元，存量贷款未出现逾期。设助农取款点16户，完成行政村全覆盖，交易笔数921笔，交易金额40万元。截至2021年末，和硕县县域实际有效户数4881户，联社完成授信4079户，未采集授信户802户，授信覆盖率84.50%，授信总额9.09亿元，已用信农户2857户，用信金额6.7亿元。

（蒋广川）

保　险

【中国太平洋财产保险股份有限公司和硕支公司】 2021年，中国太平洋财产保险股份有限公司和硕支公司经营业务范围包括财产损失保险、责任保险、信用保险、保证保险、短期健康保险、意外伤害保险、农业保险，及上述业务的再保险业务；国家法律、法规允许的保险资金运用业务；经中国银保监会批准的其他业务。公司承保业务涉及电力能源、石油化工、基础建设、金融贸易、船舶汽车、机械设备、电子通信、仓储物流、纺织烟草、养殖业、种植业、科技创新等各行各业。至年末，太保财险和硕支公司全年实收保费1019.96万元，其中车险实现保费收入149.01万元，农业保险实现保费收入835.95万元，非车非农实现保费收入35万元。支付理赔金额508.73万元，其中车险赔款89.29万元，农险赔款400.60万元，非农非车赔款18.84万元。

（王　玲）

【中国人寿财险和硕县支公司】 2021年，中国人寿财险和硕县支公司完成保费980万元。与马兰部队建立合作关系，签订保单，参保车辆500余辆，获得保费300万元。与各单位、部门及个人进行沟通，协调业务人员开展车险、农险、非车险等业务，做到稳定发展。

（人寿财险）

交通·通信

公路运输

【概况】 2021年，和硕县境内公路里程1129.45千米，其中县道104.76千米、乡道316.42千米、村道492.52千米、专用公路215.75千米。等级公路1040.86千米，其中二级公路48.47千米，三级公路158.42千米，四级公路833.97千米，等外公路88.59千米。

（孟 凯）

【公路项目建设】 2021年，和硕县交通局申请债券资金3000万元建设农村公路56.17千米，2021年5月完成前期设计工作，6月29日完成项目招标，分4个合同段，建设地点为新塔热乡、乌什塔拉乡、曲惠镇、塔哈其镇、苏哈特乡，7月4日开工，8月25日完工。实施中央车购税补助资金建设项目，上级补助资金770万元，修建农村公路10.73千米，安保工程44.88千米，项目于8月完成前期设计工作，9月9日完成项目招投标，分2个合同段，建设地点为新塔热乡、乌什塔拉乡、特吾里克镇、塔哈其镇，9月14日开工，11月5日完工。（孟 凯）

【公路管养】 2021年，和硕县实施中央车购税补助资金建设项目安保工程44.88千米，农村公路管养费281万元。日常养护及修补坑槽4500平方米，路肩溃破1.07万米，清理边沟5100米，清理涵洞5785立方米，灌缝5.7万米，使用融雪剂65吨。

（孟 凯）

【道路客运站点与线路】 2021年，和硕县有客运站2家，其中县城1家，乌什塔拉乡1家；客运班线县际7条、县内14条。

（孟 凯）

【城市客运】 2021年，和硕县城市客运公交车12辆，由巴州顺峰运输有限公司运营（4辆纯电动公交、8辆油气两用）。出租车179辆，其中县城出租车122辆、乌什塔拉乡出租车57辆。（孟 凯）

【道路运输安全管理】 2021年，和硕县强化安全风险管控并开展安全生产专项整治三年行动，加强道路交通源头监管力度，紧盯“两客一危一货”、农村客车等重点车辆，强化对事故高发路段的安全防范，加强对重点车辆运输安全监管，紧盯易发生群死群伤事故的重点部位和风险隐患集中的关键环节，防控重大安全风险。安排执法人员联合交警、路政等相关部门每周不间断对县乡道路通畅、运输企业的安全工作进行指导服务，动态排查人、车安全隐患，杜绝“病车上路”。对客运站进行“三不进站、六不出站”安全检查，落实4家运输企业主体责任，对客运车辆安全技术状况、安全锤、灭火器等安全防护装置齐备有效及现场安全管理和违章人员、违章行为跟踪控制处理情况等进行指导服务。

（孟 凯）

【道路客货运输】 2021年，和硕县有客运车辆81辆，客运站累计发送旅客8.9万人次，同比增长2.3%。有许可货运业户50家，注册货运车388辆，新增转入货车93辆，12家货运代理经营户。

（孟　凯）

【客运服务保障】　2021年，和硕县客运站落实“三不进站、六不出站”规定，执行实名制售票、落实实名登记关、受理验视关、行包货物安检关、音像出版物凭证准运关。简化农村客运班线的行政许可程序，让群众坐上安全车、文明车。（孟　凯）

【维修驾培机构与监管】　2021年，和硕县有维修经营户131家，其中1家为二类维修企业（和硕县宝德汽车服务有限公司），其余130家为三类维修业户。和硕县有4家三级驾校，有驾培车辆84辆。

（孟　凯）

铁路运输

【概况】　2021年，和硕县境内铁路143千米，设有和硕站和马兰站，位于和硕县境内，和硕站中心里程位于南疆线自吐鲁番站起354千米+800米处，隶属中国铁路乌鲁木齐局集团有限公司库尔勒车务段管辖。业务性质分为营业站（客、货运站），按工作量为四等站，按技术性质为中间站，主要办理接发列车及旅客发送任务。（陈　龙）

【铁路客运】　2021年，和硕县火车站每日开行图定旅客列车11趟，其中上行旅客列车4趟，下行旅客列车7趟，和硕站全年发送旅客7.52万人，到达旅客8.18万人，日均发送旅客206人，到达旅客223人，日均售票量50余张。（陈　龙）

通　信

【概况】　2021年，和硕县全年完成邮政业务总收入959.05万元，同比增长6%；电信业务总量7983.97万元，同比增长9.72%，年末固定电话用户1.0万户，移动电话总用户9.16万户。其中，3G、4G电话用户5.82万户，5G电话用户3.16万户；互联网络宽带用户3.8万户。（统计公报）

【5G网络建设】　2021年，和硕县加快5G网络建设，主要建设在行政事业单位和人流量较大密集场所，提高网络效率。电信和联通共用基站覆盖网络，2021年，建设5G基站16个，移动公司自行设立基站40个，投入资金5600万元，共56个基站投入使用。

（商工局）

【中国电信股份有限公司和硕县分公司】　2021年，中国电信和硕县分公司开展各项工作，截至2021年12月31日，收入2996.23万元，同比增长8.16%；固定电话用户达9413户，同比增长2.43%；移动电话用户达3.85万户，同比增长2.11%；5G用户1.73万户，同比增长90.85%；宽带用户2.1万户，同比增长8.44%。2021年，完成和硕县高级中学、一中、二中校园一卡通协议签订，开通其业务，办理移动新增用户560户；开通公安局手机团购业务，办理移动新增用户1100户；完成恒达石材、川硕石材等公司的基站架设，办理电话套餐160户；结合二师电视台割接项目，新装宽带800户，新装电视900余户，移动新装用户1500户；为沙井子村一组铺设光缆，保障信号通畅；开展市监局“明厨亮灶工程”、公安局社会链路视频维护等项目；开通和硕县人民医院电子政务外网PRAN电路、和硕县总工会、农业农村局电子政务内网。（刘　浪）

【中国移动通信集团新疆有限公司和硕县分公司】

2021年，中国移动和硕县分公司有实体营业网点19家，为集团单位提供集团专线、物联网、FTTH、和教育。在乌什塔拉乡塔拉村和则格德恩乎都格村建设科普馆集成项目。加强网络建设，至年底，和硕县境内建设移动基站212座，当年新完成基站建设45座，其中完成5G基站42座，移动基站完全覆盖和硕县各乡（镇）、村、农牧区。发展家客业务，实现村级家客网的全覆盖，新建千兆光宽带小区3个，同时向客户做出“当天装，当天维，慢必赔”的服务承诺，提升客户满意度。2021年，和硕县移动公司经营移动语音、数据、行业应用卡、校讯通、局域网、云主机、云存储、智慧大棚、智慧矿山、智慧社区、数字乡村、智慧生活等集团业务；提供视频彩铃、各类平台权益折扣会员、和彩云、咪咕视频和咪咕阅读等数据业务；经营5G智能手机、移动千兆宽带、定制全屋Wi-Fi、智能家居等专属定制业务。（何振国）

【中国联合网络通信集团有限公司和硕县分公司】 2021年，中国联通和硕县分公司以5G套餐为牵引，5G升级专享包扩大规模。针对购终端用户，主推花呗分期、金融分期和微信支付分；针对自备机入网用户，推广套餐存费送费。定向开展终端合约促销活动。聚类分析老用户消费行为，在用户通信支出、语音、流量消费需求的基础上，通过与套餐匹配，实施5G升级专享套餐。推出异地业务服务。中国联通和硕分公司推出“异地补换卡”“统一查询”等服务。通过异地补换卡服务，身在异地可进行补卡、换卡；通过“统一查询”，可清楚掌握本人名下号码余量、余额和积分。落实“互联网+农业”“互联网+能源”“互联网+政务”“互联网+民生”，推进智慧医疗、智慧校园等落地，利用物联网平台优势拓展抄表、车联网、金融POS、智能家居、智能穿戴、乡镇小广播等业务，实现净增连接数达50个。持续加大网络建设力度，推进网络覆盖及优化工作，通过宽带转型，落实网络资源投放。开展各项建设工作和维护工作，和硕县城及乡镇团场3G、4G网络全覆盖，县城5G覆盖5个站点。（白　雪）

邮　政

【概况】 2021年，中国邮政和硕县分公司有邮政网点11个，其中4个自办网点、7个委代办网点，完成业务收入951万元，完成年计划的93.4%。

（马丽莉）

【邮政传统业务】 2021年，中国邮政和硕县分公司函件业务收入14.20万元，完成年计划的172%；分销业务收入54万元，完成年计划的87%；增值业务收入5.22万元，完成年计划的62%；集邮业务收入83.94万元，完成年计划的109.3%；报刊发行业务，实现收入56.92万元，完成年计划的86.3%，完成2022年度报刊集中营销流转额180万元。

（马丽莉）

【寄递业务】 2021年，中国邮政和硕县分公司寄递业务收入126万元，完成年计划的68.2%。拥有专职揽收人员1名，专职营销人员3名，兼职揽收人员5名，实现揽收收入52万元。（马丽莉）

【特殊普遍服务】 2021年，中国邮政和硕县分公司启动快办二代身份证、检察院文书、快办护照业务。

（马丽莉）

【代理金融业务】 2021年，中国邮政和硕县分公司代理金融业务收入603万元，完成年计划的101%。全年余额增长6889万元，总体储蓄余额达4.53亿元。

（马丽莉）

城乡建设

规划设计

【村庄规划】 2021年，和硕县开展村庄规划编制试点，以全县村庄规划评估为基础，选择县域内人口规模最大并具有一定发展潜力的村庄（塔拉村）作为试点村，开展村庄规划编制工作。成立村庄规划编制领导小组，编制单位对乌什塔拉乡塔拉村进行5次实地踏勘及调研，与两届乡领导班子进行对接、探讨村庄发展方向和建设需求，对塔拉村住户进行走访，发放调研问卷，分析统计村民、外地游客及长住商户对塔拉村发展需求及愿景，结合塔拉村“交通区位优越、旅游资源丰富”的特点，研究商贸物流业、休闲农业发展潜力，开展实用型村庄规划编制。3月，完成和硕县试点村庄塔拉村前期调研工作，4月8日，向县政府、乌什塔拉乡政府汇报试点村庄规划初稿方案，按照州、县、乡、村相关要求修改完善，形成《和硕县乌什塔拉乡塔拉村村庄规划》。推进和硕县村庄规划编制工作，助推“巩固提升、百村示范、村村整治”工程顺利实施。完成全部村庄规划初步成果，编制22个村（第一批16个村、第二批6个村），于11月10日县规委办组织召开2021年第四次会议研究审议通过。

（张　琳）

【建设工程规划审批】 2021年，和硕县办理施工许可证16项，续建项目4项、新建项目12项，受监工程16项，监督率100%。（吴自有）

城乡建设与管理

【城市扩容提质】 2021年，和硕县扩建县城道路14.8千米，新建公交站台55座，新建公共停车场6100平方米，金沙滩路延伸段桥梁主体完工，314国道县城段拓宽为双向6车道；新装、更换路灯1521盏，加装各式灯箱1428个；改造老旧供水管网20.7千米，新建5G基站59座。推进公园和游园绿地建设，善滨水景观带露天游泳池、音乐水幕、观景台等设施，打造集旅游、康养、休闲、娱乐及餐饮服务为一体的新型文旅商业消费旅游聚集区。（吴自有）

【老城区更新改造】 2021年，和硕县开展红石小区、龙驹小区整治改造工作，维修供水管网2070米，排水管网2080米，供热管网950米，维修经费259万元，解决“三无”老旧小区供水水压不足、下水不通等影响业主基本生活的民生问题，实施和硕县城供水管网改造项目，投资1666万元改造供水老旧管网20740米，完善相关附属设施，提高城镇供水管网的供水能力。

（吴自有）

【供水排水】 2021年，和硕县清泉水务公司二水厂及城乡一体化供水（净水厂）完成供水190多万立方，其中二水厂1月至12月9日供水178万立方米，净水厂自12月10日供水12万立方米，供水管网长70.35千米，老旧管网改造30.06千米，全县用水户、用水单位7485户。和硕县污水处理厂设计日处理2.5万立方米/天，采用AO+MBR池工艺，出水水质满足一级A标准后全部回用公园绿化及生态林浇灌，排水管网长97千米，污水处理率达到96%。COD减排量373吨，氨氮减排量85.19吨。污泥经过高温烘干，污泥含水率≤60%，污泥处理量685.12吨。水厂设施24小时正常运转，出水在线监测设施正常运转，数据实时有效传输。水质稳定达标。（吴自有）

【供暖供气】 2021年，和硕县有集中供热企业两家（明祥热力公司、龙驹热力公司），龙驹热力公司拥有一台15吨燃煤锅炉。有集中供热一级管网（锅炉房至换热站）3千米，二级管网（自换热站出口至供热户）2千米，供热面积为8万平方米，年度耗煤3000吨。巴州明祥热力有限公司投入使用换热站23座（含其他单位换热站），供热面积达120万平方米，年度耗煤3.8万吨。供热一级管网总长25千米，二级管网总长75千米。采暖费收费标准：居民住宅18.5元/平方米；公共建筑19元/平方米；过水热80元/台。供热质量标准20℃±2℃。和硕县有燃气企业两家（鑫泰燃气公司、洪通燃气公司），鑫泰燃气公司供气管道长49.5千米，供气用户9989户（不包括已安装未使用户）。洪通燃气公司供气管道长25.3千米，供气用户2609户，城区供气管网总长度74.8千米，供气用户1.26万户，年供气768万立方米，供气价格1.5元/立方米。（吴自有）

【园林绿化】 2021年，和硕县加强城市绿地养护管理，县城面貌、生态建设、人居环境改善，形成以沿河绿化为基础，以城市公共绿地建设为重点，以道路绿化为网络，以居住区、庭院绿化为依托，以街头游园绿地为点缀，点、线、面相衔接的绿地系统。按照服务半径不超过500米的原则，统一规划布局，开展公园和游园绿地建设，扩展城区公园绿地规模，有葡萄公园、滨河风景带、团结公园等公园绿地。（吴自有）

【城市环境卫生】 2021年，和硕县以城乡环卫一体化3P模式，实行城乡一体化清扫保洁、中转、清运承包制。环卫清扫保洁面积303万平方米，周期性保洁面积84万平方米。对PPP一体化企业作业有效监督管理。执行PPP企业运营收入与服务质量挂钩的方式，做好监督考核。（吴自有）

【智慧小区建设】 2021年，和硕县结合《和硕县加快智慧小区建设实施方案》，对富民小区、龙驹小区、建鑫小区、花园小区、葡萄公园小区、浩宇·龙泽苑小区、滨河小区、御景华府一期、御景华府二期、玉龙家园10个小区，进行基础型智慧小区建设，项目由住建局牵头实施。11月24日，验收完毕。（吴自有）

【园林城市创建】 2021年，和硕县人均公园绿地面积40.41平方米，全县建成区绿地面积275.23公顷，建成区绿化覆盖率40.61%，建成区绿地率36.43%，园林绿地服务半径覆盖率85.93%。（吴自有）

【县城道路改扩建】 2021年，和硕县实施城镇道路改扩建工程一、二、三期项目，项目总投资1.5亿元，对团结路1.5千米、清水河南路1千米、马兰路1千米、一幼道路0.4千米、花园路2.6千米、特吾里克路2.2千米、文苑路1千米、水磨街2.88千米、红石及周边支路1.5千米、红石路0.3千米、文化二街1.7千米、文化一街0.8千米、金丝特路1千米、解放路3.1千米、金沙滩路及其延伸段道路3.75千米及道路附属设施进行改造，项目已完工并全线通车。（吴自有）

【公交站台建设】 2021年，和硕县新建公交站台55座，投资143万元，其中大站27座、小站28座，涉及公交线路3条，于2021年8月20日完工。（吴自有）

【公共停车场建设】 2021年，和硕县建设公共及社会公用停车场8个，总停车面积1.6万平方米，总停车位565个。其中行政服务大厅便民停车场，面积700平方米，可停放车辆30辆；清水河南路公共停车场面积2500平方米，可停放车辆60辆；二幼二中便民停车场面积4600平方米，可停放车辆120辆；浩宇龙泽苑社会停车场面积3000平方米，可停放车辆120辆；浩宇龙腾居社会停车场面积800平方米，可停放车辆40辆；西丹丽都社会停车场面积800平方米，可停放车辆40辆；九洲假日广场社会停车场面积600平方米，可停放车辆35辆；第一中学公共停车场面积3000平方米，可停放车辆120辆。均正常使用。

（吴自有）

【公共厕所改建】 2021年，和硕县新建及改建县城公共厕所8座，通过改造维修、提升冲水设施、内部整洁及设施配套齐全，提高群众如厕满意度。

（吴自有）

【滨水景观带建设】 和硕县清水河滨河景观带建设项目于2020年8月启动，项目位于和硕县城滨河路以东、清水河以西，总投资7000余万元，致力打造集旅游、康养、休闲、娱乐及餐饮服务为一体的新型文旅商业消费旅游聚集区。清水河滨河景观带长2432米，宽80~170米，占地面积33.7万平方米，包括水上乐园、儿童乐园、音乐喷泉、游泳池、风景河等19项建设内容，是清水河河道保护建设项目之一。2021年3月，和硕清水河滨河景观带正式通水，7月，完成露天游泳池建设，泳池总占地面积5700平方米，分为儿童区、浅水区、深水区3个区域，水深分别为40厘米、80厘米、150厘米，可满足各年龄段居民的戏水需求。10月1日，滨河景观带音乐喷泉建成，新建音乐喷泉景观总面积1.3万平方米，采用微电脑变频控制技术，让流体力学与水景艺术完美结合，呈现出和硕之光、蒸蒸日上、光芒四射等10种喷泉效果，最高喷高可达60米。（政府网站）

【农村生活垃圾无害化处置】 2021年，和硕县全面巩固深化“统一收集、统一清运、集中处理”和“户收、村集、县转运”的农村生活垃圾收储模式，投入211.2万元为4个乡、2个镇、25个村（社区）增设农村生活垃圾箱400个，垃圾清运覆盖率达100%，无害化处理率达90%，实现乡村生活垃圾“收集运输全封闭、日产日清不落地”的目标。配置乡村环卫保洁员56名，采取“定等、定级、定路、定标准”的精细化管理模式，城乡一体化保洁面积达303万平方米。投入1.44亿元建成城乡一体化污水处理厂和乌什塔拉乡污水处理厂，农村集中式、分散式污水处理率达28.6%。（桑仁高娃）

房地产管理

【房地产市场监管】 2021年，和硕县落实“放管服”改革工作要求，将各项业务受理办结时限压缩至1个工作日，实行现房合同网上签约备案，让房地产交易透明化，保障人民群众财产安全。宣传有关房产开发及房产交易相关法规政策，房产窗口发放《购买二手房须知》《购买商品房须知》及《房屋租赁中介机构乱象专项整治知识问答》及一次性告知单等宣传资料。（吴自有）

【房地产领域专项治理】 2021年，和硕县开展房地产领域“一房多卖”专项行动。对全县13家房地产企业进行专项摸排，规范房地产市场管理，推动房地产市场健康有序发展。及时解决群众困难诉求，重点整治不动产登记办理时间过长、群众反复跑路、服务态度生硬、违法违规收费等问题，制定相关整改措施，解决群众所反映的问题。实施《关于建立和硕县房地产市场平稳健康发展城市主体责任制的实施方案》。（吴自有）

【物业服务与管理】 2021年，和硕县有26个物业服务小区，6个居民自主管理小区，9个物业服务公司，物业服务覆盖率80%，成立业主委员会14个。物业服务住宅面积119.96万平方米，非住宅面积9.45万平方米。物业企业服务住宅小区1.08万户，占城镇人口的91.8%。物业服务费条式住宅均价格0.32元/平方米，高层0.7元/平方米，物业服务覆盖率60%。

（吴自有）

【房地产业产值】 2021年，和硕县房地产建设开发项目3项，其中续建项目2项、新建项目1项。建设项目16.88万平方米、1365套，投资3.52亿元。房地产项目完成投资5400万元，销售商品房1.24万平方米，售额1869.51万元，商品房销售均价1719.22元/平方米，销售二手房1.29万平方米，交易金额2396万元。

（吴自有）

【房屋征收】 2021年，和硕县解决部分历史遗留问题，征收各片区遗留房屋、D级危房及县城清水河南路至农场大桥主路两侧门面危房46户。清除县城内历年来已征收的141户房屋拆除垃圾，征回土地15万平方米。（吴自有）

【棚改安置房】 2021年，和硕县实施城市棚户区改造浩宇龙腾居小区新建实物安置房项目，一标段投资6400万元，建筑面积4.03万平方米，由新疆华玺建设工程有限公司承建，2021年11月竣工，建成安置房296套。（吴自有）

【房地产去库存】 2021年，和硕县有开发商品房9416套，未出售商品房1016套，其中住宅825套，商铺191套。打通存量商品房、拆迁安置、公租房筹集之间的转换通道，通过拆迁安置去库存228套，房产企业市场销售去库存170套，确保房地产库存保持在合理可控区间。（吴自有）

【住宅专项维修资金】 2021年，和硕县维修资金累计归集总额2268.53万元，均为商品房归集。累计使用总额65万元，累计增值总额34.78万元，代管机构账面余额2238.31万元。（吴自有）

【业主委员会】 2021年，和硕县社区推进小区成立业主委员会，是年5月，团结社区、清水河社区、龙驹社区、安康社区提交业主委员会报告，县住建局对5个社区、12个小区下发5份关于成立业主委员会的通知书，有14个小区成立业主委员会。

（吴自有）

生态环境与保护

环境质量

【环境质量监测】 2021年1月1日至12月31日，应监测天数365天，实际有效数365天，其中优48天、良274天，优良天合计322天，优良率89.9%。噪声平均值40.2分贝。 （代力格尔）

【环境影响评价管理】 2021年，和硕县生态环境与保护局将符合审批条件的环境影响报告表审批时限压缩至15个工作日，对民生工程及重大基础设施、乡村振兴项目实行绿色通道审批，即受理即办理，每日登录建设项目环境影响登记表备案平台，对符合政策的建设项目进行备案和审核。2021年，审批7个项目、初审3个项目、预审26个项目。抽查9家简化管理及17家登记管理企业。帮助企业上报执行报告，督促各相关企业开展排污许可证执行报告上报工作。 （代力格尔）

污染防治

【大气污染防治】 2021年，和硕县二氧化硫排放量控制在428吨以内。加大燃煤锅炉淘汰改造力度，制定《和硕县燃煤锅炉专项整治工作实施方案》，对县城燃煤锅炉进行摸排统计、统一备案，建成区10蒸吨及以下燃煤锅炉全部拆除或改造，建立“一锅炉一档案”。20蒸吨及以上燃煤锅炉完成脱硫脱硝改造。加大县城绿化美化净化。至年底，全县完成植树造林653.55公顷，人工生态林面积不断扩大，森林覆盖率25.75%，减轻风沙危害。建成区绿地面积达179公顷，绿化覆盖率50.36%，绿地率38.33%，县城园林绿化水平逐年提高。城市快速路、主要道路、窗口地区实行机械化洒水清扫，机械化清扫作业面积60%以上。督促建筑工地严格按照扬尘治理“6个100%”要求，做好施工扬尘治理工作。整治餐饮油烟。确定重点环境污染区餐饮单位39家，一般环境污染单位有28家，按“一户一档”要求建立管理档案。重点环境污染餐饮单位全部强制性安装油烟净化装置工作，一般环境污染单位强制性安装油烟净化装置90%以上。和硕县龙驹热力、巴州明祥热力公司均完成储煤场密闭建设。 （代力格尔）

【水污染防治】 2021年，和硕县环保局建设中水回用项目，实现“污水处理厂中水—中水回用管网系统—绿化景观带”水资源循环利用。县污水处理厂由科发有限公司管理运营，县住建、县环保局等部门加强日常监督，定期检查，确保污水处理厂运行规范、排放达标。严格番茄制品加工企业排污监管。对县域内主要排污企业国忠食品、丁丁食品污水处理设施进行提标改造，达标后排入城市污水管网集中处理。宏景食品对污水处理设施进行提标改造，达到一级A标准。加强饮用水水源地水质监测。 （代力格尔）

【碧水保卫战】 2021年，和硕县环保局落实河（湖）长制工作。印发《和硕县实施河长制工作方案》，成立河湖长制领导小组，实现县、乡、村三级“河（湖、渠）长”全覆盖。与二师二十四团共同制定《和硕县第二师二十四团实施河（渠）长制工作实施方案》，明确河流、干渠、支渠、排渠管护责任人，构建兵地联动河渠保护治理工作机制。委托巴州水利水电勘测设计院编制完成县域三条河流“一河一策”方案。持续加大入湖、沟、渠巡查和整治力度，惩处水环境违法行为。对1处城区集中式饮用水水源地开展日检和季度检测，生活饮用水水源检测指标符合《生活饮用水卫生标准》（GB5749—2006）标准。编制完成和硕县农村污水处理规划，明确县、乡、村级生活污水治理责任主体，强化部门联动、资金整合。

（代力格尔）

【净土保卫战】 2021年，和硕县做好土壤重点监控企业监督性监测工作。土壤重点监控企业为和硕县高洁环境绿化工程有限公司，并与其签订土壤污染责任书，该公司委托监测公司对汞、砷、铅、镉等污染物进行监测，未发现超标问题。制定《和硕县废铅蓄电池收集转运处置专项整治工作方案》，规范废铅蓄电池收集转运处置市场秩序。强化医疗废物产废单位的环境监管，做好医疗废物收集、贮存、转运监督。对定点收治医疗机构产生的医疗废物做到当日收集，建立登记管理台账。加强医院医疗废水处理设施的运行维护，确保对医疗废水进行严格消毒后达标排放。督促石材企业完成厂区环境卫生治理工作。推进金源石材废料循环再利用有限公司加快设备安装和调试。规范运营固废处置中心，加强日常监管，防止石材企业私自处理固废。

（代力格尔）

【医疗废物处置】 2021年，和硕县医院及各乡镇卫生院、县城个体诊所的医疗废物按要求进行分类存放，处置规范，定期运往县医院医疗废物存放点，存放时填写存放单，由库尔勒的巴州天石达环保技术咨询服务有限公司定期到县医院及特吾里克镇卫生院收取医疗废物，医疗废物转移联单齐全。

（代力格尔）

生态保护

【森林资源保护】 2021年，和硕县林地“一张图”中林地总面积37.1万公顷，较2020年度减少10.83公顷。变化情况集中在特务里克镇、乌什塔拉乡2个乡镇。做好森林资源管理工作，把好征占用林地审核关，杜绝乱征滥用林地、不经林业主管部门审核同意等乱占林地、毁林开垦、采土、采砂、开石场、架设供电线路等违法占用林地的建设工程和侵占国有林地的情况。

（欧音高娃）

【草地资源环境】 2021年，和硕县天然草场总面积67.6万公顷，其中可利用面积36.77万公顷（不包含清水河农场和二十四团面积），主要有高寒草甸类、高寒草原类、温性草原类、温性草原荒漠类、温性荒漠类、低平地草甸类及沼泽类。按季节利用划分夏草场、春秋草场、冬草场和全年草场。林草局做好草原执法和监督管理工作，有效巩固草原保护与建设成果。

（欧音高娃）

【湿地保护】 2021年，和硕县塔什汗国家湿地公园中央财政林业改革发展资金湿地补助——湿地保护与恢复项目资金100万元。和硕县林草局制定并组织实施湿地公园的各项管理制度，对湿地资源实施保护、管理和合理利用；组织开展湿地资源调查和动态监测，建立档案，并根据监测情况采取相应保护管理措施；协助有关部门开展湿地公园宣传教育和科普工作，提高公众湿地保护意识；保护巡查湿地公园范围，劝阻、制止、报告并配合有关部门查处有关湿地违法行为；确保湿地公园及周边的公共安全、森林防火、应急救援等工作；组织接待对外科研活动，与相关科研单位、部门建立友好联络关系。

（欧音高娃）

【野生动植物保护】 2021年，和硕县林草局救助受伤野生动物17只，其中国家一级重点保护动物荒漠猫1只；二级重点保护动物鸢1只、鹅喉羚4只、长耳鸮1只、鵟2只、天鹅2只、红隼1只、猎隼2只、乌雕1只、普通大麻鳽2只。未发现乱捕、滥猎、加工、销售野生动物等违法行为。（欧音高娃）

【野生动物救助】 2021年，和硕县救助13只野生动物，其中荒漠猫1只（国家Ⅰ级）、长耳鸮1只（国家Ⅱ）、天鹅2只（国家Ⅱ）（天鹅幼体1只死亡）、鸢1只（国家Ⅱ）、鹅喉羚幼崽4只（国家Ⅱ）（已死亡）、红隼1只（国家Ⅱ），猎隼2只（国家II），鵟1只（国家Ⅱ）。（欧音高娃）

【耕地保护】 2021年，和硕县生态环境局加强对合理使用农药化肥、农药废弃包装物、过期报废农药、不可降解农用薄膜回收处理的监督管理。鼓励农民秋冬季农田地膜清理后放牧，禁止直接翻入地下造成土壤污染。全县主要农作物化肥、农药使用量对比2013年实现零增长，化肥、农药利用率提高至40%以上，测土配方施肥技术推广覆盖率提高至90%以上。推进小麦、玉米、棉花等作物秸秆综合利用，利用秸秆总量28.51万吨。（代力格尔）

【环境保护宣传教育】 2021年，和硕县生态环境局开展“6·5”世界环境日活动。6月2日，在和硕科发再生水有限公司开展“环保设施对公众开放”活动，邀请和硕县第五小学部分师生参加环保设施公众开放日活动，培养青少年爱护环境意识。围绕“传承红色基因，弘扬革命精神”主题，组织党员开展“志愿者服务”活动，在旅游景点、风情园周围捡塑料瓶、旧纸片等生活垃圾，组织当地农牧民，面对面讲解生态环保理念。联合住建局、交通局、卫健委、水利局、农业农村局、财政局在亨瑞市场联合开展环保宣传活动，发放200个环保袋、400册环保宣传手册。（代力格尔）

生态环境监管

【环境监管专项整治】 2021年，和硕县环保局明确“企业主体责任人”的指导思想，强化日常执法监管，对企业建设项目与环评编制单位开展“双随机、一公开”检查活动，加强建设项目环境影响评价、环保“三同时”制度监管，对环境违法企业严厉打击高线处罚，将处罚决定书公布至门户网站，提升企业自觉守法意识。定期对建设项目环境保护设施“三同时”落实、竣工验收等情况开展监督性检查。（代力格尔）

【日常巡护与执法】 2021年，和硕县生态环境局通过与州局、设备生产厂家及相关维护单位联系沟通，确保其污染源自动监控平台能够正常登录，完成辖区内排污单位与污染源自动监控平台联网并上传数据。5月27日，县生态环境局开展和硕县南华化工有限责任公司甲醇罐区应急演练活动，县应急管理局配合该次活动。（代力格尔）

教育·科技

教育综述

【概况】 2021年，和硕县有中小学、幼儿园27所，其中完全中学1所，九年一贯制学校1所，初中1所，小学9所，教学点2个，幼儿园13所（含1所民办园）；在校学生9717人，其中高中职业教育班学生134人，高中915人，初中2080人，小学4578人，幼儿园2010人；在编教职工1177人，其中高中111人，义务教育779人，幼儿园287人。（李建荣）

【教师队伍建设】 2021年，和硕县教科局招聘免费师范生和特岗教师66名。修订完善《中小学校（园）长、教师轮岗交流及支教实施方案》，依托联盟捆绑、交流支教、新聘特岗教师等方式，补充、调整134名教师到专任教师紧缺学校、幼儿园，确保新成立的高级中学初中部和县第三幼儿园师资配备到位。邀请2名自治区专家、6名清华大学博士生开展线上线下培训8场次1500余人次；采取“请进来”的方式举办书记校长、教研队伍、骨干教师培训讲座，全县受教育教师达2146人次。发挥骨干教师和9名河北援疆教师“传帮带”作用，开展青蓝工作，加强自身“造血”能力，启动“强基行动”，一期遴选40名年轻教师和少数民族教师，开展为期一年的能力素质提升培训，强化教师队伍梯队建设。

（李建荣）

【教育基建项目建设】 2021年，和硕县投入资金1113万元实施义务教育薄弱环节改善与能力提升项目16个，用于购置图书、台式电脑、笔记本电脑、人工智能实验室设备、智慧课堂等设施设备。投入资金318万元实施义务教育校舍安全建设项目20个，新建第五小学食堂、改造第二小学暖气管网及中小学照明改造等。投入资金805万元新建1800平方米高中多功能大厅，购置多功能大厅桌椅、电子屏及音箱和采购高中实验设备。投入资金94万元实施两所民办幼儿园的回收和修缮工作。（吴自强）

【教育督导】 2021年，和硕县教科局完成辖区内6~16周岁适龄儿童少年在校就读情况排查对比。制定《和硕县落实中小学“五项管理”工作实施方案》，对学生手机、作业、睡眠、读物、体质健康管理进行定期督导。调整《和硕县义务教育阶段学校和学前教育学区划分规定》，保证适龄儿童少年按时就近入学。（蒲景昆）

【教学科研】 2021年，和硕县教科局规范中小学课程、教学、备课、上课、作业、实验、教研、考评、检查各环节流程，开展常规检查、业务指导、专题会议、讲座培训、学习观摩等30次，查出30余项问题，对其跟踪指导，整改完毕。教研员送教12次，解决薄弱学校薄弱学科的业务能力提升缓慢问题。校际捆绑联盟4所，实现优质资源共享，学校管理共建。开展送教下乡、公开课、观摩课等活动，提高课堂教学改革实践操作能力。选派教师参加专业技能比赛和青年教师学科竞赛，4名教师获得州级

奖项。组织全县中小学4门学科的优质课大赛活动，为课堂教学树立新的标杆。（李昌文）

【**教育经费**】 2021年，和硕县财政对教育拨款2.17亿元，其中教育事业费2.12亿元，教育费附加138.3万元，其他教育拨款309.58万元，中央彩票公益金2.9万元。教职工工资按时足额发放，落实义务教育“两免一补”、学前三年免费政策。下达农村义务教育经费保障机制资金791.04万元，其中义务教育公用经费620.68万元，用于补助全县6658名农村义务教育阶段学生公用经费和取暖费，家庭经济困难学生生活补助资金170.36万元，用于补助全县1243名义务教育阶段家庭经济困难学生；学前教育保障经费573.05万元，用于保障全县1718名幼儿入园。（刘兴华）

【**落实教育惠民政策**】 2021年，和硕县户籍建档立卡脱贫户家庭学生，在享受原有国家资助项目的基础上，学前教育幼儿享受国寿平安保险费，义务教育、普通高中教育、中职教育学生享受国寿平安学生保险费、校服费。学前教育资助573.05万元；义务教育资助困难学生生活补助170.36万元；普通高中资助52.7万元；中职资助2.58万元；资助普通高校家庭经济困难大学生24.4万元。办理生源地助学贷款11人9.2万元。资助困难家庭学生703人，资助其校服费和保险费15.28万元。（贾文艺）

【**党建带群团**】 2021年，和硕县教科局成立党建带群团组织建设工作领导机构，配齐配强各学校群团组织队伍。教科局党委指导各学校团支部开展每月集中学习、每月主题团日1次。常态化落实线上青年大学习，“红领巾爱学习”活动。以党史学习教育为契机，完成85集“教科人说党史、学生讲党史”视频拍摄，组织编排“演绎党史课本剧”52个，开展党史教育手抄报比赛、软硬笔书法比赛，师生在1000余幅绘画、临摹中体悟中华民族传统文化；开展主题团队日、党史主题诵读、红色书籍漂流分享、话剧表演、祝福祖国书法大赛等活动；利用青少年思政教育基地、教育融媒体等平台，组织开展中小学、幼儿园“弘扬爱国精神、传承红色基因”主题教育系列活动88场次。（郭金欢）

【**思想政治德育**】 2021年，和硕县教科局制定和硕县教思想政治理论课教师岗位“大练兵”活动实施方案，发挥思想政治课育人主渠道作用，开展集中培训6场次，大讨论1场次、理论测试5场次，专题讲座3场次，上示范课6节，开展优质课大赛2场次。推进“三全育人”工作机制。确立“1+3+5”工作主线，抓好“三支队伍”建设（德育队伍、班主任队伍、思政课教师队伍），召开德育工作例会2次，开展烈士纪念日、庆祝新中国成立72周年、庆祝辛亥革命110周年、“请党放心、强国有我”、中国人民志愿军抗美援朝出国作战71周年纪念日等主题教育系列活动。（姜同生）

【**校园管理**】 2021年，和硕县教科局建立健全校园安全稳定常态化长效化工作机制，落实书记、校长第一责任人责任，抓学校安全生产和平安建设工作。校际交叉互检7次，发现隐患237个，整改327条；危化药品管控力度专项清查2次，发现隐患5条，立查立改5条；邀请燃气公司对使用燃气报警器等开展督导检查，发现隐患及时消除，确保校园安全稳定；邀请交警、交通等部门清查学生乘坐车辆3次200余辆；对全县各学校食堂从业人员83人进行健康体检，体检率达到100%，食堂安全制度齐全就餐留样率达到100%；开展火灾模拟演练123次；收看消防直播3次，收看师生及家长2.6万人；在“5·12”“10·12”防灾救灾周期间各校园开展防震减灾宣传103场次，地震演练83次。（赵金发）

【**信息技术与教学应用融合**】 2021年，和硕县教科局依托县教育城域网搭建教育云平台，实现“三通”全覆盖，汇聚整合各级各类教育教学资源，集成和开发各类教育管理与教学应用系统模块，实现连通自治区级平台、覆盖全县各学校，推进优质资源共享和教育管理信息化。学校通过录播教室、多媒体白板、智慧课堂等全方位将信息技术有效地融合到教育教学中，实现优质教育资源共建共享。运用资源平台推动“三个课堂”建设，发展远程教育课堂，让农村小学听到县级骨干教师实时授课画面。

（马翰文）

【教育援疆】 2021年，和硕县有援疆教师10人，其中由组织部门安排第十批援疆干部6人，由教育部门安排“河北省援疆幼儿教师支教计划”4人。发挥援疆教师自身优势和先进经验，结合和硕县学生和教育教学实际，把先进的教学理念、科学的教学方法运用到课堂教学中，培养学生的合作和探究能力。

（李建荣）

【推广国家通用语言文字】 2021年，和硕县召开国家通用语言文字工作座谈会。利用冬季攻势平台，宣传国家通用语言文字相关政策，开展青壮年农民经典朗诵比赛。以塔哈其镇祖鲁门苏勒村为试点，探索国家通用语言文字学习模式。举办中小学师生诗词大会、课本剧表演、讲红色经典故事、快板书、书法大赛、唱红歌、图书漂流、校园社团、校园文化节等活动向中国共产党成立100周年献礼。开展第24届全国推广普通话宣传周活动，印发宣传海报至各村（社区）、学校。（秦玉荣）

基础教育

【学前教育普惠发展】 2021年，和硕县财政投入学前教育保障经费626.19万元，对幼儿园闲置校舍进行改造。申请资金159.3万元，回收公建民办幼儿园幸福泉幼儿园，招录25名幼儿教师，于9月开园办学，提供学位220个。（苏　艳）

【义务教育均衡发展】 2021年9月，和硕县迎接自治州教育督导团对和硕县人民政府履行教育职责实地督导检查，根据反馈问题制订整改方案并整改。10月，做好迎接国家对义务教育基本均衡发展验收工作，与全自治区一同通过义务教育基本均衡发展国家认定。对照义务教育优质均衡发展评估指标体系进行自查，制定《和硕县义务教育优质均衡发展五年规划》。

（蒲景昆）

【特殊教育】 2021年，和硕县教科局将适龄残疾儿童在校生名单与残联提供0~18岁残疾人名单进行核对，新增适龄残疾儿童11名，建立“一人一案”资料，召集特殊教育专家委员会鉴定研判安置情况，在安置学校建立学籍并入学。2021年和硕县有适龄残疾儿童55名，均已入学办理学籍，适龄残疾学生入学率100%，报巴州教育局审核备案。做好18名残疾儿童送教上门工作，保障全部残疾适龄儿童完成义务教育阶段学习。利用和硕县第一中学特殊资源教室，并对其使用情况进行督查。组织资源教室负责教师参加自治区特殊教育资源中心管理人员和资源教师研修班。联系协调2名教师参加特殊教育骨干教师培训，为特殊资源教室提供师资保障。

（彭　荔）

【学籍管理】 2021年，和硕县按要求办理学生的转入转出手续，对学籍上存在的身份证号重复、无学籍等问题通过督促学校、联系上级管理部门解决。对和硕县辖区户籍适龄儿童入学情况进行核查。督促小学毕业初中未录取的外地户籍学生学籍所在学校，核实学生去向，联系对方学校办理入学。核查高中学籍学生在校情况，确保高中无空挂学籍及人籍分离学生。2021年，和硕县转出学生61人，转入学生113人。（彭　荔）

【网络教学】 2021年，和硕县教科局加大信息化建设，推进“三个课堂”应用。实施教育信息化建设，加强专用教室和信息化设备建设、网络建设及信息技术资源库建设及“三通两平台”的建设。完善“和硕教育云”建设。实现义务教育学校“班班通”全覆盖、录播室全覆盖。（王云芳）

【中小学教学质量提升工程】 2021年，和硕县教科局安排1~2所学校集中开展全学科教学视导，各学科教学指导组视情安排教学视导。推进互惠教研工作，以“对话、交流、共享”为目标，开展“同课异构”“教学探讨”“课题合作”等形式互惠教研活动10余次，促进城乡交流、校际交流，推动教研均衡发展。开展线上课堂教学研讨和观摩活动3次，突出学生主体地位。开展教学问题调查两次，多学科协同研究，提高教研工作针对性和实效性。不定期抽查学校课题研究的进展情况。整合课题研究与教学研究，利用信息化教学技术，实现人员、活动、信息、经验共享。（王云芳）

【“双减”课后服务】 2021年，和硕县教科局成立“双减”工作专班，研究制定作业管理工作、作业总量审核监管、作业公示、减轻作业负担工作督导、课后服务经费保障相关方案机制，采取专题宣传、网上调查、新媒体解读等方式加强政策宣传，通过面对面、自下而上的方式对各学校五项管理、“双减”工作、课后服务精准把脉问诊，探索实施“基础+素质”的课后服务模式，实现10所中小学可提供课后服务素质类项目7大类21项。组织课后服务观摩活动2场，开展专题宣传167场次，覆盖2769个家庭，发放告知书7700余份，征求意见覆盖率达到97%，发布“双减”工作等宣传短片28条。加强对校外非学科类培训机构的监管，协调人行、工行、市监等部门，对3所校外培训机构培训内容、收费标准、课时时长等进行监管，坚决杜绝校外培训机构宣传进校园。（李新玉）

【规范民办学校办学行为】 2021年，和硕县有民办教育机构4个，其中民办幼儿园1所、校外培训机构3个，培训机构均为艺术类培训。通过规范民办学校办学行为督导、检查、指导，对民办教育机构实施年检，指导民办学校按相关要求管理、施教。（马翰文）

【校外培训机构专项治理】 2021年，和硕县教科局开展为期3个月的校外培训机构清查整治工作。对前期取缔的非法办学机构进行持续检查，摸排在居民楼内的非法培训班、补习班，责令停止办学2处，对已审批的3所培训机构的办学条件、师资力量、教育教学相关内容进行检查，梳理问题并责令限期整改。将3家非学科类校外培训机构移交和硕县文化体育广播电视和旅游局（文物局），规范校外培训机构的办学行为。（马翰文）

【高中教育阶段教育联盟】 2021年，和硕县高级中学与巴州第三中学教育联盟。巴州第三中学教师来到和硕县高级中学，通过公开课、同课异构、教研经验交流会等教研形式和师徒相传、共同教研等方式，发挥支教教师“酵母”作用，提高和硕县高级中学师资水平和教研水平。（王云芳）

【区内初中班录取】 2021年，和硕县教育和科学技术局报名参加区内初中考生157人，通过测试、体检、政审、公示，最终录取22人。其中第一中学小学部录取3人、第一小学录取10人、第二小学录取4人、第三小学录取1人、第五小学录取4人。（马翰文）

【区外新疆高中班录取】 2021年，和硕县教育和科学技术局报名参加区内初中考生12人，通过测试、体检、政审、公示，录取7人。（马翰文）

【高中招生改革】 2021年，和硕县教育和科学技术局落实州教育局高中招生规定中普通高中录取必须坚持“全面考核，择优录取”和“公平、公正、公开”的原则，兼顾终结性评价和过程性评价，依据学生的学业成绩，关注学生的综合素质，衡量学生发展的现有水平，重视学生的全面发展，关注某一方面的突出才能和表现。和硕县报考普通高中693人、达到分数线489人，其中在县域外就读228人。（马翰文）

【和硕县幼儿园】 和硕县幼儿园、和硕县特吾里克镇幼儿园设一套领导班子管理，一分园位于清水河南路179号，占地面积9365.7平方米，绿化面积2268.91平方米，运动场面积5207.53平方米，校舍建筑面积3778.52平方米；二分园位于石材大道971号，占地面积2.07万平方米，其中绿化用地面积7832.31平方米，运动场面积8493.87平方米，校舍面积4958.3平方米；三分园位于金沙滩路157号，校舍面积3318.74平方米。2021年，和硕县幼儿园有教师91人，班级数35个，学生1013人。由同一个支部领导。和硕县幼儿园落实一日生活常规，形成以阳光体育活动及书香校园动静结合式的课程特色。

（康　红）

【和硕县第一小学】　和硕县第一小学是一所全面使用国家通用语言文字授课的非寄宿制完全小学。位于县城以北。校园占地面积5.39万平方米，建筑面积1.43万平方米，绿化面积1.77万平方米。2021年，和硕县第一小学有教职工96人，教学班34个，在校学生1342人，适龄儿童入学率、残疾儿童入学率、巩固率、完成率均达标。学校以“红领巾”课程文化体系为依托，确立“印红色基因 领智慧成长”的办学理念，秉承“勇当先锋”的校训，形成“爱满校园”的校风、“慧育善导”的教风、“会学善研”的学风。通过品德与人文、数科与探究、体育与健康、艺术与审美、劳动与生活“五大领域”开展校本化、特色化、个性化、实践化“四个维度”的课程体系，成立38个社团，满足“双减”及课后服务学生的个性化需求。（马海燕）

【和硕县第二小学】　和硕县第二小学下辖5个校区，中心校、大庄子分校、大沙村教学点（园）、中心幼儿园和兰馨幼儿园。2021年，有教职工197人，30个教学班，学生871人。学校致力于打造红色教育特色学校，各班级建立红色主题中队名称，营造“红色铸就理想、传承革命火炬”的良好氛围。

（张泽超）

【和硕县第三小学】　和硕县第三小学位于和硕县塔哈其镇文化路39号，占地面积3.01万平方米，建筑面积7467平方米，绿化面积3844平方米。藏书1.31万册，报纸杂志100种。2021年，有教职工124人，22个教学班，其中小学16个，幼儿园6个，学生660人，其中小学学生数436人，幼儿园学生数124人。本着“德育为首、育人为本、全面发展”的办学理念，围绕“让孩子度过一个幸福快乐的童年”的教育宗旨以及“会玩、会问、会学、会思、会做”的教育目标，认真落实各项工作，为孩子创设一个绿色、文明、和谐的生活学习环境。（童桂霞）

【和硕县第四小学】　和硕县第四小学位于和硕县曲惠镇老城村5–1路，下辖一个榆树园分校和2所幼儿园。校园占地面积4.05万平方米，校舍建筑物面积4171.73平方米，校园绿化设施配套齐全，绿化面积1.7万平方米。2021年，有教职工107人，小学教学班级16个，学生369名。幼儿园6个班级，学生120名。学校以“相敬相融、展翅高飞”为校训，以德育为核心，以教学为中心，以培养学生的创新精神和实践能力为重点，让校园成为和谐团结奋进的乐园。

（王群英）

【和硕县第五小学】　和硕县第五小学学校面积4.11万平方米，校舍使用面积3716.74平方米，绿化面积2.11万平方米，运动场面积3188平方米。新建食堂面积292平方米，旧食堂面积99平方米。2021年，有教职工71人，教学班7个，学生198人；学校附设教学点一个为西地小学，教学班2个，学生26人；清水河农场中心幼儿园教学班3个，学生77人，西地幼儿园教学班2个，学生33人。学校建立联动机制，注重培养学生德智体美劳全面发展，开设素质课程32个，丰富学生社会实践，开辟5000平方米种植园。

（蔺诗涵）

【和硕县第六小学】　和硕县第六小学位于和硕县城以东3千米处。学校重视教育教研工作，推进“双减”教育课程改革，提升教师专业化水平，以课堂教学和课后服务为主阵地，以完善教研为主要途径，树立“立德树人”的教育目标，培养学生从小爱学校、爱家乡、爱祖国的情怀。2021年，有教职工32人，教学班6个，幼儿园3个班。小学学生116人，幼儿园幼儿45人。（贾成云）

【和硕县第七小学】 和硕县第七小学位于和硕县新塔热乡辖区，占地面积2.76万平方米，其中教学楼面积1968平方米，校舍建筑面积2384.09平方米，绿化面积1.09万平方米，体育运动场面积2430.81平方米，幼儿园建筑面积620平方米。有藏书1798册。2021年，在校教职工32人，8个教学班，在校生79人。学校打造“胡杨沃土、和谐校园”主题文化，发挥德育主阵地、主渠道作用，各学科结合学科特点适时适度渗透德育教育，使学生全面发展。

（梅小兰）

【和硕县第一中学】 和硕县第一中学位于特吾里克镇清水河北路985号，是一所汉、维、蒙等多民族的九年一贯制学校。学校占地面积8.03万平方米，校舍建筑面积2.98万平方米，教学及辅助用房1.15万平方米，体育运动场2.57万平方米。2021年，有教职工169人，小学部教学班28个，在校学生1136人，初中部教学班13个，在校学生559人，全校学生1695名。学校秉承“为教师成长搭建平台，为学生发展奠定基石”的办学理念，确立“红星少年，责任校园”的一中精神。（苏少兰）

【和硕县第二中学】 和硕县第二中学位于特吾里克镇清水河东路西侧。校园占地面积10.71万平方米，校舍建筑物面积2.36万平方米，其中教学及辅助用房面积为8961平方米，绿化面积3.26万平方米。有400米标准塑胶运动场1个、室外篮球场、足球场、乒乓球场等齐全。有图书4.59万册。2021年，教师114人，教学班29个，在校学生1233人，学校以和硕“红文化”为根基，确立“先锋号”文化主题，体现“时代先锋、创新校园”的校园文化。

（张玉春）

【和硕县高级中学】 和硕县高级中学位于特吾里克镇石材大道西侧619号，校园建筑面积2.14万平方米，绿化面积2.3万平方米；塑胶运动场2.1万平方米；篮球场7500平方米；前草场7600平方米。有高标准数字化实验室、校园视频安全监控系统、校园广播系统、图书阅览室、电子录课室、心理咨询室、学科骨干教师工作室、学术交流厅，义务部、普通高中班安装交互式电子平板一体机设备，普及现代技术教学。2021年，教职工110人，36个教学班，其中24个普高班、6个义务班、6个职高班。在校学生1315人，其中普通高中学生915人，义务部学生266人，职业高中学生134人。学校坚持全面发展与特长发展相结合的原则，实施扁平化、精细化管理，探索多样化有特色有内涵的发展路径。坚持“厚德明礼，博学弘志”的校训，让教育质量管理成为一种文化，让校园环境和校园活动生成“文化”。

（邵玉龙）

职业教育

【职业教育经费保障】 2021年，和硕县有中央直达资金10.38万元、县财政筹措资金8.8万元，共计19.18万元，用于职业教育高中班日常支出，确保职业教育正常有序开展。（刘兴华）

【社会学习实践】 2021年，和硕县高级中学（职业高中班）教学任务由10名公共课教师、2名河北援疆专业课教师共同承担，开设语文、数学、英语、信息技术、书法、音乐、体育、美术等课程。2019级学生已开始实施专业课程理论和实操训练，由带队管理教师随同前往张家口市机械工业学校和张家口市职教中心开展实训学习。与和硕县餐饮协会、和硕县鑫泓旭汽车服务有限责任公司、和硕县幼儿园、和硕县妇幼保健院等签订合作协议，为职高班学生提供实习基地，学习实训流程、内容、形式和实训设施设备使用与管理。（马翰文）

【专业设置】 2021年年初，和硕县职业教育高中班开设导游服务和中餐烹饪与营养膳食2个专业。11月，县人民政府召开专业开设协调论证会议，新增新能源汽车运用与维修和婴幼儿托育专业，考虑就业面广、适合学生发展、围绕和硕县“四大战略”和“三区三基地”建设，结合县域或州域企业需求和社会经济发展，设立相关专业。（马翰文）

【中职招生】 2021年，和硕县职业教育高中班招生工作继续到生源重点县市蹲点宣传，并发挥网络宣传优势。学校招生部门实行专人值班，做好电话咨询受理和考生及家长来校接待工作。2021年，招生77人，除和硕县学生外还有库尔勒市、轮台县、焉耆县、和静县等市县生源学生。招生人数、报到率及生源质量与往年相比上涨。（马翰文）

【县职业教育学校】 2021年，和硕县职业教育学校招收新生77人，有学生134名。设置导游服务、中餐烹饪、新能源汽车运用与维修和婴幼儿托育4个专业，实施全日制中等职业学历教育，学制三年。（马翰文）

科学技术

【科技机构与队伍】 2021年，和硕县委和政府高度重视科技工作，均有一名县级领导分管。县教科局具体落实全县科技创新工作，由局长主管，副书记、副局长分管，科技工作人员4人。（王晓锋）

【科技特派员管理】 2021年，和硕县有科技特派员67名，其中法人科技特派员5名。科技特派员包村覆盖率100%。来自农业、林业、畜牧养殖等部门具有初级以上专业技术职称人员达43%，有一技之长，相当于初级以上专业技术职称的乡土拔尖人才达57%。（王晓锋）

【科技项目】 2021年，和硕县4家企业与大中院校、科研院所建立合作关系，加快和硕县企业科技水平提升速度。争取上级项目资金支持，2家企业申报自治区乡村振兴产业发展科技行动项目，争取项目资金120万元；1家企业申报自治区科技特派员农村创业行动项目，争取项目资金40万元；1家企业申报州级科学技术研究项目，争取项目资金6万元。申报成功自治区科技特派员项目1个，自治州科技特派员项目3个，县级特派员项目1个，申请项目资金15万元。（王晓锋）

【科技培训】 2021年，和硕县组织5场40余人次科技知识的培训。选派2名科技特派员为“三区人才”，到和田地区开展脱贫村帮扶工作，选派2名科技特派员到乃仁克尔乡包儿图村和乌什塔拉乡则格德恩呼都格村开展养殖技术培训，各村已培训4期，培训农牧民150余人次。（王晓锋）

【科技创新】 2021年，和硕县组织县域4家企业、青年、妇女参加巴州创新创业大赛，其中天山小米农业科技有限公司、和硕县合力农业科技有限公司分别获巴州第六届创新创业大赛三等奖和优秀奖，获大赛奖金7万元。和硕县青年志愿者协会获2021年巴州创业创新大赛二等奖，奖金8000元。（王晓锋）

【科技普及宣传】 2021年，和硕县教科局、科协牵头组织县农村农业局、县林草局、县卫健委、县环保局、县应急管理局等10余家单位，在文体广场举行科普广场宣传活动，展出各类宣传版面、黑板报160余块，悬挂“科技活动周”彩旗28面，宣传横幅21条，散发各类资料1.8万余份（册）。教科局、科协联合组织全县三年级学生开展“庆祝建党100周年 我爱科技电脑绘画”活动。对各年级学生进行自救互救知识宣传，开展“科学小制作、小发明”“科幻画”展览活动。5月20—28日，科普大篷车满载着各种神奇的科普仪器驶进第二小学、第四小学、第六小学和第七小学开展科普宣传进校园活动。开展科普进社区和进乡村活动，教科局、科协在各社区和乡镇展出合理膳食、平衡营养、环境保护、节约能源、高血压防治、癌症早期预防、防震减灾等科普知识展板100余块，发放社区科学文明健康生活宣传册1500余份。（王晓锋）

气　象

【气候概况】　2021年，和硕县年平均气温8.8℃，比常年偏高0.1℃。年降水量112.9毫米，比常年偏多14.2毫米。开春期3月2日，较常年略偏早，终霜出现在3月25日，无霜期193天，比常年偏多14天，初霜出现在10月4日；≥0℃积温4017.4℃，比常年偏多48.4℃，≥10℃积温3614.4℃，比常年偏多92.6℃，≥15℃积温3154.0℃，比常年偏多400.5℃，≥20℃积温2246.5℃，比常年偏多658.2℃；全年出现≥35℃的高温天气11天，出现在7月5日、7月7日、7月8日、7月24日至7月31日；年最高气温38.2℃，出现在7月7日，年最低温度-21.4℃，出现在1月5日。

（苏　荣）

【主要气候事件及灾害】　2021年3月29日21时至3月30日23时，和硕县出现大范围降水天气，降水量达暴量。和硕县城62.3毫米（大暴雨），全县检测到暴雨以上量级区域站16个，其中12个区域站出现大暴雨，4个区域站出现暴雨，暴雨中心在塔哈其镇杭静口64.2毫米（大暴雨）。主要气象灾害大风。全年出现6次大风天气，较多年平均持平。

（苏　荣）

文化·传媒·体育

公共文化

【概况】 2021年，和硕县文旅局持续开展文化惠民服务进基层、进校园、进景区等活动，围绕新时代文华润疆主题系列活动及建党100周年群众文化系列活动，用好免费开放的资金组织开展文化惠民演出，联合文联书画协会开展“送春联、送祝福”文化三下乡活动12场次，“党的声音进万家”“石榴籽”文艺小分队下乡演出80场次，群众参与达6017人次。
（安 琪）

【文化馆】 和硕县文化馆成立于1956年，属于和硕县文化体育广播电视和旅游局（文物局）下属事业单位。和硕县各乡镇村综合文化服务中心达到全覆盖。2021年，和硕县文化馆在春节期间开展迎新春送春联“我们的中国梦 文艺进万家”活动，分别在各乡镇、消防队、大学生志愿者等开展送春联活动13场，364人次参与；2月3日晚，和硕县“启航新征程 奋斗新目标”春节联欢晚会在县文体中心上演；5月18日，在文化广场举办“博物馆日”文艺演出活动和书画展；6月11—12日，结合“文化和自然遗产日”，在金沙滩开展“文化润疆·江格尔非遗盛典”暨“牧民歌唱共产党”新疆和硕县世界非遗日主题活动；7月9—23日，由新疆维吾尔自治区文化和旅游厅、巴州党委宣传部主办，新疆艺术剧院、自治区文化馆、和硕县党委宣传部、文旅局承办，县文化馆协办的《颂歌献给亲爱的党》“石榴籽”文化小分队2021年服务基层活动走进和硕并开展文化培训及演出活动，此次培训共15天，参加舞蹈培训的30人、合唱25人、朗诵18人、乐器16人。和硕县成立10个“石榴籽”文化小分队开展文化演出活动。
（安 琪）

【图书馆】 2021年，和硕县公共图书馆馆藏的汉文文献图书总量3.74万册，少数民族文字文献图书总量为3429册，其中图书类维吾尔文1515册，蒙文1879册。全县有7个图书馆分馆，有藏书1.88万册。其中特吾里克镇分馆藏书有2021册、塔哈其镇分馆藏书有4023册、苏哈特乡分馆藏书有1211册、新塔热乡分馆藏书有842册、曲惠镇分馆藏书有2649册、乌什塔拉乡分馆藏书有3137册、乃仁克尔乡分馆藏书有2542册。有农家书屋37家、图书室4个，有藏书2.91万册。
（安 琪）

【图书馆数字化】 2021年，和硕县文旅局推进图书馆数字化建设，投入30万元建设数字化图书馆和总分馆数字化建设，主要包括图星新一代图书馆服务平台、智慧图书馆平台，为乡镇分馆建设图书馆服务平台，帮助7个分馆数据化处理所有馆藏图书项目等内容，形成以县馆为中心、以乡镇文化站为服务延伸的公共图书馆总分馆服务体系，实现由封闭式、传统式向开放式、数字型的转变。全县拥有1个县级公共图书馆总馆，7个乡镇文化站为分馆，图星新一代图书馆服务平台于8月建设完成，实现通接通还，实行一体化、专业化管理，实现图书资源统一编目和统一配置，将乡镇各分馆的图书资源进行整合，建立文献联合目录数据库，将各种数字化信息资源整合在一起，实现共建共享。（安 琪）

【博物馆】 和硕县博物馆成立于2012年，位于和硕县葡萄公园南侧，建筑面积为2842.81平方米，展厅总面积2542平方米。2020年4月，展陈提升后，分为“历史文物陈列”“自然与民俗风情陈列”“峥嵘和硕，未央中国”3个展厅。保存有石器、陶器、金属器、纺织品、木器和玉器等文物瑰宝，展厅藏品数量347件。2021年，博物馆改扩建项目施工，国庆期间开馆，新增“初心如碧·使命在肩”和硕县党性教育主题展；“十一”期间博物馆开展“我和亲戚游和硕”“民族团结一家亲”活动，来自全县各乡镇的各族群众带着亲戚游和硕博物馆。博物馆被命名为自治州第一批民族团结进步教育基地。

（安 琪）

【庆祝中国共产党成立100周年文化活动】 2021年，和硕县文旅局组织开展庆祝中国共产党成立100周年文艺活动和文艺创作。6月2—5日，和硕县人民政府主办的“文化润疆·江格尔非遗盛典”暨“牧民歌唱共产党”新疆和硕县世界非遗日主题活动在昌吉市录制，来自全疆15个县市的800余名群众参与活动。派出35名演员4支舞蹈参加“辉煌历程——巴音郭楞蒙古自治州庆祝中国共产党成立100周年专场文艺晚会”。在文体中心举办“庆祝中国共产党建党100周年和硕县发展成就展”“庆祝中国共产党成立100周年百幅书画展”。展览围绕党史教育，集中展出党的历史，用书法绘画形式集中体现和硕县的变化、人文景观及各族群众的美好生活。

（安 琪）

【龙驹艺术团】 2021年，和硕县龙驹艺术团组建“党的声音进万家”“石榴籽”文艺小分队，开展“党的声音进万家”“石榴籽”文艺小分队下乡演出64场次，参演人数达811人次，群众参与达4767人次，全县各村（社区）覆盖率达100%。精心创作红色舞蹈和地方特色舞蹈，其中《到延安去》《听奶奶讲革命故事》《奔跑吧！青春》等节目参与巴州庆祝中国共产党成立100周年文艺晚会录制。编排的《大红灯笼高高挂》和《那时花开》等节目被选中为巴州春晚。

（安 琪）

【文艺创作】 2021年，和硕县文化馆创作《我的祖国》《欢聚一堂》《民族团结之花处处开》《春之恋》《灯火里的中国》《启航吧中国》《唱支山歌给党听》《到延安去》《听奶奶讲革命故事》《逆行者》《大红灯笼高高挂》《奔跑吧！青春》《沙吾尔登》《白马》等舞蹈14支舞蹈；文化艺术交流中心创作国画12幅、油画25幅、书法12个，作品集中体现和硕县的自然风光、风土人情，马兰红色精神等。

（安 琪）

【非物质文化遗产保护传承】 2021年，和硕县文旅局上报《2021年度第二批国家非物质文化遗产保护专项资金》，上报项目为新疆蒙古族舞蹈萨吾尔登。申报《2021年自治州级非遗项目补助》，和硕县申报《传统蒙医药》《民族民间刺绣技艺》两个项目。申报《2022年自治区非遗保护专项资金》，申报项目为《赛骆驼》。2021年，对和硕县3名自治区级非物质文化遗产传承人进行评估。为提升和硕县非遗传承人学习与实践能力，拓宽传承人群的创作视野，提升艺术造物水平与创意能力，激发非遗传承活力，上报2名传统刺绣人员参加《非遗助力乡村振兴带头人研修班》。开展“文化润疆·江格尔非遗盛典”活动，营造浓厚的非遗保护氛围。和硕县自治区级非物质文化遗产名录5项，自治州级非物质文化遗产名录96项，县级非物质文化遗产名录73项。

（安 琪）

【江格尔非遗主题盛典】 2021年6月，和硕县新疆江格尔史诗传承地非遗传承人以《牧民歌唱共产党》为主题，启动“文化润疆·江格尔”非遗主题盛典暨《牧民歌唱共产党》系列活动。活动分别在新疆昌吉、乌鲁木齐南山景区和新疆和硕县金沙滩景区举办。活动是由中国三大史诗影视工程——英雄江格尔办公室、和硕县党委、人民政府、北京金胸智者文化传播有限公司、新疆江格尔文化旅游中心联合主办。（安　琪）

【非遗日主题活动】　2021年6月12日，和硕县举办“人民的非遗，人民共享”新疆和硕县非遗日主题活动。活动将通过“学马兰精神、赏金沙美景、食博湖野鱼、品和硕红酒”的形式来开展。活动内容以金沙滩非遗文艺演出、江格尔说唱、长调短调、托布秀尔弹奏、传统部落服饰展、萨吾尔登表演、金沙滩非遗旅拍、红色主题、非遗主题专访等丰富多样的形式全方面展示和硕县在最好的发展时期，传统文化的创新型转化取得丰厚的硕果。（安　琪）

【文化市场监管】　2021年，和硕县文旅局采用错时工作制、午间行动、零点工作、集中检查、突击检查等方法，加大对文化市场的检测频率，至年末，开展文化旅游各类执法检查63次，其中联合执法13次；出动执法人员296人次，累计检查文化旅游各类场所312家次，查出以教育部名义推荐“新课标”教辅图书244册，责令下架并整改，收缴非法出版物（各类证件卡片）1130本，立案1起。收缴废弃地面卫星接收设施5套。查出违禁曲目2首，已责令删除。做好“扫黄打非”专项治理和“平安文化市场”创建工作，对37家文化经营场所进行复验，均达到复验标准。（安　琪）

新闻出版　传媒

【概况】　2021年，和硕县融媒体中心有和硕政府网站、“和硕零距离”微信公众号9个互联网内容编辑发布平台。有电视节目1套、电台节目1套、大喇叭129个。融媒体中心总占地面积2公顷，有办公楼2栋，广播电视传输大楼建于2005年，广播电视播控中心大楼建于2015年，使用面积总计3149平方米。全县安装建设农村大喇叭129套、村村通3048套、户户通1.57万套、有线电视用户700户，电视覆盖率达到99.7%，广播覆盖率达到99.4%。（申亚莲）

【互联网公众平台宣传】　和硕县融媒体中心有“和硕零距离”微信公众平台、和硕县人民政府网、“和硕好地方”APP、“和硕头条”抖音短视频、“和硕融媒”摄影号、“和硕县融媒体中心”今日头条号、“和硕融媒”海报、和硕融媒百家号、学习强国供稿平台9个互联网内容编辑发布平台。2021年，“和硕融媒”发布海报共计98张，所有制作海报和H5均在微信公众号“和硕零距离”、抖音“和硕头条”等传播平台展示，在党史学习教育、我为群众办实事、经济社会发展、全面建成小康社会等重大主题宣传报道上提供更多方位的宣传。（申亚莲）

【“和硕零距离”微信公众平台】　“和硕零距离”微信公众平台主要开设有和硕精品（和硕政府网、和硕政务微博、和硕招商引资、大美和硕、历史消息）、魅力和硕（微视频）、和硕便民（互联网医院、查询违章、查询社保、查询公积金）四个栏目，主要发布中央要闻、疆内要闻、州内要闻、和硕新闻、招聘信息等相关信息，现有关注人数11.35万人。2021年以来“和硕零距离”微信公众平台共制作发布365期，5312条内容，总计阅读量68.04万人次，点赞量1.41万人次。（申亚莲）

【和硕县人民政府网】　和硕县人民政府网开设走进和硕（和硕概况、地理环境、行政区划、产业发展、和硕风光）、领导之窗、新闻中心（今日和硕、时政要闻、视频新闻、公示公告、专栏栏目）、政务信息公开（政府机构、政府信息公开、政策解读、重点领域公开）、政务服务（企业办事、个人办事、便民资讯）、政民互动（县长信箱、在线访谈）等6个栏目，主要发布中央要闻、疆内要闻、州内要闻、和硕新闻、招聘信息、各类政府信息、重大项目建设审批、土地征收、环境影响评估、公共资源配置，棚户区改造项目建设、保障性公共住房申请、财政信息，公开预决算、三公经费等相关信息。2021年，和硕县人民政府网今日和硕板块发布各类信息1163条，时政要闻板块发布各类信息709条，视频新闻板块发布各类信息107条，公示公告板块发布公告通告73条，走进和硕板块发布各类信息42条，图片新闻板块发布各类信息120条，政务公开板块发布850条。公开减税降费优惠政策，推进减税降费工作落实。和硕县人民政府网着力推进政府信息公开工作规范化建设，加大信息更新力度，确保信息公开的准确和及时，提高政府信息公开的质量和效率，严格审核审查。

（申亚莲）

【“和硕好地方”APP】 “和硕好地方”APP于2021年4月上架，主要开设有推荐，要闻、总目标、视频，全网报道和硕县、媒体关注6个栏目，转载习近平总书记调研及会议时的重要讲话精神，外交及社会经济发展，扶贫项目及农产品推广、交通类政务、民族团结一家亲活动等时政类新闻稿件，更新上传和硕新闻及和硕零距离原创稿件、党建、政务、民生、文化、教育、城建文化、增值服务、特色美景美食、医疗、城市文明建设等各类县域内时政稿件。至年末，“和硕好地方”APP转载发布时政类新闻7673条，其中本地新闻972条，视频板块967条，全网报道和硕板块772条，推进板块3160条。

（申亚莲）

【“和硕头条”抖音短视频】 “和硕头条”抖音短视频是集新闻时事、地方风光、特色美食、旅游导向、基层扶贫宣传等功能于一体的和硕官方抖音号。主要目的是更好地宣传本地特色和树立更加亲民的政府形象。2021年，和硕头条抖音号计发布277条短视频，播放量256.34万，点赞5.81万。其中和硕头条抖音号播放量破万作品27条，《西红柿机采》播放量2万，点赞量328万，《第三次中央新疆工作座谈会新时代党的治疆方略：八个坚持》播放量10.7万，点赞量1702万。

（申亚莲）

【电影放映】 2021年，和硕县开展农村公益电影放映工作，放映国产优秀故事片347场次、科教片199场次，观影群众4890人次。

（申亚莲）

【广播播出与覆盖】 和硕县广播频率FM99.8Hz为调频发射机发射，自办节目一套，为汉语播出，主要播出以转播自治区节目及和硕本地新闻、公益广告宣传为主。线机房6套调频发射机，6套广播节目（中国之声104.8MHZ/0.3KW、中央维吾尔语97.4MHZ/0.3KW、新疆汉语99.3MHZ/1KW、新疆维吾尔语101MHZ/1KW、新疆蒙语105.5MHZ/1KW，自办广播99.8MHZ/0.3KW），电视：44CH中央8套/1KW，46CH中央四套1KW、43CH巴州3套和和硕3套/1KM。2021年，和硕广播覆盖率达到99.4%，覆盖人数6.1万人，基本实现广播全覆盖，群众能正常收听到广播节目。全年广播节目播出4459小时，转播新疆台节目477小时，电台音乐播出3303小时，受益群众6.3万人。10月，完成“广播电视农村公共服务网点”挂牌和服务内容上墙行政村25个、社区5个，招募志愿服务人员（联络员）6人。

（申亚莲）

【电视播出与覆盖】 2021年，和硕电视自办节目播出一套，为汉语频道，主要以转播自治区节目及播出和硕本地新闻、公益广告。中心集调频广播发射、无线地面数字电视信号发射及自办节目播出为一体。其中，有线网络传输106套电视节目，一套自办广播节目，共传输107套广播电视节目。全年电视节目共播出4876小时，其中，和硕新闻254条，转发新疆新闻127条，其他各类公益广告266次，播出纪录片《摆脱贫困》《平语近人》《时代楷模拉齐尼·巴依卡》《中国新疆之历史印记》等21部。

（申亚莲）

【对外宣传】 2021年，和硕县融媒体中心与自治区、巴州电视台、巴州报社等州内外新闻媒体沟通联系，扎实做好外宣工作，中央、区、州各级主流媒体刊载和硕县融媒体中心新闻稿件14636篇，其中《人勤春来早瓜果蔬菜育苗忙》《重点项目开工建设 补齐短板加速发展》《戈壁腹地十余万只红蝶起舞》等5条新闻在央视新闻频道播出。《多种形式学党史 凝心聚力办实事》《万亩新梅花开美美哒》《2021年新疆巴州葡萄酒文化旅游推介会举行》等39条新闻在《新疆新闻联播》《直播民生》播出。在巴州电视台上稿209条。《人民日报》采用我中心新闻稿件20篇，中国新闻网采用我中心新闻稿件33篇，石榴云用稿85条，新华网采用我中心新闻稿件18篇。“学习强国”供稿133篇，发稿81篇。《戈壁腹地十余万只红蝶起舞》《和硕直达博湖公路通车》2条新闻，在巴州电视台、新疆卫视、央视、石榴云、人民网、中新网、“学习强国”、新华社、腾讯新闻、搜狐网等10余个平台连续刊播、转载。2021年7月16—18日和硕举办以“美食美酒映美景、百香百味庆百年”为主题的文化旅游季，邀请人民网、新华网、中新社等州级以上媒体15家，对本次文化旅游季进行全方位深度报道，各级媒体刊发宣传报道134篇，其中访问量过万的作品有11个，网易直播《和硕2021文化旅游季》观看量达232.07万人，新华网《新疆和硕县举行“和硕杯”名厨邀请赛》阅读量183.2万，新疆电视台《走进乡村看小康——和硕美酒映美景百味庆百年》观看量55.8万，全平台呈现、多维度传播，展现和硕工作成效。

（申亚莲）

【获奖作品】 2021年，和硕县融媒体中心获奖的新闻作品有，《新疆和硕 草原上有位“马背代办队队长”》在自治州党史学习教育好新闻作品评选中获新媒体类三等奖，《杨宣的幸福生活》获自治区新闻奖，《乌什塔拉特有的风味：乡村柴火鸡》获第三季之“行走的秋天”优秀作品——区县融媒赏秋榜。

【东风工程】 2021年，和硕县东风工程为4个乡、3个镇、29个行政村、7个社区分5个批次赠送图书及音像制品37.93万元。（刘晓刚）

【图书发行与销售】 2021年，和硕新华书店的销售目标任务573.7万元，实际完成630.35万元。其中一般图书完成224.48万元，同期增长42.9万元，教材总销售570.6万元，其中免费170.6万元，教辅销售完成399.94万元，农家书屋33家销售6.6万元。

（刘晓刚）

史志·档案

【党史工作】 2021年，和硕县委办公室收集整理2010至2020年和硕县党史历史大事记，整理筛选有关小康工程的史料记载。（马雪林）

【地方志工作】 3月，和硕县启动《和硕年鉴（2021）》年刊的编纂工作，6月完成初稿的编辑排版工作，7月将初稿样书送至州史志办初审，根据州史志办的审读意见进行补充、校对，尽可能完善样书，年末根据终审意见补充修改完善书稿，与出版社对接书号申请、印刷事宜。对《和硕县志（1995—2015）》样书再次进行审核校对，并将样书发至各供稿单位审核，汇总修改建议发至出版单位，安排县志出版印刷事宜。（马雪林）

【档案服务中心工作】 2021年，和硕县抓好重点项目档案监督指导与验收，指导教育系统学校体育场地、乃仁克尔乡环境整治等重点建设项目的档案工作收集整理，提升项目档案管理水平。把档案信息开发利用工作与传承红色基因、弘扬革命文化结合起来。指导党史学习办公室做好党史教育档案资料的收集、整理，加大档案业务培训指导服务工作力度。

扶贫档案指导接收。监督指导县、乡、村、户精准扶贫档案资料收集、整理、归档，助力脱贫攻坚巩固提升与乡村振兴战略的有效衔接。开展2次扶贫档案专项培训，培训人数46人，对档案工作规范、标准和要求等逐项逐条进行解读，明确精准扶贫档案业务工作重点。档案馆联合县扶贫办先后6次深入乡镇、村组织人员对各乡镇、村、部门单位精准扶贫档案质量及安全保管情况进行一对一指导，开展精准扶贫档案专题调研，进一步细化精准扶贫文件材料归档范围、保管期限和整理要求。将全县49各成员单位的18244件扶贫档案接收入馆。

（马雪林）

【档案法治建设】 2021年，和硕县委办公室加强对新修订《档案法》的学习宣传和贯彻。结合6月9日档案日，将宣传新修订《档案法》作为今年普法工作重点内容，切实抓好新修订《档案法》的学习宣传和贯彻落实工作。和硕县档案局组织各种学习（研讨）会掀起学习热潮突出主题拉近距离。突出“档案与历史、档案进基层”两个活动主题。各乡镇、部门单位以展出展板、悬挂横幅、提供法律服务等形式，向过往群众积极宣传档案工作的重要意义和法律法规知识。和硕县档案馆印发新修订《档案法》宣传手册1000余册，在全县范围内发放；通过“学习强国”“法宣在线”等APP平台开展档案法律法规个人自学。以训促宣以查落实。各乡镇、部门单位组织学习新修订档案法《档案法》解读暨档案整理业务培训，对《档案法》新修订条款进行系统学习，并上报学习情况小结。制定2021年档案行政执法工作计划和档案行政执法检查标准。9月22—30日，深入各乡镇、部门单位，对照《档案检查工作办法》实地检查，其中，对存在问题较多的单位要求其限期整改，对档案工作不规范的单位提出再次复查意见。

（马雪林）

【档案征集接收】 2021年，和硕县档案馆对重大活动档案进行指导和接收。第一季度，指导各驻村队收集整理活动文件材料归档，整理接收33个驻村工作队的档案1984件，照片档案31册1140张。接收扶贫专项档案1.82万件，新型冠状病毒防预档案1026件，完成两个专项档案全文数字化扫描录入，实现档案数字化管理。

（马雪林）

【档案查阅利用】 2021年，和硕县档案馆指定档案服务查询A、B岗，实现制度上墙，要求查阅工作人员热情接待和服务群众。全年调卷1312人次1644卷（件）次，收到调阅档案函信332份，为社会各界查阅有关婚姻房产、工龄认证、完善人事档案等提供了原始凭据。

（马雪林）

体育

【概况】 2021年，和硕县完成全县体育场地统计调查工作，体育场地面积29万平方米，人均体育场地面积5.43平方米。

（马金玲）

【全民健身运动】 2021年，和硕县文旅局在“云健身”平台上传51个健身视频，号召广大群众“动”起来，激发群众健康意识，切实增强免疫力，参与人数达220余人。完成第一批第一季全民健身线上“运动汇”视频任务量22个42人。第二批2021年第一季全民健身线上“运动汇”视频任务量29个178人。

（马金玲）

【群众体育】 2021年5月，和硕县老干局，举办“庆建党百年华诞 展银龄康乐风采”系列文化体育活动，60人参与。8月10日，苏哈特乡在文体中心新时代文明实践站开展体育锻炼活动，45人参与。9月，苏哈特乡肖村组织开展庆中秋文体活动，60人参与。

（马金玲）

【农牧民体育活动】 2021年4月30日，和硕县乃仁克尔乡举办“奋斗百年路 劳动铸辉煌”——庆祝中国共产党成立一百周年暨“全民健身我先行”暨广场舞比赛、农牧民趣味运动会，150人参与；苏哈特乡肖然托勒盖村举办“奋斗百年路 劳动铸辉煌”——庆祝中国共产党成立一百周年暨“全民健身我先行”农牧民趣味运动会，70人参与。5月4日，新塔热乡"奋斗百年路 劳动铸辉煌"庆祝中国共产党成立100周年第四届赛马大会在布茨恩查干村举行，来自周边乡镇的100多名农牧民骑手参加比赛，比赛设置走马及跑马两个比赛项目。5月13日，新塔热乡则格德恩阿茨村村委会举办“话团结走亲戚民族团结合家欢”农牧民趣味运动会，42人参与。

（马金玲）

【学校体育】 2021年，和硕县各学校强化体育锻炼，开展阳光体育活动和校园普及体育运动，让每位学生掌握1~2项运动技能；加强劳动教育，弘扬劳动精神，按规定开设劳动教育课，在学科专业课堂上有机渗透劳动教育。（李新玉）

【体育赛事】 2021年4月26日，在和硕县第一中学举办和硕县教育系统2021年教职员工篮球友谊赛，9支代表队的50多名运动员积极参加比赛，赛期5天。5月1日，和硕县供销社举办“学党史、强体魄、聚力量、庆五一”职工乒乓球比赛，50人参赛。11月11日，举办2021“全民健身·健康中国”全国县域社会足球赛事活动团结稳疆杯足球赛，共计69场1182人次。12月，承办2021年自治州青少年篮球锦标赛、承办2021年自治州青少年足球锦标赛。

（马金玲）

【体育人才队伍】 2021年2月27日，在文体中心开始积极组织全局参加太极拳（八法五步）培训，30人参加。10月11日，举办和硕县三级社会体育指导员培训班，45人参加。（马金玲）

【体育彩票】 2021年，和硕县有投注站11家，电彩销量341.49万元，即开销量165.7万元。

（马金玲）

卫生健康

综 述

【概况】 2021年，和硕县有医疗机构10个，县人民医院、疾病预防控制中心、妇幼保健计划生育服务中心、特吾里克镇中心卫生院、塔哈其镇卫生院、曲惠镇卫生院、乌什塔拉乡中心卫生院、新塔热乡卫生院、苏哈特乡卫生院、乃仁克尔乡卫生院。

（布仁克西克）

【医疗卫生改革】 2021年，和硕县推进县域医共体建设，构建县人民医院、疾控中心、妇幼计生服务中心、乡镇卫生院为一体的紧密型医共体，将紧密型医共体建设作为和硕县构建整合型医疗卫生服务体系的主要抓手及深化县域综合医改的重要平台。加强基本药物制度建设，实施国家基本药物制度，实行零差率销售，完善药品供应保障体系。深化人事制度、薪酬制度改革。按照“关系不变、双向流动、县管乡用、能进能出、上下互动”的原则，探索建立医共体内人员统筹使用管理。

（布仁克西克）

【医共体建设】 2021年，和硕县构建由县人民医院、疾控中心、妇幼计生服务中心、乡镇卫生院为一体的紧密型医共体模式，由县人民医院牵头，对全县各乡镇卫生院和村卫生室人、财、物统一管理。强化药品耗材全流程改革。成立基本药物采购联合体，医共体总院负责对基层医疗机构药品财务目录、采购计划、药品管理、药品款支付等环节进行统一管理。建立消毒供应中心，乡镇卫生院医疗器械消毒由县医院统一进行消毒，统一质控标准，在医共体内扩大检查检验结果互认范围，减少重复检查检验。财务统一管理。在医共体总院成立财务核算中心，乡镇卫生院财务统一管理，实现县域医共体内资产的调剂、调拨和共享共用机制，定期对医共体内各医疗机构开展审计工作。 （布仁克西克）

【互联网+医疗健康】 2021年，和硕县推进实施巴州区域信息化平台建设，加强与上级医院建立远程医疗合作关系，开展远程视频会诊、远程教学查房、远程专家门诊及影像诊断等活动。持续加强与自治区人民医院、新疆医科大学第一附属医院、石河子大学第一附属医院、巴州人民医院等上级医院开展远程会诊，让群众“足不出县”享受到三甲医院的医疗服务，发挥医疗技术和医疗设备优势，推进“互联网+医疗”远程医疗会诊平台及信息化建设。持续加强与乡镇卫生院远程会诊工作，与各乡镇卫生院开展远程病历、远程影像会诊，科学合理对患者提出诊疗方案，进一步规范诊疗，提高疾病诊断和有效治疗率。探索采取“基层检查+县医院阅片、诊断+基层治疗”模式，推进“互联网+”远程医疗建设。

（李建华）

【医疗卫生服务改革】 2021年，和硕县持续坚持国家基本药物制度，着力提升医疗服务能力。完成《全面建立优质高效的医疗卫生服务体系实施意见》《推动公立医院高质量发展的实施方案》《进一步规范医疗行为促进合理医疗检查的实施方案》等方案制定。构建分级诊疗体系、打通医疗服务“链条”。在医共体内推行双向转诊、急慢分治、规范双向转诊服务流程。开通双向转诊“绿色通道”，制定上转与下转流程，建立专家会诊机制，构建系统、连续、闭合的分级诊疗服务模式。与上级医院建立远程医疗合作关系，开展远程视频会诊、远程教学查房、远程专家门诊及影像诊断等活动。推进“互联网+医疗”建设，打通医疗服务“链条”。开通“微信公众号”网上预约挂号、支付功能。

（魏雨虹）

【基层卫生服务能力建设】 2021年，和硕县推进基本公共卫生服务项目，服务能力不断加强。基本公共卫生项目资金分配至各乡镇卫生院、社区卫生服务中心、村卫生室、社区卫生服务站并根据基本公共卫生项目资金使用规范投入使用。（魏雨虹）

【医疗健康重点项目建设】 2021年，和硕县争取急诊综合楼建设及设备购置项目，急诊综合楼面积8000平方米，投资5400万元，其中中央预算内资金1920万元，债券资金3000万元，其他资金480万元，项目主体完工。和硕县人民医院传染病定点分院改建、设备购置及附属设施建设项目，该项目一层至三层及屋顶，建筑面积4520.97平方米，新增两部室外电梯、洗衣房及供应室，建筑面积653.53平方米，总投资5250万元，其中申请地方政府专项债券4000万元，河北援疆资金或地方财政配套1250万元。项目于9月22日公开招标，9月29日开始施工，11月29日完成竣工验收。（李建华）

【爱国卫生运动】 2021年，和硕县开展全国第33个爱国卫生月活动。组织县疾病预防控制中心等相关单位参与以“文明健康 绿色环保”为主题的爱国卫生月宣传活动。开展“讲文明、讲科学、讲卫生、改陋习、树新风”活动，提高公共卫生意识，巩固“自治区卫生县城”成果。制作宣传板共5块、宣传横幅10余条，发放宣传单（册）300余份。排查病媒生物滋生的重点场所，组织开展病媒生物监测及消杀工作，降低病媒生物密度，县财政拨付病媒生物防治部门预算内经费10万元。县卫健委与乌鲁木齐市康洁有害生物控制有限公司达成协议，签订媒介生物监测调查协议书和产品买卖合同。其中用于县城建成区鼠、蟑、蚊、蝇春、秋两季灭前、灭后的病媒生物媒介本地监测调查监测费52000元；全年开展春、秋季灭前、灭后的病媒生物媒介本地调查监测4次。采购灭蚊蝇消杀药品15%氯氰残杀威乳油300千克，优士6.5氯氰菊酯＋0.3右旋反式氯丙炔/水乳剂80千克、灭鼠强力粘鼠板5箱250块、灭蟑饵剂150包、灭蟑方便贴200盒、0.01%溴敌隆毒饵100千克，计4.8万元。乌鲁木齐市康洁有害生物控制有限公司开展县城建成区春季灭前、灭后病媒生物媒介本地调查监测4次。免费向全县各乡镇、各部门、各单位发放灭鼠药品0.01%溴敌隆毒饵130余千克、强力粘鼠板200块。协调县住房和城乡建设局出动车辆开展县城建成区喷洒灭蚊蝇消杀用药250千克。（丁宏建）

【无偿献血】 2021年11月9日，和硕县253名干部、职工和群众进行无偿献血活动。（白新梅）

计划生育和健康服务

【卫生健康服务指导】 2021年，和硕县推动母婴安全保障政策全面落实。推动强化妊娠风险评估和分级管理，对妊娠风险分级为“黄色”“橙色”“红色”和“紫色”的孕产妇，作为重点人群纳入高危孕产妇专案管理。落实出生缺陷三级预防措施。实施免费婚前医学检查，提高检查率。做好儿童保健工作，推进和规范儿童早期发展工作，强化托幼机构儿童保健工作管理。参加上级新生儿窒息复苏培训、倡导支持母乳喂养、促进妇幼公共卫生服务均等化。做好妇幼重大公共卫生服务项目，加强质量控制及效果评估。提高预防艾滋病、梅毒和乙肝母婴传播项目服务质量。围绕妇幼健康重点工作，宣传政策措施、惠民项目和成效进展。普及妇幼健康知识和技能，提倡自然分娩，促进优生优育。开展世界母乳喂养周、预防出生缺陷日、世界避孕日主题宣传活动。加强妇幼卫生年报和机构监测工作，组织开展业务培训与质控，提高数据质量，做好数据分析利用。完善妇幼健康服务指标体系，推进产妇分娩信息登记工作，提高数据报送率和准确率。（王　佳）

【母婴健康服务】　2021年，和硕县派专人对每对婚检对象进行卫生保健、优生优育和计划生育等知识宣教，利用“三八”节“六一”节“母乳喂养周”等节假日，组织医务人员上街道开展义诊咨询宣传活动20人次，发放宣传资料1.2万份，义诊咨询150多人次，向全县各医疗卫生单位免费发放妇幼卫生宣传小册子2500多份。和硕县活产286人，孕产妇283人，早孕建册270人，早孕建册率95.41%；早检人数270人，孕产妇早检率94.41%；孕产妇三病检测283人，检测率100%；产妇系统管理264人，产妇系统管理率92.31%；剖宫产164人，剖宫产率57.34%。住院分娩率100%。无孕产妇死亡。（布　来）

【“两癌”筛查工作】　2021年4月6日至4月9日，和硕县妇幼保健计划生育服务中心牵头、各乡镇卫生院配合，在县域内各乡镇开展宫颈癌1000人、乳腺癌1000人的“两癌”免费筛查惠民检查项目，让全县妇女群众在家门口享受到惠民健康服务。妇幼计生中心还通过悬挂横幅、发放宣传资料、现场讲解、入户走访等多种形式进行宣传，发放宣传册2000余份、宣传物品4200余份。联系546医院派妇科和两名B超专家全程技术指导；与库尔勒市妇幼保健院签订医疗机构送检委托协议书，宫颈癌的检测和检测报告均由市妇幼完成。（曹利丽）

【家庭医生签约服务】　2021年，和硕县组建30个143人的家庭医生签约服务团队开展签约服务，签约常住人口数2.61万人，签约率39.5%。（李建华）

【全民健康体检】　2021年，和硕县加强全民健康体检质量控制工作，全县体检机构采取“固定+巡回+上门服务”模式，统筹城乡卫生和计生领域专业技术人员、医疗设备资源，设置9个体检医疗机构、160余名医务人员参与全民体检工作，投入DR、全自动生化分析仪、彩超、全自动心电图机等70余台仪器设备，完成全县7个体检医疗机构体检系统和9家基层医疗机构家庭医生签约APP安排，投入使用。和硕县全民健康体检摸底人数为3.43万人，全民健康体检3.46万人，体检完成率100%。强化全民健康体检的结果运用，对新发现的慢性病患者，做好随访评估、健康管理以及适时转诊工作。（布仁克西克）

公共卫生与监督

【农村卫生服务】　2021年，和硕县有28个村卫生室。合理配置乡村医生，在服务人口500人以下的村卫生室配1名乡村医生；服务人口500~1000人，配1~2名乡村医生；服务人口1000人以上，配2~3名乡村医生。全县配备36名村医。其中，特吾里克镇村医10名，乌什塔拉乡村医11名，塔哈其镇村医8名，苏哈特乡村医1人，曲惠镇村医3名，乃仁克尔乡村医2名，新塔热乡村医2名。（魏雨虹）

【社区卫生服务】　2021年，和硕县有社区卫生服务中心1个、社区卫生服务站5个，为特吾里克镇辖区居民提供基本公共卫生服务。（魏雨虹）

【医疗机构监督管理】　2021年，和硕县检查医疗机构48家，其中县医院1家、疾病预防控制中心1家、妇幼保健计划生育服务中心1家、民营医院1家、乡镇卫生院7家、社区服务站5家、个体诊所22家、村卫生室10家。检查317户次，下达监督意见书175份。出动监督员174人次，车辆62台次。行政执法与行政处罚工作相结合，立案查处3起，结案3起，罚款13.66万元，没收非法所得2.06万元，对存在的问题开展监督检查，并及时跟进相

关单位落实整改。（赵丽萍）

【饮用水水质卫生监测】 2021年，和硕县对辖区生活饮用水单位开展监督检测工作。随机监督抽查3家集中式饮用水单位，重点检查卫生许可、从业人员健康体检、供管水人员卫生知识培训、水源卫生防护情况、水质消毒情况、涉水产品卫生许可批件情况、水质自检、农村水厂纳入卫生监督协管服务情况等内容，现场量化评查和检测出厂水现场水质卫生。经检查，3家单位出厂水浑浊度、色度、PH值及消毒剂余量、肉眼可见物等项目合格率100%。4月21日、9月27日，疾控中心在全县范围内开展枯水期和丰水期两次饮用水采集工作，城市采水1个出厂水、5个末梢水。和硕县清泉水务有限责任公司、塔哈其镇、曲惠镇、苏哈特乡、新塔热乡、乃仁克尔乡等乡镇供水，乡村采集出厂水监测点3个、末梢水监测点12个监测点和学校监测点3个，安全饮水工程点采集水样48份，合格率100%。（赵丽萍）

【职业卫生监测】 2021年，和硕县卫生监督所开展职业卫生双随机抽查工作。组织人员检查13家石材厂，主要从职业病防治管理组织和措施、职业卫生培训、建设项目职业病防护设施“三同时”职业病危害项目申报、工作场所职业卫生管理、职业病危害警示和告知、劳动者职业健康监护、职业病病人和疑似职业病病人处置等8方面开展检查，针对存在的问题下达监督意见书9份，给予2家警告当场处罚。由和硕县疾病预防控制中心负责开展工作场所职业病危害因素监测工作，下发检测任务数14家，组织公开招标，由巴州康安职业环境检测评价有限公司承担。开展用人单位职业病防治基本情况调查和工作场所职业病危害因素浓度（强度）检测，通过现场检测、查阅档案资料、现场情况记录、宣传职业健康相关法律法规等方式进行摸底调查工作。任务完成率100%，区域覆盖率100%。（赵丽萍）

【公共场所卫生监督】 2021年，和硕县对全县143家公共场所经营单位（其中住宿业35家、美容美发场所102家、娱乐场所1家，沐浴场所2家，其他3家）进行监督管理。检查宾馆、旅店18家，监督检查196户次，下达监督意见书29份，出动车辆80余辆（次），出动监督人员160人次。联合疾控中心对国家双随机任务单位4家住宿业和1家理发店开展监督检查与检测工作。抽检4家宾馆公共用具11份，合格9份，合格率82%；理发店1家，抽取公共用具3份，合格数3份，合格率100%。对1家宾馆违法行为给予警告并罚款500元行政处罚。（赵丽萍）

【学校卫生监督】 2021年，和硕县抽取3所学校（和硕县高级中学、和硕县第二小学、和硕县第七小学）开展学校卫生管理情况及教学环境检测工作，通过资料检查与现场检测相结合方式开展工作，经检查3所学校传染病和常见病防控工作都按照工作要求开展，学校饮水是集中供水，不存在自建设施集中式供水和二次供水现象。（赵丽萍）

【放射卫生监督】 2021年，和硕县卫生监督所对辖区开展放射诊疗活动的4家医疗机构（和硕县人民医院、特吾里克镇中心卫生院、乌什塔拉乡中心卫生院、塔哈其镇卫生院）开展日常监督工作，检查人员开展体检、培训、个人计量按时检测、设备、场所定期检测、设备有无变更，对受检者佩戴防护用品及落实相关工作制度进行检查，规范开展诊疗活动，保障就诊人员及自身安全。9月，配合州卫健委员开展放射性医院（和硕县人民医院、乌什塔拉乡中心卫生院）现场调查工作，保护放射工作人员的职业健康权益。（赵丽萍）

疾病预防控制

【免疫规划】 2021年，和硕县各类疫苗接种数应种1.15万人，实种1.15万人，各类疫苗全程接种率99.91%。完成3—4月两轮脊髓灰质炎疫苗补充免疫工作，服苗率99.37%，快评率99%。全县9所小学，9所幼儿园查验覆盖率100%，完成入托入学查验接种工作补种。5个乡，3个镇设立AFP监测门诊，每月进行检测上报，2021年，门诊监测查阅病例85967例，住院病例监测上报4652例，未发现AFP病例。

（张　豪）

【疫苗接种工作】　2021年，和硕县常规免疫接种各类疫苗应种11511人，实种11501人，各类疫苗全程接种率99.91%。3月22日开展第一轮脊髓灰质炎补充免疫疫苗接种工作，全县0~4岁儿童实际服苗数应种2416人，其中常住1332人，流动1084人，报告预防接种不良事件监测非严重事件0例，服苗率99.37%，快评率为99%。2021年4月19日全县开展第二轮脊髓查漏补种免疫接种工作县0~4岁儿童查漏补种数应种93人，实际服苗实种人数92人，禁忌证儿童1名，报告预防接种异常反应0例，服苗率98.92%。全县新型冠状病毒疫苗累计接种6.26万人，其中接种一剂次5.43万人，接种二剂次5.36万人，接种三剂次2.2万人。开展入托入学查验接种证工作，全县9所小学、9所幼儿园查验覆盖率100%，完成入托入学查验接种工作补种。（张　豪）

【慢性病综合防控】　2021年，和硕县管理高血压患者3702人，规范管理高血压患者人数3308人，高血压患者规范管理率89.4%。随访血压达标人数3444人，管理人群血压控制率93%。在管高血压患者家庭医生签约3604人，在管高血压患者家庭医生签约率97.4%。全县年内已管理的2型糖尿病患者1400人；规范管理的2型糖尿病患者1262人，2型糖尿病患者规范管理率90.1%。随访空腹血糖达标人数1280人，管理人群血糖控制率91.4%。（张　豪）

【结核病防治】　2021年，和硕县医院结核门诊接诊可疑肺结核病人128例，胸部X线检查128例，拍胸片率100%，结核病痰涂片检查人数128例，其中随访查痰128例、门诊查痰128例，查出活动性肺结核病人19例（其中1例死亡，1例转出至河南原籍，1例因肺结核耐药转入巴州人民医院住院治疗），和硕县实际在管肺结核17例，其中新发涂阳病人9例，仅病理学阳性1例，新发涂阴7例，发现的涂阳、涂阴病人全部按照“结核病项目工作指南”要求及时登记给予免费治疗，定乡村医生四见面、全程督导管理。全县DOTS覆盖率100%，追踪病人22例，追踪到位率100%，转诊病人11例，转诊总体到位率100%。Gene-Xport检查128例，查出阳性10例。病原学阳性率58.82%，高危人群耐药筛查率100%，达到指标要求。和硕县按每位患者3.5元标准发放牛奶和鸡蛋或面包，对就地管理的17例肺结核患者每日集中服药，间隔半个小时后发放营养早餐。9月18日，和硕县人民医院结核门诊发现2名流动人口系为空洞型肺结核，及时向卫健委汇报，疾控中心与县医院结核门诊立即对外来人员进行排查，排查124人进行痰检，劝返2名流动人口系为空洞型肺结核患者。

（张　豪）

【传染病防治】　2021年，和硕县12家传染病疫情网络报告机构12种法定管理传染病报告病种14种，病例报告总数368例，发病率446.42/10万，4例死亡，死亡率1.21/10万。甲类传染病中，鼠疫、霍乱无病例报告；乙类传染病报告病种9种262例，其中乙肝175例、肺结核28例、布病20例、丙肝20例、梅毒14例、淋病2例、甲肝1例、痢疾1例，传染病占报告总数71.2%，发病率317.83/10万，无死亡病例。报告丙类传染病5种106例，其他感染性腹泻病发病数79例、包虫病发病数9例、流行性腮腺炎发病数5例、流行性感冒发病数9例，风疹4例。传染病占报告总数28.8%，发病率128.59/10万，无死亡病例报告。具备网络报告法定报告传染病条件的机构数12家，网络正常运行率100%。

（张　豪）

【地方病防治】　2021年，和硕县B超检查完成9875人，发现新病例5例。学生B超检查任务1100名，完成1375名学生B超，发现病例2名学生。家犬登记管理2079只，实行月月驱虫，驱虫2.49万次。犬粪采集390份。全县疑似病例血清采集66份，阳性5份，其中1名确诊包虫病。自治区将和硕县乌什塔拉乡大庄子村为包虫病居民监测点，居民监测B超1100人，小学B超538名学生，无感染者。中心主动就诊及乡镇场卫生院、县医院布病虎红筛查680人，疾控中心确认17例患者。地方病宣传发放宣传手册2500余份、抽纸320盒、购物袋3400个、宣传海报300份、宣传碳素笔2900支、围裙80个、油壶100个。

（张　豪）

县人民医院

【概况】　2021年，和硕县人民医院设有内科、外科、妇产科、急重症医学科、儿科、中医疼痛科、麻醉科、感染科、门诊部、维吾尔医学科、康复理疗科、精神科、五官科、口腔科、血透室等临床、医技、职能科室36个科室，编制床位160张，实际开放床位220张。是一所集医疗、教学、科研、康复和预防保健为一体的政府举办的非营利性二级甲等综合医院。和硕县人民医院系新疆维吾尔自治区人民医院、石河子大学医学院第一附属医院、新疆医科大学一附院、新疆维吾尔自治区胸科医院、巴州人民医院等技术协作、远程会诊教学定点医院、专科联盟、医联体。全院占地面积59496.18平方米，业务用房面积28260.43平方米。

（李建华）

【医疗技术服务】　2021年，和硕县人民医院有16排螺旋CT、方舱CT、40排螺旋CT、美国GE彩超、迈瑞彩超、日本岛津X线胃肠机、全自动生化仪等先进医疗设备，配备发热门诊、核酸实验室、发热留观定点医院必备设备，为疾病诊断治疗提供技术支持平台。

（李建华）

【护理管理】　2021年，和硕县人民医院持续推进“以病人为中心”护理服务理念，开展护理技术服务项目29项，落实二级护理质量考核机制，每月对科室护理质量管理考核结果进行分析评估。组织开展“岗位大练兵、技术大比武”活动，进行逐级培训考核，全年开展专科理论培训48次、技能操作培训45次、“三基”理论测试3次，选派4名护士到上级医院进修学习。落实三级预检分诊机制，履行首问负责制，加强病区管理，强化健康宣教，加强急救药品、危重患者护理、病区安全管理、护理文书等护理质量安全指标，定期对常态化护理质量安全指标相关内容进行督导并落实整改，提升护理管理能力。

（李建华）

【医疗科研】　2021年，和硕县人民医院开展椎间盘突出症髓核摘除术、胸腰椎骨折切开复位内固定术、腹腔镜下肝包虫全囊切除术、胃穿孔修补术、无痛分娩、剖宫产术、输卵管卵巢切除术等手术，与专家合作开展人工全髋关节置换术、人工膝关节置换术、人工股骨头置换术、胫骨平台骨折切开复位内固定等手术。全年开展的新技术新项目有沙库巴曲缬沙坦在射血分数降低心衰竭患者的规范使用、各种休克急救时锁骨下静脉穿刺救治、急性脑梗死阿替普酶溶栓治疗、可视化各类神经阻滞、无痛分娩、后鼻孔填塞法、纤维喉镜检查、视野检查、眼电生理检查、光学相干断层扫描检查等20余项。

（李建华）

【医疗人才培养】　2021年，和硕县人民医院举办医疗质量、急诊急救知识、传染病防治等各类培训班32期，组织全院“三基三严”理论考核、护理技能操作及理论知识考核。通过集中培训、以会代培、现场与远程视频培训等多种形式提升医疗救治、急救保障和自我防护能力。加强与外院的业务联系，采取送出去请进来的方式，强化人才培养，轮流派出科室人员前往河北省张家口市、自治区、自治州三级甲等医院进修学习，建立医疗协作关系，邀请巴州人民医院学科专家定期到县医院进行教学指导，通过门诊坐诊、教学查房、手术带教及现场培训，把新技术、新知识、新观念引进本院，带动医院整体发展水平。选派业务骨干人员，定期到乡镇卫生院查房、带教、会诊、坐诊及开展技术指导，推广适宜技术，通过传、帮、带，实施对口专业帮扶，提升基层服务能力。

（李建华）

民族宗教事务管理

民族事务管理

【民营经济人士思想政治引导】 2021年，和硕县强化思想政治引导，教育引导民营经济人士用习近平新时代中国特色社会主义思想武装头脑。落实民营经济领域意识形态工作责任制，加强党的民族理论和政策教育，持续开展民族团结创建进企业。倡导义利兼顾、以义为先理念，引导民营经济人士积极参与光彩事业、精准扶贫和公益慈善事业。（张建飞）

【民族特色村寨建设】 2021年，和硕县做好少数民族特色村寨保护与发展项目申报工作，利用项目实施推动本地区集旅游观光、休闲娱乐为一体的民族村寨经济快速发展，使特色技艺及文化习俗得到传承与保护。建设乌勒泽特蒙古族传统文化、传统手工艺品制作特色村寨，继续开展曲惠镇老城村、塔哈其镇查干布呼村特色村寨申报工作。

（早日克太）

【少数民族发展资金项目】 2021年，和硕县落实民贸优惠政策，扶持民特企业发展壮大，做好少数民族发展资金、补助款等专项资金的争取，发挥资金的经济社会效益。围绕设施农业发展，落实民贸优惠政策，争取少数民族发展资金项目1个，补助款320万元，乃仁克尔乡艾勒斯特村人居环境综合整治建设项目。（早日克太）

【持续推进民族团结进步创建】 2021年5月31日，和硕县召开创建“全国民族团结进步示范县”工作推进会。全县党员干部职工集中学习105场次，宣讲3000余场次，印发宣传单5000余份。深挖特色亮点，烘托民族团结进步创建氛围，投入25万余元完成民族团结宣传教育一条街道旗的更新及石榴籽一家亲主题雕塑、铸牢中华民族共同体意识长廊展的建设，在城区交通干道交叉路口增设铸牢中华民族共同体意识街头小品6处，制作宣传牌、展板278块，营造浓厚的民族团结进步创建宣传氛围。充分挖掘民族团结进步内涵，加快推进县级民族团结进步教育基地命名工作。2021年，命名自治区级示范单位1个，自治州级示范区示范单位28个，命名县级第一批、第二批民族团结进步示范区示范单位74个；命名自治州民族团结进步教育基地2个，县级民族团结进步教育基地4个。开展“民族团结一家亲”和民族团结联谊活动先进集体和先进个人评选表彰，打造民族团结进步创建“十一进”示范点20个。开展民族团结进步“好学生”“好居民”“好员工”“好邻居”“好大院”“好巷道”等创建微行动，着力推动民族团结进步创建提质扩面，示范带动创建活动向纵深开展。（比拉力·艾沙江）

宗教事务管理

【依法管理宗教事务】 2021年，和硕县委统战部依法加强宗教事务管理，探索和研究少数民族的宗教活动和风俗习惯，引导信教群众正确认识和处理国法与教规的关系，树立国法大于教规，教民首先是公民的意识，自觉增强国家意识、法治意识、公民意识，在法律法规的范围内开展宗教活动。规范解经讲经，鼓励和支持宗教人士对教义教规做出符合当代中国发展进步要求、符合中华优秀传统文化的阐释，用团结进步、和平宽容等观念引导信教群众，自觉在思想上、行动上与社会主义社会相适应。

（马宁泽）

【《宗教事务条例》宣传】 2021年，和硕县委统战部利用巴扎日到亨瑞市场十字路口宣传宗教政策2次，发放宣传单2000份，悬挂横幅10条，电子屏每天滚动播放7次。组织宗教教职人员理论学习392次，787人次参与，集中宣讲1469场次，17103人次参与。

（马宁泽）

【宗教教职人员培养培训】 2021年，和硕县派出2人参加自治区经学院教育培训；派出1人自治区民委（宗教局）集中培训；派出9人参加巴州党委统战部在社会主义学院组织的集中培训班。和硕县委统战部组织宗教人士培训班1期，23人参加。

（马宁泽）

【宗教活动场所管理】 2021年，和硕县委统战部明确所在清真寺服务信教群众的区域范围，投入资金万元解决宗教场所消防设备、净身房用具、宣传、网络、线路老化问题，对大殿屋面防水、院内地坪硬化、墙面粉刷等进行维修和更新，确保设施完备和正常运行使用。（马宁泽）

社会生活

就业创业

【就业概况】 2021年，和硕县城镇新增就业1844人，就业困难人员再就业141人，城镇失业人员再就业699人，农村富余劳动力转移就业9326人次，新增创业319人，创业带动就业530人，城镇登记失业率控制在3.9%以内，城镇“零就业家庭”24小时动态清零。（朱苗苗）

【就业创业服务】 2021年，和硕县开展点对点培训89期，培训人员3618人，培训主要涉及建筑领域、中式烹调、中式面点、电焊工、美容美发、锡焊工等。开展农村青年电商培训工作，组织11名青年接受电商培训。开展创业创新大赛工作，组织4名创业、创新典型报名参加竞赛，1名参赛选手获巴州“创业、创新大赛”二等奖。组织10名农业户籍职业技能人员参加州级职业技能大赛，西式面点获一等奖，中式烹饪、家政服务、砌筑工荣获二等奖，中式面点（馕制作）、缝纫、电子商务、客房服务获三等奖。发放社保补贴60人34.8万元。落实企业稳岗补贴203家，补贴资金37.77万元。落实小额担保贷款政策，对下岗失业人员、农民工自主创业并取得市场监管部门发放营业执照的创业人员发放小额担保贷款21笔，发放贷款金额260万元。以线上线下为平台实现就近就地就业，开展“春风行动”招聘活动，动态发布招聘信息，通过举办云MAS平台、县融媒体、乡村就业宣传专栏，发放企业空岗信息挂图等途径，宣传企业空岗信息，把岗位送到家门口，推送企业招聘信息1531条，涉及企业176家，实现就业137人。（朱苗苗）

【劳务派遣管理】 2021年，和硕县春季组织转移季节性务工人员3776人；秋季组织转移季节性务工人员7827人，做好安全生产各方面的服务管理工作。（徐 梅）

【农民工工资支付保障管理】 2021年，和硕县召开根治欠薪工作部门联席会议7次，对全县保障农民工工资支付工作进行分析研判，明确工作职责，做到任务到位、措施到位、职责到位，农民工工资清欠工作顺利推进。开展劳动保障网上年度审核工作，审查28家企业，其中审核通过28家。执行工程建设领域“五项制度”，遏制工程建设领域拖欠工资行为，全县有48个项目工地设立农民工维权告示牌，实现实名制管理、按月足额支付工资、农民工工资专用账户、工资保证金“五项制度”落实，有效预防和治理拖欠农民工工资问题。（朱苗苗）

【职业技能鉴定】 2021年，和硕县人力资源和社会保障局鉴定职业技能700人，鉴定工种涉及中式烹调、中式面点、电焊工、美容美发等。（朱苗苗）

【劳动监察】 2021年，和硕县劳动保障监察大队接收举报投诉案件228件，依法受理222件，办结案件153件，其中拖欠工资案件148起，依法为1526人追回工资2164.9万元；未缴纳社会保险费案件5起，督促4家用人单位缴纳社会保险费13人4.86万元，接待各类劳动者来信来访2100人次。办理欠薪线索核处系统案件162起，已核处162起，其中依法受理100起，追回654人工资1153.06万元；劳动人事争议仲裁庭受理29起，涉及235人315.84万元；通过司法途径解决24起，涉及282人714.52万元；不存在欠薪情况6起，涉及75人76.9万元；无效线索3起，涉及3人1.82万元。受理工伤认定立案55起，其中49起已认定工伤（其中工亡4起），撤销2起，不予认定2起（死亡1起），补正材料1起，不予受理1起。监察、巡查各类用人单位83家，涉及劳动者0.31万人次。

（巴音克西克）

【农民工返岗就业】 2021年，和硕县外来农民工1280人，在疆常住农民工660人，季节性在疆农民工620人，男性730人，女性550人，少数民族40人。

（朱苗苗）

人力资源

【人社系统“放管服”改革】 2021年，和硕县人力资源和社会保障局承担“推动实现由用人单位和第三方评价机构开展职业技能等级认定、颁发职业技能等级证书”“优化新业态发展环境工作”“推进双创基地建设”“开展社会保障卡一站式服务”等牵头单位的职责及“大幅提升个性化服务能力”分管单位职责。加大对社会保险办理宣传力度，通过“新疆智慧人社”APP、网上经办、QQ群、微信群、电话等方式，推行不见面服务及缴费、失业待遇申请、社会保险待遇发放等服务，方便参保单位及参保群众办理业务。 （巴音克西克）

【人事流动管理】 2021年，和硕县执行人事调配程序，做好日常调动人员申请资料收集审核工作。根据人事领导小组会议纪要办理56人调配手续，其中调出和硕县25人、县内调整27人、外县调入4人。

（朵燕燕）

【专业技术人员管理】 2021年，和硕县事业单位专业技术人员1831人，其中女性1390人，少数民族952人，党员644人，其中专业技术岗三级2人，专业技术岗四级7人，专业技术岗五级33人，专业技术岗六级125人，专业技术岗七级147人；专业技术岗八级至专业技术岗十级505人，专业技术岗十一级至专业技术岗十三级1012人。学历结构为研究生12人，大学本科1104人，大专630人，中专及以下85人；年龄结构为35岁及以下715人，36~45岁579人，46~55岁482人，56岁及以上55人。 （朵燕燕）

【人事考试录聘制度】 2021年，和硕县申报2021年政府系统事业单位招聘计划35人，其中县直部门9人、乡镇26人。完成2021年巴州事业单位工作人员笔试工作及10名事业单位工作人员入编工作。下发2020年招聘事业单位98人按期转正通知，核定岗位等级。完成2021年公开招聘编制外工作人员工作，组织招聘编制外工作人员考试15次，涉及考生727人次，到岗303人。根据《2021年自治州高校毕业生“三支一扶”计划公开招聘工作的通知》有关要求，和硕县各乡镇及卫生系统招募“三支一扶”工作人员6名。 （朵燕燕、苏 荣）

【人事制度改革】 2021年，和硕县做好事业单位管理及岗位调整变更工作。根据事业单位现状及需求做好人员首聘、人员岗位变动工作，完成社会主义学院等37个单位申报、审批岗位设置方案及调整岗位设置，对县人民医院等77个单位165人完成首聘，685人完成岗位变动，18人完成低岗高聘。

（朵燕燕）

【毕业生管理】 2021年，和硕县落实大中专毕业生实名制登记制度，各乡镇站所对辖区内毕业生就业登记状况实行动态管理，进行实名制就业登记，做到“出现一名、登记一名、反馈一名”。设立“大中专毕业生报到登记”“企业用工信息咨询”“创业培训政策咨询”等窗口及实现大中专毕业生报到登记、企业就业、创业政策扶持一条龙相关服务。开展高校毕业生就业跟踪服务，2021年，和硕县户籍应届毕业生523人，其中疆外就读毕业生239人，疆内就读毕业生284人，高校毕业生实名制系统录入信息523人，已就业506人，未就业17人。返回巴州已登记高校毕业生227人，其中研究生10人，本科145人，大专72人；已就业222人，返回巴州高校毕业生就业率达97.79%。（苏　荣）

【职称申报评审】 2021年，和硕县取得职称人数161人，其中高级79人、中级56人、初级26人。做好全县机关事业单位技术工人按行业、工种培训考核、任职文件确认下发等工作，5人取得工人技术职务及技术等级，其中4人取得高级工技术等级，1人取得初级工技术等级。开展2021年度少数民族科技骨干培养申报工作，和硕县推荐申报少数民族科技骨干培养2人。进行专业技术人员继续教育网上培训工作，指导专业技术人员在“专技天下”网站接受继续教育培训，提升专业技术人员业务水平和整体素质。（苏　荣）

收入与消费

【城乡居民收入】 2021年，和硕县城镇居民人均可支配收入3.48万元，同比增长6%；农村居民可支配收入1.86万元，同比增长9.1%。脱贫总户数1281户3627人，脱贫户人均收入2.37万元。（统计公报）

【消费市场】 2021年，和硕县全年完成社会消费品零售总额8.14亿元，同比增长22.6%。其中，城镇完成社会消费品零售总额6.76亿元，同比增长24.6%；乡村完成社会消费品零售总额1.38亿元，同比增长13.7%。限额以上社会消费品零售总额1.25亿元，同比增长119.1%，占全年完成社会消费品零售总额的15.36%。（统计公报）

社会保险

【概况】 2021年，和硕县基本养老、失业、工伤保险参保人数达45158人，征缴各类社会保险费18917.21万元。享受基本养老、失业、工伤保险待遇人数达10212人，支付各类社会保险待遇31413.92万元，按时足额发放率和社会化发放率均达100%。

（贺龚桑）

【养老保险】 2021年，和硕县参保39148人，职工养老保险2万人（含待遇人数），其中执行企业养老制度15225人，执行机关事业单位养老制度4762人；城乡居民基本养老参保1.92万人。职工养老保险基金收入1.57亿元，支出2.97亿元，职业年金收入1778万元，城乡居民养老保险基金收入777万元，支出776万元。（贺龚桑）

【失业保险】 2021年，和硕县参保7352人，其中企业3110人，事业单位4242人。失业保险基金收入433万元，支出141万元。（贺龚桑）

【工伤保险】 2021年，和硕县参保8422人，其中企业4399人，事业单位2513人，机关单位1510人。工伤保险基金收入284万元，支出773万元。

（贺龚桑）

【社保待遇调整与兑现】 2021年，和硕县企业职工养老保险待遇人均增资177.49元，月人均养老金水平由2020年度的2684.1元增长到2861.58元；机关、事业单位养老保险待遇人均增资228.24元，月人均养老金水平由2020年度的5609.5元增长到5837.79元。4月，失业人员享受失业保险金标准由973元提高至1179元，每人每月调增206元，并从4月给予补发。10月，完成2020年工伤保险定期待遇调整，伤残津贴：一级每月增加253元、二级220元、三级205元、四级194元；供养亲属抚恤金：配偶每人每月增加132元，其他供养老亲属增加100元，孤寡老人或寡儿在上述标准的基础上增加10%；生活护理费：生活完全不能自理的每人每月增加339元，生活大部分不能自理的每人每月增加269元，生活部分不能自理的每人每月增加213元。（贺龚桑）

【电子社保卡】 2021年，和硕县引导参保人员用社会保障卡注册并申领“电子社保卡”，可通过国家社会保险公共服务平台、“新疆智慧人社”手机APP、新疆政务服务平台等多渠道应用实现参保人员足不出户享受社会保险“一站式”服务、“一次性”办结工作。实现个人权益记录查询、失业待遇申请、自主资格认证、养老保险待遇测算、社保卡应用状态查询、养老保险关系转移等功能，简化流程。（贺龚桑）

【落实“减免缓降返”政策】 2021年，和硕县对2019年度至2020年度已执行降费比例50%的统筹区，以现行费率降费前费率为基准，统一按20%的降费比例进行降费，本次降费政策执行开始时间为北京时间2021年5月1日零时，结束时间为北京时间2022年4月30日24时。向214家企业发放稳岗补贴资金37.91万元，惠及2631名职工。为不符合领取失业保险金条件的624人发放失业补助金44.78万元。（贺龚桑）

【社保助力乡村振兴】 2021年，和硕县脱贫人口继续享受政府代缴最低标准养老保险费100元政策；建档立卡脱贫人口继续保留现行最低缴费档次100元。符合享受城乡居民基本养老保险政府代缴低保对象、特困人员567人。（贺龚桑）

【社保基金监管】 2021年，和硕县成立社会保险基金管理风险排查工作领导小组，自查范围包括业务经办、信息系统管理、内控制度、基金财务管理、政策制度完善，2020年社保基金审计问题整改等12类38项3000余条疑点数据问题。开展数据比对工作，核减重复领取和亡故领取养老金人员，对不符合待遇领取条件人员所冒领的养老金进行追缴，办理稽核退款手续。（贺龚桑）

医疗保障

【概况】 2021年，和硕县基本医疗保险参保5.3万人，其中职工基本医疗保险参保1.4万人，城乡居民基本医疗保险参保3.9万人，困难群体参保率达100%。（孟克才次克）

【参保征缴】 2021年，和硕县城乡居民基本医疗保险参保3.9万人，征缴基金4151.44万元（其中征缴收入1249.02万元、各级财政补助收入2902.42万元）。城镇职工医疗保险参保1.4万人，征缴基金7019.87万元。（孟克才次克）

【定点医药机构管理】 2021年，和硕县医疗保障局履行协议服务与管理。与全县11家医疗机构、20家药店签订服务协议。实行日常监督、智能审核监管与专项检查相结合的方式，对定点医药机构开展监督和管理，发现问题及时纠正，切实保护参保群众的利益，建立定点医药机构“退出”机制，对不执行医保政策、不履行协议、服务不规范等问题严重的暂停或取消定点资格，终止医疗管理服务协议定点医疗机构1家、药店1家。抓好基金安全与风险防控工作，通过各定点医药机构自查，开展“打击欺诈骗保”集中宣传和专项整治工作，提高基金安全和风险防控意识，确保基金安全。（孟克才次克）

【基本医疗保险】 2021年，和硕县享受职工基本医疗保险就诊48749人次，基本医疗统筹支付1972.46万元，大额支付65.34万元，公务员补助支付3.86万元，个人账户550.82万元；城乡居民基本医疗就诊7.99万人次，基本医疗统筹支付1848.49万元，大病保险支付139.06万元，医疗救助支出103.96万元。（孟克才次克）

【重特大疾病保险】 2021年，和硕县参保人员个人承担的合规医疗费用累计达到1.5万元及以上享受大病保险按分段比例进行报销，1.5万~5万元支付比例为60%、5万~8万元支付比例为65%、8万~12万元支付比例为75%、12万元以上支付比例为80%；低保对象等困难群众承担的合规医疗费用达0.75万元以上即可享受大病保险，分段报销比例在普通群众基础上提高5%。和硕县参保人员享受大病保险1277人次，金额455.86万元。（孟克才次克）

【药品集中采购】 2021年，和硕县坚持招采合一、量价挂钩，实行药品、医用耗材集中带量采购，组织全县10家定点医疗机构参加国家带量采购、省际联盟带量采购和“2+N”省际联盟（新疆）带量采购药品10批548种。第五批国家组织带量采购的药品平均降幅56%，最高降幅达97%。集中采购带来的改革红利惠及无数患者家庭，患者个人负担水平降低。（孟克才次克）

【落实医保差异化支付政策】 2021年，和硕县医疗保障局落实医保差异化支付政策。普通门诊：参加城乡居民基本医疗保险的居民在乡、村两级定点医疗机构普通门诊就诊，支付比例分别为80%、90%，单次支付限额标准分别为35元、25元，最高限额500元/年。慢性病门诊：办理慢性病门诊的参保人员在州三级、州二级（县市）、一级定点医疗机构支付比例分别为40%、60%、90%。大病门诊：办理门诊大病的参保人员在县级以上的定点医疗机构门诊治疗，不设起付线，不分医院级别，支付比例为70%。普通住院：参加城乡居民基本医疗保险的居民在自治区级、自治州三级、县二级（含州二级）、一级定点医疗机构住院，起付线分别为600元、500元、260元、100元，支付比例分别为50%、60%、80%、90%。未履行转诊转院手续的支付比例下调20%。门诊大病、普通住院累计统筹费用进入基本医疗保险最高支付限额10万元/年。“两病”：在二级及其以下定点医疗机构就诊发生的“两病”门诊合规费用，政策范围内支付比例为50%，高血压病每年累计进入统筹基金最高支付限额360元，糖尿病每年统筹基金最高支付480元，按月支付。2021年，和硕县享受“两病”政策42人次1053.4元。（孟克才次克）

【医疗救助】 2021年，和硕县医疗救助从县级统筹过渡到州级统筹。缴费：医疗救助资金对特困人员（含孤儿）个人缴费给予全额补贴；对城乡低保对象、返贫致贫人口、脱贫不稳定户、边缘易致贫户、突发严重困难户个人缴费给予资助320元；纳入防返贫监测的脱贫人口个人缴费给予资助280元。门诊救助：对患有城乡居民基本医疗保险门诊慢性病或门诊大病的特困人员（含孤儿）、低保对象、返贫致贫人口等重点救助对象发生的经基本医疗保险门诊慢性病或门诊大病报销后，剩余合规自付医疗费用，可按照70%比例给予医疗救助，其中门诊慢性病医疗救助年度限额标准4000元，门诊大病医疗救助年度限额标准1万元。住院救助：特困供养对象发生的住院费用，不设起付线，合规费用年度限额内100%比例救助；低保对象发生的住院费用，不设起付线，合规费用年度限额内70%比例救助。低收入（含脱贫不稳定户、边缘易致贫户、突发严重困难户）医疗救助对象发生的住院医疗费用，起付线1900元，超过起付线的，医疗费用累计在1900元~1万元以内，医疗救助65%，1万元以上医疗救助70%。因病有致贫风险的（含因高额医疗费用支出导致家庭基本生活出现严重困难的大病患者）医疗救助对象发生的住院医疗费用，起付线为4000元，超过起付线的，医疗费用累计在4000元~1万元以内，医疗救助60%，1万元以上医疗救助65%。医疗救助年度累计救助限额标准为4.5万元，门诊救助和住院救助累计计算。2021年，和硕县资助缴费4213人125.21万元，享受医疗救助181.63万元，享受待遇6751人次，基本医疗支付218.19万元，大病保险支付16.16万元，医疗救助支付72.46万元。（孟克才次克）

【异地就医管理】 2021年，和硕县参保人员长期居住异地申请办理异地就医，办理异地安置139人，办理异地安置回统筹区30人。县域内定点医药机构对异地就医人员实行即时结算。（孟克才次克）

【医保基金监管】 2021年，和硕县制定医保基金监管应急预案。持续开展打击欺诈骗取医疗保障基金专项整治。定期不定期对“两定点”医药机构进行监督检查，重点整治通过虚假宣传、以体检等名目诱导、骗取参保人员住院问题；留存、盗刷、冒用参保人员社会保障卡；虚构医疗服务、伪造医疗文书或票据问题；虚记、多记药品、诊疗项目、医用耗材、医疗服务设施费用问题；串换药品、器械、诊疗项目等恶意骗取医保基金问题。追回违规基金147.42万元。（孟克才次克）

【医保信息系统建设】 2021年，和硕县委、县人民政府投入20万元建设医保信息系统。8—9月，和硕县医疗保障局集中开展为期2个月的骨干网建设，解决医保信息系统标准不统一、数据不互认、系统无法分割、难以共享和区域封闭等弊端，解决历史遗留问题，逐一查询、核对、清理数据。业务经办人员线上培训全覆盖，高频次高质量开展数据测试，对上线的新系统进行全业务、全流程、全功能持续测试和反复测试，发现问题及时反映，确保数据的准确性。10月，新系统上线，提高基本医疗保险、大病保险、医疗救助、工会职工互助等“一单式”结算便捷性。（孟克才次克）

【医疗服务智能监控】 2021年，和硕县智能监控审核142条数据，扣款5444.87元。（孟克才次克）

住房保障

【廉租住房保障与管理】 2021年，和硕县将2014年之前年度列入廉租住房年度建设计划的在建项目969套廉租房住房，统一纳入公共租赁住房管理，执行国家、自治区和自治州规定的公共租赁住房建设标准。（吴自有）

【公共租住房保障与管理】 2021年，和硕县有公共租赁房2736套，其中祥瑞小区425套、硕中农产品交易中心60套、百合花园小区85套、团结小区90套、福润花园135套、滨河小区32套、浩宇龙泽苑89套、龙驹嘉苑小区68套、玉龙家园小区480套、西丹丽都小区34套，御景华府小区372套、经济开发区492套、党校64套、政府90套、教师周转宿舍64套、驻村干部周转宿舍156套分布在各乡镇。和硕县公共租赁房2736套中分配入住2331套，其中2021年新分配入住171套公共租赁住房，公共租赁住房年收入252.7万元。空房未分配405套，未分配主要原因是部分房屋建设年份已久，出现房屋漏水、墙皮脱落、门窗破损严重等问题需要维修，导致长期空置。（吴自有）

【农村危房改造】 2021年，和硕县农村危房改造建设任务40户，其中曲惠3户，塔哈其镇4户，新塔热1户，苏哈特3户，乌什塔拉乡29户，40户全部竣工。农村危房改造补助资金中央补助资金43.4万元，自治区补助资金30.7万元，援疆补助资金20万元，均发放到位。（吴自有）

【住房公积金缴存及提取】 2021年度，和硕县住房公积金中心管理部有缴存单位133个5224人，归集额1.15亿元；提取1.15万人次，金额6325.53万元。个人住房贷款发放173户4871.1万元，创历史新高。（宋　青）

【优化服务程序】 2021年，和硕县住房公积金中心管理部做好“四项”服务。开启“预约服务、上门服务、代办服务、开设绿色通道”服务模式，更好地为职工办理公积金缴存、提取、贷款、信息变更、异地转接等业务，让“信息多跑路，职工少跑腿”成为常态。出台申请降低缴存比例、放宽连续缴存认定、优化房租提取、提高贷款额度、延长贷款期限等一系列惠民利企政策，让广大缴存职工充分享受到住房公积金政策带来的红利。开通“跨省通办”“全疆通办”，开通查询个人住房公积金缴存贷款等信息、出具贷款职工住房公积金缴存使用证明、正常退休提取住房公积金等“跨省通办”“全疆通办”等业务，有效解决职工异地办理公积金业务“多地跑”“折返跑”等问题。（宋　青）

社会事务管理

【概况】 2021年，和硕县有综合养老机构2个（民办1个），建筑面积3700平方米，总容纳120人；儿童福利院1所，建筑面积1200平方米；社会福利性服务站点9个，其中社会福利服务中心及服务员7个、殡仪馆2个（含民办1个）。（田红英）

【社区建设】 2021年，和硕县村两委换届，审核村规民约，村、社区建立群众服务中心；全县村、社区基层政权特别法人统一社会信用代码证证书更换；录入基层政权信息系统；督促各村、社区建设志愿者服务队；促进村、社区社工考试；清理规范村居委会不合理证明事项26项。（田红英）

【最低生活保障】 2021年，和硕县做好各类社会救助资金发放工作。自7月1日起，提高全县城乡低保标准，城市最低生活保障标准由530元/人/月提高至570元/人/月；农村最低生活保障标准由380元/人/月提高至450元/人/月。和硕县城乡低保1096户1701人，其中农村低保933户1474人，城市低保163户227人，累计发放城乡低保金934.19万元。落实残疾人“两项补贴”政策，加强与残联部门数据比对，实名落实在档残疾人“两项补贴制度”，7月1日提高至110元/人/月的补贴标准，全县享受困难残疾人累计5253人次，累计金额153.42万元，重度残疾人累计9364人次，累计金额90万元。（田红英）

【特困人员救助供养】 2021年，和硕县农村分散特困人员基本生活标准由550元/月提高为600元/月，城市分散、集中特困供养标准统一为900元/月，自7月1日执行。和硕县纳入特困供养范围24人，其中集中供养17人（农村16人、城市1人），分散供养7人（农村2人、城市5人），发放分散供养基本生活费6.97万元。（田红英）

【临时社会救助】 2021年，和硕县对因突发事故、重大疾病或子女就学等导致基本生活暂时出现严重困难的家庭，细化救助政策，修订《关于进一步加强和改进临时救助工作实施方案》，提高救助标准。在巩固脱贫攻坚成果走访入户中，对患重病、重残、上学支出大的家庭进行重点摸排，在加大临时救助力度的基础上，为767名困难家庭发放54.6万元临时救助金及生活物资救助。是年，和硕县极端天气提前到来，县民政局为困难群众发放“冬季暖心煤”1400户57.4万元，确保困难群众顺利过冬，为困难家庭节约54.6万元。（田红英）

【落实社会福利政策】 2021年，和硕县民政局为1172名78岁以上老人发放基本生活津贴。其中78~79周岁老年人305名；80~89周岁老年人783名，90~99岁老年人83名；100岁以上老年人1名，发放高龄津贴79.57万元。开展“双集中”供（收）养工作，在院儿童30名，其中孤儿4名，困境儿童26名。将和硕县福利机构供养孤儿生活标准由1250元/月提高至1400元/月；社会散居孤儿基本生活保障标准由950元/月提高至1000元/月，为分散孤儿发放基本生活费1.75万元。3月，投入58万元对福利园区外部环境（包括老年公寓老年养护楼）进行改造升级。争取上级资金60万元，采购120张护理型床位及附属配套设施，为自理能力不同的老年人提供服务。投入10万元用于消防维修及后期维护保养消防设施（与巴州群安有限责任公司已签订维修、维护保养消防设施合同）。（田红英）

【康养产业项目建设】 2021年，和硕县民政局推进养老服务改革，发挥公办养老机构兜底作用，满足“双集中”、城市“三无老人”养老。和硕县老年养护楼与库尔勒市九九老年公寓签订承包合同，以养老、医养融合、康复一体化养老，加快医养结合发展进程。（田红英）

【区划地名工作】 2021年，和硕县民政局同公安部门和农业农村部门解决两起界限纠纷问题，地名数据库整改上级反馈问题1500余条，撰写《地名志（和硕部）》及《新疆地名大词典（和硕部）》，

清理和硕县不规范地名。（田红英）

【婚姻登记】 2021年，和硕县民政局办理婚姻登记794对，其中结婚415对，离婚174对，补办结婚证178对，补办离婚证27对。（田红英）

【殡葬管理】 2021年，和硕县民政局同工商部门对殡葬服务机构进行联合检查，检查全县殡葬机构火灾隐患及消防两处，殡葬直报信息系统启用完善。为全县30名发放特殊困难群众殡葬救助金1.24万元。（田红英）

【社会组织管理】 2021年，和硕县社会团体及民办非企业36家，在2021年3—6月期间完成社会组织年检工作19家，清理僵尸团体5家，限期整改2家，注销2家。完成社会组织巩固脱贫攻坚成果同乡村振兴有效衔接工作。（田红英）

退役军人事务

【服务体系建设】 2021年，和硕县退役军人事务局推进退役军人服务管理保障体系建设。实行“一把手”工程，成立以县委书记为组长，县委副书记、县长为第一副组长，县委常委、人大常委会副主任、副县长、政协副主席、人武部部长为副组长和各部门单位党委党组书记为成员的和硕县退役军人事务工作领导小组，配齐配强机构和班子，为全县退役军人事业发展提供了坚强的组织保障。落实有机构、有编制、有人员、有经费、有保障的工作要求，推进退役军人服务体系建设，完善基础设施和各项工作制度，为退役军人提供各项服务。（退役军人事务管理局）

【退役军人服务站建设】 2021年，和硕县退役军人事务局重新打造县退役军人服务中心并投入使用，对19个乡镇、村（社区）服务机构进行升级改造，重点解决退役军人工作有阵地、活动有场所、诉求有渠道、解困有平台的问题，确保退役军人事务工作有人管、有人干，实现退役军人服务保障体系从有到优。（退役军人事务管理局）

【军转干部安置】 2021年，和硕县退役军人事务局将历年安置自主择业军转干部录入全国自主择业工作信息系统。及时了解掌握其生活、工作和现居住地等情况，利用网站、微信群等平台发布有关招聘信息，拓展自主择业军转干部就业空间。为自主择业军转干部发放医疗费、取暖费，为企业军转干部发放各类补助金。（退役军人事务管理局）

【退役军人就业创业】 2021年，和硕县大学生就读期间入伍的退役士兵已返回学校就读；其余退役军人为自谋职业和自主创业。为退役士兵发放一次性自主就业经济补助金。11月中旬，聘请专业培训机构为县退役军人举办就业创业培训1期、招聘会1场。积极与州退役军人事务局进行对接，上报退役军人参加消防员技能培训，获得消防员技能培训证书。（退役军人事务管理局）

【纪念抗美援朝出国作战70周年活动】 2021年，和硕县有抗美援朝老军人12人。10月23日上午，由县委、人大、政府、政协四套班子主要领导带队，为12名“中国人民志愿军抗美援朝出国作战70周年”纪念章获得者佩戴光荣花、颁发纪念奖章，发放慰问金每人1000元，随行记者为“中国人民志愿军抗美援朝出国作战70周年”纪念章颁发对象拍摄纪念照，并送达颁发对象家中。（退役军人事务管理局）

【慰问志愿军及家属】 2021年，和硕县退役军人事务局利用春节、“八一”等重点节日，走访慰问参战老兵、优抚对象、历年生活困难退役军人、现役军人家属，送去慰问金（品）。（退役军人事务管理局）

【双拥工作】 2021年，开展“老兵永远跟党走·把党的关爱送到老兵心中”主题慰问活动，对最美退役军人、烈士遗属、困难老党员、30年以上党龄退役军人进行慰问，送去慰问金。（退役军人事务管理局）

应急管理

应急体系建设

【应急体系建设】 2021年，和硕县应急管理局树立安全发展和综合防灾减灾理念，推进应急管理机制创新，健全应急管理组织体系，提高全县的应急管理、安全生产和防灾减灾救灾能力。（刘志刚）

【应急拉动演练机制】 2021年，和硕县应急管理局修订完善《和硕县突发事件总体应急预案》《和硕县自然灾害救助应急预案》《和硕县森林草原火灾应急预案》。开展森林草原火灾扑救综合演练、抗洪救灾应急综合演练、和硕县八一水库下游群众疏散演练、地震应急综合桌面推演、危化企业火灾事故应急处置以及学生防震应急疏散等演练活动。开展全县综合应急演练6次，累计参演700人次。

（朱晓明）

安全生产管理

【安全生产监督】 2021年，和硕县应急管理局开展全覆盖拉网式大排查大整治活动，组织各类安全生产检查组144个，督导检查企业1320余家，排查安全生产隐患2304个，整改2202条，整改率95.6%。责令停产整顿企业26家，罚款金额112.50万元，推动安全生产各项责任措施落实。检查各类运输企业100次，路检路查25次，抽查过往货运车辆300余辆，下发整改通知书33份，排查一般隐患58项，已整改58项，约谈6家企业。对车辆未按照规定周期、频次进行综合性能监测和技术等级评定的7家企业进行处罚，处罚金额1.55万元。排查商场、宾馆饭店、敬老院等人员密集场所307次，发现隐患问题399个，现场整改237处，消防下发责令改正通知书55份，督促整改162个，行政处罚6家，罚款4.88万元。检查电梯、压力容器等特种设备使用单位98次，发现各类隐患121个，已整改119条。检查在建工程67次，出动检查110人次，下发建设工程整改通知书12份、建设工程质量安全停工通知书10份，检查记录39份，发现安全隐患120个，整改率100%。

（巴义尔）

【非煤矿山监管】 2021年，和硕县应急管理局组织部署全年安全生产执法检查工作。聘请第三方安全生产服务机构老师，组织非煤矿山企业和重点工贸企业负责人及安全管理人员到县委党校学习安全生产知识技能，学习宣传《安全生产法》，学习人员300余人次。办理行政处罚案件23起，其中矿山12起，工贸10起，危险化学品企业1起，均为事前监管处罚。处罚金额114.69万元，其中非煤矿山处罚93.89万元，工贸企业处罚16.8万元，危险化学品企业处罚4万元。在处罚案件办结后，按照执法公开的原则，将案件依法公开至政府网站，接受社会监督，并召开以案释法工作座谈会，召集重点企业讲解案例，压实企业安全生产主体责任。

（丁立博）

【危险化学品监管】 2021年，和硕县应急管理局、住建、消防、市监等部门检查指导企业96家次，下发隐患整改指令书57份，整改风险隐患127处，下发现场检查记录66份，整改率达100%。对全县1家烟花爆竹长期零售店和4家临时零售经销店全程监控管理，落实连锁经营“八统一”和“六个100%”规定。春节前，县应急管理局组织2次联合检查，检查烟花爆竹销售网点6次，未发现违法违规销售经营行为。 （雷新喜）

【矿山企业安全生产执法检查】 2021年，和硕县应急管理局检查矿山企业46次，发现隐患463个，整改463个，下发责令限期整改指令书40份，行政处罚罚款12家，罚款金额93.89万元。

（丁立博、雷新喜）

【防灾减灾】 2021年，和硕县应急管理局建立自然灾害灾情会商联席会议制度，做好灾情预警预报，加强险情灾情信息核实及跟踪。发布霜冻、雷电、冰雹、暴雨等灾害预警信息63条，督促各乡镇利用应急大喇叭、微信群等多种途径及时将灾害预警信息发送到户到人，扩大预警信息覆盖面。建立县、乡、村三级86人灾害信息员队伍。争取县财政资金114万元，购置发电机、应急灯、救生衣、帐篷、被褥、棉大衣等救灾物资2572件（个）；县水利局申请县财政资金80万元，其中20万元用于购买铁丝2吨、铅丝石笼10061平方米、编织袋49998条；51万元用于加固河道；9万元用于河道清理。结合“5·12”防灾减灾日、“国际减灾日”、“119”消防宣传月等重大活动，开展防灾减灾科普知识进企业、进农村、进社区、进学校、进家庭活动，提升防灾减灾科普知识公众知晓率。 （朱晓明）

消　防

【消防救援】 2021，和硕县消防救援大队接警157起，出动消防车341辆次，消防人员1470人次，疏散解救被困人员116人，抢救财产价值1200余万元。

（李　哲）

【监督检查】 2021年，和硕县消防救援大队检查社会单位1070家，发现及督促整改火灾隐患561处，下发责令改正通知书441份。 （李　哲）

【消防设施建设】 2022年，和硕县推动老旧小区消防供水设施建设，新增室外消火栓52个，新增市政消火栓89个；推广安装智能感烟火灾探测报警器288个，推动21家消防安全重点单位接入智慧消防远程监测系统。 （李　哲）

乡 镇

特吾里克镇

【概况】 和硕县特吾里克镇成立于1985年11月；北距库尔勒市98千米，距乌鲁木齐市384千米，325省道、314国道和南疆铁路二线横穿镇境；辖区面积113平方千米。下辖清水河社区、明珠社区、龙驹社区、文化社区、团结社区、光明中心社区6个社区。2021年，全镇农业生产面积250.87公顷，辣椒产业稳中有进，设施农业面积17.33公顷，蔬菜种植种类丰富，年产量达780吨，草莓、火龙果等特色种植效益明显。特色林果业面积达331.53公顷，新梅、葡萄、香梨等品种多元化，新梅示范园增至6家，面积87.8公顷，新梅亩产突破1吨，挂果总产量达600余吨。畜牧业发展有序，至年末，牛羊存栏4.2万头只，生猪存栏2.3万头，家禽60.8万羽，应免率达到100%，免疫密度达100%。（陈冠男）

【卫生厕所改造】 2021年，和硕县特吾里克镇推进农村“厕所革命”，开展户厕摸排，累计摸排户厕总计2592户，各类厕所2690座。其中旱厕1558座，水冲630座，简易茅厕502座，发现厕屋、厕具、粪池等各类问题7352条，并制定整改措施。投入107.64万元，完成全镇998户卫生厕所改造。（陈冠男）

【巩固脱贫攻坚成果】 2021年，和硕县特吾里克镇在镇、社区两级挂牌成立乡村振兴办公室（站）。全镇配备乡村振兴干部41名。落实农户申报、走访排查、与行业部门数据比对监测工作，组织镇社区两级干部，对全镇6个社区农村户籍2059户5044人，逐户逐人采集信息，精准测算人均收入、教育、医疗等支出。因户施策落实综合性帮扶，及时化解返贫致贫风险点。（陈冠男）

【美丽乡村建设】 2021年，和硕县特吾里克镇全面落实《和硕县农村人居环境整治三年行动实施方案》各项举措。加大垃圾收集处理力度，投放垃圾箱，实现专业公司加居民自治的城乡环境卫生维护保障体系。动员干部、居民、驻村工作队各方力量，坚持不懈推进农村“厕所革命”。推进庭院整治，发动群众扎实做好院内院外六件事，投资30多万元用于环境卫生、垃圾清运、庭院整治、铺设路面、路灯安装等，改善人居环境。（陈冠男）

【旅游融合发展】 2021年，和硕县开发滨河景观带旅游路线，结合主题文化，持续推进葡萄文化主题公园、民族团结主题公园、滨河生态主题公园的宣传及推荐，打造主题公园文化旅游路线。发展火龙果、新梅采摘等特色种植，建设生态无公害大棚蔬菜种植，发展“家庭游”“采摘游”，打造“采摘+文化”“采摘+拓展”“采摘+农事体验”新型旅游模式，满足游客多样性消费需求。（陈冠男）

【平安建设】 2021年，和硕县特吾里克镇通过悬挂横幅、展板，发放宣传单，播放音视频等宣传方式及利用周一升国旗、居民夜校等多种途径向辖区群众广泛深入宣传平安创建和法律法规相关知识，排查化解矛盾纠纷284起。创建“平安单位”59家，“平安企业”44家，创建率达98%；“平安学校”9家，“平安医院”2家，“平安社区”6家，“平安商城”2家，创建率均达100%。（陈冠男）

【文化润疆工程】 2021年，和硕县特吾里克镇结合党史学习教育活动，向辖区居民发放党史学习教育群众读本9000余本，转发党史小故事，组织观看爱国主义电影，邀请老党员讲述个人的真实经历，增强居民的感恩意识和爱国主义意识。开展讲党史小故事138场次，观看红色影片24场次。开展“我的中国梦”文化进万家活动，开展迎元旦、新春送祝福、包饺子、乒乓球、羽毛球、篮球、拔河比赛等系列活动，开展各类文体活动41场次，推动各族群众加深了解、增进感情，深化“五个认同”。（陈冠男）

【社会事业】 2021年，和硕县特吾里克镇不断强化城乡低保资金的监督管理，确保资金按时足额发放。每月及时按要求审核上报新增、停发、变更低保等资料并根据县民政局的审批结果制作城乡低保发放表申请发放资金。每月及时更新系统信息，做到社会救助系统录入数据与实际一致。对因子女上学、家庭成员突发重大疾病影响基本生活出现困难的家庭进行临时救助，三季度为1人发放临时教育救助金5700元、1人发放医疗救助金3420元。落实残疾人两项补贴，及时审核上报残疾人两项补贴审批资料，享受重度护理补贴人数269人，享受困难（残疾低保户）补贴的残疾人62人，按时发放残疾人两项补贴。新增就业1643人，完成率89.78%，其中就业困难人员公益性岗位就业87人；富余劳动力转移就业1419人、完成率76.7%；开展美容美发、糕点、电焊、中式面点、家禽家畜饲养工、农艺工等技能培训班11期，培训居民409人次。（陈冠男）

【和硕县首个科普馆在团结社区开馆】 2021年4月5日，和硕县第一家面向公众的科普馆团结社区科普馆成立。团结社区科普馆面积为34平方米，展厅以“用科学改变生活”为主题，馆内的科普展品包括雅各布天梯、人体导电、光琴、雪浪声波、时光隧道、音乐喷泉、辉光球等，直观地展示光学、生物学、虚拟现实等原理和应急避险科普知识。社区科普馆的建成，为辖区居民及青少年参与科普、学习科技、体验科学搭建平台。（陈冠男）

【光明中心社区】 光明中心社区成立于2019年4月30日，位于和硕县城南部，东邻苏哈特乡，西与二十四团相接，南与博湖县毗邻，北与特吾里克镇团结社区相接，行政总面积约90.94平方千米。光明中心社区下辖西地居民委员会、八里桥居民委员会、安康居民委员会、梧桐居民委员会。2021年，光明中心社区因地制宜打造“社区是我家 环境靠大家”党建品牌，组织辖区群众大力开展环境卫生整治，采取分片包干、网格包户、联户互助的形式推进辖区主干道、巷道和庭院的整治。（陈冠男）

【团结社区】 和硕县特吾里克镇团结社区成立于2002年3月，位于和硕县团结东路，东邻苏哈特乡，西至文化社区副业队，南面与光明中心社区相接，北边以文化一街为界，辖区面积4.64平方千米。2021年，团结社区打造“一纸条”“一长廊”“一影院”“一展厅”，扎实推进民族团结进步，利用“小纸条”大力宣传国家法律法规、各项惠民政策，共同维护民族团结，在健身长廊深入宣传和硕本地民族团结故事、先进人物事迹；建成民族团结展厅充分展示新疆各民族服饰、乐器、手工品等，为干部群众搭建一个新疆各民族文化交往交流交融的展示平台，让民族团结教育实体化、生动化，民族团结已成为团结社区一张名片。（陈冠男）

【明珠社区】 明珠社区成立于2002年2月，位于和硕县城中部偏北，南北相邻于龙驹社区和清水河社区之间，东至滨河公园，西至解放北路，南至文化二街，北至花园路，行政区划面积3.83平方千米。2021年，明珠社区将小区、企业单位、商业网点、公共场所划分为3大网格，创建“网格党支部+党群联户活动室”，社区将服务直接延伸到单位和家庭，建立“党群联户活动室”活动点，设置“三室两厅一长廊”（“三室”即“居民说事室”“便民服务室”“棋牌娱乐室”，“两厅”即“阳光议事厅”“红色记忆厅”，“一长廊”即文化长廊），丰富居民文化生活，营造社区生活氛围。（陈冠男）

【龙驹社区】 特吾里克镇龙驹社区成立于2002年，辖区面积1.62平方千米，辖区有小区14个，学校4家，商业网点355个。社区位于中心地段，主要呈现人口多、商业网点多、物业小区多等特点。2021年11月，龙驹社区获得第五批国家级充分就业社区称号，社区建设有新疆三史长廊、爱心驿站、龙驹工艺坊、爱心小课堂、爱心小餐桌、心理咨询室、矛盾纠纷调解室等硬件设施，为辖区居民群众提供更好的服务保障。搭建“便民利民、爱心互助、纠纷化解、关心关爱、网上服务”平台，建立爱心超市、爱心市场、爱心捐赠、爱心销售平台，为居民群众建造更好的交流平台。（陈冠男）

【清水河社区】 清水河社区成立于2002年3月，总面积8.1平方千米，辖区有居民小区3个，居民楼30栋，小二楼15栋。2021年，清水河社区实施“红色引擎”品牌工程，由驻社区工作队后盾单位巴州住房公积金中心投资35万元，打造清水河社区新时代文明实践中心文化长廊；社区创新建立爱心重点课堂、亲子活动室、妇女之家、爱心资助站、阳光调解室、心理咨询室、开放式书吧、积分兑现超市等功能室，为居民提供多种贴心服务。

（陈冠男）

【文化社区】 和硕县特吾里克镇文化社区成立于2004年2月，行政总面积2.1平方千米。2021年，文化社区加强群众联系，提升社区治理水平，设立小区业主委员会，打造“儿童之家”“妇女之家”“党员活动室”“文化葡萄长廊”等阵地，实现宣传引导，教育服务群众，提高社区服务水平，社区服务由“被动”到“主动”。（陈冠男）

塔哈其镇

【概况】 塔哈其镇名称为蒙古语，是“麻袋”的意思。塔哈其乡成立于1984年12月，其前身是红旗公社。2013年9月29日，经新疆维吾尔自治区人民政府批准撤乡建镇，2013年12月17日挂牌。2021年，全镇各类作物种植面积4891.78公顷，土地流转面积达3366.8公顷，引导现代耕作技术，推广新品种发展高效农业，种植加工辣椒2020.05公顷。整合完善大棚反季节蔬菜基地、大棚577座，占地面积298.27公顷（大棚生产面积147.53公顷）。（凌　鑫、李昌明）

【重点项目建设】 2021年，和硕县塔哈其镇财政专项资金项目11个（农副产品加工类3个、基本农田建设类1个、小型公益性生产生活类1个、标准化养殖类2个、小型手工业工程类2个、设施农业建设类2个），合计金额6557.8万元。一般债务资金项目10个（镇微型污水处理站建设项目、小康社区特色养殖项目、小康社区养殖小区基础设施建设项目、小康社区庭院灌溉管道建设项目、浩尧尔莫敦村购置秸秆残膜回收一体机项目、浩尧尔莫敦村标准化养殖基地二期建设项目、阿尔文德尔文村劳务市场建设项目、镇农田水利设施建设项目、镇农村饮用水巩固提升工程建设项目、古努恩布呼村特色养殖项目）。2021年，已实施项目2个（浩尧尔莫敦村标准化养殖基地建设项目、古努恩布呼村牲畜养殖项目）。

（凌　鑫）

【巩固脱贫攻坚成果】 2021年，和硕县塔哈其镇一般户人均收入2.98万元，脱贫户人均收入1.96万元。镇级乡村振兴办配备10人，村级乡村振兴办配备5人。实施产业发展项目2个697万元；为30户脱贫户和边缘易致贫户申报小额信贷，其中27户发放贷款121万元；对已发放及存量扶贫小额贷款的56户脱贫户215万元进行贷后监管3次。（路东川）

【美丽乡村建设】 2021年，和硕县塔哈其镇争取实施3000万元乡村振兴项目，对老街及各村道路、绿化带等进行改造，改善镇域人居环境。落实厕所革命具体要求，摸排2285户、各类厕所2095座，针对摸排发现的问题进行整改。

（马木提·吾布力卡斯木）

【村集体经济发展】 2021年，和硕县塔哈其镇各村（社区）村集体经济收入206.78万元，祖鲁门苏勒村70.23万元，浩尧尔莫敦村34.37万元，查干布呼村30.28万元，阿尔文德尔文村35.37万元，古努恩布呼村33.93万元，小康社区2.6万元。 （凌 鑫）

【适度规模经营】 2021年，和硕县塔哈其镇0.71万公顷土地全部实现水肥一体化节水灌溉，流转土地约0.33万公顷。发展订单农业，实现订单面积0.24万公顷以上，推广冬小麦新冬22品种，粮食播种面积稳定在0.25万公顷，杂谷、蔬菜等特色作物达到205.6公顷。色素辣椒、加工番茄、葡萄、甜叶菊面积0.27万公顷，全镇主要农作物良种覆盖率达90%以上，无公害产地面积达到0.49万公顷，酿酒葡萄基地0.17万公顷。 （李昌明）

【乡村旅游】 2021年，塔哈其镇根据各村（社区）旅游资源禀赋特色实际，转变发展模式，促进第三产业大发展，以国道与县城为依托，发展旅游带动农（牧）家体验游、采摘游，着重提升第三产业在农牧民群众收入中的占比。利用“五一”小长假，举办塔哈其镇“做传统美食，品家乡味道”美食文化旅游节，打造镇内旅游线路，推动夜市经济发展，吸引外来消费，活跃区域商业氛围。

（高苏荣）

【退地减水】 2021年，和硕县塔哈其镇完成122户544.8公顷退地减水轮耕休耕面积核实工作，推广新型保水技术农作物面积866.67公顷，有序推广抗旱作物谷子、推广膜下滴管、水肥一体化、干播湿出等技术。 （李昌明）

【农村集体产权制度改革】 2021年，和硕县塔哈其镇5村1社区基本完成清产核资、界定成员身份、股权设置量化、股份经济合作社登记赋码、开设银行账户等工作。5个村，1个社区总资产4028.65万元，其中经营性资产1702.84万元；非经营性资产2325.81万元。应收款547.03万元，牲畜资产293.48万元，林木资产2.71万元，固定资产2904.18万元，其中经营性固定资产1406.66万元，应付款261.46万元。上级财政资金购买的村级固定资产无偿调拨至各村和社区，移交固定资产329.02万元。5个村，1个社区认定股份经济合作社成员2107户7206人，量化资产总额1702.84万元，打印股权证2107本，完成比例100%。 （解润农）

【安全生产】 2021年，和硕县塔哈其镇利用多种形式开展安全生产宣传活动76场次，487人次参与，开展灭火器进万家活动并培训36场次，189人次参与，针对各村（社区）、行业领域开展安全生产大排查大整治，对发现的安全隐患开展“回头看”11次，均已整改完毕。 （马木提·吾布力卡斯木）

【社会事业】 2021年，和硕县塔哈其镇摸排农村富余劳动力1701人，举办中式面点、电焊、烹饪等各类培训班6期460人；自主创业3人；办理小额担保贷款2人15万元。关心关爱残疾人，按时发放残疾人两项补贴，发放残疾人辅具，重度残疾人无障碍改造人员6户。 （木合塔尔·艾海提、阿里同）

【古努恩布呼村】 古努恩布呼村成立于1985年，位于塔哈其镇西南部，辖区东起阿尔文德尔文村，西至小康社区，北邻乌库高速公路，总面积8.54平方千米。2021年，村级集体经济收入33.93万元。搭建无职党员发挥作用平台，打造无职党员设岗定员“一村一品”的党建工作特色亮点。

（乌仁其米格）

【阿尔文德尔文村】 阿尔文德尔文村成立于1991年5月，位于和硕县东部，西邻古努恩布呼村，辖区面积约13平方千米。村级阵地建设面积1000平方米。村集体资产包括出租房屋5间、集体土地18.22公顷、牛养殖项目分红、大棚11座。2021年，村级集体经济收入35.37万元。在村委会院内建设200余平方米的科普馆，利用现代文化和先进科技来引领农村各族群众提升科学素质。（乌仁其米格）

【查干布呼村】 查干布呼村成立于1987年11月，位于塔哈其镇中部，西邻阿尔文德尔文村，辖区总面积17.72平方千米。村级阵地建设面积2030平方米，包括村委会、村民服务中心、周转房、警务室、卫生院、文化室等。2021年，村集体经济收入30.28万元。（乌仁其米格）

【浩尧尔莫敦村】 浩尧尔莫敦村成立于1980年10月，位于塔哈其镇西南部，314国道南沿，南界新塔热乡，北邻古努恩布呼村，全村行政总面积15平方千米，284县道从北向南穿境而过。集体资产包括集体土地56.07公顷、集体牲畜390只羊、大棚4座、标准化养殖基地1座。2021年村级集体经济收入34.37万元。建设标准化养殖基地，成立专业合作社、集体入股分红等方式，探索发展壮大村集体经济，新建养殖场一座，通过村民以羊入股和绩效管理分红方式运营。（乌仁其米格）

【祖鲁门苏勒村】 祖鲁门苏勒村成立于1983年6月，位于和硕县314国道以南，县城以东18千米处，距镇政府10千米，东与曲惠镇接壤，南与新塔热乡相连，西与塔哈其镇阿尔文德尔文村接壤，辖区面积约28平方千米。集体资产包括颗粒加工厂1座，集体土地30.24公顷，公租房27间，葡萄基地6.67公顷，生产母羊318只，大棚8座。2021年，村级集体经济收入70.23万元。创新发展壮大村级集体经济形式，多途径增加村级集体经济可支配收入，建立村集体经济发展长效机制，增强村级组织服务功能。

（乌仁其米格）

【小康社区】 小康社区成立于2017年6月，位于塔哈其镇西部，西邻和硕县经济开发区，东邻古努恩布呼村，辖区面积约11.2平方千米。社区阵地建设面积600平方米。2021年，集体收入2.6万元，社区成立党群服务中心、农村发展中心、综治中心，将所有党员分配至3个中心开展工作。发挥党建带全盘工作，做好常态化社会稳定、安全生产工作。

（乌仁其米格）

曲惠镇

【概况】 1984年12月，由塔哈其曲惠大队成立为曲惠乡。2015年7月，撤乡建镇。曲惠镇位于县城以东22千米，东与乌什塔拉乡相连，南与博斯腾湖相连，西与塔哈其镇相接，北与天山山脉毗邻。曲惠镇下辖3个行政村，分别是老城村、榆树园村、冬都呼都格村。全镇行政面积184.4平方千米。曲惠境内有汉代危须古城遗址，位于老城村四组，距镇政府驻地东侧300米，古城遗址城墙为黄土夯筑，古城原为长方形，占地面积2.1公顷，曾出土过陶罐、“开元通宝”等文物和古币。危须古城后期因人为破坏和风蚀雨淋，面积逐渐缩小，现仅存一段古城墙土墩，残高2.4米，现为自治区级文物保护单位。曲惠镇东有佰年、瑞峰、芳香等葡萄酒企业，西有天山小米厂、贵基酒庄和新梅采摘园。全镇种植酿酒葡萄和鲜食葡萄0.24万公顷，葡萄酒加工企业9家。

（田因飞）

【重点项目建设】 2021年，和硕县曲惠镇实施项目1个，为和硕县曲惠镇榆树园村菌种厂二期项目，建设内容为在榆树园村菌种厂现有设施基础上，安装管网电缆、购买型号为160千伏安变压器1台，购置1台粉碎机，建设菌种培育的菌架44架，新建300平方米的发菌室。投资89.6万元。（田因飞）

【巩固脱贫攻坚成果】 2021年，和硕县曲惠镇以芳香科技为龙头的葡萄酒生产厂家整合镇域酒庄，拓宽葡萄酒销售渠道、提升葡萄基地种植标准规范，塑造“天山南麓和硕产区”特色品牌形象。探索“葡萄酒+”融合发展模式，有效衔接乡村振兴战略。

（田因飞）

【村集体经济发展】 2021年，和硕县曲惠镇集体经济总收入191.15万元（其中老城村89.37万元、榆树园村36.15万元、冬都呼都格村65.63万元），较2020年度增长100万元。各村集体经济收入来源主要为市场及房屋出租、集体土地、大型农机具、村集体大棚发包等。（田因飞）

【馕文化产业园】 2021年，和硕县曲惠镇依托乡村发展特色馕产业，打造和硕县曲惠镇馕文化产业园，发展和壮大馕产业，助力乡村振兴。9月，曲惠镇筹措资金150万元对2000平方米老城村农贸市场进行升级改造，实施地面硬化、绿化、美化1500平方米，新建馕坑30个，购置铁艺馕坑4个、和面机10台，统一配置面板、晾馕台面等设施设备，免费为入驻商户提供馕烤制平台。入驻打馕商户10家，产品覆盖10种特色馕和3种烤包子，日常馕达5000个、烤包子达500个。曲惠镇以“镇村党组织领办+农民专业合作社市场化运作+农户个体化烤制+实体店集中销售”的经营模式，注册成立曲惠馕专业合作社，坚持实体化、规模化、产业化运营，吸纳群众就业，合作社从事打馕、配送、销售等人员达30余人。在乌什塔拉公安检查站设置面积30平方米的馕销售直营店1家，销售各种成品馕、风味烤馕及烤包子，免费为来往司乘人员提供休息场所、供应开水，通过直营店向游客宣传推介大美巴州、好客和硕、和硕馕产品、馕文化。（田因飞）

【乡村旅游】 2021年，和硕县曲惠镇依托红蝶谷景区、危须古城、馕文化产业园、党史馆、科普馆旅游资源优势，结合迎宾采摘园、天山小米、华祥合作社等龙头企业及冠颐酒庄、芳香庄园、佰年、瑞峰等葡萄酒知名企业发展文旅市场，提高旅游服务水平。拓展农业多种功能，打造“赏天山红蝶、品葡萄美酒、购新疆果品、体文明实践”的乡村文旅精品线路。（田因飞）

【平安建设】 2021年，和硕县曲惠镇开展“平安建设”创建工作。通过多种形式做好宣传工作，营造氛围，提高平安创建知晓率和社会治安满意率。加强信访和矛盾纠纷排查化解。发放宣传资料等方式加大宣传力度，全年共制作宣传标语23幅，制作宣传展板12块，提升单位、居民的安全防范、法治意识。

（田因飞）

【社会事业】 2021年，和硕县曲惠镇实施教育扶贫巩固拓展工程，落实好教育帮扶政策，确保全镇适龄儿童、少年全部入学，九年义务教育巩固率达100%。推进健康巩固拓展工程，镇卫生院实现“先诊疗、后付费”“一站式”信息对接和即时结算。实施农村抗震防灾建设工程，新建抗震防灾房3套，建立全镇农村住房安全电子档案938户，住房安全切实得到保障。巩固农村饮水安全保障工程成果，加强对87千米自来水主管网和123千米支管网管理维护，投入201万元改造水管网19.7千米。（田因飞）

【老城村】 老城村成立于1985年2月，位于和硕县东南部，西邻塔哈其镇，辖区面积约72.24平方千米。2021年，老城村人均收入2.07万元，较2020年度增加1096元。改造居民点柏油路2.5千米，改造、新建渠道10.8千米；改造滴管118.67公顷，新建蓄水池4个，已动工2个；新建馕产业园1个，馕坑34个；帮助村民庭院种植新梅果树3000棵、小白杏树2300棵。

（田因飞）

【榆树园村】 榆树园村成立于1984年7月，位于和硕县东南部，西邻塔哈其镇，辖区面积约7.17平方千米。2021年，榆树园村有养殖专业合作社2个，养殖大户10户，养殖牛254头、羊3862只，种植业以粮食作物为主，主要种植玉米、洋葱等。（田因飞）

【冬都呼都格村】 “冬都呼都格”为蒙语，汉语译为“中间一口井”。成立于1989年，其前身为乃仁克尔乡牧民搬迁至此。位于和硕县城东南30千米处，西邻塔哈其镇，距离曲惠镇政府7千米，全村行政面积40.46平方千米。主要以种植业为主、畜牧业为辅，全村3533.33公顷耕地。2021年，农牧民人均纯收入达3.5万元，村集体经济收入65.6万元。争取农村自来水老化管道改造项目，投入资金43万元，对一组、三组自来水老化管道进行改造，改造主管道2.6千米，支管道4.6千米。完成长5.3千米、宽6米柏油路建设。2021年，开展农村集体产权制度改革工作，界定村集体经济组织成员身份204户682人，完成登记赋码成立合作社，全村打印股权证书204本，均已发放至股民手中。（田园飞）

乌什塔拉乡

【概况】 乌什塔拉乡名称为维吾尔语，是“小柳树”的意思，成立于1984年7月，其前身是乌什塔拉人民公社。乌什塔拉乡地处巴州东大门，314国道、325省道、吐库二线铁路贯穿乡境，乡域内驻有63650部队、95835部队。全乡行政总面积443平方千米，下辖7个行政村（分别为塔拉村、沙井子村、大庄子村、沙梁湾村、大涝坝村、则格德恩呼都格村、硝井子村）、1个社区（拥军社区）、21个村民小组，耕地面积1.45万公顷，主要以玉米、小麦、棉花、辣椒、番茄、中草药等作物种植为主。乡域内有学校5所，分别是县第二小学中心校、大庄子分校、大沙村教学点、中心幼儿园、兰馨幼儿园，现有教职工170名，在校生1156名。有卫生院1所，村卫生室5个。2021年，经济总收入6.15亿元，其中第一产业收入5.28亿元，第二产业收入1835万元，第三产业收入6905万元，农民外出劳务收入1360万元，全乡农牧民人均纯收入2.11万元，较2020年增长1066元。（侯鑫敏）

【重点项目建设】 2021年，和硕县乌什塔拉乡实施各类项目5个，涉及资金675.14万元。分别是硝井子村渠道建设项目130.06万元，已实施完毕投入使用；塔拉村太阳能路灯建设项目40.08万元，已实施完毕；硝井子村村级组织活动场所建设项目125万元，在建中；则格德恩呼都格村牲畜养殖项目100万元，已实施完毕；部队帮扶则格德恩呼都格村乡村振兴项目280万元，已实施完毕。（侯鑫敏）

【巩固脱贫攻坚成果】 2021年，和硕县乌什塔拉乡从义务教育、基本医疗、饮水安全、住房安全、兜底保障等方面持续推动各项政策落实落细，稳妥有序做好政策衔接、工作衔接、机制衔接、设施衔接、产业衔接、组织衔接。下辖8个行政村（社区），贫困发生率动态清零。2021年，脱贫户年人均收入达到2.42万元。（侯鑫敏）

【美丽乡村建设】 2021年，和硕县乌什塔拉乡全乡各村（社区）开展爱国卫生运动390场次。持续开展人居环境整治，发动群众参与2.8万余人次，投入各类机械130余台次。拆除土块房12栋，清理各类建筑垃圾、废旧杂物500余吨。推进“厕所革命”，改造农村卫生厕所2639户，卫生厕所覆盖率超过95%。发展庭院经济1596户，其中庭院种植蔬菜932户，发展庭院养殖519户，林果种植146户，农家乐乡村旅游18户。（侯鑫敏）

【村集体经济发展】 2021年，乌什塔拉乡7个行政村集体经济收入均达到20万元以上，其中收入在50万元及以上的强村1个，村集体经济收入在10万~50万元之间的一般村6个。2021年度，村集体经济总收入263.24万元。（侯鑫敏）

【适度规模经营】 2021年，和硕县乌什塔拉乡围绕“稳粮、优棉、强果、兴畜、促特色”的农业发展目标，坚持稳中求进工作总基调。全乡各类农作物总播面积0.97万公顷，其中小麦0.11万公顷、玉米0.54万公顷、谷子6公顷、薯类125.67公顷、棉花0.1万公顷。全乡畜禽存栏63.82万头（只），其中，生猪2.7万头、牛3900头、羊3.7万只、骆驼460峰、鸡56.4万羽、其他禽5841羽，畜牧业的规模化、科学化的程度越来越高，保持快速健康发展势头。

（侯鑫敏）

【乡村旅游】 2021年，和硕县乌什塔拉乡围绕县委“学马兰精神、赏金沙美景、食博湖野鱼、品和硕美酒”旅游发展规划，发挥巴州东大门的地缘优势，依托乌什塔拉乡地处金沙滩景区、马兰红山军博园两大旅游中心区的优势，依靠大美南疆第一站游客承接能力，打造独具特色的南北疆交通驿站。以农村庭院为载体，打造高质量的有特色和文化内涵的小餐饮、农家乐、民宿、农家采摘园、农家游、民族特色手工艺品、特色土特产等旅游产品，打造沙梁湾村1.1千米民宿一条街，扶持培育民宿农家乐18家、采摘园2座，提升旅游服务能力，让各族群众吃上“旅游饭”。 （侯鑫敏）

【平安建设】 2021年，和硕县乌什塔拉乡把创建“平安乡镇”活动不断推向深入，未发生严重影响国家安全的事件和重大涉外案（事）件，全乡平安村、平安单位、平安部门、平安家庭创建全覆盖，创建达标率95%以上，社会治安形势持续好转，总满意度社会调查在95%以上。 （侯鑫敏）

【社会事业】 2021年，和硕县全面推进农村人居环境卫生整治升级提质，实施改路、改水、改厕等基础性工程，全乡7个村、1个社区均实现通水、通电、通路、通广播电视、通信网络全覆盖。开展劳动技能培训，各类培训13期，培训550人。就地就近转移农村富余劳动力2000余人，城镇新增就业40余人，录入农转系统2300余人，发布就业信息100余条。对全乡医疗参保情况进行2次普查，确保医疗的参保率达到90%以上。开展全民免费健康体检5100余人；组织辖区35~60岁妇女开展“两癌”筛查260人次，乳腺扫描26人次；办理城乡居民养老保险待遇领取52人；为8人办理企业退休，退休人员认证220余人。针对2018年以来未就业高校毕业生举办现场招聘会1次。为保证早市夜市工作，发放美食小吃车8辆。 （侯鑫敏）

【金石书法艺术创作交流基地】 2021年5月，和硕县金石书法艺术创作交流基地在金石书法工作室挂牌。和硕县金石书法工作室位于该县乌什塔拉乡，2019年9月28日成立，主要是为各级书法协会会员和书法爱好者提供相互切磋、拓展交流的平台，对当地书法爱好者开展培训。成立一年来，先后对驻地学校师生和各族群众开展多批次书法培训。

（政府网站）

【塔拉村】 和硕县乌什塔拉乡塔拉村成立于1984年3月，位于和硕县东南部，西临拥军社区，辖区面积约11.98平方千米。耕地370.67公顷，年牲畜存栏1.76万头（只），农业以种植玉米为主。2021年，村级集体经济收入23.24万元。塔拉村发展餐饮服务业，打造高质量的有特色和文化内涵的小餐饮、农家乐、风情园等。盘活村集体资产，使集体资产保值增值，通过折股量化村民变股民，让广大村民在享受改革红利的同时，激发全民参与壮大集体经济的热情。探索村民“积分制”管理，推动村民由“要我做”变“我要做”，激发村民参与村级日常事务热情。 （侯鑫敏）

【大庄子村】 2021年，和硕县乌什塔拉乡大庄子村成立于1984年7月，全村行政面积12平方千米。有耕地333.33公顷，年牲畜存栏1.08万头（只），以种植玉米、洋葱、辣椒为主。2021年，农民人均纯收入2.53万元，村集体经济收入36万元。发挥“小庭院”的作用，做好“小庭院”里的“大文章”，鼓励群众利用家中的闲置庭院，发展庭院经济，培育一批庭院经济示范户，重点抓好蔬菜、苗木、畜牧等促进农民就业和增收见效较快的特色产业，吸纳农村富余劳动力。支持马魁食用菌专业合作社发展，推广平菇、羊肚菌、猴头菇等品种，争取项目扶持资金，加大食用菌品牌的培育力度。利用食用菌资源，开办香菇宴等特色农家乐，发展“基地+采摘体验”新模式，提升产品价值。 （侯鑫敏）

【大涝坝村】 和硕县乌什塔拉乡大涝坝村成立于

1984年6月，位于和硕县东南部，西邻大庄子村，辖区面积约8平方千米。耕地396.33公顷，年牲畜存栏2000头（只），农业以种植玉米为主。2021年，村级集体经济收入72.72万元。村党支部整合土地资源，争取项目资金实施333.33公顷高标准农田改造项目，平整田埂、填埋沟渠，整体打包集中流转，优化村级集体土地资源。抓好农村集体产权制度改革工作，认定股权307户978人。开办可容纳20人的“小课堂”，组织返乡大学生、村干部为留守儿童辅导课后作业，传递党的温暖。（侯鑫敏）

【沙梁湾村】 和硕县乌什塔拉乡沙梁湾村，距乡政府10千米，全村行政面积4.97平方千米，全村有耕地面积334公顷，年牲畜存栏2800头（只），农业以种植玉米为主。下辖3个村民小组，2021年，村级集体经济收入27.45万元。村党支部发挥紧邻马兰基地、少数民族群众善于烹饪各种特色美食的优势，发展民宿旅游产业，带动庭院种植养殖业、特色美食业作为增收致富的主渠道，制定“游乡村、住农家、采果蔬、品美食”的发展思路，带领村民打造1.1千米长的民宿一条街，采取外出参观学习、举办培训班、设立奖补资金等方式，鼓励村民发展民宿经济。村党支部发挥宣传推介中心、游客接待中心、培训管理中心的作用，建立民宿餐饮会员制度，统一制作民宿大菜谱，收纳90多道民族美食菜品，统一定价、统一分量，推动民宿产业规模化、品牌化。借助民宿旅游辐射带动庭院养殖业、庭院种植业、少数民族美食制作，实现在家中就业、在家中销售、在家中挣钱的目标。打造特色鲜明的民宿示范点13家，其中餐饮8家、民宿5家，每日可接待游客就餐100人、住宿30人，实现户均增收2万元以上。（侯鑫敏）

【硝井子村】 和硕县乌什塔拉乡硝井子村行政面积4.46万平方千米，耕地面积216公顷，草场面积8.53万公顷，年牲畜存栏1.7万头（只），农业以种植小麦、玉米、饲草料等产业为主。2021年，村级集体经济收入39.80万元。村党支部围绕美丽乡村建设目标，坚持生态优先、产业兴旺的发展思路，鼓励村民利用闲置庭院大力发展庭院养殖，协调帮助该村21户农户申请贴息贷款，解决经济难题。探索农区规模化养殖，开辟发展村级集体经济的有效途径。持续深化农村人居环境整治，巩固提升整治成果，动员群众积极参与到环境卫生整治中，逐巷道逐户开展整治工作，为乡村振兴助力添彩。（侯鑫敏）

【则格德恩呼都格村】 乌什塔拉乡则格德恩呼都格村为蒙语音译，意思是“沙枣井”。前身为国营农牧企业和硕县包尔图牧场四分场，1999年完成改制。全村行政面积21平方千米，耕地面积150.07公顷，农业以粮食（玉米、小麦）为主；草场面积3.2万公顷。2021年，牲畜存栏1.7万头（只），是一个以畜牧养殖为主的牧业村，村级集体经济收入34.89万元。则格德恩呼都格村从牛羊养殖品种改良入手，优化养殖产业结构，采取“村集体+”的经营模式，协调争取100万元西门塔尔生产母牛养殖项目，盘活部队援建闲置养牛场，每年为村集体增收10万余元。成立股份经济合作社、建筑修缮队、农机具和养殖合作社，通过流转土地保底增收、入股合作社收益分红、承包工程增收等方式，实现村集体经济不断发展壮大。投入22万元新建科普馆。协调筹集资金250万元，修缮道路、沟渠2450米，修缮村内主干道围墙3500米，硬化标准化养殖基地道路2600平方米，改善村容村貌。（侯鑫敏）

【沙井子村】 和硕县乌什塔拉乡沙井子村成立于2007年5月，其前身是沙井子一场、二场。沙井子村位于和硕县东南40.5千米处，距乡政府6千米，南与金沙滩相连，北与314国道相连，东与马兰部队相接。全村行政总面积21.84平方千米，有耕地面积3613.33公顷，农业以种植玉米、辣椒、中草药为主，下辖3个村民小组。2021年，村级集体经济收入24.16万元。村党支部引领种植大户唐佃娜发展中草药规模化种植40公顷，带领种植户参加巴州新型创业创新宣讲大赛，获奖金3万元，带动妇女创业种植

4户，实现增收致富。依托紧邻金沙滩旅游景点的区位优势，发展乡村旅游，沙包骆驼队招商，种植花海和薰衣草，探索庭院经济发展模式，引导农户发展民宿。与共建单位签订蔬菜、蛋禽回收合同，打通销售渠道，将群众种植的绿色蔬菜和养殖的鸡、蛋禽等直接供给部队食堂或在集贸市场上销售。

（侯鑫敏）

【拥军社区】 和硕县乌什塔拉乡拥军社区位于和硕县城东部，东邻乌什塔拉乡大庄子村，西北两面与乌什塔拉乡沙井子村、塔拉村相邻，辖区面积约1.5平方千米。2021年，社区集体经济收入0.5万元。幸福路居民区铺设绿化水管道6千米；配合县交通局硬化道路10千米；在县人武部帮助下筹措资金10万元建设百姓大舞台；带领社区居民常态化开展人居环境卫生整治，对道路两侧、绿化带、各巷道及村社接合部卫生死角的生活垃圾进行清扫处理。

（侯鑫敏）

乃仁克尔乡

【概况】 乃仁克尔乡地处和硕县东北部，“乃仁克尔”为蒙语，译为“枣红色马走过的地方”。乃仁克尔乡成立于1984年9月，是胜利公社、红旗公社、包尔图牧场二分场合并后形成的行政乡，其东与托克逊县库米什镇相连，西与和静县克尔古提乡相接，南与乌什塔拉乡相连，北与和静县阿拉沟乡毗邻。是马兰部队原核实验指挥中心和研究基地所在地，距县城70千米。乃仁克尔乡下辖5个行政村，其中包尔图村、艾迪恩阿门村、本布图村地处北部山区，乌勒泽特村、艾勒斯特村分别位于曲惠镇、乌什塔拉乡区域。全乡行政总面积2748平方千米。乃仁克尔乡经济发展以传统畜牧业为主，典型的山区牧业乡，主导产业为畜牧业，现有天然草场21.2万公顷，土地总面积1072.08公顷，其中耕地面积785.54公顷（含机动地122.21公顷），林果树林面积86.53公顷（红枣5.33公顷、新梅1.33公顷）。乡域内金、铜、铁、钨等矿产资源丰富。平均海拔1900~2300米，7月平均气温为32℃，极端最高气温为36℃，极端最低气温为-26℃，年降水量76~90毫米。乡内有东塔西汗河、扎塔西汗河、女期昆河等河流以及八一水库，水资源较充足。

（古丽吉米兰木·麦麦提）

【种植业】 2021年，和硕县乃仁克尔乡播种耕地面积985.54公顷。其中，冬小麦241.13公顷，春小麦100.67公顷，甜菜40.47公顷，茴香13.33公顷，食葵159.53公顷，工业辣椒60.2公顷，甘草117.6公顷，玉米154.41公顷，青贮玉米35.87公顷，板蓝根59.33公顷。（古丽吉米兰木·麦麦提）

【牲畜业】 2021年，和硕县乃仁克尔乡牲畜6.4万头（只），牛和牦牛1.07万头、羊5.11万只、马1388匹、鸡199羽、骆驼620峰。

（古丽吉米兰木·麦麦提）

【重点项目建设】 2021年，和硕县乃仁克尔乡实施项目6个，包尔图村绿化工程项目，投资总额150万元，建设内容约3千米道路绿化，约83亩区域绿化以及部分村部绿化。包尔图村民宿配套建设项目，投资总额200万元，建设内容乃仁克尔乡包尔图村民宿配套建设（属于跨年项目未完工）。包尔图村引水灌溉建设项目，投资项目50万元，项目建设内容：新建底栏栅饮水、河道整治以及饮水灌溉设施等。艾勒斯特村人居环境综合整治建设项目，投资总额320万元，项目建设内容：完善农村基础设施条件及公共服务能力，改善农村人居环境，实施路面硬化面积3万平方米左右，配套路缘石2.2千米左右。包尔图村农副产品加工建设项目，投资总额90万元，采购设备，改扩建厂房。包尔图村村级组织联合办公的建设项目，投资总额120万元，项目建设内容：框架结构2层450平方米及附属实施等建设项目（属于跨年项目未完工）。（古丽吉米兰木·麦麦提）

【巩固脱贫攻坚成果】 2021年，和硕县乃仁克尔乡成立乡村振兴办，配备10名业务骨干，各村成立乡村振兴工作站，村党支部书记兼任乡村振兴工作站站长，配备5名业务骨干，落实巩固拓展脱贫攻坚成果同乡村振兴有效衔接各项工作任务。统筹帮扶力量，帮扶责任人包联帮扶全乡185户脱贫户和三类户，落实落细乡村两级抓落实的工作机制。围绕“乡村振兴”战略，变资源优势为经济优势，建设现代林果生产体系，全乡有序发展特色林果业，依托乌勒泽特村区位优势和国家级少数民族特色村寨优势，推动林果业与旅游业有机融合，打造成一个集特色民俗旅游，手工艺、服饰、刺绣制品销售、民族文化体育、军民文化、现代农业观光集吃、住、购、娱多功能于一体的民俗文化旅游景区。

（古丽吉米兰木·麦麦提）

【村集体经济发展】 2021年，和硕县乃仁克尔乡讨论商定发展壮大村级经济的工作计划，研究具体工作措施，保证村级集体经济发展有方向、有目标、有举措。各类资金项目全面落地见效，乌勒泽特村收入总额53.85万元，本布图村2021年度总收入23.82万元，艾勒斯特村收入总额38.58万元。包尔图村收入25.26万元，均为发包及上缴收入；艾迪恩阿门村收入总额26.02万元，全部为发包及上交收入。

（古丽吉米兰木·麦麦提）

【适度规模经营】 2021年，和硕县乃仁克尔乡通过土地流转，减少土地弃耕抛荒情况，加快农村劳动力转移，优化农业产业结构，提高农产品的质量和市场竞争力。全乡土地播种985.54公顷，全部流转，流转农户数274户700.87公顷（脱贫户131户269.05公顷），流入种植大户7户、流入企业2家，流入合作社1家。（古丽吉米兰木·麦麦提）

【乡村旅游】 2021年，和硕县乃仁克尔乡引进旅游企业1家，带动全乡旅游业、畜牧业发展。打造包尔图村古村落、乌勒泽特村少数民族特色村寨精品线路，发展乡村旅游，组织举办第二届主题为“厨神在民间”的美食大赛，利用中秋节、丰收节等丰富的节庆活动，吸引顾客、提升人气。通过网络宣传推广，开展旅游文化系列活动、红色景区主题党日等助推我乡旅游复苏发展，坚持把旅游业作为富民强乡的战略性支柱产业培育壮大，用全域旅游理念来谋划和推动。在乌勒泽特村国家级特色村寨组织蒙古族美食、服装展示、手工艺刺绣展览、长调、祖拉节等特色活动，吸引更多的游客。为乌勒泽特村建设76平方米舞台一座；为热烈庆祝建党100周年，弘扬中华传统文化，组织本乡非遗传承人和民间艺人，表演托布秀儿弹奏，唱民间小调、长调、服装秀等节目，6月12日，在乌勒泽特村开展“文化润疆·牧民歌唱共产党”非遗主题活动。

（古丽吉米兰木·麦麦提）

【爱国主义教育基地】 2021年，和硕县乃仁克尔乡坚持规划引领、融合创新、突出特色、品牌化发展，突出文化价值融合，形成独特发展优势，培育乃仁克尔乡旅游发展新体系，以马兰文化、东归文化、民族特色文化，打造红色爱国主义教育基地，完善红色旅游文化内涵，发掘马兰红山军博园“两弹”研发军事纪念地这一全国性、唯一性“红色旅游”资源潜力，打造集旅游观光、军事体验、爱国主义教育和国防教育为一体的国家级爱国主义教育基地。（古丽吉米兰木·麦麦提）

【民族特色村寨文化旅游示范区】 2021年，和硕县乃仁克尔乡打造民族特色村寨文化旅游示范区，立足村庄特色资源，探索“美丽乡村+旅游+度假区”模式，建设“一村一景”，开发“一村一品”，实现乡村变景区、民宅变民宿。扶持牧民经营特色餐饮、牧家生活体验等，配套发展采摘、农业体验、民宿、特色餐饮、康养、红色教育等项目。加快将乌勒泽特村建设成为具有民族特色、集绿色农业休闲、农庄体验、旅游观光、民族特色餐饮和民宿服务、民族特色手工艺品销售、民俗赛事和歌舞活动举办为一体的旅游目的地。

（古丽吉米兰木·麦麦提）

【北部山区旅游项目】 2021年，和硕县乃仁克尔乡规划北部山区旅游项目，推进包尔图村美丽乡村二期建设项目，发展原始森林、草甸体验游，加快把包尔图村打造成国家AAA级旅游景区、和硕特黄金部落历史文化与民俗生活集中展示之地。

（古丽吉米兰木·麦麦提）

【庭院经济】 2021年，和硕县乃仁克尔乡发展庭院经济，引导牧民利用庭院发展种植业、养殖业、旅游业，形成“三位一体”的综合型循环庭院经济新业态，实现三产融合发展。加强民族特色手工艺品、奶制品、肉制品、山货（野菜、野蘑菇等）品牌打造和市场开拓。 （古丽吉米兰木·麦麦提）

【文化惠民】 2021年，和硕县乃仁克尔乡“石榴籽”文化文艺小分队，深入村、牧区，开展精彩的文艺演出、传统文化培训和宣传党的最新理论、各项惠民政策、科普文化知识普及等文化惠民活动。乌勒泽特村新建新时代传习所、传习大讲堂、志愿服务室、心理疏导室、矛盾纠纷调解室、文化活动室、农家书屋、青年之家、妇女之家、儿童活动室等多功能的文明实践场所已投入使用。组织志愿服务队开展志愿服务活动25场次，参与志愿者1630人次。开展文化活动22场次、举办展览4场次，讲座4场次，集中宣讲20场次，面对面宣讲47场次，2115人次。利用网络和自媒体宣传马兰红山军博园，带动本乡的旅游发展，拓宽农牧民群众的增收渠道。

（古丽吉米兰木·麦麦提）

【社会事业】 2021年，和硕县乃仁克尔乡村卫生室覆盖率和村医配备率达100%，基本医疗、大病保险参保率慢性病签约、随访服务达到100%，适龄儿童入学率达100%。全民免费体检持续实施，完成全民健康体检948人，完成率100%。城乡医疗保险、养老保险参保率均达到100%。领取城乡居民养老保险待遇人员78人，领取企业职工养老保险待遇28人，完成104人认证系统录入工作。完成2021年养老保险缴费470人。完成2021年医疗保险缴费781人。78周岁以上老年人（高龄补贴）18人，其中78~79周岁7人，享受金每月50元，80~89周岁有9人，享受金每月80元，90~99周岁有2人，享受金每月170元。组织培训180人，组织中式烹调培训二期，培训牧民群众87人，组织手工艺品制作培训一期，培训牧民群众30人。统计上报参加驾照培训45人，6人正在参加培训。统计上报参加电焊培训9人，统计上报参加汽修培训2人，统计上报参加高素质农民培训11人。

（古丽吉米兰木·麦麦提）

【艾迪恩阿门村】 艾迪恩阿门村名为蒙古语，意为艾迪（人名）山口，艾迪恩阿门村成立于1985年，其前身是塔哈其公社牧场一队，该村位于和硕县城北部，距县城75千米，距乡政府2千米，东邻本布图村，南接八一水库，西连查干山和哈日托勒盖，北隔夏日乌拉山。全村行政区划总面积130平方千米，其中草场面积1.2万公顷，森林面积800公顷。艾迪恩阿门村以发展畜牧业为主，牲畜存栏4676头（只），村集体牲畜386只。2021年，村集体收入28.24万元，村集体资产有牲畜、金丝特避暑山庄景区承包、毛驴承包项目等。

（古丽吉米兰木·麦麦提）

【本布图村】 乃仁克尔乡本布图村成立于1985年，由原胜利公社牧业大队组建，1991年搬迁红山。有天然草场4.2万公顷，村集体耕地面积45.33公顷。全村行政区划总面积108平方千米，距县城75千米，东邻托克逊县，南接乌什塔拉乡，西连和静县阿拉沟乡，北接包尔图村。2021年，村级集体经济收入23.82万元，村集体资产有集体土地、集体牲畜（399只生产母羊、20头牦牛）、旅游景点（杏树园牧家乐，内有蒙古包6座）。本布图村利用马兰红山军博园红色基地观光和发展牧家乐，依托马兰红色基地文化，利用塔西海草原独特的自然风光，带动农牧民发展牧家乐，制作蒙古族传统美食、手工艺刺绣等积极吸引游客。打造以红色基地、草原为主题的生态观光、露营探险、民族文化体验等多元化旅游产品。 （古丽吉米兰木·麦麦提）

【包尔图村】　乃仁克尔乡包尔图村耕地面积9.34公顷，天然草场8万公顷，2021年，包尔图村牲畜存栏绵羊1.06万只、山羊2487只、牛1044头，村集体经济收入25.26万元，其中牲畜承包费23.5万元（山羊236只、黑头羊466只、牦牛30头、骆驼117峰）。

（古丽吉米兰木·麦麦提）

【艾勒斯特村】　艾勒斯特村为蒙古语，译为“沙子、含沙地”。全村行政面积6.4平方千米，耕地面积470.93公顷，以农牧产业为主。2021年初，艾勒斯特村牲畜存栏绵羊1.44万只、山羊2340只、牛2281头。2021年农牧民人均纯收入1.19万元，村集体经济收入38.58万元。（古丽吉米兰木·麦麦提）

【乌勒泽特村】　乌勒泽特村为蒙古语，意为“幸福吉祥”。全村行政面积3.28平方千米，耕地面积238公顷，以农牧产业为主。2021年，村集体经济收入19.53万元，土地对外承包租金5.54万元，机械出租收入6.11万元，黑驴承包费用4.5万元，其他圈舍承包费3.38万元。（古丽吉米兰木·麦麦提）

苏哈特乡

【概况】　苏哈特乡名称为蒙古语，译为“红柳滩”，成立于1984年9月，其前身是和硕县胜利公社。位于和硕县城以东3千米处，东与塔哈其镇为邻，南与新塔热乡相连，西与特吾里克镇相接，北与经济开发区毗邻，是一个以农为主，农牧结合的城郊乡。全乡行政总面积58平方千米，其中耕地面积1260公顷，草场面积3133.33公顷。下辖2个行政村，苏哈特村、肖然托勒盖村，16个村民小组。2021年，全乡工农业生产总值1.51亿元，同比增长23.8%。农牧民人均纯收入达1.96万元，同比增加1037元。（塞尔吉玛）

【种植业】　2021年，和硕县苏哈特乡总种植面积1340公顷（含复播作物面积），小麦种植面积208.93公顷（其中冬小麦面积192.73公顷）。种植玉米180.13公顷，蔬菜44.13公顷，甜菜2.07公顷，加工番茄16.53公顷，加工辣椒670.8公顷，西瓜13.13公顷，苜蓿5.13公顷，西葫芦18.67公顷，山药4.53公顷，马铃薯34.4公顷，青贮饲料31公顷。（塞尔吉玛）

【重点项目建设】　2021年，和硕县苏哈特乡申报实施4个项目，申请金额为3407.83万元。其中公共基础类项目3个（和硕县苏哈特乡农牧民服务中心基础设施建设项目、和硕县苏哈特乡苏哈特村观光温室大棚建设项目、和硕县苏哈特乡乡村振兴基础设施建设项目），项目资金投入3360万元；壮大村集体经济类项目1个（和硕县苏哈特乡肖然托勒盖村畜牧品种改良项目），项目资金投入47.83万元。（塞尔吉玛）

【苏哈特村观光温室大棚建设项目】　2021年，和硕县苏哈特乡苏哈特村观光温室大棚建设项目，建设内容：在苏哈特乡苏哈特村建设温室大棚总占地面积1公顷，包括3000平方米观光温室大棚及配套地面硬化、水、电、管网等相关基础设施建设；和硕县苏哈特乡乡村振兴基础设施建设项目，建设内容：配套苏哈特乡观光温室大棚项目附属设施设备、路灯维修与灯箱设置、提升升级风车长廊、打造六条巷道、科普馆建设、购买用于粉刷墙面的油漆涂料、制作蔬菜文化宣传标识牌、人居环境整治等。完成该两个项目的可行性研究报告、初步设计、施工图纸设计、环评报告、招投标及工程造价、水土保持方案编制、地质勘查报告、压覆矿产风险评估报告、竣工验收及项目审计工作。（塞尔吉玛）

【美丽乡村建设】　和硕县苏哈特乡鼓励和引导农户发展种植、养殖及农家乐，打造苏哈特村庭院经济示范户，将庭院收入作为农民增收的亮点，打造庭院经济示范户76户之外，有760户庭院均有种植和养殖。全面完成苏哈特村、肖然托勒盖村美丽乡村建设任务，努力打造宜居、宜业、宜游，具有乡愁韵味的美丽乡村。（塞尔吉玛）

【村集体经济发展】 2021年，和硕县苏哈特乡村级集体经济均达到70.44万元，其中苏哈特村集体经济总收入20.6万元，扶贫牛分红2万元，干菜加工厂对外承包12.5万元，手工挂面厂6万元，鱼塘对外承包0.1万元；肖然托勒盖村集体经济总收入49.84万元，国有土地收取管理费19.85万元，集体土地承包费5.99万元，浩牧养殖扶贫项目分红3万元，同友纺织卫星工厂分红5万元，原红星小学出租费7.5万元，大棚承包费用8万元，保鲜库承包费用0.4万元，鱼塘对外承包0.1万元。（塞尔吉玛）

【适度规模经营】 2021年，和硕县苏哈特乡引导土地有序流转。鼓励合作社、龙头企业与农户建立利益联结关系，提高规模化经营程度，加强土地承包经营权流转和服务，发展多种形式的适度规模经营，流转土地334户548.92公顷。（塞尔吉玛）

【乡村旅游】 2021年，和硕县苏哈特乡探索“党组织+蔬菜产业+乡村旅游”发展新模式，在乡村旅游发展上持续发力，立足独特区位优势和资源禀赋，打造“一带一园、三道七巷”旅游产业发展格局，做大旅游发展蛋糕。苏哈特村建设800米的风车长廊，打造网红打卡点，在风车长廊的辐射带动下，村民相继自发在周边又建起采摘园、农家乐，通过抖音直播，推介网红打卡点，与旅行社合作，不断深挖“吃住行、游购娱”旅游内涵，丰富乡村旅游功能。苏哈特村在打造“蔬菜之乡”旅游品牌上下功夫，以“农旅结合”“文旅结合”方式，开展躬耕主题游、举办文化节，吸引游客、营造氛围，推进“巴州的菜篮子”建设力度，打造“宜人、宜居、宜游、宜业”的新农村。（塞尔吉玛）

【平安建设】 2021年，和硕县苏哈特乡创建自治州平安村2个，平安家庭658户、平安商铺15个。紧抓有利时机分别在“公民道德宣传月”“宪法宣传月”“民族团结教育宣传月”“安全生产宣传月”“6·26”国际禁毒宣传日及“11·9”消防宣传周等时机，采取发放宣传单、面对面入户宣传、制作平安宣传栏、悬挂宣传横幅、发放宣传资料等多种形式、渠道、多方位地进行“平安建设”宣传教育。全乡制作横幅56条、宣传海报300张，制作宣传栏45个，发放宣传资料2000余份，微信群转发230条视频、推文，营造“上下联动千家创，万人防范保平安”的浓厚氛围。（塞尔吉玛）

【社会事业】 2021年，和硕县苏哈特乡办理职工养老退休9人，农村养老退休6人，农村养老注销22人，职工养老退休认证49人，完成农村养老认证工作总481人。完成农村富余劳动力转移就业任务635人，已录入农转系统。2021年，养老收费1131人次，完成率92.40%，城乡居民医疗保险费2390人次，完成率96.76%。零散务工人员531人。全年培训7个专业工种共270人。（塞尔吉玛）

【蔬菜配送中心】 2021年，和硕县苏哈特乡申请扶贫项目资金2500万元，建设苏哈特乡蔬菜配送中心，建设占地面积0.83公顷，配套1200平方米作业用房、2600平方米气调库。新建培训楼3层，总建筑面积703.88平方米，实操用房地上一层，总建筑面积3870.95平方米。配套冷库设备、气调系统，项目在施工主体建筑建设，配套设备采购运抵。至年末，完成项目投资的50%。（塞尔吉玛）

【苏哈特村】 苏哈特村位于和硕县城东部，距县城3千米，是全国“一村一品”示范村，自治区乡村振兴示范村。东与塔哈其镇浩尧尔莫敦村为邻，南与苏哈特乡肖然托勒盖村相连，西与特吾里克镇相接，北与县经济开发区毗邻，是一个以农为主，农牧结合的城郊村。全乡共辖8个村民小组、1个养殖小区。苏哈特村特色主导产业为种植业，蔬菜种植业收入是村民的主要收入来源，村域内有风车长廊、高标准高智慧温室大棚、苏哈特村科技馆等旅游景点，纳入县域文化旅游发展规划。2021年，是全国一村一品示范村、自治区乡村振兴示范村。全村总面积9平方千米，耕地面积714.4公顷，其中农村集体耕地面积147.93公顷、国有耕地566.47

公顷、防护林108.93公顷。林果面积85.74公顷；牲畜存栏数2.124万头（只），年出栏0.84万头（只）。完成农村集体产权制度改革成员身份界定工作，颁证股权证585户1500人，全村生产经营性资产62万元，每人持初始股金1141.8元。村级集体资产有集体机动地、干菜加工厂、蔬菜配送中心、高标准高智慧温室大棚、传统手工挂面厂、鱼塘租赁等，2021年，村级集体经济年收入20.6万元。

（赛尔吉码）

【肖然托勒盖村】 肖然托勒盖村成立于1961年，蒙古语翻译成“红沙包”，位于和硕县城东南方向，距县城9千米，东与新塔热乡相连，西与清水河农厂相接，北与苏哈特村毗邻，辖区面积约25平方千米，耕地总面积966.67公顷，草场面积73.33公顷，以农牧结合为主，主要种植辣椒、西红柿、小麦、玉米、甜菜等农作物，养殖业以羊、牛为主，种养殖收入是村民的主要收入来源，村域内有新塔拉遗址于1999年自治区人民政府公布，为自治区级文物保护单位。2021年，全村牲畜存栏达1万余头（只），发展多种形式的农业经营，引导和鼓励农户流转土地，提高规模化经营水平，村土地流转面积511.14公顷，完成农村集体产权制度改革成员身份界定工作，颁证股权证425户1242人，全村生产经营性资产28.7万元，每人持初始股金231元。村级集体资产，集体土地48.93公顷，代为管理的闲置村教学点房屋租赁，4座大棚租赁，鱼塘租赁，烘干房租赁，2021年，村级集体经济年收入40.84万元。

（赛尔吉码）

新塔热乡

【概况】 新塔热乡（包尔图牧场）成立于1954年，位于和硕县城东南部，与县城相距12千米，东与农二师二十六团相连，南邻博斯腾湖，西邻苏哈特乡巴州清水河农场相接，北与塔哈其镇毗邻，地势平坦，地理位置优越，行政面积28.86万公顷。2021年，辖3个行政村（新塔热村、则格德恩阿茨村、布茨恩查干村）、1个养殖合作社。境内有1所学校，1所卫生院、3个村级卫生所。（陈志鹏）

【重点项目建设】 2021年，和硕县新塔热乡突出抓产业振兴，往纵深发展，农副产品深加工，申报50万元野山鸡养殖项目、450万元烘干房建设项目等产业类项目陆续建成投产。争取到2000万元人居环境整治项目资金，为新塔热乡产业发展、壮大村集体经济提供了强有力的支撑。（陈志鹏）

【巩固脱贫攻坚成果】 2021年，和硕县新塔热乡开展巩固脱贫攻坚成果集中排查工作统筹乡村力量，逐村、逐户、逐人核准信息，保持脱贫攻坚政策稳定，落实“摘帽不摘责任、摘帽不摘政策、摘帽不摘帮扶、摘帽不摘监管”的要求，确保已脱贫群众不返贫，稳步巩固脱贫攻坚成果。（陈志鹏）

【美丽乡村建设】 2021年，新塔热乡按照“产业发展、生态宜居、乡风文明、治理有效、生活富裕”的发展理念，推进美丽乡村建设，打造新型美丽乡村。至年末，完成806户庭院整治，清理农村生活垃圾52.5吨，禽畜粪污等农业生产废弃物8.7万余吨，清理整治农村道路约56千米、村内沟渠约112千米，清理修复老旧林带约52.33公顷，彻底清理卫生死角。开展环境卫生整治，对全乡大街小巷进行大面积清扫。

（陈志鹏）

【村集体经济发展】 2021年，新塔热乡农村集体产权制度改革按照上级部门要求全面完成，3个村完成折股量化、成立股份合作社、收益分红和清产核资工作。打造壮大村集体经济示范村，按照“因地制宜、科学规划、多元发展、持续壮大”工作思路，将新塔热村确定为壮大村集体示范村，确定村集体经济突破40万元。（陈志鹏）

【适度规模经营】 2021年，和硕县新塔热乡播种各类作物3440公顷，引导农户对土地进行流转，与新疆大疆和农业科技有限公司、明鹏农机专业合作社签订流转合同，解放劳动力，发展田间劳务经济，全乡流转集体土地666.67公顷、国有土地1533.33公顷。（陈志鹏）

【“富硒”粮食生产】 2021年，和硕县新塔热乡打造富硒粮食生产基地，引导村民发展冬小麦粮食生产，为提高粮食生产效益，引进制种企业发展，流转土地近533.33公顷，发展冬小麦制种，增强小麦良种供给能力，通过企业良好的示范带动作用，提高农民发展现代农业的科技高素质，推进农业供给侧改革，促进农民增产增收。（陈志鹏）

【乡村旅游】 2021年，新塔热乡发挥自然资源和区位优势，发展布茨恩查干村龙驹湿地周边胡杨林、蒙古族民俗旅游（养生蒙医）、甘珠尔寺蒙古传统文化、环湖公路、赛马场跑道，鼓励牧民制作风干牛肉、新疆烤肉等民族特色食品，在五四青年节举办赛马大赛，吸引广大游客观光旅游，促进当地经济增收。（陈志鹏）

【平安建设】 2021年，新塔热乡共开展平安村、平安商铺、平安家庭、平安校园、平安宗教场所、平安卫生院等平安细胞创建活动，乡平安建设领导小组对3个村、515户平安家庭和16家平安商铺进行复验命名。开展普法宣传活动16次，司法调解矛盾纠纷80余条，调解化解率达到100%。（陈志鹏）

【布茨恩查干村】 布茨恩查干村成立于2003年1月，位于和硕县南部，东邻新塔热村五队，南与博斯腾湖相连，西与博湖县塔温觉肯乡那英托勒盖村和二十四团二连相接，北与清水河农场四队和苏哈特乡肖然托勒盖村相接，辖区面积2.48平方千米。布茨恩查干村特色主导产业为养殖业，养殖业收入是村民的主要收入来源，村域内有龙驹湿地、赛马场、甘珠尔寺等旅游景点，纳入县域文化旅游发展规划。2021年，全村牲畜存栏达2万余头只，发展多种形式的农业经营，引导和鼓励农户流转土地，提高规模化经营水平，村土地流转面积222.18公顷，完成农村集体产权制度改革成员身份界定工作，颁证股权证222户543人，全村生产经营性资产62万元，每人持初始股金1141.8元。村级集体资产有巴音布鲁克黑头羊200只、牦牛110头，集体土地8.92公顷。进行苇场租赁和鱼塘租赁。2021年，村级集体经济年收入31万余元。（陈志鹏）

【新塔热村】 新塔热村为蒙语音译，译为“新长出来的麦子”。该村位于和硕县县城以东（方向）12千米处，距乡政府0.5千米，东与青鹤公司相连，南与博斯腾湖相连，西与苏哈特乡相接，北与塔哈其镇毗邻，全村行政总面积300平方千米，耕地789.67公顷，草场面积1.21万公顷。2021年，牲畜存栏5670头（只）。新塔热村有2台大型农机具，实施对外承包，每年集体经济收入7万元。有集体经济组织1个，即和硕县杜寒羊养殖农民专业合作社，将合作社541只羊对外承包，部分资金作为村教育、医疗补助和购买岗位支出，剩余资金作为村集体收入。2021年，村级集体经济年收入59.68万元。（陈志鹏）

【则格德恩阿茨村】 则格德恩阿茨村名为蒙古语，译为“沙枣花”。该村位于和硕县东部，新塔热乡北部，距县城12千米，距乡政府4千米，东邻和硕县青鹤公司耕地，南接新塔热乡新塔热村，西连苏哈特乡肖然托勒盖村，北接塔哈其镇浩尧尔莫敦村。农业耕地330.33公顷，林地15.33公顷。2021年，村集体经济收入有：308头黑头羊，对外承包费6.3万元；50万元少数民族发展资金购买的西门塔尔牛，对外承包费5.5万元；新塔热乡劳动力资源市场共30间房屋对外出租，年收入15.26万元。村委会将15万元资金委托和硕县绿野尚品种养殖农牧民专业合作社，按13.3%收益，年度收入2万元。2021年，村集体收入29万余元。（陈志鹏）

驻县单位

兵团二师二十四团

【概貌】 兵团二师二十四团前身是西北野战军第一兵团二军六师十七团。1959年5月，组建成立农二师解放五场。1969年9月，改称二十四团。从2011年开始，由河北省张家口市一对一结对帮扶。二十四团位于铁门关市区东北130千米处，与铁门关市中间相隔库尔勒市、焉耆县和博湖县。是年，土地总面积2.13万公顷。辖14个连队、3个社区。是年末，全社会从业人员780人，其中在岗农牧一线职工2802人。年末团农用地面积1.56万公顷，其中耕地面积6388.26公顷、林地面积2200.98公顷、牧草地面积2921.44公顷、园地面积774.79公顷，建设用地面积557.48公顷，其中居民点及工矿用地面积287.26公顷。林业面积929公顷，森林覆盖率4.4%。境内国家级野生保护动植物有野猪、野羊、野兔、黄羊、狼、狐狸、黄鼠狼、麋鼠、野兔、刺猬、野鸭、野鸡、雁、白鹭、灰鹭、麻雀、喜鹊、乌鸦、啄木鸟、布谷鸟、斑鸠、猫头鹰等（建团初期），野生药用植物有罗布麻；主要农特产品有葡萄、番茄、辣椒、早酥梨、张杂谷、香菇。无重要矿产资源。主要旅游景区有银沙滩天格尔岛旅游景区。

2021年，兵团二师二十四团完成生产总值9.21亿元，同比增长10.6%。其中，第一产业4.35亿元，同比增长9.3%；第二产业1.56亿元，同比增长14.7%；第三产业3.3亿元，同比增长11.1%。招商引资完成2.5亿元，完成固定资产投资3.03亿元，同比增长102.8%，在岗职工平均工资与连队居民人均可支配收入同步增长。

（姚智伟）

【经济发展】 2021年，兵团二师二十四团总投资额3.1629亿元。按三次产业分，第一产业完成投资1.41亿元，第二产业完成投资3020万元，全部是工业投资。第三产业完成投资1.45亿元。全年5000万元以上投资项目5个，完成固定资产投资7132万元，占全团投资比重的22.5%；其中计划投资超过1000万元的项目14个，完成固定资产投资额2.25亿元，占全团完成投资比重的71.1%。新开工1000万元以上项目17个，完成固定资产投资2.69亿元，占全团固定资产投资的84.96%。

2021年，二十四团实现社会消费品零售总额1.95亿元。较上年同期1.78亿元同比增长9.57%。

2021年，二十四团农行支行各项存款余额3亿元，比年初增加7831万元。其中储蓄存款2.39亿元，比年初增加4396万元，比上月增加1181万元；单位存款6228万元，比年初增加3436万元。各类贷款3838万元，比年初减少3040万元。其中，公司贷款50万元，个人贷款3788万元，比年初减少90万元。

（姚智伟）

【农牧业发展】 2021年，兵团二师二十四团种植业：小麦1904.78公顷，单产9001.5千克/公顷，增加效益2560.05元/公顷，增长18%；番茄238.53公顷，单产147吨/公顷，增长81%；辣椒2261.58公顷，平均单产8805千克/公顷，增加效益2.56万元/公顷，增长

199%；甜菜33.88公顷，平均单产90.57吨/公顷，增加效益53.4元/公顷，增长0.37%，谷子243.76公顷，单产5325千克/公顷，玉米319.86公顷，单产15.15吨/公顷；设施农业：完成蔬菜种植面积192.68公顷，生产蔬菜2.36万吨。林果业：种植面积1042公顷，完成果品总产量3万吨，增长10%，果品单价较上年增加1.5元/千克。畜牧业：牲畜出栏10.14万头只，较上年同期下降6.3%；禽类出栏9.5万羽，下降7.4%；禽蛋1900吨，实现畜牧产值3.28亿元。水产业：养殖总面积达297.3公顷，商品鱼总产量2655吨商品鱼，完成总产值3710万元。通过全国无公害水产品的复审，成为巴州地区唯一的水产品无公害养殖示范基地。

（姚智伟）

【城镇规划建设】 2021年，兵团二师二十四团城镇基础设施道路改扩建项目总投资4000万元，对二十四团东、西片区共计12千米城镇道路改扩建；二十四团城镇污水处理厂建设项目总投资1400万元，日处理能力2700立方米/天，处理工艺为“AAO工艺+MBR膜工艺+紫外线消毒”。（姚智伟）

【援疆工作】 2021年，兵团二师二十四团先后组织机关干部、连队“两委”成员、合作社负责人、职工致富带头人、老党员、招商引资工作人员等6批次，共24人到河北省张家口市考察学习，开展招商活动。组织选派二十四团城镇管理与服务中心工作人员到保定市住房和城乡建设局挂职学习3个月。张家口市先后有张家口市农科院、张家口市草原畜牧研究所、张家口市政协主席刘宝岐带领张家口市发改委、农业农村局等单位领导到二十四团考察、交流援疆工作。邀请张家口农科院谷子研究所、张家口市草原畜牧研究所等专家到二十四团考察调研，举办培训班。为进一步巩固和扩大“张杂谷”援疆成效，联络引进“张杂谷”人才资源，从疆外柔性引进6名谷子专家，立足二十四团及周边团场农业资源，开展试验和示范种植以及技术指导服务，持续开展“张杂谷”本土化培育实十四团进行29个谷草新品种、3562个“张杂谷”品种（品系）、4个马铃薯试验、“张杂谷”密度试验、张杂谷—马铃薯轮作种植模式研究等，共设置5个试验区，占地面积14.73公顷，推广张杂谷种植面积达246.67公顷。组织赵治海高端人才工作室兵团二师工作站的专家及技术人员深入田间开展技术指导和服务20余次，在二十四团一连召开“张杂谷”种植经验分享交流现场会，30余名张杂谷种植户参加现场培训和座谈，为张杂谷种植户答疑解惑，解决种植难题，传授种植技术。立足团场实际和需求，乘势而为，谋划上报“十四五”对口援疆项目2个。（姚智伟）

【工商业】 2021年，兵团二师二十四团规上企业6家，年末实现工业增加值1.56亿元。依托交通区位和环湖资源优势，培育壮大三产服务业经营主体，是年培育限额以上贸易企业3家，其中批发两家为三道桥合作社、维雅合作社；零售一家为建国合作社。至年末，限上企业11家。以博隆诚投农副产品销售公司为龙头，将散而小的批发零售业以企业作为支撑，形成新的经济增长点。规范市场环境，拓宽就业渠道，促进第一、二、三产业深度融合发展，是年，预计三产完成增加值3.3亿元，较同期增长11%。

（姚智伟）

【招商引资】 2021年，兵团二师二十四团结合兵团第二师招商引资“十四五”规划明确的六大产业发展方向，重点在农产品精深加工、冷链仓储物流、畜禽养殖及屠宰加工、纺织服装、观光旅游、芦苇加工、清洁能源等领域发力，围绕产业链、立足产业基础，建言献策，科学谋划一批落地性强、适合师市及团场经济发展的产业项目，进一步充实团场招商项目库。至年末，累计对接来访企业60余次，疆内拜访企业10余次，疆外招商8次，发放招商宣传册300余份，上报招商动态信息60余条；总计签约项目29个，总投资32.57亿元，落地开（复）工项目22个，总投资9.76亿元，全年形成固定资产投资3.01亿元；累计办理项目备案证26个，新注册营业执照企业20余家；出让土地14.71万平方米，出让金1468.5万元。重点招商引资项目有序开展，加油加气站、1万只种羊养殖基地、房地产开发、商业综合楼、木材加工厂、葡萄冷藏加工等重点项目均已开工建设；重点结合团场资源优势，谋划储备2022年招商引资项目9个，预计总投资6.5亿元。（姚智伟）

【社会事业】 2021年，兵团二师二十四团足额缴纳五项社会保险费2962人，其中包括公益性岗位82人；定期工伤待遇9人；享受“4858”（是指就业困难的女性年满48周岁、男性年满58周岁可享受社保补贴）、“4555”（是指针对困难群体女45岁，男55岁可享受社保半价待遇）待遇5人；社区两委21人，总计征缴社保费4870.53万元。团场事业单位社会保险征缴：团学校在岗120人，征缴社会保险费358.38万元，职业年金115万元。团医院在岗65人，征缴社会保险费178.35万元，职业年金57.23万元。幼儿园在岗10人，征缴社会保险费23.81万元，职业年金7.52万元。个体灵活就业城镇职工养老医疗保险人员参保1255人，征缴社保费1445万元。城乡居民养老保险参保1017人，征缴社保费124.27万元。城乡居民基本医疗保险参保6076人，征缴社保费187.59万元。

2021年，有离退休人员3683人（其中离休15人；退休职工3065人；个体灵活就业退休人员332人；居民退休人员271人）。全年发放养老金1.32亿元；发放丧葬抚恤待遇110人，共计702.89万元。合计1.32亿元。

2021年，二十四团全面落实社会救助和社会福利资金4928645元，切实发挥社会救助在打赢脱贫攻坚战中的兜底保障作用。团设有退役军人服务站1所，退役军人服务站在重大节日对退役军人和其他优抚对象进行慰问，组建一支“新时代文明实践志愿服务队”，开展各类志愿活动10余次，在救灾领域发挥示范带头作用。团场建有计划生育服务站1个，全年全团共出生71人，一孩35人、二孩28人、三孩出生8人，发放各类补助资金86.85万元，累计受助892人。

2021年，二十四团拥有九年一贯制学校2所，幼儿园2所，二十四团第一中学在校小学生652人，初中生356人，教职工94人，其中，专任教师人75人，小学、初中儿童少年入学率和升学率均达100%。

（姚智伟）

【公共文化服务】 2021年，兵团二师二十四团公共文化服务体系日益完善，为全团各单位安装无线调频广播19套，为19个单位颁发春晚演出奖品和职工体育比赛奖品。先后组织开展迎新春职工体育比赛、线上春节文艺晚会、兵地民族团结一家亲联谊活动和感党恩庆国庆迎中秋联谊会、师市庆祝建党100周年“颂歌献给亲爱的党”大合唱比赛、参加师市建党100周年文化展示月文艺会演、二十四团和硕县巴州歌舞团巴州音协送文化下基层文艺会演、太极拳比赛、师市职工歌咏比赛、二十四团第二届全民健身职工运动会等丰富多彩的文体活动31场次，放映电影180场次，参与人数达6000多人次；和硕县、和静县文艺小分队赴二十四团开展“我们的中国梦”文化进万家慰问演出2场次，为团场职工献上视听盛宴；组织文艺队参加和硕县开展兵地联谊活动6场，促进兵地文化交流共建。与和硕县开展兵地文化融合共建基地挂牌两次；团史馆组织中、小学生、老干、各单位党员、新职工以及库尔勒、和硕县、和静县、焉耆县观看团史馆45场次。图书馆全年免费开放，全年借阅达2100多人次，投资近27万元更新影剧院舞台灯光音响设备，投资7万元购买图书室书桌书架、阅读桌椅以及窗帘灯光装修等，满足社会各界人士对文化生活的需求。参加师市庆祝建党100周年大合唱比赛获得第二名和优秀组织奖，参加师市太极拳比赛获得三等奖，参加师市庆祝建党100周年职工歌咏比赛获得优秀奖，参加师市庆祝建党100周年文化展示月文艺会演获得优秀组织奖，节目情景剧《长征》获得优秀节目表演奖，2部摄影作品分别获得师市三等奖和优秀奖。（姚智伟）

【医疗卫生】 2021年，兵团二师二十四团拥有各类卫生机构10所，其中医院1所、连队甲级卫生室8个、社区卫生服务站1所。有工作人员共计72人，其中在编人员58人、同工同酬1人、大学生锻炼岗4人、志愿者2人、“三支一扶”1人、后勤6人。床位编制数49张，全团平均每千人拥有病床4.6张，平均每千人拥有卫生技术人员5人。基层疾病预防控制、突发公共卫生事件应急处置能力提高，团连卫生机构规范化建设覆盖率达到100%。截至2021年12月底，累计建立居民档案1.6万份，现实际管理1.26万份（除去死亡、迁出、长外出人员），基本公共卫生服务项目覆盖率100%。新型冠状病毒肺炎流行病学调查10例，完成核酸采样、环境采样任务。接种新型冠状病毒肺炎疫苗2.03万剂次，第一针8835剂次（含5型腺病毒20针）、第二针8315剂次、第三针3107剂次。（姚智伟）

【水利项目建设】 2021年，兵团二师二十四团水利工程供水量0.43亿立方米。按供水用途分，农业供水0.42亿立方米。按供水方式分，地表水供水量0.37亿立方米，机电井提水量660万立方米。节水灌溉面积7000公顷。（姚智伟）

【巩固拓展脱贫攻坚同乡村振兴有效衔接】 2021年，兵团二师二十四团落实最低生活保障、特殊人员供养、医疗救助、临时救助、经济困难老年人等各项补贴。对本团户籍人口年人均纯收入进行大普查，全年开展6次精准核查，核查内容包括医保缴纳情况、劳动力情况、适龄儿童就学情况、大病人员享受政策情况、住房情况、安全饮水情况、人均纯收入情况等，经核查，其人均收入均高于7330元，无返贫人员。全年办理低保4666户次6298人次337.65万元；特困供养9人10.33万元；临时救助213户次489人次11.4万元；经济困难老年人770人次7.4480元；残疾人两项补贴155人2.41万元；高龄老人补贴6621人次4.05万元；燃气补贴335人13.4万元；圆梦助学1人7500元，临时救助11.4万元。（姚智伟）

新疆清源农业发展有限公司（原清水河农场）

【概况】 新疆清源农业发展有限公司经营范围：中餐（仅限分支机构经营），种植农作物、经济作物、经济林木；开发农业、土地，加工销售农副产品，销售皮棉、农用物资，牲畜的养殖及销售、畜产品加工及销售，土地租赁，住宿（仅限分支机构经营），自有房地产经营活动（依法须经批准的项目，经相关部门批准后方可开展经营活动）。下设部门：财务管理部、审计部、综合管理部、投资管理部、人力资源部、水资源环境管理站。下属单位：一基地、二基地、三基地、四基地以及4个由农场控股、参股的有限责任公司。公司土地确权面积0.91万公顷，有草场面积2.37万公顷，优质耕地0.49万公顷。公司有总人口8939人，在职职工678人，离退休人员1576人。主要种植作物有色素辣椒、加工番茄、果品、小麦、玉米、棉花、大棚果菜等。（邹　霖）

【基础设施建设】 2021年，新疆清源农业发展有限公司精准推动基础设施建设，投入项目资金1981万元，实施17个滴灌系统升级改造建设项目，1000公顷高效节水建设项目，田间高效节水改造项目以及配套工程等。投入公共事业资金18万元，对危旧房进行维修改造，投入14.7万元实施清水河畔小区绿化供水管道改造等工程，改善职工群众的生产和生活条件。（邹　霖）

【推进企业改革】 2021年，新疆清源农业发展有限公司第一届党委会选举产生，稳步推进，劳动、人事、分配制度改革破冰，制定完善公司企业负责人和员工薪酬管理办法，推行全员劳动合同制、取消行政级别实现“能者上，平者让”的正向用人机制。全面完成涉及社会化管理的相关资产无偿划转工作，向当地社区移交5个办公场所和相关办公设备，净值655万元。组建完成用水协会，灌溉用水管理由“他律变革成自律”的社团组织，通过成立协会，费用成本明显降低，用水质量大幅提高，经济效益显现；制定下发《关于推进土地适度集约规模经营，构建三大农业经营管理体制的指导意见》，为推动公司土地深化改革工作向纵深发展，进一步

理顺土地承包关系、整合土地资源，形成适度集约规模化经营，发挥农垦“示范区”引领作用打下良好基础。（邹　霖）

【经济发展建设】 2021年，新疆清源农业发展有限公司完成生产经营计划和财务预算指标任务。资产总额由2.5亿元增加到11.1亿元，增长344%；资产负债率由86.25%下降到18%；所有者权益由2716万元增加到2826万元，增长4.05%；净利润预计实现110万元，与2021年同期相比增长442%；国有资产保值增值率比目标值增长1.05%；固定资产投资完成1981万元，比计划投资增长33%。招商引资、对外合作初见成效，落户公司的畜牧产业园项目投资2.2亿元，占地面积26.67公顷，规模达到百万头只羊。公司“北林、中农、南牧”的产业规划基本形成。（邹　霖）

【种植业】 2021年，新疆清源农业发展有限公司粮食生产完成人民政府下达的目标任务，冬春小麦收获面积814.53公顷，完成计划的102%，总产量7150吨，完成粮食任务的118.2%，籽粒玉米收获面积1042.73公顷，完成计划任务的104.3%，总产量1.95万吨，完成计划任务的123.4%，全面履行农垦企业“国家队”的光荣使命。调优种植结构，特色经济作物实现增产增收，种植辣椒1713.33公顷、设施农业212.87公顷、甜菜133.33公顷、棉花126.67公顷、加工番茄83.33公顷、其他农作物238公顷。种植青贮、黄贮饲料（含复播）733.33公顷。2021年，经济作物和粮食作物种植比例分别为44.6%和55.4%。（邹　霖）

【畜牧业】 2021年，新疆清源农业发展有限公司畜牧业发展健康有序，年末畜禽存栏达到牛3600头、羊2.9万只、家禽13万羽、猪760头。（邹　霖）

【林果业】 2021年，新疆清源农业发展有限公司林果业异军突起，有388.8公顷成园果园，坐果面积101.67公顷，其中欧洲李、法兰西果品效益明显，亩产值分别达到1.25万元、1.12万元，亩收益高达6000余元。（邹　霖）

【落实民生实事好事】 2021年，新疆清源农业发展有限公司落实补助政策，缴纳职工社会保险费1377万元。为1572名退休人员缴纳医疗保险费近500万元。为各单位职工以及牧民补助棉花、小麦、玉米、草畜平衡、农机购置补贴、深松作业等资金427.6万元。累计组织务工人员5500余人到公司开展农业生产工作，及时解决劳动力短缺的问题。为防止严寒气候造成果树受冻，影响职工收益，公司投入资金11万元，购买毛毡1200卷免费发放给果农，对公司266.67公顷果树全部进行包扎处理，保证果树安全越冬。投入21.39万元，完成各单位713户居民“厕所革命”工作。为辖区防风林免费灌溉生态水88万立方米（7.7万元）。对居民点绿化带的1.7万棵绿化树免费供水30万立方米（6.9万元）。（邹　霖）

【安全生产工作】 2021年，新疆清源农业发展有限公司加大安全隐患排查力度，对各单位机电井检查6次102处，排除安全隐患6个。投入1.2万元制作170块警示牌悬挂于机井房和沉砂池等重点区域。投入资金近3000元对各单位辖区防洪坝险段进行加固，确保防汛期顺利度过。为提高防护意识，开展消防知识培训8次，累计参加人数达2000余人次。抓好大棚房安全隐患防范工作，投资70万余元对辖区内456座大棚房进行全面摸排，对存在严重隐患的100座大棚采取拆除新建、维修处理等措施。对部分看护房输电线路老化、电线私拉乱接的现象进行全面整治，更换改造输电线路3000米，配装安全防护配件125个，确保辖区种植户的用电安全。公司全年未发生安全事故。（邹　霖）

附　录

组织机构负责人名录

（收录正科级以上的实职领导名录）

中共和硕县委员会

书　记　张　峰（11月离任）
　　　　朱　军（11月任职）
副书记　哈　热（蒙古族，12月离任）
　　　　干　代（蒙古族，12月任职）
　　　　孟海峰（5月离任）
　　　　郭丽娜（女，河北援疆干部）
　　　　朱　震（5月任职）
常　委　朱　震（5月离任）
　　　　赵军民（8月离任）
　　　　何其云（9月任职）
　　　　张正海
　　　　陈延华（4月离任）
　　　　王永安（6月离任）
　　　　兰吉飞
　　　　李福君
　　　　田六六（河北援疆干部）
　　　　朱宏伟（5月任职）
　　　　马亚龙（6月任职）
　　　　琪曼古丽·阿不力米提（5月任职）

和硕县人大常委会

主　任　那永强（蒙古族，12月离任）
副主任　孟海峰（9月任职）
　　　　阿依古丽·依布拉音（女，维吾尔族）
　　　　王彩娟（女，9月任职）
　　　　马建龙（回族，9月任职）
　　　　马德勇（回族，5月离任）
　　　　王卫东（1月离任）
　　　　毛少骏（5月离任）

人大常委会工作部门
办公室主任　汪道杰（3月离任）
　　　　　　贺洪亮（7月任职）
法制工作委员会主任　王述民
财政经济工作委员会主任　李中峰（3月任职）
科教文卫和民族宗教侨务工作委员会主任
　　　　　　徐　芳（女）

和硕县人民政府

县　长　哈　热（蒙古族，12月离任）
代县长　干　代（蒙古族，12月任职）
副县长　陈延华（4月离任）
　　　　朱　震
　　　　田六六（河北援疆干部）
　　　　巴特尔（蒙古族，5月离任）
　　　　依布拉音·努尔（维吾尔族，5月任党组成员）
　　　　陈　勇
　　　　李　鹏
　　　　阿尤甫·克热木（5月任职）
　　　　张　亮（5月任职）

阿力腾才次克（9月任职）
艾力克木·斯拉音（9月任职）

政协和硕县委员会

党组书记、副主席　陈延华（5月离任）
王永安（8月任职）
党组副书记、主席　赵卫东（11月离任）
副主席　王海强（4月离任）
阿不拉江·尼亚孜（维吾尔族，8月任职）
马好萍（女，回族，8月任职）
贺银花（女，蒙古族，8月任职）

政协和硕县委员会工作部门
办公室主任　蔡晓茵（女，11月离任）
蒋冬菊（女，11月任职）
专门委员会工作科科长　张金凤（女）

和硕县纪委监委

县委常委、纪委书记、监委主任
倪桂艳（女，满族，4月离任）
兰吉飞（4月任职）
纪委副书记、监委副主任　王作联（6月离任）
张小军（6月任职）
纪委常委、监委委员　曹力孟（蒙古族，6月离任）
岳　红（女，6月离任）
夏　艳（女，6月任职）
纪委常委　侯　迅（女，3月离任）
监委委员　陈淑萍（女，8月任职）

河北省张家口市援疆工作前方指挥部

指挥长　郭丽娜（女）
副指挥长　田六六

和硕县人民法院

党组书记、副院长　邓　亮（7月离任）
魏连军（8月任职）
党组副书记、院长　巴依尔塔（蒙古族）
党组成员、副院长　旦·达娃（蒙古族）
陈　辉
党组成员、执行局局长　周国平

和硕县人民检察院

党组书记、副检察长　韩登元
党组副书记、检察长　李同正（7月离任）
陈德全（8月任职）
党组成员、副检察长　张　青
廖华东
党组成员、纪检组长　王　瑜

和硕经济开发区管理委员会

党工委书记、管委会副主任　楚洪涛

和硕县委工作部门

和硕县委办公室
主　任　张　军（4月离任）
王小成（6月任职）
机要局局长　马相帅（回族）

和硕县委组织部
部　长　李福君
副部长　代力格尔（女，蒙古族，6月离任）
陈龙华
张国伟
王会财（援疆干部）
和硕县干部人事档案管理中心主任　周　燕（女）
群众工作服务中心主任　王亚玲（女）
党员干部现代化远程教育管理中心主任　张延博

和硕县委宣传部
部　长　兰吉飞（4月离任）
琪曼古丽·阿不力米提（女，维吾尔族，5月任职）
副部长　贺洪亮（6月离任）
林丽英（女）
马建生（6月任职）

和硕县委统战部部长
部　长　王永安（5月离任）
　　　　马亚龙（5月任职）
副部长　黄　强
　　　　阿不力孜·吐尔逊（维吾尔族，1月离任）
　　　　王　康（2月任职）

和硕县委政法委
书　记　孟海峰（4月离任）
　　　　朱宏伟（5月任职）
副书记　陈　勇
　　　　张　亮
专职副书记　王振方（3月离任）
　　　　　　周　英（女）
　　　　　　蒙　强（6月任职）

和硕县委网信办
党支部书记、主任　黄永强（11月离任）
　　　　　　　　　刘长录（11月任职）

和硕县机构编制委员会办公室
主　任　张玉华（女）

和硕县直机关工作委员会
书　记　张金环（女）

和硕县党委巡察办
主　任　岳　红（3月任职，6月离任）
　　　　夏　艳（6月任职）
副主任　李佑萍（女）
正科级巡察专员　张小军（6月离任）
　　　　　　　　宋新军（11月离任）
　　　　　　　　葛新华
　　　　　　　　吕惠敏（女，11月任职）
　　　　　　　　蔡晓茵（女，11月任职）

和硕县委老干部工作局
党支部书记、副局长　吕玉春（女）
党支部副书记、局长　史军山

和硕县委党校
校　长　李福君
党支部书记、常务副校长　段拥军

和硕县人民政府工作部门

和硕县人民政府办公室
主　任　王　泽
副主任、信访局局长　孙中新

和硕县发展和改革委员会
党组书记、副主任　马首国
党组副书记、主任　何亦健

和硕县教育和科学技术局
党组书记、副局长　李子天
党组副书记、局长　马　前

和硕县商务和工业信息化局
党组书记、副局长　冯德玺
党组副书记、局长　胡　伟
党组成员、葡萄产业服务中心主任　马乐三

和硕县供销社
党组副书记、主任　王启龙
党组成员、副主任　马国辉

和硕县公安局
人民政府党组成员、县委政法委副书记、公安局党委书记、局长、督察长　张　亮
党组副书记、政委　杨吉江
党委委员、副局长　哈日次克（蒙古族）
　　　　　　　　　张　瑜

和硕县机关事务管理局
党组书记、副局长　马好萍（女，回族，8月离任）

和硕县民政局
党组书记、副局长 李培丰
党组副书记、局长 库尔班·卡斯木（维吾尔族）

和硕县司法局
党组书记、副局长 盛新平
党组副书记、局长 艾合拜尔·阿不拉汗（维吾尔族）

和硕县财政局
党组书记、副局长 刘 鹏
党组副书记、局长 刘雪梅（女）

和硕县人力资源和社会保障局
党组书记、副局长 周 钰
党组副书记、局长 王立波

和硕县自然资源局
党组书记、副局长 李巴特（蒙古族）
党组副书记、局长 黄益权

和硕县住房和城乡建设局
党组书记、副局长 孙宝悦
党组副书记、局长 才登巴特（蒙古族）

和硕县交通运输局
党组书记、副局长 马建龙（回族，8月离任）
党组副书记、局长 欧其尔巴图（蒙古族，6月离任）
乔龙巴特（蒙古族，8月任职）

和硕县公路管理分局
党组书记、副局长 张凯林
党组副书记、局长 邓剑青

和硕县水利局
党组书记、副局长 马月红（女，回族，8月任职）
党组副书记、局长 张 勇

和硕县农业农村局
党组书记、副局长 热木图力·哈斯木（维吾尔族）
党组副书记、局长 陈陪其
党组成员、乡村振兴局局长
曾海莲（女，8月任职）
党组成员、副局长、畜牧兽医局局长 李建民
党组成员、农业技术推广中心主任 何新辉（女）

和硕县文化体育广播电视和旅游局
党组书记、副局长 张 莉（女，3月离任）
崔鹏亮（10月任职）
党组副书记、局长 杨 哲

和硕县金沙滩风景区管委会
党组书记、副主任 吉建军
党组副书记、主任 崔鹏亮（8月离任）

和硕县卫生健康委员会
党组书记、副主任 朱建新
党组副书记、主任 袁新革

和硕县妇幼保健和计划生育服务中心
党支部书记、主任 庞迎春（女）

和硕县疾病预防控制中心
党支部书记、副主任 魏 勇
党支部副书记、主任 于 婷（女）

和硕县退役军人事务局
党组书记、副局长 刘剑宏
党组副书记、局长 叶 斌

和硕县应急管理局
党组书记、副局长 李 亚（3月离任）
代力格尔（女，蒙古族，6月任职）
党组副书记、局长 韩朝辉

和硕县审计局
党组书记、副局长 马 荣（女）
党组副书记、局长 马宁英（女，回族）

和硕县市场监督管理局
党组书记、副局长　韩　凌（女）
党组副书记、局长　李　军

和硕县统计局
党组书记、副局长　李海龙（女）
党组副书记、局长　徐春华（女）

和硕县医疗保障局
党组书记、副局长　夏　艳（女，6月离任）
任　怡（女，维吾尔族，8月任职）
党组副书记、局长　任　怡（女，维吾尔族，6月离任）
张爱萍（女，6月任职）

和硕县林业和草原局
党组书记、副局长　栾旺林

群众团体工作部门

和硕县总工会
主　席　王卫东（1月离任）
马好萍（女，回族，8月任职）
副主席　周茂荣（女）
邓立霞（女）

共青团和硕县委员会
团委书记、少先队和硕县工作委员会主任
谭　静（女）

和硕县妇女联合会
主　席　阿里腾才次克（女，蒙古族，8月离任）
欧日鲁木加甫（女，蒙古族，8月任职）

和硕县科学技术协会
主　席　李文海（5月离任）
刘春光（8月任职）

和硕县归国华侨联合会
主　席　姚　丽（女）

和硕县残疾人联合会
党组书记、副理事长　李玲珑（女）
理事长　孙小平（女）

和硕县红十字会
会　长　巴特尔（蒙古族，政府副县长，5月离任）
常务副会长　白新梅（女）

垂直管理部门

国家税务总局和硕县税务局
党委书记、局长　齐登巴特（蒙古族）

和硕县环境保护局
党组书记、副局长　贺银花（女，蒙古族，8月离任）
党组副书记、局长　刘思军

和硕县气象局
党组书记、副局长　杜　懿
党组副书记、局长　郭　彬

乡（镇）部门

特务里克镇
党委书记　王彩娟（女，3月离任）
杨健德（3月任职）
党委副书记、镇长　刘红山（3月离任）
李　勇（3月任职）

塔哈其镇
党委书记　林　刚（1月离任）
侯　迅（女，3月任职）
党委副书记、镇长　托　来（蒙古族）

曲惠镇
党委书记　杨健德（3月离任）
刘红山（3月任职）

党委副书记、镇长
阿不拉江·尼牙孜（维吾尔族，3月离任）
雪克来提·沙迪克（维吾尔族，3月任职）

乌什塔拉乡
党委书记 班文杰（3月离任）
王振方（3月任职）
党委副书记、乡长
马月红（女，回族，3月离任）
马兰芳（女，回族，3月任职）

乃仁克尔乡
党委书记 张伟明（3月离任）
张 莉（女，3月任职）
党委副书记、乡长 道·欧其尔（蒙古族）

苏哈特乡
党委书记 王 铎

党委副书记、乡长 刘春光（3月离任）
樊根生（3月任职）

新塔热乡
党委书记 张 军（1月离任）
杜劲明（蒙古族，3月任职）
党委副书记、乡长
杜劲明（蒙古族，3月离任）
张 涛（3月任职）

驻县单位

兵团第二师二十四团
党委书记、政委 唐志刚
党委副书记、团长 张正海

新疆清源农业开发有限公司（原巴州清水河农场）
党委书记、场长 崔继武

和硕县“十四五”经济社会发展主要目标

附表1

类别	指标	2020年预计	2025年	年均增长（%）	属性
经济发展	1.地区生产总值（亿元）	38.88	48.88	5	预期性
	2.全社会固定资产投资（亿元）	8.6	13.85	10	预期性
	3.一般公共预算收入（亿元）	1.96	2.69	6.5	预期性
	4.社会消费品零售总额（亿元）	5.7	7.2	5	预期性
	5.工业增加值（亿元）	2.7	3.79	7	预期性
	6.服务业增加值占GDP比重（%）	42.8	40		预期性
	7.户籍人口城镇化率（%）	39.88	44	2	预期性
	8.战略性新兴产业及高新技术产业占规模以上工业增加值比重（%）	30	30		预期性
民生福祉	9.城镇居民人均可支配收入（元）	32807	38024	3	预期性
	10.农村居民人均可支配收入（元）	17028	21600	5	预期性
	11.城镇调查失业率（%）	2.8	2.8		预期性
	12.城镇新增就业人数	1800	9000	38	预期性
	13.每千人口拥有执业（助理）医师数	2.5	2.8	0.3	约束性
	14.学前教育毛入园率（%）	100	100		约束性
	15.每千人口拥有护理型养老床位数	18.25	37.82	15.68	约束性
生态文明	16.单位GDP能源消耗降幅（%）	−2.52			约束性
	17.单位GDP用水降幅（%）	1.5	1.5		约束性
	18.达到或好于Ⅲ类水体占地表水比例（%）	1	1		约束性
	19.森林覆盖率（%）	25.77	25.88	0.09	约束性
	20.城市生活垃圾无害化处理率（%）	94	96	0.4	约束性
	21.城市建成区绿化覆盖率（%）	50.36	57.58	2.7	预期性
安全保障	22.耕地保有量（万公顷）	3.22	3.22		约束性
	23.粮食综合生产能力（万吨）	11	14	5	约束性

注：1. 带[ ]为五年累计数。2. 预期性指标是政府期望的发展目标，主要依靠市场主体的自主行为实现。政府要创造良好的宏观环境、制度环境、市场环境，并适时调整宏观调控的方向和力度，综合运用各种政策引导社会资源配置，努力争取实现。约束性指标是在预期性基础上进一步明确并强化了下政府责任的指标，是政府在公共服务和涉及公共利益领域提出的工作要求。政府要通过合理配置公共资源和有效利用行政力量，确保实现。

统计公报

和硕县二〇二一年国民经济和社会发展统计公报

和硕县统计局

2021年是党和国家历史上具有里程碑意义的一年。在县党委、县人民政府的正确领导下，我县坚持以习近平新时代中国特色社会主义思想为指导，深入贯彻党的十九大和十九届历次全会精神，坚持稳中求进工作总基调，全面贯彻新发展理念，加快构建新发展格局，坚持创新驱动发展，民生保障有力有效，生态文明建设持续推进，社会持续稳定，经济健康发展。

一、综合

根据地区生产总值初步核算反馈，全年实现地区生产总值（GDP）44.61亿元，比上年增长5.6%。其中：第一产业增加值18.4亿元，增长3.3%；第二产业增加值7.13亿元，增长14.1%；第三产业增加值19.08亿元，增长5.1%。三次产业占地区生产总值比重分别41.3：16：42.7。

2015—2021年全县生产总值及增速图

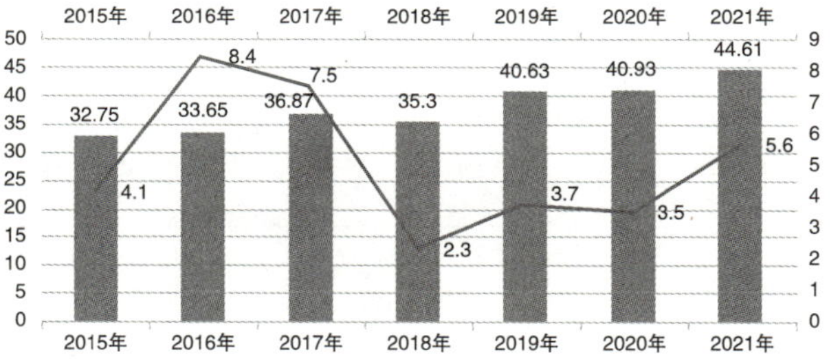

二、农业

2021年全县农林牧渔业总产值25.8亿元，比上年同期增长2.8%（按可比价计算），增速比上年同期提高11.6个百分点。其中：农业产值18.44亿元，同比增长0.4%；林业产值0.59亿元，同比增长18.3%；畜牧业产值5.07亿元，同比增长6.6%；农林牧渔专业及辅助性活动产值1.7亿元，同比增长12%。

和硕县农林牧渔业总产值比重

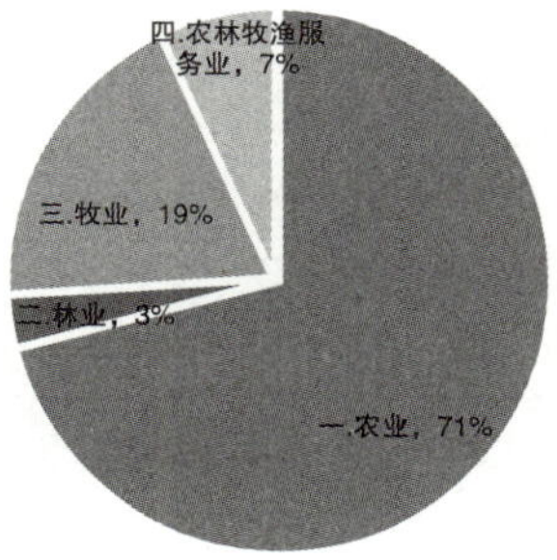

（1）粮食面积、产量增幅较大

全县粮食作物面积24.65万亩，同比增长32.86%，占农作物播种面积的54.41%。其中：小麦7.39万亩，同比增长12.13%，小麦产量3.62万吨，同比增长15.28%；玉米16.28万亩，同比增长41.32%，产量11.64万吨，同比增长44.08%；谷子0.57万亩，同比增长70.35%，产量0.26万吨，同比增长64.35%；薯类0.41万亩，同比增长327.6%。（注：按照粮食、畜牧归口管理要求，2021年粮食作物面积及产量为新疆调查总队巴音郭楞调查队反馈数据）。

（2）经济作物面积减少

2021年，全县经济作物总面积20.88万亩，同比下降25.2%。其中：1、棉花面积2.19万亩，同比下降16.34%，产量0.25万吨，同比下降15.89%；2、中草药材面积1.03万亩，同比下降31.65%，（甜叶菊0.29万亩，同比增长1.2%，产量1022吨，同比增长1.2%；甘草0.51万亩，同比下降23.75%，收获面积0.43万亩，产量5708吨，同期没有产量）；3、蔬菜面积10.33万亩，同比下降28.35%，总产量40.15万吨，同比下降32.7%。（工业辣椒8.07万亩，同比下降24.13%，产量25.91万吨（鲜椒），同比下降24.5%；加工番茄0.41万亩，同比下降75.1%，产量3.22万吨，同比下降74.86%）；其他作物面积6.55万亩，同比增长1.89%，其中：青贮玉米面积3.17万亩，同比增长40.1%，产量15.21万吨，同比增长46.6%。

（3）牲畜存出栏情况

2021年末，全县主要畜禽（猪、牛、羊、禽）存栏171.5万头（只），比上年同期增长63.54%。其中：猪存栏5.33万头，同比下降4.84%，牛存栏2.04万头，同比增长1.21%，羊存栏22.5万只，同比增长9.86%，家禽存栏141.64万只，同比增长84.47%。

主要畜禽出栏151.15万头（只），同比增长40.89%。其中：猪出栏3.83万头，同比下降35.45%，牛出栏0.75万头，同比增长12.63%，羊出栏15.8万头，同比下降27.28%，家禽出栏130.76万只，同比增长65.64%；主要畜禽肉总产量0.94万吨，同比增长5.72%；禽蛋产量1.23万吨，同比增长52.28%；牛奶产量0.14万吨，同比增长143.85%。（注：主要畜禽存出栏数据为新疆调查总队巴音郭楞调查队反馈数据）。

（4）特色林果业面积下降、产量增长

2021年，全县各类特色林果业面积为7.96万亩，同比下降7.3%，总产量1.68万吨，同比增长18.2%。

表一：2021年水果及坚果生产情况表

项目	年末实有面积（亩）	增速%	产量（吨）	增速%
一、园林水果	79551	−7.3	16802	18.2
1.苹果	620		347	15.7
2.梨	270	145.5	33	
3.葡萄	57937	−7	14218	14.2
鲜食葡萄	8430	持平	4218	40.6
4.桃	15	−68.8	7	−12.5
5.杏	5686	−4	41	127.8
6.红枣	2365	−44.8	181	−29
7.其他水果	12658	0.8	1975	72.5
其中：新梅	11655	−3.8	1800	63.64
二、坚果	1709	−0.2	95	26.7
1.核桃	1709	−0.2	95	26.7

2021年末，农业机械总动力26.11万千瓦，同比增长0.29%；拖拉机5007台，同比下降0.28%；各类配套农机具8904台，同比增长0.4%。农机具购置总金额1556.27万元，其中：补贴资金464万元，补贴机具173台，补贴受益户数138户。

2021年全县土地流转面积25.57万亩，其中集体土地7.09万亩，国有土地18.48万亩，流转农户4147户。

三、工业、能源

2021年，全县累计实现工业总产值10.34亿元，同比增长16.06%。其中：规模以上工业实现工业总产值5.16亿元，同比增长3.24%；规模以下工业实现工业总产值5.18亿元，同比增长10.93%。规模以上工业增加值1.62亿元，同比增长7.8%；实现销售产值5.73亿元，同比增长10.32%，实现出口交货值0.6亿元，同比下降40.32%。

和硕县2016—2021年工业总产值及增速

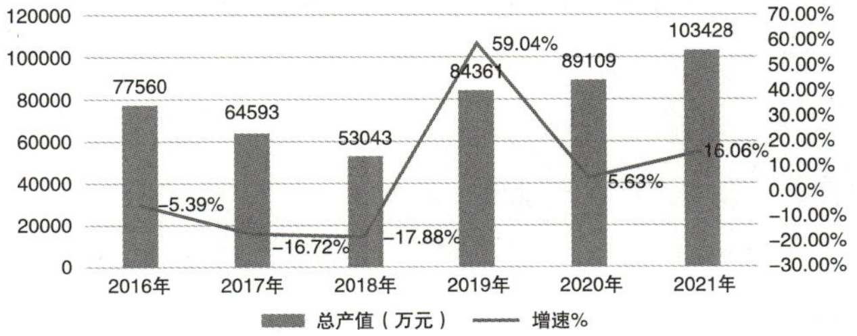

和硕县2016—2021年规模以上工业企业增加值及增速

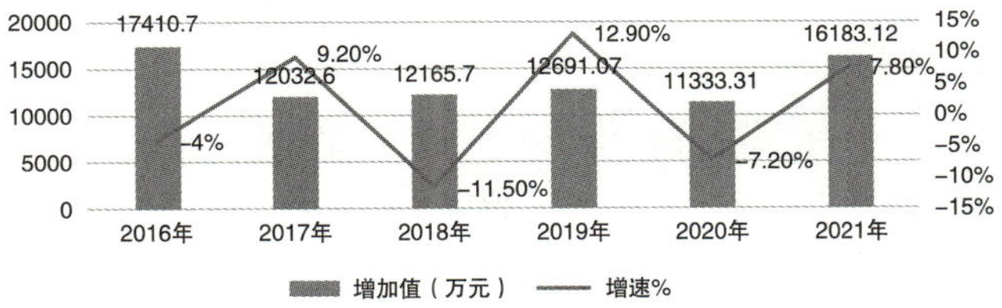

表二：和硕县2021年工业企业主要产品产量

主要产品名称	单位	总量
葡萄酒	千升	2934
天然花岗石建筑板材	万平方米	325
罐头	吨	15031.7
太阳能发电	万千瓦时	8898.54
甲醛	万吨	4.46
建筑用天然石料	万立方米	6.27
石灰石	万吨	332.25
辣椒颗粒	万吨	2.32
商品混凝土	立方米	38227.5
塑料薄膜	吨	4290

2021年，和硕县全社会用电量44875万千瓦时，同比增长9.33%。其中：第一产业3926万千瓦时，同比增长42.71%；第二产业12607万千瓦时，同比增长6.26%；第三产业23022万千瓦时，同比增长4.92%。

城乡居民用电5319万千瓦时，同比增长18.49%。

2021年，全县主营业务收入2000万以上工业企业综合能源消费量16045吨标准煤，同比下降0.67%；工业增加值能耗0.9803吨标准煤/万元，同比下降7.84%。

四、固定资产投资

2021年，全县完成固定资产投资10.75亿元（含房地产0.54亿元），同比增长16.62%；共有施工项目67个，其中：新开工项目38个，续建项目29个。

按三次产业分：第一产完成投资1.3亿元，同比增长4.1%；第二产完成投资1.41亿元，同比增长80.7%；第三产完成投资8.04亿元，同比增长11.8%。国有投资9.82亿元，同比增长17.7%；民间投资0.93亿元，同比增长6.7%；新开工项目投资6.26亿元，同比下降49.9%。

五、批发零售和住宿餐饮

全年实现社会消费品零售总额8.14亿元，同比增长22.6%，其中：城镇实现社会消费品零售总额6.76亿元，同比增长24.6%；乡村实现社会消费品零售总额1.38亿元，同比增长13.7%。

限额以上社会消费品零售总额1.25亿元，同比增长119.1%，占全年实现社会消费品零售总额的15.36%。

2021年末，全县各类型市场主体6161户，同比增长8.5%，其中：个体工商户4792户，企业1009家（私营企业837家，内资企业172家）；农民专业合作社360个。

六、交通、邮电和旅游

2021年，县域内公路里程1330.448千米，其中：国道116千米、省道85千米，农村公路里程1129.448千米，其中：县道104.759千米，乡道316.421千米，村道492.521千米，专用公路215.747千米；全县等级公路1040.856千米，其中：二级公路48.465千米、三级公路158.421千米、四级公路833.97千米；等级外公路88.592千米。境内铁路143千米。火车站（含马兰）共发送旅客15.49万人次，同比增长49.53%；到达旅客16.05万人次，同比增长46.64%；县客运站累计发送旅客8.9万人次，同比增长2.3%。

2021年末，全县有三级驾校4家，各类机动车辆13471辆（汽车10072辆、摩托车3386辆、其他机动车13辆）；全县（含兵团）共拥有机动车驾驶证人员27089人（女8161人），其中：汽车驾驶证25222人（女7758人）；共有注册货运车388辆，客运车81辆，出租车179辆，县城公交车12辆。

全年完成邮政业务总收入959.05万元，同比增长6%；电信业务总量7983.97万元，同比增长9.72%，年末固定电话用户1.0万户，移动电话总用户9.16万户，其中：3G、4G电话用户5.82万户，5G电话用户3.16万户；互联网络宽带用户3.79万户。

2021年全县旅游总人数62.8万人次，旅游总收入2.85亿元。

七、财政、金融和保险

2021年，累计完成地方财政收入2.3亿元，同比下降8.1%。一般预算收入1.81亿元，同比下降8%。其中：税收收入1.17亿元，同比下降7.9%；非税收入0.64亿元，同比下降8%；基金收入0.48亿元，同比下降8.4%。

地方财政支出18.55亿元，同比下降3.4%。其中：一般预算支出15.07亿元，同比增长0.2%；基金支出3.47亿元，同比下降16.6%。

2021年末，全县金融机构存款余额43.5亿元，同比增长0.27%。其中：住户存款32亿元，同比增长13.1%；非金融企业存款7.77亿元，同比下降5.35%；机关团体存款3.02亿元；财政性存款0.69亿元。各项贷款余额25.87亿元，同比增长10.16%，其中：住户贷款10.21亿元，同比下降1.78%；企（事）业单位贷款15.66亿元，同比增长19.64%。存贷比例59.48%，比上年同期增长5.34个百分点。

各类保险业务全年保费收入15278.62万元，同比增长25.3%，理赔金额3153万元，同比增长13.66%。

八、教育和科学技术

2021年，和硕县全县现有中、小学及幼儿园学校29所，其中：高级中学1所（含附设职业高中班）、初中2所（含九年一贯制学校一所），小学9所（含2所分校），另有教学点3个，幼儿园14所（其中民办园1所）。共有学生及在园儿童9717人。其中：高中生915人、职高学生134人、初中生2080人、小学生4578人、学龄前儿童2010人。附设职业高中班共有班级7个，学生134人，专业2个。

全县共有教职工1212人，其中：高中104人，职高7人，初中214人，小学565人，学前322人。全县共有专任教师966人，其中：高中82人，职高7人，初中163人，小学474人，学前240人。全县共有教学班309个，其中：高级中学24个，初中49个，小学145个，职高班7个。

2021年，全县校舍建筑面积15.57万平方米；专科及以上上线率98.82%；高中升学率93.4%；初中升学率99.4%；小学入学率100%；学龄儿童入园率100%。

九、文化、体育和卫生

2021年，全县有文化馆1个，图书馆1个，博物馆1个，体育场馆1个，体育场地186个，剧场影剧院1个。举办各类文化体育活动301场（次），投入资金105万元，参与体育比赛群众2.58万人次。图书馆藏书11.65万册。有线电视转播台1座，无线电视发射台1座，广播综合人口覆盖率100%，电视综合人口覆盖率100%，有线电视主干线长240千米，有线电视用户680户。融媒体中心各所属平台共刊发宣传信息1716条。

2021年，全县共有医疗卫生机构71家，其中：医院1个、乡镇卫生院7所、社区卫生服务中心（站）6个、村卫生室28个、妇幼保健计划生育服务中心1个、单采血浆站1个、疾病预防控制中心1个、卫生监督所1个、个体医疗机构25个。拥有（编制）病床318张。卫生专业技术人员466人，其中：执业（助理）医师168人、注册护士155人、药师（士）32人、技师46人、其他65人；乡村医生37人；卫生防疫人员25人。5岁以下儿童死亡率7‰，婴儿死亡率3.5‰，产妇住院分娩比例100%。

十、劳动就业和社会保障

全县城镇新增就业1844人次，同比增长1.77%；登记失业人员294人，同比增长35.48%；城镇登记失业率2.72%；农村富余劳动力转移就业9490人次，同比增长10.9%。

2021年，城镇居民人均可支配收入34769元，同比增长6%；农村居民可支配收入18582元，同比增长9.1%。脱贫总户数1281户，3627人，脱贫户人均收入23706元。有公共租赁房2736套。

2021年末全县参加城镇职工基本养老保险人数13284人；参加城乡居民基本养老保险人数16100人。参加失业保险人数7352人，增加350人；参加工伤保险人数8422人，增加50人。参加基本医疗保险53035人，征缴金额8268.87万元，其中：参加职工医疗保险14003人，征缴金额7019.87万元，享受待遇13485人次，发放待遇金额2818.84万元；参加城乡居民医疗保险39032人，征缴金额1249万元，享受待遇26037人次，发放待遇金额1001.18万元；参加生育保险8446人，享受待遇390人次，发放待遇金额369.65万元。

2021年，全县享受城镇居民最低生活保障223人，累计保障0.28万人次，全年发放生活保障金151.06万元；享受农村居民最低生活保障1475人，累计保障1.8512万人次，发放生活保障金783.13万元；农村五保供养25人，供养资金52.6万元。

2021年，全县有综合养老机构2个（民办1个），建筑面积3700平方米，总容纳120人。享受高龄补贴的78岁以上老年人数为1196人，其中享受高龄补贴80岁以上老年人数886人。儿童福利院1所，建筑面积1200平方米，在院孤儿3名，分散供养1名，在院困境儿童27人。

2021年，发放残疾人两项补贴151.83万元，共发放1205人次。其中：生活困难残疾人770人次，重度护理残疾人435人次。405名残疾人进行康复服务训练，服务资金21万元，其中：肢体残疾239人，困难肢体残疾26人。为困难残疾人个体工商户发放一次性困难生活补贴3.3万元，发放各类残疾人辅助器具177件。

十一、资源、环境保护和安全生产

2021年，全县水资源总量34450万立方米，其中：地表水总径流量12329万立方米，地下水资源总量21978万立方米，水库蓄水量3910万立方米。年可开采利用量32343万立方米。

全县森林面积496.42万亩，森林覆盖率25.77%。天然草场总面积1013.6万亩，草原管护面积565.99万亩，其中：禁牧面积225万亩，草畜平衡340.99万亩。

2021年，和硕县平均气温8.8℃，最高气温38.2℃（7月7日），最低气温-21.4℃（1月5日）。年降水量112.9毫米，日最大降水量61.1毫米（3月30日），年日照时数2708.4小时。

县城建成区面积10.21平方千米，建成区绿地覆盖面积275.23公顷，建成区绿化覆盖率40.61%，建成区绿地率36.43%，公园绿地面积为117.04万平方米。

2021年，全县减排二氧化硫365.1吨，化学需氧排放量313.8吨，工业废水排放量达标率95%。工业烟尘排放量达标率93%。污水处理厂2座，城镇生活污水集中处理率93%。垃圾处理场3个，垃圾拉运车6辆，清运及处理生活垃圾1.73万吨。城区空气质量优良以上天数348天，城区环境噪声达标率100%。环境污染治理投资额9016.72万元，其中工业污染防治投资3640.72万元。

2021年，全县共发生各类生产安全事故3起，死亡2人，受伤3人，直接经济损失50.18万元，事故起数同比下降57.1%，死亡人数下降33.3%，受伤人数下降57.1%，经济损失下降0.14%，未发生较大以上生产安全事故。其中：道路交通领域生产经营性事故2起，死亡1人，受伤3人，直接经济损失0.18万元，事故起数同比下降60%，死亡人数下降50%，受伤人数下降57.1%，经济损失下降28%；工矿商贸领域发生事故1起，死亡1人，受伤0人，直接经济损失50万元，与去年同期事故起数、死亡人数、受伤人数、经济损失均持平；未发生消防领域经营性生产安全事故；未发生农机领域生产经营性伤亡事故。

备注：

1. 本公报中数据为初步统计数。部分数据因四舍五入的原因，存在总计与分项合计不等的情况；

2. 地区生产总值（GDP）为巴州统计局统一核算反馈数据、各产业增加值绝对数按现价计算，增长速度按不变价格计算；

3. 按照粮食、畜牧归口管理要求，2021年粮食作物面积及产量为新疆调查总队巴音郭楞调查队反馈数据；

4. 规模以上工业是指年主营业务收入达到2000万元以上的工业企业（地方）；

5. 2021年全社会用电量统计口径以地域为范围（含马兰，含二十六团）；

6. 2021年拥有机动车驾驶证人员数据中含兵团人数，由公安局车辆管理所提供；

7. 科技、卫生、文化、林业、社会保障数据不含兵团；

8. 资料来源：本公报中主要经济指标数据来源于和硕县统计局，其他数据来源于相关部门。其中：农业机械动力来源于农业农村局；林业数据来源于县林业和草原局；公路客货运输量来源于县交通运输局；人口及民用汽车数据来源于县公安局；邮政业务数据来源于中国邮政集团公司新疆维吾尔自治区和硕县分公司；电信业务数据来源于县移动、联通、电信公司；电视、广播、体育、旅游数据及其他相关数据来源于县文化体育广播电视和旅游局（文物局）；财政收支来源于县财政局；金融存贷数据来源于中国人民银行和硕支行；保险业数据来源于县各保险公司；教育数据来源于县教育和科学技术局；卫生数据来源于县卫生健康委员会；就业与社会保障数据来源于县人力资源和社会保障局；医疗保险数据来源于县医疗保障局；城乡低保、社会公益数据来源于县民政局；环境监测数据来源于县生态环境局；安全生产数据来源于县应急管理局；气候相关数据来源于县气象局；残疾人数据来源于残疾人联合会；市场主体情况来源于市场监督管理局；城区绿化数据来源于住房和城乡建设局，县城建成区面积以自然资源局数据为准。

重要文件辑录

加快推进和硕县快递业高质量发展实施方案

（2021年10月30日）

根据《关于加快自治区快递业高质量发展的指导意见》《关于加快推进自治州快递业高质量发展实施方案》要求，结合我县快递业发展现状，制定本实施方案。

一、总体要求

（一）指导思想

以习近平新时代中国特色社会主义思想为指导， 全面贯彻党的十九大和十九届二中、三中、四中、五中全会精神，贯彻落实第三次中央新疆工作座谈会精神，完整准确贯彻新时代党的治疆方略，牢牢扭住社会稳定和长治久安总目标，坚持稳中求进工作总基调，立足新发展阶段，贯彻新发展理念，构建新发展格局，以推动高质量发展为主题，以深化供给侧结构性改革为主线，坚持“服务全领域、激活全要素、打造双高地、畅通双循环”，坚持问题导向，补齐快递基础设施和服务能力短板，有效降低寄递成本，保障寄递渠道安全，推进快递业高质量发展，为促进新型消费、城乡消费、特色优势产业发展、推进实施乡村振兴战略提供有力支撑。

（二）基本原则

坚持普惠城乡。进一步完善快递基础设施，推动建设快捷高效的城乡快递末端收投网络和通达的农村快递服务网络， 逐步缩小城乡快递服务差距，全面提升城乡快递服务均等化水平。

坚持市场主导。遵循市场规律和快递发展实际，用市场化手段引导快递资源整合提升，加强资源共享，有效降低成本，持续提高快递服务能力和服务质量。

坚持因地制宜。结合和硕实际，科学合理设定阶段性目标任务，分类确定具体举措和方案，充分调动政府、社会和企业的积极性，积极破解难题，形成有利于快递业高质量发展的工作合力。

坚持资源共享。引导本县邮政、快递、供销、电商、交通运输、物流等企业加强协同合作，优化整合运输、网点等资源，充分发挥现有基层组织作用，依托村级便民服务中心等设施，健全农村快递服务体系。

坚持安全有序。完善寄递渠道安全监管机制，提升安全物防、技防水平，严防利用寄递渠道从事危害国家安全、公共安全、人民生命财产安全等违法活动。完善快递行业公共卫生体系建设。

（三）发展目标

力争到2022年，全县快递末端网点建设基本满足各族群众快递服务需求，25个建制村快递服务通达基本实现全覆盖。到“十四五”末，基本建成普惠城乡、服务优质、安全高效、绿色环保的快递服务体系，快递业与电子商务、特色优势产业、仓储、冷链等关联产业协同联动发展初见成效，寄递渠道安全监管体系、公共卫生体系更加完善，快递行业的安全发展能力不断增强。

二、重点任务

（一）完善城市快递末端基础设施

1.强化布局规划。将快递末端网点、智能快件箱等快递末端基础设施纳入公共服务设施相关规划和建设管理，为快递末端网点、智能快件箱建设预留建设用地，做到同步规划、同步建设、同步验收。在通信、用电等配套设施建设方面给予支持。在老旧小区改造和“智慧小区”建设中增设快递末端网点、智能快递柜，补齐既有居住小区快递末端服务短板。构建上门收投、末端网点和智能快件箱互为补充的末端收投服务体系。

2.加快城市末端网点建设。按照各社区内每1万人至少布局4~5处快递末端网点标准，我县需完成15处快递末端网点建设。支持快递企业自建或社区、企业共建联建，利用现有公共及商业设施（商店超市，小区菜店等）委托收投等市场化方式，推动建设与城市人口、发展规模、快递使用量相匹配的末端网点。鼓励各快递企业加强末端设施共用共享，大力开展共同配送，提升快递末端服务效率。快递末端网点按照国家邮政局《快递末端网点备案暂行规定》实施备案管理，无须办理营业执照，无需配备安检机。

3.积极支持智能快件箱建设。推广“无接触式”配送服务，各机关、学校、企事业单位以及物业公司等单位应为智能快件箱建设免费提供方便群众使用的场地，除用电、基本管理等费用外，不再收取其他额外费用。鼓励第三方企业或邮政、快递企业在社区（小区）、党政机关、企事业单位、各类园区、商业区等增设智能快件箱。

（牵头单位：县商工局；配合单位：经济开发区、发改委、教科局、公安局、自然资源局、住建局、市监局）

（二）推进农村快递网络建设，实施“快递进村”工程

4.加强农村快递服务网络建设。根据《中共中央 国务院关于全面推进乡村振兴加快农业农村现代化的意见》和自治区党委、政府相关部署要求，加快完善农村快递物流三级服务体系，2021年25个建制村快递服务覆盖率达到95%，到 2022 年实现建制村快递服务基本全覆盖。推动主要快递企业服务有效到村，逐步提升建制村快递服务通达率，发挥快递优势，持续扩大城乡消费，促进工业品下乡和农产品进城双向流通，依托县域特色农副产品资源，推进产地直销、订单生产等农业生产新模式，有效拓展农产品、农资、农村消费品的流通加工、仓储配送等功能。

5.优化农村快递发展政策环境。将快递下乡进村纳入电子商务进农村示范县专项资金补助范畴。支持快递企业加强与邮政、交通、农业、供销、商贸、电信等企业的合作，尤其是加强邮快合作，突出邮政公司国有企业龙头优势，发挥“国家队”作用，拓展快递下乡进村渠道。按照“有人员、有场地、有货架、有设备、有标识”标准，规范建设村级邮政快递综合便民服务站。其中：人员可为专兼职；场地可充分利用村级便民服务中心、电商服务站（点）等村委会现有场所，也可与商店、超市等实体店合作，通过市场化手段解决进村问题；货架为存放包裹的简易货架；设备为电脑或手机等业务必备设施；标识为统一悬挂的邮政快递服务站标识牌。

（牵头单位：县商工局；配合单位：县发改委、交通运输局、农业农村局、财政局、邮政公司、供销社、各乡镇）

（三）加快推进快递枢纽建设

6.规划快递枢纽建设布局。打造和硕区域物流节点，完善快递物流服务网络，构建层级合理、规模适当、匹配需求的电子商务快递物流网络。

7.进一步延长快递产业链。结合县域农副产品加工业等特色优势产业发展，配套建设产地预冷集配中心、低温加工仓储配送中心、保鲜库、冷链等设施，着力打造农特产品本地电商，仓储、线上销售、线下寄递的产业链，整体提升快递服务县域经济社会发展的能力。

8.加大政策支持力度。鼓励国内大型快递企业落户和硕，优先列入重点项目，优先保障用地需求。对南疆快件分拨中心设在我县的快递企业和对邮政快递业转型升级作出重要贡献的企业给予政策资金支持。

（牵头单位：县发改委、商工局；配合单位：县财政局、交通运输局、农业农村局、供销社）

（四）助推电子商务发展

9.大力发展电商平台仓配一体化服务。支持电子商务、快递企业整合共享上下游资源。引导快递企业完善优化快递网络布局，加强快件处理中心建设，构建层级合理、规模适当、匹配需求的电子商务快递服务网络。快递末端网点备案无须配备安检机，提升快件中转、配送效率。放开邮件快件正常

投递，构建优质、便捷、高效的快递服务体系，优化快递业运营环境。加快推动农产品标准化建设，增强农产品产业化发展，提升农产品市场竞争力。

（牵头单位：县商工局；配合单位：县发改委、公安局）

（五）大力发展本地仓配业务

10.大力发展前置仓。支持企业通过大数据分析，将销售量大的网购物品提前储备至本地前置仓，实现从本地包邮直接发货。充分利用本地现有闲置仓储资源，吸引电商平台或商户在本地建仓，引导快递企业结合本地仓布局，优化完善配送网络，大力发展仓配一体化服务，降低运输成本，缩短配送周期。依托快递发展本地仓配业务，给予资金、税费减免等政策支持，鼓励企业集成应用各类信息技术，整合共享上下游资源，促进商流、物流、信息流、资金流等无终衔接和高效流动。支持邮政快递企业及第三方企业对快件处理中心、仓储配送中心建设项目，按投资额给予政策资金支持。

（牵头单位：县商工局；配合单位：县发改委、财政局、税务局、供销社）

（六）强化安全监管

11.落实收寄安全责任。在收寄环节实行“实名收寄、收寄验视、过机安检”三项制度，规范过机安检流程。对经由巴州分拨处理中心的进、出口邮件快件，仅在州分拨处理中心进行全面安检（进口无须加盖或粘贴安检标识，出口需加盖或粘贴安检标识）。县、乡镇邮政快递分支机构及末端网点、村级邮政快递综合便民服务站无须配备安检机进行重复安检，无须配备安全保卫人员。部分不经由州分拨处理中心的进、出口邮件快件，由企业自行配备安检机，仅在县城邮政、快递机构进行邮件快件的进、出口安检（进口无须加盖或粘贴安检标识，出口需加盖或粘贴安检标识），县、乡镇末端网点、村级邮政快递综合便民服务站无须配备安检机进行重复安检，无须配备安全保卫人员。

12.推动《快递业信用管理暂行办法》落实。加强快递业信用体系建设，将寄递安全作为快递业信用信息重要内容，建立实施快递业失信主体“黑名单”制度，将失信主体录入全县企业信用信息名录库。

13.推动建立快递从业人员应急救援保障队伍。将应急物资寄递及快递从业人员纳入应急救援保障队伍，加强专兼职应急救援队伍和应急物资装备的配备，有效发挥其在重大突发事件中的应急保障作用。

14.完善三级行业安全监管体制，进一步提升寄递安全监管能力，认真落实邮政领域地方财政事权和支出责任，积极推进县级邮政快递业安全监管力量，通过统一管理模式配置设立邮政业安全中心，接受自治州邮政业安全中心负责业务指导。

（牵头单位：县应急管理局；配合单位：县商工局、市监局、公安局）

（七）加强快递业公共卫生事件防控

15.完善安全管理长效机制。完善快递业应对公共卫生事件长效防控工作机制。督促指导企业建立健全内部防控制度，加强防控物资储备，按照全县疫情风险等级，分区分级、科学精准落实生产作业场所通风、消毒等防控措施，加强快递从业人员个人健康防护和服务各环节防护管理。

16.优化投递服务模式。推广使用智能快件箱开展“无接触式”配送，减少“物传人”交叉感染风险。结合公共卫生事件防控要求，对快递人员出行、车辆通行、投递方面给予支持，充分发挥快递业在运输配送防控物资、民生物资等方面的保障作用。

（牵头单位：县商工局；配合单位：县卫健委）

（八）持续推进绿色邮政发展

17.强化快递包装绿色治理。推进快递包装源头减量，全县范围快递分支机构和末端网点逐步停止使用不可降解的塑料包装袋、一次性塑料编织袋，减少使用不可降解塑料胶带，使用 45毫米以下瘦身胶带；加强电商和快递企业与商品生产企业的上下游协同，设计并应用满足快递配送需求的电商商品包装。积极推广电商快件原装直发，实现产品与快递包装一体化，减少电商商品在寄递环节的二次包装；全面禁止电商和快递企业使用重金属含量、溶剂残留等超标的劣质包装袋，禁止使用有毒有害材料制成的填充物。

（牵头单位：县商工局；配合单位：县生态环境局、发改委）

（九）强化快递车辆通行保障

18.规范和优化快递车辆的通行管理。保障快递转运车辆便捷通行，鼓励引导企业使用符合城市运输作业和环保要求的新能源车辆，符合条件的按规定给予车辆购置补贴；对按邮政管理部门要求喷涂统一专用标识的快递运输车辆，在保障道路交通安全畅通有序的前提下可优先通行、停靠便利；支持快递企业依法选用符合国家标准的电动三轮车，按照统一外观标识、统一车辆编号、统一规范管理要求开展快递服务，满足“最后一公里”作业需要。

（牵头单位：县交通运输局；配合单位：县公安局、商工局、发改委）

（十）加强快递人才体系建设

19.提高从业人员综合素质。引导各快递企业加大教育培训投入，对新招录从业人员开展上岗前职业技能培训，不定期对从业人员开展职业技能培训，在企业内部鼓励支持业务素质高，工作能力强的从业人员参加快递技术职称评审，提升行业从业人员素质。

（牵头单位：县人社局、商工局）

（十一）加强从业人员基本服务保障

20.提升从业人员基本公共服务保障。加强从业人员权益保护，引导企业规范用工，推动从业人员享受社会保险待遇。各有关部门要在住房（提供公租房、廉租房）、子女入学、医疗救助等方面为快递从业人员提供必要支持。

（牵头单位：县商工局；配合单位：县教科局、住建局、人社局、民政局、总工会）

三、保障措施

（一）加强组织领导。各有关部门和单位要充分认识加快推进快递业高质量发展的重要意义，把支持快递业高质量发展摆在突出位置、纳入重要议程，加强组织领导，精心周密部署，强化工作措施，健全工作机制，密切协同联动，加大支持力度，为快递业高质量发展提供有力保障。

（二）压实工作责任。进一步明确属地管理责任、部门行业监管责任、企业主体落实责任，认真梳理、及时解决影响快递业高质量发展的瓶颈问题。各相关部门要根据本实施方案，结合实际情况抓紧研究制定具体落实措施，确保实施方案落到实处、见到实效。

（三）加强督导考核。将完善城市快递末端基础设施、推进农村快递网络建设、加强邮政快递业监管力量配置等重点工作推进情况，纳入年度目标责任考核体系。商工局要会同有关部门对推进城市快递末端设施、农村快递网络建设、邮政快递业监管力量配置等重点工作落实情况实施统筹协调、跟踪了解和督促检查，重大情况及时向县委、县政府报告。

和硕县储备粮管理办法

和硕县人民政府办公室

（2021年2月24日）

第一章 总 则

第一条 为加强对和硕县本级储备粮（以下简称“县储备粮”）的管理，保证县储备粮质量和安全，增强县人民政府对粮食市场的宏观调控能力，依据国家有关法律法规和《新疆维吾尔自治区地方储备粮管理办法》，结合县域实际，制定本办法。

第二条 本办法所称县储备粮，是指县人民政府储备的用于调节全县粮食供求总量，稳定粮食市场，应对重大自然灾害或者其他突发事件等情况的粮食和食用油。

第三条 从事和参与县储备粮经营管理、监督活动的单位和个人，必须遵守本办法。

第四条 对县储备粮实行直接管理与委托管理相结合的管理体制。县人民政府及其有关部门应当对县储备粮管理予以支持和协助。

第五条 应当严格县储备粮的各项管理制度，确保县储备粮数量真实、质量良好和储存安全，确保储得进、管得好、调得动、用得上，并节约县储备粮的成本、费用。

未经县人民政府批准，任何单位和个人不得擅自动用县储备粮。

第六条 县发改委（粮食和物资储备局）会同财政局，根据自治区人民政府下达的储备粮规模总量，负责拟订县储备粮的总体布局和动用的宏观调控意见，对县储备粮管理进行指导和协调。

第七条 县发改委（粮食和物资储备局）负责管理县储备粮，对县储备粮的数量、质量和储存实施监督检查。县储备粮承储企业负责县储备粮的经营管理工作，并负责县储备粮的数量、质量和储存安全。

第八条 县财政局应当参与县储备粮的有关管理，负责对县储备粮的购、销、调、存、轮换各环节盈亏、补贴的处理，安排县储备粮贷款利息、管理费用以及价差亏损等财政补贴，并保证各项财政补贴及时、足额拨付；负责对县储备粮有关财务执行情况实施监督检查。

第九条 中国农业发展银行博湖县支行负责按照国家有关规定，在落实好管理费用、贷款利息及价差亏损的前提下，及时、足额安排县储备粮所需贷款，并对发放的贷款实施信贷监管。

第十条 任何单位和个人不得破坏县储备粮的仓储设施，不得偷盗、哄抢或者损毁县储备粮。县储备粮储存地的乡镇人民政府对破坏仓储设施、偷盗、哄抢或者损毁县储备粮的违法行为，应当及时协调有关部门予以制止、查处。

第二章 县储备粮的计划

第十一条 县储备粮储存规模总量方案，由县发改委（粮食和物资储备局）会同财政局，根据自治区人民政府下达的储备粮规模进行拟订，报县人民政府批准。

第十二条 县储备粮的储存品种、布局以及收购、销售计划，由县发改委（粮食和物资储备局）会同财政局和中国农业发展银行博湖县支行共同下达，由县储备粮承储企业组织实施。

第十三条 县储备粮实行均衡轮换制度，每年轮换的数量一般为县储备粮储存总量的30%。具体轮换计划由县储备粮承储企业提出，报县发改委（粮食和物资储备局）、财政局和中国农业发展银行博湖县支行批准。

第十四条 县储备粮承储企业应当将县储备粮收购、销售、年度轮换计划的具体执行情况，按规定报县发改委（粮食和物资储备局）、财政局备案，并抄送中国农业发展银行博湖县支行。

第三章 县储备粮的储存

第十五条 县储备粮以和硕县金湖粮油购销有限责任公司储备库储存为主，也可以委托其他企业承储。县储备粮的承储企业应当根据布局规划，按照交通便利、规模承储、集中储存、统一管理、设施齐备、科学保粮的原则审核确定。

第十六条 承储县储备粮的企业，应当具备下列条件：

（一）仓库容量达到我县规定的规模，仓库条件符合国家标准和技术规范要求；

（二）具有与粮食储存功能、仓型、进出粮方式、粮食品种、储粮周期等相适应的仓储设备；

（三）具有符合国家标准的县储备粮质量等级检测仪器和场所，具备检测储备粮储存期间仓库内温度、水分、害虫密度的条件；

（四）具有经过专业培训的粮食保管员、粮油质量检验员等管理技术人员；

（五）经营管理和信誉良好，且无严重违法经营的记录；

（六）达到中国农业发展银行博湖县支行规定的信用等级并自觉接受开户行的信贷管理。

第十七条 县发改委（粮食和物资储备局）应当商财政局，从符合条件的粮食仓储企业中择优选定县储备粮的承储企业，并与之签订承储合同，明确责任。

第十八条 承储企业储存县储备粮，必须执行有关储备粮管理的国家标准和技术规范，并制定相应的管理制度，保证粮食安全储存。

第十九条 承储企业必须保证入库的县储备粮达到收购、轮换计划规定的质量标准和要求。

第二十条 承储企业应当对县储备粮实行专仓储存、专人保管、专账记载，保证账账相符、账实相符、质量良好、储存安全。

第二十一条 承储企业对县储备粮的管理不得实施下列行为：

（一）虚报、瞒报数量；

（二）掺杂掺假、以次充好；

（三）擅自串换品种、变更储存地点；

（四）擅自将储备粮转给其他企业或个人代储；

（五）延误轮换或者管理不善造成陈化、霉变；

（六）以低价购进高价入账、高价售出低价入账、以旧粮顶替新粮、虚增入库成本等手段套取差价；

（七）骗取、挤占、截留、挪用县储备粮贷款、贷款利息、管理费用等财政补贴。

第二十二条 承储企业必须建立、健全储备粮的防火、防盗、防洪等安全管理制度，并配备必要的安全防护设施。

第二十三条 承储企业必须在轮换计划规定的时间内完成县储备粮的轮换。

县储备粮轮换的具体管理办法，由县发改委（粮食和物资储备局）会同有关部门制定。

第二十四条 承储企业不得以县储备粮对外进行担保或者对外清偿债务。

承储企业被依法撤销、解散或者破产的，其储存的县储备粮及所占用的贷款本息，由县发改委（粮食和物资储备局）、财政局按有关规定负责组织安排处置。

第二十五条 县储备粮的管理费用补贴，由县财政部门根据县储备粮的储备成本、费用、物价指数等因素进行核定拨补；其贷款利息补贴按县储备粮实物库存成本和中国农业发展银行博湖县支行一年贷款基准利率计算拨补。

县储备粮承储企业根据县储备粮管理实情，提出承储企业不同品种、不同储存条件、不同管理水平的费用补贴方案和奖惩方案，报县发改委（粮食和物资储备局）、财政局批准后执行。

县储备粮的管理费用、利息补贴由县财政局通过中国农业发展银行博湖县支行补贴专户，及时、足额拨付到承储企业。县储备粮管理费用应当用于县储备粮管理相关的费用项目开支，任何单位和个人不得截留和挪用。

第二十六条　县储备粮贷款实行贷款与粮食库存值挂钩，并专户管理、专款专用。

承储企业应当在中国农业发展银行博湖县支行开立基本账户，并接受其信贷监管。

第二十七条　县储备粮的入库成本由县发改委（粮食和物资储备局）会同财政局和中国农业发展银行博湖县支行核定。

县储备粮承储企业必须执行核定的入库成本，不得擅自更改。

第二十八条　县财政局应当会同发改委（粮食和物资储备局）制定县储备粮损失、损耗处理办法，及时处理所发生的损失、损耗。

第二十九条　县储备粮承储企业应当定期统计、分析县储备粮的储存管理情况，并将统计、分析情况报送县发改委（粮食和物资储备局）、财政局及中国农业发展银行博湖县支行。

第四章　县储备粮的动用

第三十条　县发改委（粮食和物资储备局）应当建立和完善县储备粮动用预警机制，加强对市场粮食供求情况的监测，适时向县人民政府提出动用县储备粮的建议。

第三十一条　出现下列情况之一的，可以动用县储备粮：

（一）全县或者部分乡镇所属行政区域内，粮食明显供不应求或者市场价格异常波动；

（二）发生重大自然灾害或者其他突发事件需要动用；

（三）县人民政府认为需要动用县储备粮的其他情形。

第三十二条　动用县储备粮，由县发改委（粮食和物资储备局）会同财政局提出动用方案，报县人民政府批准。动用方案应当包括动用县储备粮的品种、数量、质量、价格、使用安排、运输保障等内容。

第三十三条　县发改委（粮食和物资储备局），应当根据县人民政府批准的县储备粮动用方案下达动用指令，由县储备粮承储企业具体组织实施。

紧急情况下，县人民政府直接下达动用县储备粮命令。

县有关部门和乡镇人民政府对县储备粮动用指令和命令的实施，应当给予支持、配合。

第三十四条　任何单位和个人不得拒绝执行或者擅自改变县储备粮动用指令和命令。

第五章　监督检查

第三十五条　县发改委（粮食和物资储备局）、财政局应当按照各自职责，依法对县储备粮承储企业执行有关粮食法规及本办法的情况进行监督检查，并行使下列职权：

（一）进入承储企业检查县储备粮的数量、质量和储存安全情况；

（二）向有关单位和人员了解县储备粮收购、销售、轮换计划及动用指令和命令的执行情况；

（三）调阅县储备粮经营管理的有关资料、凭证；

（四）对违法行为，依法予以处理。

第三十六条　县发改委（粮食和物资储备局）、财政局的监督检查人员应当将监督检查情况作出书面记录，并由监督检查人员和被检查单位的主要负责人签字。被检查单位的主要负责人拒绝签字的，监督检查人员应当将有关情况记录在案。

第三十七条　县储备粮承储企业对县财政、审计、发改委（粮食和物资储备局）及中国农业发展银行博湖县支行的监督检查人员依法履行职责，应当予以配合。任何单位和个人不得拒绝、阻挠、干涉。

第三十八条　县储备粮承储企业应当加强对县储备粮的经营管理和检查，及时纠正存在的数量、质量问题；对危及县储备粮储存安全的重大问题，应当立即采取有效措施予以处理，并报告发改委（粮食和物资储备局）、财政局和中国农业发展银行博湖县支行。

第三十九条 中国农业发展银行博湖县支行应当按照资金封闭管理的规定，加强对县储备粮贷款的信贷监管。县储备粮承储企业对中国农业发展银行博湖县支行依法进行的信贷监管，应当予以配合，并及时提供有关资料和情况。

第六章 法律责任

第四十条 行政机关工作人员违反本办法规定，有下列行为之一的，依法给予警告直至开除的行政处分；构成犯罪的，依法追究刑事责任：

（一）不及时下达县储备粮收购、销售和年度轮换计划的；

（二）给予不具备储存条件的企业承储县储备粮的；

（三）发现承储企业存在不适合储存县储备粮的情况，未按照规定责令其限期整改的；

（四）接到举报或者发现违法行为不及时查处的。

第四十一条 县储备粮承储企业违反本办法规定，有下列行为之一的，由发改委（粮食和物资储备局）依法责令其限期改正，情节严重的可取消其承储资格；构成犯罪的，依法追究刑事责任：

（一）入库的县储备粮不符合国家标准要求的；

（二）对县储备粮未实行专仓储存、专人保管、专账记载、账账不符、账实不符的；

（三）发现县储备粮的数量、质量和仓储管理存在问题不及时纠正处理的；

（四）拒绝、阻挠、干涉粮食、财政、审计部门及中国农业发展银行博湖县支行的监督检查人员依法履行职责的；

（五）虚报、瞒报数量的；

（六）掺杂掺假、以次充好的；

（七）擅自串换品种、变更储存地点的；

（八）延误轮换或者管理不善造成陈化、霉变的；

（九）拒不执行或者擅自改变县储备粮收购、销售、轮换计划和动用指令、命令的；

（十）擅自动用县储备粮的；

（十一）以低价购进高价入账、高价售出低价入账、以旧粮顶替新粮、虚增入库成本等手段套取差价的；

（十二）骗取、挤占、截留、挪用县储备粮贷款、贷款利息、管理费用等财政补贴的；

（十三）以县储备粮对外进行担保或者清偿债务的。

第四十二条 行政机关和中国农业发展银行博湖县支行的工作人员违反本办法规定，滥用职权、徇私舞弊或者玩忽职守，尚未构成犯罪的，依法给予行政处分；构成犯罪的，依法追究刑事责任。

第七章 附 则

第四十三条 本办法自下发之日起施行。

和硕县第十八届人民政府工作规则

和硕县人民政府办公室

（2021年9月28日）

第一章　总　则

一、和硕县第十八届人民政府根据《中华人民共和国宪法》《中华人民共和国地方各级人民代表大会和地方各级人民政府组织法》《中华人民共和国民族区域自治法》《新疆维吾尔自治区人民政府工作规则》《巴音郭楞蒙古自治州人民政府工作规则》等有关规定，结合县域实际，制定本规则。

二、县人民政府工作的指导思想是：高举中国特色社会主义伟大旗帜，以马克思列宁主义、毛泽东思想、邓小平理论、“三个代表”重要思想、科学发展观和习近平新时代中国特色社会主义思想为指导，认真贯彻党的路线、方针、政策和党中央、国务院的总体部署，严格遵守宪法和国家法律、法规，完整准确贯彻新时代党的治疆方略，牢牢扭住社会稳定和长治久安总目标，坚决贯彻落实自治区、自治州党委、政府和县委的决策部署，全面正确履行政府职能，实施“五大战略”、打造“三区三基地”，着力构建职能科学、结构优化、廉洁高效、人民满意的服务型政府，奋力开启新时代全面建设天山南坡高质量发展先行县新征程。

三、县人民政府工作的准则是，执政为民，依法行政，科学决策，实事求是，民主公开，务实清廉。

第二章　组成人员职责

四、县人民政府由下列人员组成：县长、副县长，政府组成部门的行政主要负责同志。

五、县人民政府组成人员要牢固树立政治意识、大局意识、核心意识、看齐意识，坚决维护习近平总书记在党中央和全党的核心地位，坚决维护党中央权威和集中统一领导，模范遵守宪法和法律，认真履行职责，为民务实，严守纪律，勤勉廉洁。

六、县人民政府实行县长负责制。县长领导县人民政府的全面工作，副县长协助县长工作。县长外出期间，受县长委托，由负责常务工作的副县长主持政府工作。

七、由县长或委托负责常务工作的副县长召集和主持县人民政府全体会议和政府常务会议。县人民政府工作中的重大事项，必须经县人民政府全体会议或政府常务会议讨论决定。

八、副县长按分工负责处理分管工作；受县长委托，负责其他方面的工作或专项任务，并可代表县人民政府进行外事活动。

九、政府组成部门的行政主要负责同志负责本部门工作，向县人民政府负责，并定期向县人民政府报告主要工作进展情况。重大问题应及时向分管副县长或县长报告。受县人民政府委托，可代表县人民政府向县人大常委会报告工作。

县审计局在县长领导下，依照法律规定独立行使审计监督职能，不受其他行政机关、社会团体和个人的干涉。

政府各部门要各司其职，各负其责，顾全大局，协调配合，切实维护政令统一，坚决贯彻落实县委、县人民政府各项工作部署。

第三章　全面正确履行政府职能

十、县人民政府及各部门要牢牢聚焦社会稳定和长治久安总目标，深入贯彻新发展理念，围绕推动高质量发展，加强和完善经济调节、市场监管、社会管理、公共服务、生态环境保护等职能。加快政府职能转变，深化简政放权、放管结合、优化服务改革，全面提高政府效能，创造良好发展环境，提供基本公共服务，维护社会公平正义。

十一、加强经济发展趋势研判，全面深入掌握经济运行情况，综合运用经济、法律手段并辅之以必要的行政手段，引导和调控经济运行，促进全县经济持续健康发展。

十二、依法严格市场监管，推进公平准入，完善监管体系，强化事中事后监管，规范市场执法，维护市场的统一开放、公平诚信、竞争有序，促进大众创业、万众创新，激发市场活力和社会创造力。

十三、加强社会管理制度和能力建设，完善基层社会管理服务，形成源头治理、动态管理、应急处置相结合的社会管理机制，打造共建共治共享的社会治理格局，维护社会公平正义与和谐稳定。

十四、加强生态环境保护，实行最严格的生态环境保护制度，构建政府为主导、企业为主体、社会组织和公众共同参与的环境治理体系，推进绿色低碳发展，建设美丽和硕。

十五、更加注重公共服务，完善公共政策，健全政府主导、社会参与、覆盖城乡、可持续的基本公共服务体系，增强基本公共服务能力，促进基本公共服务均等化。深入推进“互联网+政务服务”，完善办事流程，创新服务方式，提高行政效率，优化营商环境，便利企业和群众办事。

第四章　坚持依法行政

十六、县人民政府及各部门要带头维护宪法和法律权威，建设职能科学、权责法定、执法严明、公开公正、廉洁高效、守法诚信的法治政府，依法行使权力、履行职责、承担责任。

十七、县人民政府及各部门制定的规范性文件，必须符合宪法、法律、法规、规章和国家的方针政策，并征求相关部门的意见；涉及两个以上部门职权范围的事项，应由县人民政府制定规范性文件、发布决定、命令，或由有关部门联合制定规范性文件。其中，涉及公众权益、社会关注度高的事项，应当事先请示县人民政府。

县人民政府及各部门规范性文件发布前，必须严格进行合法性审查，规范性文件不得设定行政许可、行政处罚、行政强制等事项，不得违法增加公民、法人和其他组织的义务。

行政规范性文件备案审查应当有件必备、有备必审、有错必纠。以部门名义制发的规范性文件，应当自公布之日起10日内报县司法局备案审查，并报县人民政府备案。以县人民政府（含县政府办公室）名义制发的行政规范性文件，牵头起草单位应当自公布之日起5日内向县司法局报送备案资料，县司法局收齐材料后5日内报自治州司法局备案审查，并报送县人大常委会和自治州人民政府备案。规范性文件应当定期进行清理。对违反宪法、法律、行政法规或县人民政府决定、命令或者规定不适当的规范性文件，要依法责令制定部门纠正或由县人民政府依法改变、撤销。

十八、县人民政府各部门要严格遵守法定程序，全面落实行政执法公示制度、执法全过程记录制度、重大执法决定法制审核制度，着力推进行政执法透明、规范、合法、公正，创新执法方式，加强执法监督，提高执法效能，推动形成权责统一、权威高效的行政执法体系和职责明确、依法行政的政府治理体系，做到有法必依、执法必严、违法必究，维护公共利益、人民权益和社会秩序。

第五章　实行科学民主决策

十九、县人民政府及各部门要完善行政决策程序规则，把公众参与、专家论证、风险评估、合法性审查和集体讨论决定作为重大决策的法定程序，进一步增强公共政策制定透明度和公众参与度。

二十、国民经济和社会发展计划、财政收支预决算方案、重大规划、宏观调控和改革开放的政策措施、社会管理重要事务等重大事项，由县人民政府全体会议或县人民政府常务会议讨论决定。

二十一、政府各部门提请县人民政府研究决定的重大事项，必须经过深入调查研究，并进行合法性、必要性、科学性、可行性和可控性评估论证；涉及相关部门的，应充分协商；涉及有关乡镇的，应事先征求意见；涉及重大公共利益和公众权益、容易引发社会稳定问题的，要进行社会稳定风险评估，必要时采取听证会等多种形式听取各方面意见。在重大决策执行过程中，要跟踪决策的实施情况，了解利益相关方和社会公众对决策实施的意见和建议，全面评估决策执行效果，及时调整完善。

二十二、县人民政府在作出重大决策前，及时向县委请示报告。根据需要通过多种形式，直接听取民主党派、社会团体、专家学者、社会公众等各方面的意见和建议。

二十三、县人民政府领导同志要亲力亲为抓落实，主动谋划政策举措，解决矛盾问题，扎实推进工作，确保政令畅通、令行禁止。

政府各部门必须坚决贯彻落实县人民政府的决定、命令，部门主要负责同志是第一责任人。要细化任务措施，层层压实责任，加强政策配套，强化协同攻坚，及时跟踪和反馈执行情况。涉及多部门参与的工作，牵头部门要主动发挥主导作用，协办部门要积极配合，形成工作合力。

政府办公室要加强对各乡镇、各部门的督查，坚持全面督查与专项督查相结合，健全限期报告、核查复核、督促整改、情况通报及第三方评估等制度，推动县委、县人民政府重大决策部署的贯彻落实。

第六章　推进政务公开

二十四、县人民政府及各部门要把公开透明作为政府工作的基本制度。深化政务公开，加强政务服务体系建设，规范行政审批，完善各类办事公开制度，健全政府信息发布制度，全面推进决策、执行、管理、服务、结果公开。

二十五、县人民政府全体会议和常务会议讨论决定的事项、县人民政府及各部门制定的政策，除依法需要保密的外，应及时公布。

二十六、凡涉及公共利益、公众权益、需要广泛知晓的事项和社会关切的事项以及法律和国家、自治区、自治州和我县规定需要公开的事项，均应通过政府网站、新闻发布会、政府信息查阅点以及报刊、广播、电视、网络等方式，依法、及时、全面、准确、具体地向社会公开。

二十七、县人民政府及各部门要加强政策解读，准确传递政策意图，重视市场和社会反映，及时回应公众关切，解疑释惑，稳定预期。

第七章　健全监督制度

二十八、县人民政府要自觉接受县人大及其常委会的监督，认真负责地报告工作，接受询问和质询，依法备案规范性文件；自觉接受县政协的民主监督，虚心听取意见和建议；认真办理人大代表议案、建议和政协委员提案，加强与代表委员沟通，严格责任，限时办结，主动公开办理结果。

二十九、政府各部门要按照有关法律规定，接受人民法院依法实施的监督，做好行政应诉工作，尊重并自觉履行人民法院的生效判决、裁定，同时要自觉接受纪检监察、巡视巡察和审计部门的监督。对监督中发现的问题，要认真整改并向县人民政府报告。

三十、县人民政府及各部门要严格执行行政复议法，加强行政复议指导监督，纠正违法或不当的行政行为，依法及时化解行政争议。

三十一、县人民政府及各部门要接受社会公众和新闻舆论的监督，认真调查核实有关情况，及时依法处理和改进工作。重大问题要向社会公布处理结果。

三十二、县人民政府及各部门要重视信访工作，进一步完善信访制度，畅通和规范群众诉求表达、利益协调、权益保障渠道；县人民政府领导同志及各部门负责人要认真阅批重要的群众来信，督促解决重大信访问题。对县人民政府领导同志批示的信访件，各有关部门要及时处理并上报结果。

三十三、县人民政府及各部门要推行绩效管理制度和行政问责制度，加强对重大决策部署落实、部门职责履行、重点工作推进以及自身建设等方面的考核评估，建立健全重大决策终身责任追究制度及责任倒查机制，健全激励约束、容错纠错制度，严格责任追究，提高政府公信力和执行力。

第八章　会议制度

三十四、县人民政府实行政府全体会议和常务会议制度。

三十五、县人民政府全体会议由县长、副县长，政府组成部门的行政主要负责同志组成，由县长召集和主持。全体会议的主要任务是：

（一）传达贯彻党中央、国务院和自治区、自治州党委、政府及县委的重要决定、指示和重要会议精神；

（二）讨论决定县人民政府工作中的重大事项；

（三）部署县人民政府的重要工作；

（四）讨论其他需要县人民政府全体会议研究的事。

县人民政府全体会议根据需要可安排其他有关部门、单位负责人列席会议。

三十六、县人民政府常务会议由县长、副县长组成，由县长或委托负责常务工作的副县长召集和主持。常务会议的主要任务是：

（一）讨论决定县人民政府工作中的重大事项；

（二）研究贯彻党中央、国务院和自治区、自治州党委、政府及县委的重要决定、指示和重要会议精神，分析研究全县经济和社会发展形势，制定有关政策措施；

（三）讨论决定向自治州人民政府、县委的重要报告、请示；

（四）讨论决定提交县人大常委会审议的议案；

（五）讨论研究提交县人民代表大会审议的《政府工作报告》，讨论决定提交县人民代表大会审议的国民经济和社会发展计划报告及财政预算、决算报告；

（六）听取县人民政府各部门、各直属机构和乡镇人民政府工作汇报，研究决定所请示的重大事项；

（七）讨论决定召开县人民政府全体会议和以县人民政府名义召开的全县性会议有关事项；

（八）讨论通过按照规定由县人民政府常务会议决定的重大问题。常务会议原则上每月召开一次，如有需要可临时召开。根据需要可安排有关部门、单位负责人列席会议。

三十七、政府全体会议、常务会议的议题，分管副县长协调或审核后，由政府办公室梳理汇总报县长确定。会前分管副县长要将提请会议研究、讨论、决定的事项做好调查研究和充分协商，提出处理意见和相应的政策、法规依据，在会上进行说明。涉及几个部门的议题，会前必须协调取得一致意见。会议的组织工作由政府办公室负责。县人民政府全体会议、常务会议的议题和文件于会前送达与会人员。会议纪要由政府办公室起草，按程序报县长签发。政府全体会议、常务会议讨论决定印发的文件，原则上须在会议结束后7个工作日内印发。

三十八、县人民政府领导同志和有关部门主要负责同志应提前做好工作安排，确保按时参加全体会议和常务会议。除特殊原因外，原则上不得请假。县人民政府领导同志不能出席的，应向县长或主持会议的负责常务工作的副县长请假；如对议题有意见和建议，可在会前提出。其他参会人员请假，由政府办公室汇总后向县长或负责召集和主持会议的负责常务工作的副县长报告。

三十九、县人民政府全体会议、常务会议讨论决定的事项，宜于公开的，应及时报道。新闻稿须经政府办公室主任审核后，报会议主持人审定。

四十、副县长受县长委托或按照分工召开专题会议，研究、协调和处理县人民政府工作中的一些专门问题。

四十一、县人大常委会召开的会议，一般由副县长参加。

四十二、县人民政府及各部门召开的各类会议，要减少数量、控制规模，严格审批。县人民政府领导同志一般不出席部门的工作会议。原则上一个部门召开全县性工作会议一年不超过一次。受委托由县有关部门组织在我县召开的全区（州）性、区域性行业会议，必须经县人民政府批准。

四十三、县人民政府各部门召开的全县性工作会议，不以全县或县人民政府名义召开，原则上各乡镇人民政府主要负责人不参加会议。如确需邀请乡镇人民政府主要负责人参会的，须报县长批准。会议要尽量采取视频形式召开。

四十四、各类会议都要充分准备，严肃会风会纪，提高效率和质量，重在解决问题。要坚持开短会、讲短话。不得在高级宾馆和风景名胜区开会。

第九章　公文审批

四十五、县人民政府上报自治州人民政府及其所属部门的公文和县人民政府各部门、各乡镇人民政府报送县人民政府审批的公文，应当符合《党政机关公文处理工作条例》和《新疆维吾尔自治区党政机关公文处理工作实施细则（试行）》的规定。行文应当确有必要，讲求实效；未经批准不得越级行文，不得多头报文；请示应当一文一事，报告不得夹带请示事项。除县人民政府领导同志交办和必须直接报送的密级事项外，一般不得直接向县人民政府领导同志个人报送公文。

四十六、县人民政府各部门、各乡镇人民政府报送县人民政府审批的公文，以及以县人民政府和政府办公室名义印发的公文，统一由政府办公室按规定程序办理，并按县人民政府领导同志分工呈批，重大事项报县长审批。

四十七、县人民政府发布的决定、命令，向县人大或县人大常委会提出的议案，由县长签署。

四十八、以县人民政府名义发文，经分管副县长审核后，由县长或县长委托负责常务工作的副县长签发。以政府办公室名义发文，由负责常务工作的副县长或分管副县长签发；如有必要，可报县长签发。属政府办公室职责范围内的发文，由政府办公室主任签发。

四十九、县人民政府各部门和各乡镇人民政府报送县人民政府审批的公文，必须由部门和乡镇人民政府主要负责同志签发。

五十、各部门报送县人民政府的请示性公文，凡涉及其他部门职权的，必须主动与相关部门充分协商，由主办部门主要负责人与相关部门负责人会签后联合报县人民政府审批。部门之间有分歧的，主办部门主要负责人要主动协商；协商后仍不能取得一致意见的，主办部门应列明各方理据，提出办理建议，与相关部门负责人会签后报县人民政府决定。部门之间征求意见或会签文件时，除主办部门另有时限要求外，一般应在7个工作日内回复；特殊情况不能按期回复的，应主动与主办部门沟通并商定回复时限及方式，逾期未回复视为无不同意见。

五十一、加强发文统筹，从严控制发文数量、发文规格和文件篇幅。凡法律、行政法规已作出明确规定的，一律不再制发文件。没有实质内容、可发可不发的文件简报，一律不发。属部门职权范围内的事务，分管副县长审核签批后，由部门自行发文或联合发文，不再由县人民政府批转或政府办公室转发。

五十二、做好文件归档工作。依据档案法及有关规定，注重平时工作过程中档案资料的积累、收集和整理，完整收集文件办理全卷宗材料，全面规范地做好档案归档工作。

第十章　工作纪律

五十三、县人民政府组成人员要坚决贯彻执行党和国家的路线方针政策以及工作部署，坚决贯彻落实自治区、自治州党委、政府和县委各项决策和指示，严格遵守纪律，有令必行，有禁必止。

五十四、县人民政府组成人员必须坚决执行县人民政府的决定，如有不同意见可在县人民政府内部提出，在重新作出决定前，不得有任何与县人民政府决定相违背的言论和行为。

五十五、县人民政府领导同志代表县人民政府发表讲话或文章，个人发表涉及未经县人民政府研究决定的重大问题及事项的讲话或文章，事先须按程序报政府批准。

五十六、县人民政府组成人员要严格执行请销假制度。副县长离开和硕学习、考察和出差等，应事先报告县长，由政府办公室通报县人民政府其他领导同志。各部门主要负责人离开和硕学习、考察和出差等，按规定办理请销假手续，并向政府办公室报备。

五十七、县人民政府各部门发布涉及政府重要工作部署、经济社会发展重要问题的信息，要经过严格审定。与社会公众利益密切相关的突发事件、安全生产事故等重大情况要及时向县人民政府报告。

五十八、涉及外宾访问、考察等事宜由接待单位提出，由县外事办公室审核提出安排意见，报县长批准。

五十九、县人民政府组成人员要严格遵守保密纪律和外事纪律，严禁泄露国家秘密、工作秘密或者因履行职责掌握的商业秘密等，坚决维护国家的安全、荣誉和利益。

第十一章　廉政和作风建设

六十、县人民政府及各部门要认真贯彻全面从严治党要求，严格落实中央八项规定及其实施细则、自治区实施办法、“十改进、十不准”规定等精神，严格执行廉洁从政各项规定，切实加强廉政建设和作风建设。

六十一、县人民政府及各部门要从严治政。对职权范围内的事项要按程序和时限积极负责地办理，对不符合规定的事项要坚持原则不得办理；对因推诿、拖延等官僚作风及失职、渎职造成影响和损失的，要追究责任；对越权办事、以权谋私等违规、违纪、违法行为，要严肃查处。

六十二、县人民政府及各部门要严格执行财经纪律，艰苦奋斗、勤俭节约，坚决制止奢侈浪费，严格执行住房、办公用房、车辆配备等方面的规定，严格控制差旅、会议经费等一般性支出，切实降低行政成本，建设节约型机关。改革和规范公务接待工作，不得违反规定用公款相互送礼和宴请，不得接受乡镇、部门的送礼和宴请。严格控制和规范论坛、庆典、节会等活动。各类会议活动经费要全部纳入预算管理。

六十三、县人民政府组成人员要廉洁从政，严格执行领导干部重大事项报告制度，不得利用职权和职务影响为本人或特定关系人谋取不正当利益；不得违反规定干预或插手市场经济活动；加强对亲属和身边工作人员的教育和约束，决不允许搞特权。

六十四、县人民政府组成人员要强化责任担当，勤勉干事创业，真抓实干、埋头苦干，不能简单以会议贯彻会议、以文件落实文件，力戒形式主义、官僚主义、享乐主义和奢靡之风。

六十五、县人民政府组成人员要提升能力建设，做学习的表率，县人民政府及各部门要建设学习型机关。

六十六、县人民政府领导同志要坚持民生优先、民生先动，深入基层，调查研究，指导工作，注重研究和解决实际问题。要认真践行党的宗旨和群众路线，实现好、维护好、发展好最广大人民群众的根本利益，使发展成果更多更公平惠及各族人民群众。到基层要轻车简从，减少陪同，简化接待；除工作需要外，不去名胜古迹、风景区参观。

六十七、除县委、县人民政府统一组织安排的活动以外，县人民政府领导同志一般不为部门和乡镇的会议活动等发贺信、贺电，不题词；除因特殊需要，不得参加各种名目的应酬性庆贺、剪彩、颁奖和礼仪性的奠基、揭幕等活动。县人民政府领导同志出席会议活动、到基层考察调研的新闻报道，按有关规定办理。

六十八、县人民政府直属机构、办事机构、直属事业单位适用本规则。

和硕县先进集体、先进个人

获得县级以上荣誉称号的先进集体一览表（部分）

附表2

序号	单位	荣誉称号	授予单位	授予时间
1	和硕县	第四批节水型社会建设达标县（区）	水利部	2021年7月15日
2	和硕县公安局乌什塔拉公安检查站	公安部集体一等功	公安部	2021年7月
3	和硕县民政局	节约型机关	国家机关事务管理局	2021年8月23日
4	和硕县水利局	节约型机关	国家机关事务管理局	2021年8月23日
5	和硕县文化馆	国家二级馆荣誉	文化和旅游部办公厅	2021年11月
6	和硕县融媒体中心	2021年新疆全民科学素质网络知识竞赛活动优秀组织单位	新华社新闻信息中心、中国自然资源报社、新浪新闻	2021年12月
7	和硕县教科局驻塔哈其祖鲁门苏勒村驻村工作队	自治区脱贫攻坚先进集体	自治区党委、自治区人民政府	2021年5月
8	和硕县晟合张杂谷种植农民专业合作社	自治区脱贫攻坚先进集体	自治区党委、自治区人民政府	2021年5月
9	特吾里克镇团结社区	自治区先进基层党组织	自治区党委	2021年7月
10	国家税务总局和硕县税务局	自治区第八次民族团结进步模范集体	自治区党委、自治区人民政府	2021年9月15日
11	和硕县公安局乌什塔拉派出所（乌什塔拉公安检查站）联合党支部	自治区2020年度优秀基层党组织	自治区委组织部	2021年1月
12	和硕县公安局34号文化中心便民警务站	自治区便民服务先进集体	自治区公安厅	2021年1月
13	和硕县公安局005号龙驹巷便民警务站	自治区便民服务先进集体	自治区公安厅	2021年1月
14	和硕县公安局乌什塔拉派出所塔拉村警务室	自治区便民服务先进集体	自治区公安厅	2021年1月
15	和硕县公安局34号文化中心便民警务站	自治区便民服务先进集体	自治区公安厅	2021年1月

续附表2

序号	单位	荣誉称号	授予单位	授予时间
16	和硕县公安局文化社区警务室	自治区便民服务先进集体	自治区公安厅	2021年1月
17	和硕县市监局	2016—2020年自治区普法工作先进单位	新疆司法厅	2021年5月
18	特吾里克镇	自治区庆祝中国共产党成立100周年农村（社区）党员党史知识竞赛一等奖	自治区党委组织部	2021年6月
19	国家税务总局和硕县税务局	党建示范点	自治区税务局	2021年6月18日
20	和硕县公安局乌什塔拉派出所	公安厅全疆优秀公安基层单位	自治区公安厅	2021年7月
21	芳香庄园	自治区休闲旅游特色精品葡萄酒庄	自治区文旅厅	2021年7月
22	新疆金沙滩葡萄酒庄休闲度假旅游线	自治区葡萄酒文化旅游精品线路	自治区文旅厅	2021年7月
23	和硕县人民法院	自治区民族团结进步示范单位	新疆维吾尔自治区民族宗教事务委员会	2021年9月
24	和硕县科学技术协会	2021年新疆全民科学素质网络知识竞赛活动优秀组织单位	自治区全民科学素质工作领导小组、兵团全民科学素质工作领导小组	2021年11月12日
25	和硕县图书馆	2021年度新疆地区全民阅读优秀组织单位	新疆维吾尔自治区图书馆学会	2021年12月
26	和硕县第七次全国人口普查领导小组办公室	新疆维吾尔自治区第七次全国人口普查先进集体	新疆维吾尔自治区第七次全国人口普查领导小组	2021年12月3日
27	特吾里克镇	发2021年度自治州基层组织建设先进乡镇	巴州党委 巴州人民政府	2022年2月
28	乌什塔拉乡沙梁湾村	自治州先进基层党组织	巴州党委	2021年7月
29	特吾里克镇团结社区	自治州民族团结进步模范集体	巴州党委 巴州人民政府	2021年11月
30	曲惠镇	自治州民族团结进步示范区	自治州民族团结进步创建工作领导小组	2021年1月28日
31	和硕县公安局乌什塔拉派出所	巴州公安局集体三等功	巴州公安局	2021年2月
32	和硕县公安局曲惠派出所	巴州公安局集体三等功	巴州公安局	2021年2月

续附表2

序号	单位	荣誉称号	授予单位	授予时间
33	曲惠镇	自治州文明村镇	自治州精神文明建设委员会	2021年3月17日
34	特吾里克镇	“奋斗百年路 启航新征程”巴州庆祝建党100周年“村、社区”党员学党史知识竞赛一等奖	巴州党委组织部巴州党委宣传部	2021年6月
35	和硕县公安局特吾里克派出所	巴州公安局集体三等功	巴州公安局	2021年7月
36	和硕县人大常委会	自治州“民族团结一家亲”活动先进集体	自治州“民族团结一家亲”活动领导小组	2021年8月
37	国家税务总局和硕县税务局	第二批自治州民族团结进步示范单位	自治州民族团结进步创建工作领导小组	2021年9月1日

获得县级以上荣誉称号的先进个人一览表（部分）

附表3

序号	姓名	单位	荣誉称号	授予单位	授予时间
1	阿力木·依明江	和硕县阿力木养殖农民专业合作社理事长	全国脱贫攻坚先进个人	中共中央、国务院	2021年2月
2	贺·赛尔杰	和硕县老干部工作局	全国关心下一代工作先进工作者	国家关心下一代工作委员会	2021年4月
3	陈 勇	和硕县人民政府	自治区脱贫攻坚先进个人	自治区党委 自治区人民政府	2021年5月
4	雷戈理	和硕县扶贫办	自治区脱贫攻坚先进个人	自治区党委 自治区人民政府	2021年5月
5	张振国	和硕县扶贫办	自治区脱贫攻坚先进个人	自治区党委 自治区人民政府	2021年5月
6	新 太	和硕县人民医院	自治区民族团结进步模范个人	自治区党委 自治区人民政府	2021年10月
7	娜仁高娃	和硕县乃仁克尔乡	自治区优秀党务工作者	自治区党委 自治区人民政府	2021年7月
8	道·欧其尔	和硕县乃仁克尔乡	自治区优秀共产党员	自治区党委 自治区人民政府	2021年7月
9	娜木且	曲惠镇	自治区优秀共产党员	自治区党委 自治区人民政府	2021年7月

续附表3

序号	姓名	单位	荣誉称号	授予单位	授予时间
10	徐瑞军	乌什塔拉乡	自治区优秀党务工作者	自治区党委	2021年7月
11	朱东斌	和硕县电子政务和大数据发展服务中心干部	2020年度驻村工作先进个人	自治区“访民情惠民生聚民心”驻村工作领导小组	2021年2月26日
12	于洪浩	和硕公安局党委委员	全疆优秀人民警察	新疆维吾尔自治区办公厅	2021年7月
13	田　慧	和硕县委党校	《发掘本地红色资源、加强干部党性教育探析——以巴州和硕县为例》荣获全区党校（行政学院）系统第二十届理论研讨会三等奖	自治区党校	2021年5月
14	尚志华	和硕县委党校	《传承马兰精神，凝聚中国力量》这一微党课获得自治区基层理论宣讲“三个一百”优秀作品奖	自治区党校	2021年7月
15	齐登巴特	国家税务总局和硕县税务局	开发建设新疆奖	自治区总工会	2021年4月
16	魏德全	国家税务总局和硕县税务局	脱贫攻坚先进个人	自治区税务局	2021年6月
17	龚其克加甫	和硕县融媒体中心	《杨宣的幸福生活》获自治区新闻奖	自治区宣传部	2021年
18	李鹏举	和硕县融媒体中心	《乌什塔拉特有的风味：乡村柴火鸡》获第三季之“行走的秋天”优秀作品–区县融媒赏秋榜	自治区宣传部	2021年
19	新　太	和硕县人民医院	自治区巾帼建功标兵	自治区妇女联合会	2021年4月
20	钱公伟	和硕县老干部工作局	先进工作者	自治区关心下一代工作委员会	2021年6月
21	布尔曼	和硕县图书馆馆长	2021年全疆图书馆征文获自治区级三等奖	新疆维吾尔自治区图书馆学会新疆高等学校图书馆工作委员会	2022年1月5日
22	布尔曼	和硕县图书馆馆长	2021年度全民阅读活动自治区级先进个人	新疆维吾尔自治区图书馆学会	2021年12月1日
23	桑　杰	和硕县统计局第七次全国人口普查领导小组办公室负责人	新疆维吾尔自治区第七次全国人口普查先进个人	新疆维吾尔自治区第七次全国人口普查领导小组	2021年12月3日

续附表3

序号	姓名	单位	荣誉称号	授予单位	授予时间
24	刘　楠	和硕县乌什塔拉乡党委副书记、政法委员	新疆维吾尔自治区第七次全国人口普查先进个人	新疆维吾尔自治区第七次全国人口普查领导小组	2021年12月3日
25	张　钰	和硕县特吾里克镇明珠社区党支部书记、居委会主任	新疆维吾尔自治区第七次全国人口普查先进个人	新疆维吾尔自治区第七次全国人口普查领导小组	2021年12月3日
26	吴德巴力	和硕县苏哈特乡党建办干部	新疆维吾尔自治区第七次全国人口普查先进个人	新疆维吾尔自治区第七次全国人口普查领导小组	2021年12月3日
27	努尔尼沙·克来木	和硕县塔哈其镇党建办干部	新疆维吾尔自治区第七次全国人口普查先进个人	新疆维吾尔自治区第七次全国人口普查领导小组	2021年12月3日
28	王子阳	和硕县驻村工作领导小组办公室	自治区《党员之友》杂志社评为优秀通讯员	自治区《党员之友》杂志社	2021年11月
29	卢　蓓	曲惠镇	自治州优秀党务工作者	巴州党委	2021年7月
30	苏斯热	曲惠镇	自治州优秀党务工作者	巴州党委	2021年7月
31	孟庆疆	乌什塔拉乡	自治州优秀共产党员	巴州党委	2021年7月
32	陈龙华	和硕县委组织部	自治州优秀共产党员	巴州党委	2021年7月
33	薛琳娜	和硕县委党校	《马兰精神的内涵及时代价值》在巴州党校系统暨第二师党委庆祝建党100周年党史主题精品课评选活动中被评为精品课	巴州党校	2021年6月
34	薛琳娜	和硕县委党校	在巴州组织开展的“习近平新时代中国特色社会主义思想进万家”示范宣讲活动中表现突出，授予“自治州优秀宣讲员”	巴州党委宣传部	2021年10月
35	孟德巴仪尔	和硕县人民法院	自治州驻村工作先进个人	自治州驻村工作领导小组	2021年3月
36	铁日巴图	和硕县人民法院	巴州中级人民法院“天平杯”优秀案例二等奖	巴州中级人民法院	2021年3月
37	史光耀	和硕县人民法院	自治州“十三五”期间优秀共青团员	巴州团委	2021年4月
38	王君红	和硕县驻村工作领导小组办公室	自治州“访民情惠民生聚民心”先进个人	巴州党委组织部	2021年4月

续附表3

序号	姓名	单位	荣誉称号	授予单位	授予时间
39	苏　强	和硕县融媒体中心	在自治州党史学习教育好新闻作品评选中《新疆和硕 草原上有位“马背代办队队长”》获新媒体类三等奖	自治州党史学习教育领导小组	2021年
40	齐登巴特	国家税务总局和硕县税务局	自治州第十一次民族团结进步模范个人	自治州委员会 自治州人民政府	2021年11月26日
41	王茜文	国家税务总局和硕县税务局	驻村工作先进个人	自治州“访民情惠民生聚民心”驻村工作领导小组	2021年3月31日
42	朱建新	和硕县卫生健康委员会	自治州优秀共产党员	巴州党委组织部	2021年7月
43	刘羽珊	和硕县人民医院	巴州三八红旗手	巴州妇联	2021年3月
44	殷　琪	和硕县人民医院	巴州三八红旗手	巴州妇联	2021年3月
45	新　太	和硕县人民医院	巴州巾帼建功先进个人	巴州妇联	2021年3月
46	刘羽珊	和硕县人民医院	第十届“巴州青年五四奖章”	巴州团委	2021年4月
47	新　太	和硕县人民医院	开发建设巴州奖章	巴州总工会	2021年4月
48	孙美娜	和硕县人民医院	“十三五”期间自治州优秀共青团员	巴州团委	2021年5月
49	王叶萱	和硕县人民医院	“十三五”期间自治州优秀共青团干部	巴州团委	2021年5月
50	张瑞祯	和硕县人民医院	“十三五”期间和硕县优秀共青团干部	巴州团委	2021年5月
51	林浩然	苏哈特乡	自治州农村青年致富带头人	巴州团委	2021年5月
52	新　太	和硕县人民医院	巴州优秀共产党员	巴州党委	2021年7月
53	曾海莲	和硕县扶贫办	巴州优秀共产党员	巴州党委	2021年7月
54	娜仁高娃	和硕县乃仁克尔乡	“十三五”期间自治州优秀共青团干部	巴州团委	2021年7月
55	阿米娜古力·吉力力	和硕县统计局住户收支和生活状况调查员	2021年国家统计局巴州调查队住户收支与生活状况调查工作先进个人	国家统计局巴州调查队	2021年12月23日

索 引

说 明

一、本索引采用分类编辑法。索引范围包括类目、分目、条目等。

二、本索引按主题词首字汉语拼音音序（同音按音调）排列，若首字拼音相同则按第二字音序排列，以此类推。

三、索引款目后的数字表示内容所在的页码，数字后的拉丁字母（a、b）表示栏别（从左至右）。

四、类目、分目用黑体字。

A

B

C

D

E

F

G

H

J

K

N

P

Q

R

S

T

W

X

Z

非音标